LÖHNEYSEN · ATHOS

WOLFGANG VON LÖHNEYSEN

Heimat unter dem Himmel

Berg Athos

...wo aber der Geist des Herrn wirkt,
da ist Freiheit
Paulus, 2. Kor., 3.17

HEIDELBERGER
VERLAGSANSTALT

Die Deutsche Bibliothek – CIP-Einheitsaufnahme

Löhneysen, Wolfgang Frhr. von:
Heimat unter dem Himmel – Berg Athos / Wolfgang von Löhneysen. – Heidelberg :
Heidelberger Verl.-Anst., 1991
ISBN 3-89426-029-7

Gesamtherstellung: HVA Grafische Betriebe, Heidelberg
Umschlag und Karte: Art + Design, Heidelberg

Inhaltsverzeichnis

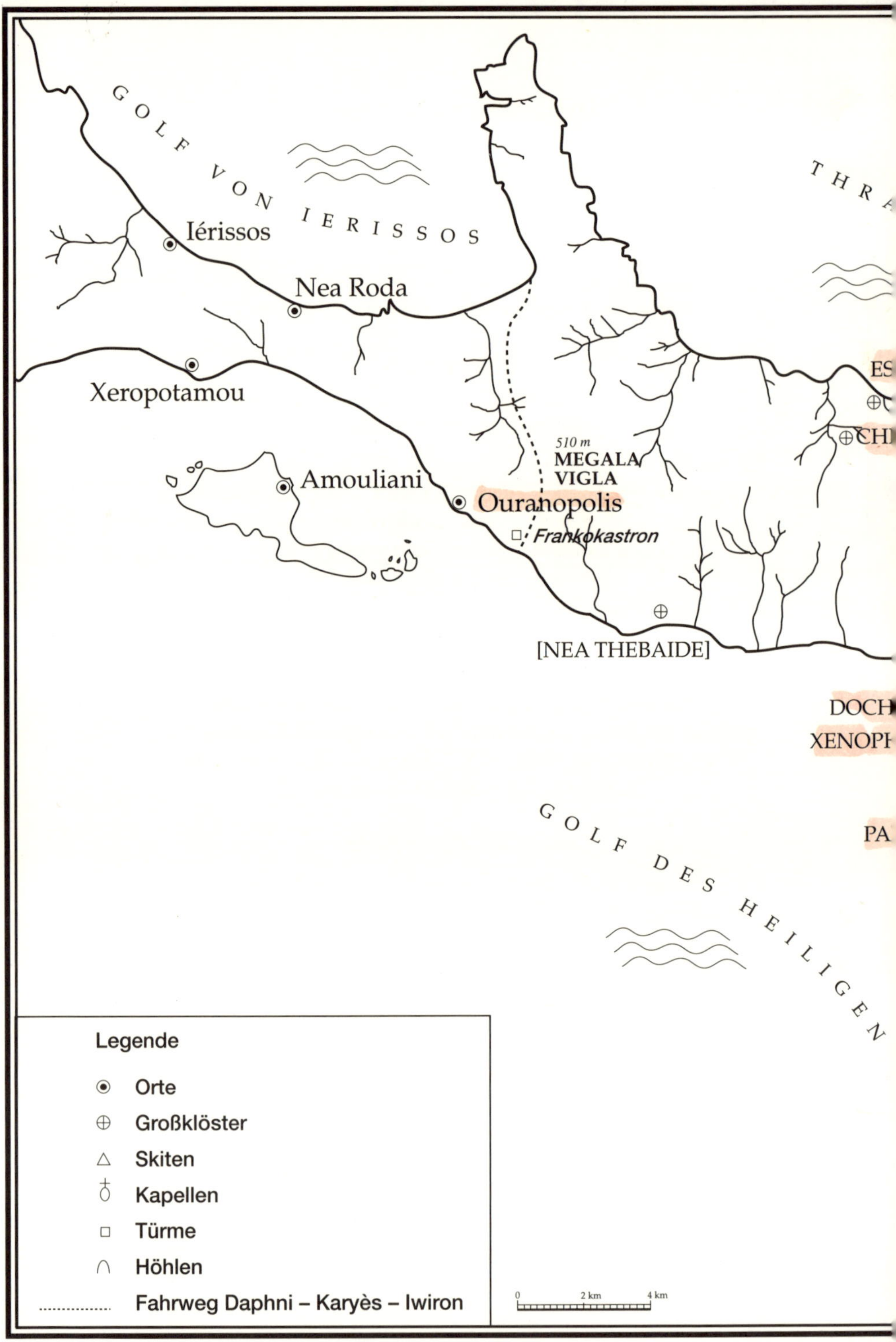
GOLF VON IERISSOS
THRA
Iérissos
Nea Roda
Xeropotamou
Amouliani
Ouranopolis
510 m
MEGALA VIGLA
Frankokastron
[NEA THEBAIDE]
ES
CH
DOCH
XENOPH
PA
GOLF DES HEILIGEN
Legende
Orte
Großklöster
Skiten
Kapellen
Türme
Höhlen
Fahrweg Daphni – Karyès – Iwiron
0
2 km
4 km

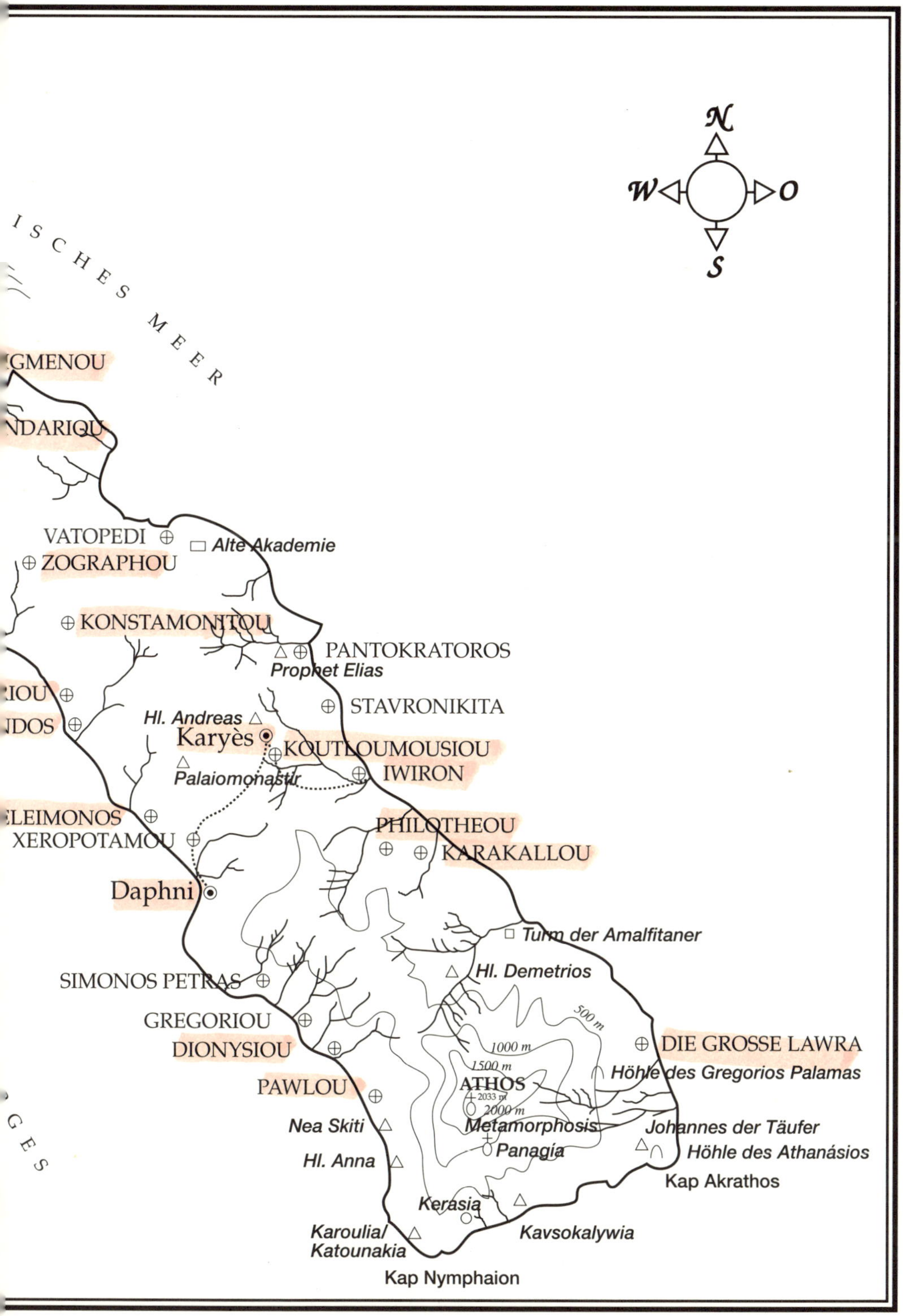

N
W
O
S
ISCHES MEER
GMENOU
NDARIOU
VATOPEDI
Alte Akademie
ZOGRAPHOU
KONSTAMONITOU
PANTOKRATOROS
Prophet Elias
STAVRONIKITA
IOU
NDOS
Hl. Andreas
Karyès
KOUTLOUMOUSIOU
Palaiomonastir
IWIRON
LEIMONOS
XEROPOTAMOU
PHILOTHEOU
KARAKALLOU
Daphni
Turm der Amalfitaner
Hl. Demetrios
SIMONOS PETRAS
GREGORIOU
500 m
DIONYSIOU
1000 m
DIE GROSSE LAWRA
1500 m
Höhle des Gregorios Palamas
PAWLOU
ATHOS
2033 m
2000 m
Nea Skiti
Metamorphosis
Johannes der Täufer
GES
Panagía
Höhle des Athanásios
Hl. Anna
Kap Akrathos
Kerasia
Karoulia/
Katounakia
Kavsokalywia
Kap Nymphaion

»Zu den Athosmönchen in den zwanzig Großklöstern, und das dreimalsiebente, dem Sitz der Behauptung, Protâton, bin auch ich endlich, im seelenträgeren Jahrhundert, gelangt. Ich suchte nicht mehr, als mir hoffentlich gebührte: einige Atemzüge Freiheit und bloß etwas Rast für die eigene Zerspaltenheit.«

(Theodor Däubler, S. 11)

Anforderung

Über den Athos und seine Mönchsrepublik ist schon vieles geschrieben worden: eine unübersehbare Fülle von Monographien und Abhandlungen, die zu lesen ein Leben nicht ausreicht. Sie berichten von Ereignissen, beschreiben die Zustände der Klöster und die theokratische Verfassung der Mönchsgemeinschaft, auch die Handschriften in den Bibliotheken, und deuten die Bilder und Bauten der Orthodoxie, um sie dem Außenstehenden verständlich zu machen. Entscheidend in dieser heiligen Welt ist aber der Mönch, der sich dem Gebet und der Askese weiht, weil unser Leben für ihn keine Bedeutung mehr hat. Nun ist er uns fremd geworden und wir ihm.

Wir aber können erfahren, wie er denkt und lebt. Reisende haben den Athos besucht, um dieses noch lebendige Bruchstück des Byzantinischen Reichs zu erkunden. Sie haben in ihren Berichten von den Mönchen erzählt, mit denen sie in den Klöstern und in den Einsiedeleien zusammentrafen, manchmal nur andeutungsweise, zuweilen ausführlicher, wenn die Lebensgeschichte eines Anachoreten oder das Gespräch, das ein Mönch mit ihnen führte, der Mitteilung wert schien. Jedes Mal beschreiben sie eine unverwechselbare Gestalt, die ein Bild des Ganzen und Einmaligen darstellt, weil jeder Mönch wie eine Ikone der Gemeinschaft wirkt, der er angehört, und der Geist der Heiligkeit sich in ihm wie in allen verkörpert. In seinen Augen spiegelt sich unsere Welt.

Unsere Welt – das ist die Fremde, in der wir keine Heimat mehr haben. Wir bleiben die Ruhelosen, die hinter der Zeit her sind, außerstande, sie zu verlieren, die Mönche nicht: sie bereiten sich auf die Ewigkeit vor. So könnten sie uns, wie Randoll Coate meinte, als Flüchtlinge vor dem Leben erscheinen, das wir zu führen gezwungen sind. Aber von unserer Welt sind sie frei, sie sind sie los. Wir sind an die Zeitwelt gebunden und tauchen bei ihnen in eine Vergangenheit ein, in der die Gegenwart des Unbegreiflichen uns ergreift.

ERSTER TEIL

Begegnungen

Erfahrung

Wer zum Heiligen Berge aufbricht, um »einige Atemzüge Freiheit« zu haben, gehe, nein: er komme als Mensch zu Menschen und lasse seine Interessen zu Hause. Er nehme nur das Notwendigste mit, und selbst das Unentbehrliche wird er nach wenigen Tagen nicht mehr vermissen. Vor allem bringe er keinen Spiegel mit, Spiegel spiegeln das äußere Ich, diese persönliche Belanglosigkeit. Denn auch der Athos-Mönch braucht keinen Spiegel, er soll nicht sich, sondern den Andern, den Bruder, als seinen Spiegel betrachten, der ihm das wahre Bild seines Selbst zurückgibt. Spiegel allein soll das Meer sein, in dem sich das Licht der Sonne in glitzernden Funken bricht . . .

*

Um zu den Athos-Mönchen zu kommen, besteigt man an einer häßlichen Straße im nordgriechischen Thessalonike den Landbus und fährt durch die waldreiche Chalkidike nach Ouranopolis, in die ›Stadt des Himmels‹, wie ihr Name sagt. Ouranopolis ist ein Badedorf mit kleinen Hotels, einer Strandpromenade, an der Restaurants und Cafés den Gästen Erfrischung bieten. Unter den Sonnenschirmen sitzen Mönche und plaudern mit Freunden und Anverwandten – einen aus der Familie als Mönch auf dem Athos zu wissen, ist Segen und Ehre. Das neuzeitliche Badeleben, in dem nicht einmal Bikinis fehlen, wirkt hier schon unangenehm. Denn diese Siedlung gehört der Heiligen Gemeinschaft der Mönche, der Hiera Koinotis, die das Land an Private verpachtet hat. Am Hafen steht ein uralter Turm.

Vormittags fährt ein Motorboot, gelegentlich mit einem mittelgroßen Lastwagen beschwert, an der Südwestküste entlang. Erste Erfahrung: keine Frau ist an Bord. Eine Gruppe von Mönchen sitzt mit Pilgern zusammen, die Gespräche sind lebhaft. Wer aus der Welt von draußen kommt, findet bald einen Partner zur Unterhaltung. Man erzählt von der Herreise und der Annäherung an das gemeinsame Ziel. Erwartung und Hoffnung werden durch Schilderung von Reisenden, die einmal dort waren, gedämpft: Wer kennt die Seele des Athos? Bald öffnet sich das Geheimnis des Heiligen Berges, das Fremde wird uns vertraut, so ungewöhnlich es ist. In das hügelige Land hat sich nicht weit von der Küste ein Kloster eingenistet, die Nea Thebaide, genannt nach dem ersten Gebiet christlicher Mönche, der Thebais in Oberägypten. Hier lebt kein Mönch mehr, hat vielleicht nie einer gelebt. Der Bau wurde eingestellt, als Rußland 1914 den Krieg gegen Österreich und Deutschland zu führen gezwungen war.

Jedes Kloster besitzt am Ufer seine Arsana, seine Schiffslände – ein Turm, von Zinnen gekrönt, ein Bootshaus, manchmal eine nicht mehr benutzte Mühle, eine kleine Kapelle und eine brüchige Mole: so sieht die Arsana des bulgarischen Klosters Zográphou aus, das weiter landeinwärts liegt. Die Klöster sind wie Perlen am Saum der Unendlichkeit aufgereiht: Dochiarîou, im zehnten Jahrhundert gegründet, mit seiner kleinen Arsana, mit der überkuppelten Kirche und dem aufgereckten Turm, den das Kloster, wie jedes andere, zur Verteidigung gegen Piraten und Räuber gebaut hat. Dann Xenophóndos, dicht an der Küste, das ein ehemaliger Admiral des byzantinischen Kaisers stiftete, um hier seinen Tod zu erwarten. Jetzt werden Melonen und Pfirsiche, Kartoffeln und Kisten mit Eiern – auf dem Athos gibt's keine Hühner! – ausgeladen und einige Pfund Kaffee. Die Schwarzen Engel gehen vom Schiff, andere klettern, recht gewandt, an Bord, beten, wenn das Boot wieder ablegt, schlagen, wie sie es immer tun, ihr Kreuz, singen wohl auch eine kleine Strophe. An Deck sind sie, wie Griechen es sind, lebhaft in Rede und Gegenrede, Scherz bringt Lachen, jeder kennt jeden. Und als ›Schwarze Engel‹ bezeichnet man sie – wird dem Reisenden angedeutet –, weil ihr Mönchsgewand ›angelikon schema‹ genannt wird, das Engelsgewand, das ihnen die Würde der Demut gibt. Mit ihnen wird der Farbenklang des Heiligen Berges das erste Erlebnis: Schwarz das Gewand und die zylinderartige Kopfbedeckung, dazu das leuchtende Grün der Wälder, das Blau des Meeres mit seinem goldenen Sonnengeflimmer und das Weißgrau des fernen Athos, des Berges, der den Blick auf sich zieht.

Wenn der Athos sich gegen Mittag von seinen Wolken befreit, erlebt man die Stille, die alles Persönliche aufhebt. Die Landschaft wird mehr als Erfahrung, sie ist ein Ereignis. . . Wie eine unbesteigbare Pyramide steht am Horizont dieser Berg, weit und groß, eine

Silhouette des unerschütterten Glaubens, dessen Symbol er ist. In seiner marmornen Wirklichkeit ist er das Wunder! Zu seinen Füßen breitet sich das Land mit seinen waldreichen Tälern aus: es ist der Jungfrau Maria geweiht, die hier als allheilige Gottesmutter verehrt wird. Es ist ihr Paradies, in das sie, wie die Legende erzählt, einst ihren Fuß gesetzt haben soll und das seitdem keine Frau mehr betreten darf. Die Mönche haben diesen Garten der Gottesmutter, als wären sie Gärtner im Dienst des Allmächtigen, seit mehr als tausend Jahren unverändert bewahrt: es ist ihr Paradies. Nur hier begreift man, daß die Welt ein Geschenk Gottes ist, eine Schöpfung, die wir mit unserem Ehrgeiz, unserem Fortschritt und unseren glücklosen Erfolgen, also mit dem, was wir unser Leben nennen, verunstaltet haben.

Man muß auch erst Erfahrungen sammeln, erklärt uns ein Mann aus Iserlohn, der schon hier war und noch zögert zu sprechen: . . . *wie man wandert, Rast macht, sich besinnt und einkehrt – einkehrt bei Menschen, die in der Heimat unter dem Himmel leben. . ., und kommt doch zu sich selbst. Man muß das Wesen erleben, sich einleben in die Symbole und Bilder, in denen das Wesen aus sich herauslebt – außer sich lebt und doch ein Geheimnis bleibt, das sich verklärt. Manches läßt sich auch gar nicht erklären, kann gar*

Das Kloster des Heiligen Panteleîmon

nicht verstanden werden, weil es kein Wissen vermittelt, keine ›Begriffe‹ hat und kein Denken voraussetzt, sondern den Glauben erneuert. Wir müssen erst wieder beten lernen. . ., sonst bewundert man nur die Landschaft, den Berg, so unvergeßlich sie sind, und die malerischen Klosteranlagen, und das Besondere wird zur Staffage. Die Mönche? *Ja. . ., sind echt!*

Die goldenen Kreuze und die grünen Kuppeln des russischen Klosters Panteileîmonos gleiten vorüber – des Róssikon, so nennt man es auf dem Heiligen Berg. Wie eine kleine Stadt hat es sich in das Waldland gelagert und seine grauen Pilgerkasernen dicht an das Ufer gestellt. Das Schiff fährt vorüber und legt kurz danach beim Hafendorf Daphni an: eine zufällige Ansammlung von Häusern an einem steinernen Landesteg. Es gibt, wie man hört, dort ein Postamt, auch ein Wirtshaus, das ein Grieche mit einem guten westfälischen Deutsch unterhält – er war lange in Dortmund – und in dem man Bohnensuppe, Raki und einen türkischen Kaffee oder auch zwei bekommt. Nebenan werden Andenken und der übliche Kleinkram des Alltags verkauft. Der Bus steht bereit, Pilger und Gäste in das Innere des schmalen Landes, dieser letzten Halbinsel der Chalkidike, zum Hauptort Karyès zu bringen. Seit der Jahrtausendfeier von 1963 gibt es dieses moderne Fahrzeug – und so alt ist es sicher schon. Wir steigen ein.

Trotz aller Begeisterung, die früher hier Reisende uns mitgeteilt haben, stellt sich Unsicherheit ein. Fragen verstummen. Urteile und Vorurteile legen sich wie ein Hindernis zwischen die Wirklichkeit, die wir erleben wollen, und unsere Hoffnung, ihr auch gewachsen zu sein.

Urteil und Vorurteil

Der Athos sei eine sterbende Welt, so hört man es oft, weil das Leben dort nur Vergangenheit hat, die Mönche alt sind und junge Menschen den Dienst in einer religiösen Gemeinschaft nicht auf sich nehmen. Wer sucht schon Gott? Darum ist auch der Glaube leblos und ohne Zukunft. In solcher Weltabgeschiedenheit kann ein Leben nicht sinnvoll sein. Ein Tätiger setzt sich andere Ziele, er will etwas erreichen. Daß in den Klöstern am Heiligen Berge »die Priester ein sehr untaugliches und faules leben führen«, meinte Richard Pococke schon im achtzehnten Jahrhundert. »Wenn man sie mit einem politischen Auge betrachtet«, schrieb er, »so sollte man freilich von zwei bis dreitausend Menschen weit bessere Dienste für die Fortpflanzung der christlichen Religion in einem Lande, wo dieselbe von Tag zu Tag abnimmt, erwarten.« Westlicher Weltverstand blickte mit seinem ›politischen Auge‹ herablassend auf die orthodoxe Kirche, die Klöster, die Mönche und das Leben in den undurchdringlichen Wäldern. Reisende berichteten allerdings bedenkliche Einzelheiten. Manch einer hielt den Agion Oros – wie Charles Pouqueville um 1800 erfuhr und schrieb – für einen immerwährenden Schauplatz der Mißhelligkeiten und der Intrigen, wie sie auch im Phanar zu Konstaninopel üblich wären. Man beschäftige sich dort weniger damit, zu Gott zu beten, als vielmehr Ränke zu schmieden, um irgendwelche höheren Ehren als Metropolit zu erlangen oder womöglich den patriarchalischen Stab. In den Klöstern gäbe es viele Mönche, die verbannt, und Patriarchen, die vom Diwan, der Regierung des Osmanischen Reiches, abgesetzt worden wären. Und so käme es, daß dieselben Männer, die vom Athos herabgestiegen wären, um Ehren und Würden auf sich zu nehmen, manchmal betrübt zurückkehrten, um die unheilvollen Vorrechte, mit denen sie kurze Zeit die griechische Kirche gelenkt hätten, mit Tränen zu büßen. Außerdem galt der Athos derzeit als Asyl für Piraten und ›asoziale‹ Elemente.

»Nicht wenige«, stellte William Leake im Jahre 1806 fest, »welchen Alters sie auch sind, sind Flüchtlinge vor den Folgen ihrer eigenen Verbrechen oder vor türkischer Verfolgung, ob zu recht oder zu unrecht.«

August Grisebach ließ sich noch 1839 erzählen, daß die Holzhauer aus Makedonien wüßten, wenn man ihn beraube, jedermann den Piraten die Schuld geben würde. Der Mann aus Athen, der diese ›andere Seite‹ des Athos beschrieb, wollte nicht einmal für die Eremiten einstehen, unter denen wohl auch Männer wären, die einst wegen ihrer Missetaten auf den Athos flüchteten und die jetzt den Piraten entschiedensten Vorschub leisteten.

Derartige Erfahrungen ergänzte Julius Wiggers in seiner ›*Kirchlichen Statistik*‹, in der er bemerkte, daß sich trotz der äußerlichen strengen Zucht die Klöster im Morgenland in tiefem Verfall befänden, zumal ihnen die Zierde der Gelehrsamkeit und der gemeinnützigen Tätigkeit abgingen. So widersprüchlich solche Ansichten auch waren: im Verlauf des neunzehnten Jahrhunderts behauptete man vom griechischen Christentum und den Klöstern am Heiligen Berge oft, daß sie, am Maßstab des ›fortschreitenden‹ Westens gemessen, beide hinter der Zeit zurückgeblieben seien, also ihrem baldigen Tode entgegensähen – geschweige denn die Kraft hätten, sich von der türkischen Herrschaft und den eigenen Dogmen zu ›emanzipieren‹. Diese Urteile beruhten im Grunde auf einem Vorurteil, das die eigene Welt selbstsicher und selbstsüchtig für die beste hielt. Sie mußten in den Augen der Öffentlichkeit den Schein des Richtigen haben, da so viele Berichtende und auch die Historiker, unabhängig von einander, mit den gleichen Worten und den gleichen Metaphern die dortigen Zustände beschrieben. Christophilos Alethes veröffentlichte die »Ergebnisse persönlicher Erfahrungen während eines mehrjährigen Aufenthalts im Orient« 1854. Er stellte die orientalische Kirche mit ihren »prunkenden Aufzügen der Geistlichkeit«, ihrem »Aberglauben und Werkdienst« seinem »verständig-bemessenden, kalt-reflektierenden Jahrhundert« gegenüber: »darum macht das Ganze des griechischen Kirchenwesens auf den abendländischen Beschauer einen so traurigtoten, mumienhaften, grabhauchduftenden Eindruck«. Das ›Bild‹, das Alethes von den geistlichen Würdenträgern, den Klöstern und den Sitten und Unsitten des Klerus zeichnete, war voller Schatten. Denn »der allergrößte Teil der griechischen Geistlichkeit [ist] auf ihren pekuniären Vorteil so sehr bedacht, daß ihm andre Rücksichten, auch der heiligsten Art, dagegen wenig in Betracht kommen. Hört man von der Geldgier, mit der die ›heiligen Kaloyeren‹ des Athos sich der ergiebigen, geistlichen Einkunftsquellen, des Lesens der Seelenmessen, des Verkaufs der Reliquien, der Verhängung des Kirchenbannes usw. bedienen, liest man von Bischöfen, die türkischen Paschas schöne Griechenmädchen in die Hände liefern, und dieselben nicht reklamieren, sollte man sie selbst zur Apostasie« – dem Austritt aus dem geistlichen Stand – »verführen, lernt man geistliche Obere kennen, die ihren reichen Gemeindemitgliedern Bigamie und Trigamie erlauben, um selbst ein desto üppigeres Leben führen zu können . . ., dann wird einem allerdings darüber kein Zweifel bleiben, daß von ihnen ebensowenig eine Regeneration der Kirche ausgehen wird, als sie von der römischen Klerisei des fünfzehnten Jahrhunderts ausgehen konnte«. Doch zwei Merkmale fanden bei Alethes eine günstigere Deutung: die Verehrung der Panagîa, der Gottesmutter, die Christus gleichgestellt werde, habe der Frau und damit der Familie eine bewahrende Kraft verliehen und die Tatsache, daß die Kirche im Volk und das Volk in der Kirche aufgegangen sei. Und Alethes stellte die kritische Frage: »Ist die orientalische Kirche im türkischen Reich einer Emanzipation fähig?«

Als liberaler Katholik bewunderte Charles c^{te} de Montalembert zwar das abendländische Mönchtum und dessen geschichtliche Leistung, aber demgegenüber wären »die Mönche des Orients von Stufe zu Stufe in das Nichts« gesunken. Streng war sein ›politisches Auge‹ auf diese weltabgewandten Mönche gerichtet:

»Vom doppelten Einflusse der Hofluft und der theologischen Uneinigkeit berauscht, waren sie allen zersetzenden Einflüssen jener abgelebten Sozietät zugänglich, deren Hinfälligkeit« – man beachte die Metaphern – »den Despotismus zur Folge und zur Strafe hatte, wo die Verweichlichung allen Launen der Gewalt eine unwiderstehliche Herrschaft und allen ihren Exzessen eine beständige Straflosigkeit sicherte. Sie wußten weder die sie umgebende alte Gesellschaft zu bemächtigen, die Tag für Tag einen Teil nach dem andern vom Reiche losgerissen. Ebensowenig verstanden sie es, die zersetzenden Einflüsse des byzantinischen Geistes von der Kirche abzuwenden. Sogar die Grundlage des antiken Wissens entfiel ihren schwächlichen Händen. Und so ist es gekommen, daß sie nichts gerettet, nichts erneuert, nichts aufgerichtet haben. – Sie sind am Ende, wie der gesamte orientalische Klerus, Sklaven des Islam und mitschuldig am Kirchenschisma geworden.«

Wort und Metapher bestimmen das Urteil: Hinfälligkeit und zersetzender Einfluß, Exzeß und Despotismus – sie sind der Ansicht sehr ähnlich, die sich das liberale neunzehnte Jahrhundert vom ›ancien régime‹ des fürstlichen Absolutismus gebildet hatte. So war auch der ›*Brockhaus*‹ von 1882 zur Einsicht gekommen, daß »gegenwärtig die Mönche auf einer sehr niedrigen Bildungsstufe stehen und Ackerbau und Verkehr in Verfall geraten sind«. Er wies noch darauf hin, daß in diesem Jahr eine telegraphische Verbindung mit Saloniki eingerichtet worden sei: das müßte, so sollte der Leser glauben, der Mönchsrepublik eine bessere Zukunft bringen. Die Technik macht's. Auch Jacob Burckhardt, der den Fortschrittsglauben nicht ohne weiteres teilte, zweifelte, ob denn die byzantinische (!) Religion noch Religiosität wäre, »wo neben spitzfindigem dogmatischem Hader der Geistlichen die größte Veräußerlichung im pathetischen Symboldienst und Zeremoniell und eine despotische Entwürdigung des Menschen einhergeht«. Doch die Religion, fügte er hinzu, verdiene es, »das Salz der dortigen Erde genannt zu werden«. Auch der protestantische Theologe Adolf von Harnack hielt die morgenländische Kirche in kultureller, philosophischer und religiöser Hinsicht für ein versteinertes drittes Jahrhundert – als ob es in Glauben und Beten einen ›Fortschritt‹

gäbe. Was als strenges Beharren auf den rechten Glauben, den rechten Lobpreis Gottes – und das ist Orthodoxie – verstanden werden müßte, war für aufgeklärte Liberale geisttötende Form und wurde als starrer Schematismus verurteilt, dessen Siechtum nicht mehr aufzuhalten wäre. Joseph Muth schrieb es 1902. Das neunzehnte Jahrhundert stand wegen seines Fortschrittsglaubens im Gegensatz zur Orthodoxie, unsere Zeit umso mehr, weil wir zur eigenen Gegenwart kein Vertrauen mehr haben und wenig Hoffnung auf unsere Zukunft. Dieser Zweifel wird auch jetzt noch auf den Athos übertragen und die ›*Heimat unter dem Himmel*‹ als eine Stätte des Todes und als versteinert entwertet. Gegen dieses Urteil wandte sich Anton Baumstark:

»In der Tat ist schon ganz allgemein nicht leicht eine Vorstellung irriger als diejenige, welche in einer Alterserscheinung frühzeitigen Erstarrens ein bezeichnendes Merkmal des griechischen Christentums erblickt. Das Zerrbild des greisenhaften Byzantinertums, das eine überwundene Entwicklungsstufe der klassischen Philologie geschaffen hatte, gehört im allgemeinen der Vergangenheit an. Aber auch, ja ganz besonders auf dem Gebiete der Liturgie hat nicht baldige Erstarrung, sondern das reiche Leben einer fast drängenden Fortschrittlichkeit dem Christlich-Griechischen bis ins hohe Mittelalter das Gepräge gegeben.«

*

Die im neunzehnten Jahrhundert verbreiteten Ansichten entsprachen den Erlebnissen der Reisenden, die den Heiligen Berg besuchten. In den siebziger Jahren des vorigen Jahrhunderts wurde der Attaché der französischen Gesandtschaft in Konstantinopel, Eugène Melchior de Vogüé, in einem Kloster von Abt und Mönchen am Tor empfangen. Die schwarzgekleideten Brüder hatten ihr Haupt in Tücher wie in Trauerschleiern gehüllt. Sie führten den Gast unter Glockengeläut und psalmodierendem Gesang über den lorbeerbestreuten Hof, um in der Kirche für ihn ein Gebet zu sprechen. Doch ihm schien es eine unheilverkündende Feierlichkeit zu sein, als nähme er an seiner Beerdigung teil. Solche Erlebnisse fanden, in eine gedachte Wirklichkeit übertragen, Eingang in das wissenschaftliche Urteil, so daß die gesamte Orthodoxie als lebenslos und erstarrt, als dem Tode verfallen gekennzeichnet wurde. Und das ›Gespenst‹ von geisttötender Form und starrem Schematismus, das dem Siechtum preisgegeben sei, war nur das Kehrbild einer Zeit, die auch für uns schon Vergangenheit ist, und hat als Denkmotiv manchen Reisenden verstimmt.

»Seitdem wir unseren Fuß auf den Athos gesetzt hatten und von Kloster zu Kloster gingen, schliefen wir jeden Abend hinter den Zugbrücken mitten unter diesem traurigen Volk der Mönche. Es schien, als reisten wir vollends ins Mittelalter: in der Lawra« – dem 963 gegründeten Kloster – »kehrten wir nach Europa zurück: der alte christliche Glauben ist durchaus ein wenig krank, er stirbt in diesen Klöstern des Heiligen Athanásios. Es war ein Konvent der Koinobiten, heute ist es ein freies Kloster, in dreißig Jahren wird es kein Kloster mehr sein: die Mönche langweilen sich. . .«

Der dies, um 1860, schrieb, war ein ›*Philosoph auf Reisen*‹ – Antonin Proust und reiste unter dem Namen Barthélemy: er langweilte sich, sah nur das Sterben . . ., war aber nicht der einzige, der den Tod des Athos glaubte voraussehen zu müssen.

»Wie der gesamte Organismus der orthodoxen Kirche todkrank ist, so ist auch der Athos, als getreues Abbild der orthodoxen Kirche, ein Bild des Verfalls, der Zerrüttung, des geistigen Siechtums, der Erstarrung, des Moderns.«

Das war Lambert Ehrlichs Meinung, die er als katholischer Geistlicher in der ›*Vierteljahrsschrift für Wissenschaft, Literatur und Kunst*‹ veröffentlichte – sie erschien unter dem Titel ›*Die Kultur*‹. Und wieder dreißig Jahre später war Michael Choukas fest davon überzeugt, daß »die nächste Generation der Mönche dazu bestimmt sein dürfte, den Schlußstrich unter die stofflichen Überreste dieses größten aller menschlichen Experimente unseres Jahrtausends zu setzen und in ihr Heim und zu ihren weltlichen Besitztum zurückzukehren. Zu prophezeien, daß es innerhalb der nächsten Generation«, also bis 1969, »geschehen wird, wäre gewagt – nicht weil es nicht geschehen könnte, sondern weil es noch früher eintreten dürfte.«

Als diese Generation dahingegangen war, hatte Joachim Knoll das Gefühl, daß diese Klosterwelt zu Ende ginge: »Die Neuzeit klopft vernehmlich an die Pforte.« Unsere Welt dringt ein: im Kloster Vatopédi gibt es elektrisches Licht, in der Lawra zwei Stunden am Abend. Seit dem Krieg können die Klöster mit ihrem Hauptort, Karyès, telephonieren, fast jedes Kloster hat seinen Jeep . . . Hilft unsere Technik? Verändert sie Gebet und Liturgie? 1976 meinte eine Athener Zeitung, daß der Athos eine Totenstadt wäre und daß zur Jahrtausendwende wohl nur noch 44 Mönche auf dem Berge leben würden. Ein Synodalausschuß der griechischen Kirche hatte damals das beängstigende Datum für 1985 angenommen. Das Jahr ist vorübergegangen, aber neuerdings wollte die sozialistische Regierung Griechenlands aus Gründen der Rationalisierung und der Kontrolle den Klöstern ihr letztes Eigentum nehmen und damit, wie Karl Gustav Ströhm es ausdrückt, als »sozialistische Bürokratie die Axt an das geistige und kulturelle Erbe ganz Europas setzen«. Der Staat ist die Gefahr! Aber der Athos wird überleben. Der Sozialismus hat sich überlebt, er ist in Verfall geraten.

*

Den Grund für die stete Erneuerung der Mönchsrepublik gab vor 150 Jahren Jakob Philipp Fallmerayer an und erinnerte an den Heiligen Basilios, den Vater des ostkirchlichen Mönchtums:

»Die Republik des kappadozischen Basilios hat die vier Weltmonarchien der Apokalypse überdauert und durch die Tat bewiesen, daß sie ihren Lebenssaft aus geheimnisvoller Tiefe unseres Herzens saugt. Ihr Prinzip ist Negation, die in menschlichen Dingen weiter und sicherer führt als titanisches Selbstbestimmen und Vorwärtsschreiten.«

Für Fallmerayer war der Fortschritt, dem sich seine Zeit gläubig oder auch glaubenslos anvertraut hatte, ein kritischer Maßstab für die Menschen des Heiligen Berges. Und so berechtigt die Hoffnung war und durch die Jahrzehnte, die seitdem vergingen, bestätigt wurde: die Träger dieser Zuversicht, die Mönche, fanden und finden nicht immer das Urteil, das ihrem gemeinschaftlichen Wesen entsprach – heute weniger als zur Zeit des berühmten ›Fragmentisten‹, der den Athos liebgewonnen hatte. Man verstand die Entschiedenheit kaum, mit der diese schwarzen Engel in den Dienst der Arbeit, des Gehorsams und des Gebets getreten waren.

»Zu einer solchen Verfassung und Lebensart, wovon man sagen könnte, sie löse das Problem, die menschliche Gesellschaft in der einfachsten Naturform vor Augen zu führen, während sie zugleich das Menschlichste ihr versagt, hat die ganze Bevölkerung des Agion Oros sich frei entschlossen, indem niemand auf der Halbinsel geduldet wird, der sich diesen Vorschriften entgegenstellen wollte.«

Für August Grisebach, von dem dieses Urteil stammt, verbinden sich Freiheit und Zwang, das Freisein von dieser Welt mit dem strengen Gesetz, wie es nur eine heilige Gemeinschaft dem Einzelnen auferlegen und abverlangen kann. Wer aber meinte, unsere Welt, in der er angeblich aus freiem Willen handelt, gäbe dem Menschen die Freiheit, sah die Mönche in einem erbärmlichen, beklagenswerten Zustand und machte sich über sie lustig:

»... diese brabbelnden, elenden, Hammelfleisch hassenden ...« – man muß es englisch zitieren, was Edward Lear mit künstlicher Alliteration aussprach, dann kommt zur Verachtung der Hohn: »... these muttering, miserable, mutton-hating, manymal-making, mooking-mournful minced fish und marmelade-masticating monx« – mit ›x‹!

*

Zum geringen Verständnis gesellt sich zuweilen mangelnde Kenntnis, so daß das Vorurteil dazu dient, den Athos und seine Bewohner verächtlich zu machen. Eduard Zachariae berichtet über Gaspar d'Ansse de Villoison, der zwei Wochen auf dem Athos zugebracht hatte, aber die Ergebnisse seiner Untersuchungen nicht eher bekannt machen wollte, bis er alle griechischen Schriftsteller durchgesehen hätte. Er bezeichnet ihn, der als katholischer Missionar in der Levante wirkte, als »ganz unwissend, besonders im Griechischen, so daß fast kein Eigenname richtig geschrieben ist, ferner schrecklich fanatisch und voll Gift gegen den griechischen Klerus, glaubt daher und erzählt die unsinnigsten Märchen, sobald sie nur diesen nachteilig sind«.

... wobei das Urteil Zachariaes über Villoison nicht recht zutrifft: Villoison war ein Kenner des Altertums und hat, wie Charles Pouqueville schon geschrieben hatte, mit seinem Urteil über den Athos so unrecht nicht. Ihm schien das mönchische Dasein überhaupt nutzlos zu sein. Fallmerayer wollte es deshalb anderen überlassen, »vom stereotypen, toten Buchstaben der Athos-Konstitution zu reden und mitunter zu berechnen, wieviel eine Gesellschaft an Kraft und Wert verliere, sobald sie sich außer dem Bereich des Fortschrittes, der stetigen Verbesserung und des abendländischen Wandelprinzips gestellt« hätte. Was Fallmerayer rechtfertigte, zitierte Montalembert als landläufigen Vorwurf gegen das Mönchtum im allgemeinen, daß es nämlich »unleidlich« sei, »wie freie, adelige, gesunde und rüstige Männer, denen alle Freuden und Genüsse dieser Welt zu Gebote stünden, sich zu einer so harten und empörenden Lebensweise verurteilen können«.

Hier auf dem Athos gäbe es, meinte auch Joseph Muth, keine Selbständigkeit des Denkens, alles sei Stillstand und Erstarrung, in der das rechte Leben und die wahre Lebensauffassung fehlten. 1913 schrieb der schon einmal zitierte Lambert Ehrlich:

»Ist es vernünftig, daß so viele physische Kräfte sich dem Nichtstun überlassen? Ist es zu entschuldigen, wenn auf dem Athos so viele Talente, so viel Energie, so viele Arbeitskräfte brachliegen? Es ist kein Leben der Mühe, der physischen Anstrengung, der Arbeit, der Sorgen, der rastlosen Tätigkeit, sondern ein Leben der eintönigsten Einförmigkeit.«

Die Mönche wären doch Faulenzer, nur Schmutz und Aberglaube gäbe es auf dem Athos, und das seien die Feinde des Fortschritts, ließ sich Gerhart Pohl in Thessalonike sagen. Nur Nützlichkeit und die Fähigkeit, sich in die Entwicklung wie in die Mechanik einer Maschine einzuordnen, galt – und gilt? – als Maßstab des Urteils über die Menschen, nicht Sinn, sondern Brauchbarkeit. Nicht wir haben ein Urteil zu fällen: das Urteil ergeht an uns. Der Athos rückt das Urteil über die Welt, in der wir leben und aus der wir zum Athos kommen, zurecht. Denn Ehrgeiz und Fortschritt könnten die Todesengel unserer Gesellschaft sein.

»Was tut es«, überlegte Karl Eller, »wenn heute auch manche Mönche die letzte Intention zur göttlichen Hinwendung nicht mehr aufbringen, wie gerade von anderen Autoren immer wieder festgestellt wird? Zutiefst habe ich es erfahren, daß ein ernsthaftes Bestreben zur Nachfolge Christi den Geist dieser Mönchsgemeinschaft bestimmt. Darum kann man nicht von einem Ende der Mönchsrepublik sprechen, wenn auch die zeitlichen Verhältnisse ihre Wellen bis in das Innere des Athos hineingetragen haben.«

*

Man sollte den Athos die große Alternative zu unserer Welt oder als reale Utopie bezeichnen – Heterotopie ist bei neueren Philosophen dafür der Begriff. In seiner Kritik des Berichts über den Athos von Domenique Papéty, dem er Fehler nachwies, nannte Alexandre Napoléon Didron die Gemeinschaft des Heiligen Berges eine christliche Phalansterie. Er spielte damit auf das vieldiskutierte Programm des Charles Fourier an. Dieser Sozial-Utopist hatte in einer ›Kreuzung‹ der spartanischen Phalanx mit dem ›monastère‹ die Phalansterie als eine Lebensgemeinschaft gefordert, die nach dem Prinzip der Lust ihre Arbeit regelt und das, was sie benötigt, produziert. Papéty galt als ein ›Partisan‹ dieser sozialistischen Lehre vom künftigen Heil. Und in

Ambrosius Holbein: Titelbild zur ›Utopia‹ des Thomas Morus

der Tat: die Mönche bestreiten ihren, wenn auch kärglichen, Lebensunterhalt selbst. Heinrich Brockhaus hielt die Heilige Republik für ein Vorbild der *›Utopia‹* des Thomas Morus und versuchte eine Denkschrift zu rekonstruieren, die auf Grund eines Berichtes über den Athos verfaßt sein könnte, um dem Lateranischen Konzil von 1515 vorgelegt zu werden: man hoffte, mit ihr die Reform der Kirche voranzutreiben, und stellte das Ideal einer religiösen Gemeinschaft auf. Und der Holzschnitt des Ambrosius Holbein macht durchaus den Eindruck, als wären in ihm Schilderungen des Heiligen Berges wiederzufinden. Mit den *›Entzückungen des Klosterbruders vom Berge Athos‹* – sie sind sicherlich fingiert – entwickelte Ernst Barthel ein utopisches Programm:

»Es ist doch vollkommen klar, daß ein Volk, dessen Einwohnerzahl die Ertragfähigkeit des Bodens übersteigt, entweder zum Teil verhungern oder Krieg führen muß. Gott aber verabscheut den Krieg. Daher kann er nicht befohlen haben, daß sich die Menschen über alle Vernunft vermehren.«

Eine sich selbst beschränkende Wirtschaft, die in harmonischer Arbeit aller Bewohner betrieben werde, gäbe es jedoch auf dem Athos, meint unser ›Klosterbruder‹, der vorgibt, in Vatopédi einsam zu leben. Er entwirft außerdem ein Bildungsprogramm, das die Kinder von Unlust und Zwang befreien soll:

»Die Schule dürfte nicht mehr eine Kaserne sein, aus der alle ästhetische Freude verbannt ist, sondern sie müßte eine Vorschule der Welt selber werden, in welcher Höflichkeit, gegenseitige Duldsamkeit und Liebenswürdigkeit mehr gelten als Herrschen und Beherrschtwerden ... Unsere Athoswissenchaft ruht noch im Schoße einer schönen Zukunft, ich sehe sie im Geiste vor mir, wie sie edel und tief geartet die Mängel der europäischen Akademikerwissenschaft vermeidet.«

Ernst Barthel, Lebensphilosoph und Psychologe, hatte Fallmerayers *›Fragmente aus dem Orient‹* gelesen, als er seine Kritik an der Zeit vor dem Hintergrund des Heiligen Berges schrieb, um einen Ausweg aus den bedrängenden Verhältnissen seiner Gegenwart zu zeigen. Seinen Alterssitz in Oberkirch im badischen Schwarzwald nannte er *›Sacro Monte‹* – welche Alternative würde er in den neunziger Jahren unseres Jahrhunderts beschwören?

Schon Fallmerayer hatte abendländisches Gelehrtentum, dem er skeptisch gegenüberstand, mit der Unwissenheit der Mönche kritisch in vergleichende Beziehung gesetzt, weil er diesen Überrest attischer

Demokratie vom modernen Staat und dem Unwesen der politischen Institutionen unterschieden wissen wollte. Ist denn, so könnte – oder sollte? – man fragen, Unwissenheit nicht vielleicht das Glück und die Freiheit von unserer Staatenwelt nicht erst das wahre Leben? Attische Tugend ist die Freiheit von Knechtschaft und Herrschaft! Das hatte Nikephóros Gregóras, der im vierzehnten Jahrhundert lebte, geschrieben. Fallmerayer stimmte ihm zu, und Erhart Kästner nannte den Athos die Mitte der Machtlosigkeit. Dann ist der Athos der ruhende Pol im Strudel der Welt, die Nabe des Rades, um die sich die Welt dreht, selbst aber ohne Bewegung ist. Bewegung ist Fortschritt, der mit immer komplizierterem Räderwerk doch an kein Ende kommt. Staatsgewalt ist das Getriebe, das niemals stillsteht. Das Ideal aller Bewegung ist Ruhe, Ideal allen Wissens die ›docta ignorantia‹. Der Fortschritt bringt die Unwissenheit in Verruf und zwingt jedes Wissen in seinen Dienst. Doch Wissen bringt Zweifel, der Fortschritt wird keine Freiheit von Knechtschaft und Herrschaft bringen. Wissen bringt Sorgen.

»Der Sorgen, der Studien«, setzte Fallmerayer seine Betrachtung fort und widersprach seinem jüngeren Zeitgenossen Julius Wiggers, »der Sorgen, der Studien, des Lernens ist bei uns kein Ende! Wie glücklich ist dagegen der Orient! Dort gibt es keine Akademien, keine fortschreitende Bildung, und niemand liest ein Buch . . .« Er gab allerdings zu, daß die Form den Geist übermannt hätte. »Und erst, wenn ihr diese eherne Hülle zerbrochen habt, greift abendländische Aktion byzantinische Gemüter an.«

*

Der im Westen ausgebildete Kunstgeschmack durchdrang diese Hülle nicht. Vor den Bildern in den Kirchen und vor den Ikonen an den Bilderwänden, den Ikonostasen, blieb die Kennerschaft ratlos oder in ästhetischen Vorurteilen befangen: »Schrecklich und entsetzlich genug«, meinte der Protestant Nathaniel Pischon zur Zeit eines Friedrich Overbeck, »sind die Malereien an und in den Kirchen des Athos, bringen aber selbstverständlich auf den gebildeten Besucher in ihrer Fratzenhaftigkeit entweder gar keinen oder einen komischen Eindruck hervor. In der Regel pflegen die Heiligen und Seligen wie durch Fasten und Beten gänzlich abgemagerte Skelette mit den grämlichsten Gesichtern dargestellt zu sein, während die schwarzen Teufel mit den Gemarterten wild und lustig in den Flammen umherspringen.«

Wer von den Reisenden wie August Grisebach nur den Pflanzen und dem Wetter oder wie die Altertumsforscher nur den Handschriften antiker Autoren seine Aufmerksamkeit zuwandte, sah sich die Malereien meist gar nicht erst an, sie waren der Rede nicht wert. Grisebach fand sie abscheulich. Als erster zeichnete Domenique Papéty nach den Fresken im Protâton von Karyès und im Katholikon der Lawra. Unter Hinweis auf ihn, der »das erhabene Genie des Pansélinos in dieser vergessenen Ecke der Erde bekannt gemacht habe«, urteilte Antonin Proust und bald auch der Abbé Duchesne. In Antonin Proust erkennen wir den ›Philosophen auf Reisen‹ wieder, den Antonin Barthélemy: er war ein Freund des damals noch unberühmten Edouard Manet. Er lobte den Pansélinos und dessen ausgesprochenen Geschmack, der durch das Studium der Antike gebildet worden sei, und meinte, daß die Mönche vom Berge Athos versucht hätten, »es immer so zu machen wie Pansélinos, ohne irgendwelche Veränderungen und ohne durch das Studium der Natur, die das Leben zurückgibt, ihre Gestaltungskraft zu erneuern«. Und das Studium der Natur galt in Paris als Grundlage der neuen Malerei, weil man die akademische Tradition als schales Unterrichtsprinzip, die Romantik aber als Seele ohne Körper bezeichnete. Der Realismus war an der Tagesordnung und schien das Ziel allen Fortschritts zu sein. So mußte diese Kunst auf dem Athos als fade Mittelmäßigkeit verurteilt werden, die mechanisch wiederholt wurde und daher ohne Leben und Seele sei. Die Kunst war tot.

*

Die Stimme des alten Byzanz bleibe für immer stumm, glaubte Georges Rémond 1920 und nannte den Heiligen Berg die »große Harfe, die Byzanz zwischen Himmel und Erde aufgehängt hat, um für alle Zeiten den Lobgesang Gottes anzustimmen«. Ob er in der Orthodoxie noch vernommen werde? Nur unter den Kuppeln des Athos würde noch ein Echo von den Mönchen erweckt. Hermann Gstrein »hatte die wohnliche Wildnis des Heiligen Berges samt ihren verwilderten Bewohnern schätzen –, aber nicht die Misere verwunden gelernt, die ihn in den meisten Athosklöstern abgestoßen« hatte: »verwaiste Kirchen, wo da und dort aufgeblasene Pharisäer posieren, verluderte Junggesellen in verlotterten Kemenaten, ein Häuflein kleinlicher Krämerseelen und weinerlicher Seelenkrämer« lebten.

Gegensätzliche Vorurteile kommen zur gleichen Klage. Die Schatten unserer Welt scheinen das Licht des Athos verdunkeln zu wollen, weil mancher es nur schwer erträgt, daß das Unverständliche sich seinem Verstehen nicht unterwirft. So urteilt er nach Erfahrungen, die er nicht hat, und bringt die alten Ansichten in neuem Gewande vor: Gewinnsucht, Prostitution, Kidnepping oder die ›Instandbesetzung‹ eines Klosters. Statt der Piraten wären die Juden gekommen, meinte Lambert Ehrlich schon 1913. Mißgünstig gestimmt, glaubte auch Michael Choukas die Anschuldigungen bestätigt, daß in den Klöstern »Verkäufer von Narkotika, Verkäufer und Käufer von menschlichem Fleisch, Verstecke von Alkoholismus und systematischer Übung in Menschenhaß und mörderischem Streit, ebenso Bande von Betrügern, deren Erfolge selbst den Neid der modernsten und internationalsten Händler dieser Art erregen würde«, zu finden wären. Hat man es also bei den Mönchen doch mit gewöhnlichen Menschen zu tun, die von den Symptomen der modenen Welt befallen sind? Der Vorwurf bleibt der gleiche, wenn ihn auch ein ›Sonderbeauftragter‹ der kirchlichen Behörden vorbringt, so daß es den Anschein hat, als träfe er zu: »Unsittlichkeit, Unbildung und Unsauberkeit« seien vor allem in Vatopédi zu Hause: »Einige Mönche gehen ihren homosexuellen Neigungen nach. Bei anderen handelt es sich um Betrüger, die sich als Mönch ins Kloster eingeschlichen haben, um an die Schätze heranzukommen.« So stand's in der ›WELT‹, die den Athos als einen *›Berg der Skandale‹* apostrophierte.

Der Patriarch wollte daraufhin junge, theologisch gebildete und sittlich einwandfreie Mönche aus anderen Klöstern nach Vatopédi entsenden. Aber hinter ihren Barrikaden verteidigten sich vier Mönche gegen den Vorwurf: nur Lügen hätte man über sie verbreitet. Trotzdem blieb die kirchliche Behörde bei ihrem Urteil: »Das Vatopédi-Kloster, dieser Stall des Augias, muß kräftigst ausgemistet werden.« Ein ›Herkules‹ wird es schaffen. Zur gleichen Zeit galten die Mönche als ›kompromißlose Religionsfanatiker‹ einer ›rückständigen‹ Mönchsrepublik: sie wollen kein Geld von der Europäischen Gemeinschaft annehmen, nicht einmal vom griechischen Staat lassen sie sich Straßen zwischen den Klöstern anlegen, weil dann mit den Autos auch die Touristen kämen und – wie Nathaniel Pischon vor Jahrzehnten schon fürchtete – »das Asyl weltmüder Anachoreten in einen Schauplatz des lärmenden Alltagsverkehrs der zivilisierten Welt« verwandelt würde.

*

Aufklärendem Denken, das der Vernunft einen bilderlosen Altar errichtet, ist die Absonderung von der Welt ein Sakrileg gegen das Leben, also verwerflich, mindestens unverständlich. Nur Fallmerayer rechtfertigte diesen Zustand, aber er machte ihn zur Idylle.

»Warum haben sich die Väter und Brüder, diese Einsiedler, die – fromm auf ihre Weise – die äußerste Demütigung leisten, von uns und dem wahren Weg abgesondert?« fragte der katholische Geistliche Alexandre Neyrat 1878 voller Sorge. »Diese athonitische Gemeinschaft hat eine Schläfrigkeit und eine solch krankhafte Mattigkeit, daß sich, so Gott will, und nur mit der Hoffnung Pius IX. – durch seinen Kult der Muttergottes – ihre Augen öffnen werden, um dadurch das griechische Volk, das sich von uns abgewandt hat, emporzuheben und zu seiner wahren Quelle zurückzuführen.« Doch gerade das Dogma von der Himmelfahrt Mariae mußte den Christen der orientalischen Kirche ein Beweis für die katholische Häresie sein.

Der orthodoxe Christ bleibt in westlichen Augen ein ›Abgesonderter‹. Und wer sich absondert, wer ›aussteigt‹ aus der westlichen Gesellschaft, gerät in den Verdacht, unlautere Zwecke zu verfolgen. Dann wird das Befremdliche abgelehnt und das Unannehmbare unangenehm: es gibt nur kleinliche Krämerseelen und weinerliche Seelenkrämer, wie Hermann Gstrein seine Erfahrung auf dem Athos zu einem Wortspiel gerinnen läßt. Vielleicht hat nur einer, der den Athos nicht kannte, das wahre Urteil gesprochen: Immanuel der Große, der Königsberger Kant, in seiner *›Kritik der Urteilskraft‹:*

»Noch ist anzumerken, daß . . . doch auch die Absonderung von aller Gesellschaft als etwas Erhabenes angesehen werde, wenn sie auf Ideen beruht, welche über alles sinnliche Interesse hinweg sehen. Sich selbst genug sein, mithin Gesellschaft nicht zu bedürfen, ohne doch ungesellig zu sein, das ist sie fliehen, ist etwas dem Erhabenen sich Näherndes, sowie jede Überhebung von Bedürfnissen.«

Und der Heilige Berg *ist* ein Reich des Erhabenen! Theodor Däubler nannte ihn einen Hort im sturmbestrichenen Osten unserer bewegten Christenheit, einen Ort der Rast, Georges Rémond eine Harfe zwischen Himmel und Erde, Fallmerayer den Walddom der anatolischen Christenheit, aber Erich Feigl die *›Vorhölle zum Paradies‹*. Der Athos erträgt viele Namen. Wir nennen ihn die *›Heimat unter dem Himmel‹*. Und die Wandertage im Garten der Gottesmutter gelten, wie Gerhart Pohl überzeugt war, »der nüchternen Prüfung, ob unsere überlieferten Werte, die fraglos göttlichen Ursprungs sind, hier tatsächlich fortleben und aus einer besonderen Sendung die Kraft zu Vorbild,

Tröstung und eigenen neuen Impulsen dem absinkenden Europa zu geben vermöchten«.

Es geht nur darum, zu sich selbst zu kommen und sich im wahren Sinne des Wortes zu ›erinnern‹. Dann wird das Hindernis der Vorurteile überwunden sein, das uns bei der Herfahrt einen Augenblick Einhalt gebot.

ALETHES, 37 ff. – BARTHEL, 6 und 12 ff. – BARTHÉLEMY, 295 – Anton BAUMSTARK: *Vom geschichtlichen Werden der Liturgie,* Freiburg i. Br. 1923, 88 – BROCKHAUS (→ Lit.-Verz. 3 a), 298 f.; vgl. C. FINK, in: Historisches Jahrbuch, 1950, 237 – Jacob BURCKHARDT: *Weltgeschichtliche Betrachtungen,* hrsg. von Rudolf STADELMANN, o. J., 79 – CHOUKAS, 292 – DÄUBLER, 24 – DIDRON, 7, 47 – DUCHESNE, 392 ff. – EHRLICH, 136 ff. und 289 – ELLER, 34 – FALLMERAYER, Bd. 2, 53, 121 und 126 – GREGÓRAS, 198 – GRISEBACH, 234 und 334 f. – GSTREIN, 24 – Adolf von HARNACK: *Die Entstehung der christlichen Theologie und des kirchlichen Dogmas,* Freiburg i. Br. 1903, 536 f. – KÄSTNER, 40 – KANT: *Kritik der ästhetischen Urteilskraft,* in: Werke, hrsg. von Wilhelm WEISCHEDEL, Bd. 5, 267 – KNOLL, 342 f. – LEAKE, Bd. 3, 137 – LEAR, 54 f. – Charles Forbes DE TYRON, c[te] DE MONTALEMBERT: *Die Mönche des Abendlandes vom h. Benedikt bis zum h. Bernhard,* deutsche Ausgabe von Karl BRANDES, 5 Bde., Regensburg 1860/68, Bd. 1, 116 und 133 – MUTH, 654 – NEYRAT, 228; vgl. DE MEESTER, 99 f. – PISCHON, 31 und 82 f. – POHL, 12 und 23 – POUQUEVILLE, Bd. 1, 294 f. – PROUST (pseud.: Barthélemy), 116 und 124 – RÉMOND, 303 – STRÖHM, in: DIE WELT, 28. Januar 1986 – VOGÜÉ, 291 – DIE WELT, 23. Februar, 27. April und 16. Juli 1981 und 1. Juli 1986 – ZACHARIAE, 227; zu d'Ansse de Villoison vgl. Renata LAVAGNINI: *Villoison in Grecia, note di viaggio (1784–1786),* Palermo 1974 (mit der editio princeps der ›*Note di Viaggio*‹), 7: Villoison reiste von Konstantinopel in Begleitung Choiseul-Gouffiers, um im Auftrag des französischen Königs den Athos zu erkunden.

Annäherungen

Früher hier Reisende begleiten uns auf dem Weg in die Vergangenheit, die auf dem Heiligen Berg noch gegenwärtig zu sein scheint. Wir erleben mit ihnen den Athos in unserer Zeit, gewinnen Einsicht in das Unwandelbare und verstehen den zeitlosen Charakter des Agion Oros.

Wir begegnen zuerst dem Orientalisten Joseph Dacre Carlyle, der 1801 beim Kloster Vatopédi an Land ging, um hier und in anderen Klöstern griechische und syrische Codices des Neuen Testaments für eine kritische Ausgabe, die er plante, zu untersuchen. Der britischen Botschaft in Konstantinopel war er als Kaplan zugeteilt. Botschafter war Lord Elgin and Kincardine, der sich meist beim ›Zeichnen‹ nach antiken Skulpturen in Athen aufhielt und nicht wußte, wie berühmt er dereinst für Archäologen und Kunstkenner sein würde. Die Überfahrt in dem Kaik von Lemnos her war so stürmisch gewesen, daß die kleine englische Reisegesellschaft hatte fürchten müssen, ihr Ziel nicht zu erreichen. Aber Gott ließ es zu.

»Als wir den Toren uns näherten, fanden wir es eher einer Festung als einer friedvollen Wohnung von Mönchen ähnlich. Die trotzigen Mauern waren mit Türmen versehen, und viele Kanonen starrten aus den Schießscharten heraus. Das äußere Tor war zweifach mit Eisen beschlagen: ein langer, dunkler und windiger Gang, in dem auf Lafetten zwei Kanonen standen, führte uns weiter, und drei andere Tore waren mit Schlagbaum und Riegel gesichert. Alle Mönche und Laienbrüder hatten sich in der großen Kirche versammelt. Der Prinzipal wurde von unserer Ankunft in Kenntnis gesetzt, einer der Vorsteher wurde zu uns geschickt. Er bat uns, nachdem er unseren Brief des griechischen Patriarchen von Konstantinopel gelesen hatte, ein paar Minuten zu warten, bis der Gottesdienst beendet wäre und der Abt (oder Hegoúmenos) uns zur Begrüßung empfangen würde. Das Betragen der Mönche war im allgemeinen gastlich und freundlich: während unseres Aufenthalts von fünf Tagen schienen sie es zu bedauern, daß sie wegen der Vielzahl der unzivilisierten und lärmenden Pilger, die sich zur Heiligen Woche versammelt hatten, daran gehindert waren, uns größere Aufmerksamkeit zu schenken. Zu Ostern waren mehr als fünfzehnhundert Pilger hier, die im Klosterhof aßen – hauptsächlich Albaner, Bulgaren und walachische Griechen.«

Sie waren gekommen, um die Reliquien des Klosters zu verehren, vor allem den Gürtel der Jungfrau Maria, der in einem großen, edelsteinverzierten Behälter verwahrt wird: ein Stück vergilbter Leinwand. Dacre Carlyle schien es, als ob die Christen in den benachbarten Provinzen der Türkei, wenn sie eine Summe Geldes erworben, oder auch Piraten, wenn sie eine Beute gemacht hätten, zum Heiligen Berg pilgern, wo sie nicht nur durch eine Abgabe von ihrem Erwerb Vergebung der Sünden erhielten, sondern sich auch durch das ohrenbetäubende Läuten der Glocken, die Pracht der Kirchen und der Reliquien erfreuten.

*

Um an diesen Strand des Weltvergessens zu kommen, waren damals – wie heute – Erlaubnisse und Genehmigungen, Empfehlungen und stets das Diamonitirion nötig, mit dem das Gastrecht in den Klöstern erworben wurde. Doch die ersten Stunden auf dem Heiligen Berge waren nicht selten verwirrend und die Eindrücke sogar befremdlich. Für den, der hier ankam, war alles neu. Im August 1839 landete August Grisebach, der aus Göttingen angereist war, beim Kloster Pantokrátoros, dem Nachbarkloster von Vatopédi. Während der Bootsfahrt von Lemnos her hatte er sich in heiterer Morgenstunde des Anblicks der frisch-grünen Waldungen erfreut und den Berg gesehen, »der, dem Anscheine nach ganz unersteiglich, bis etwa zur halben Höhe mit Wäldern umgürtet, unerwartet aus dem ebenen Kamm des heiligen Waldes hervorsteigt und auf der anderen Seite von dem Fuß seines Vorgebirges eine flache grüne Erdzunge ins Meer zu senden

Diese in der Bibliothèque Nationale in Paris aufbewahrte Zeichnung muß die Vorlage eines Holzschnitts gewesen sein, der der griechisch-lateinischen Ausgabe des Reiseführers von Johannes Komnenos als Titelbild voransteht. Mit mehreren anderen Texten diente dieser Druck dem Dauphin Louis, dem Urenkel Ludwig XIV., als Lehrbuch der alten Sprachen. Die Abbildung bot dem Zehnjährigen eine ›anschauliche‹ Vorstellung vom Heiligen Berge.

scheint, indem eine solche Gesichtstäuschung durch die eigene Wölbung der Küste bewirkt wird«.

Dreißig Jahre danach gab Mr. Beamont, der aus Cambridge gekommen war, in Pantokrátoros von seiner Reise Bericht, als er unten in der Arsana, dem kleinen Hafen zwischen den starren Felsen, auf die Erlaubnis wartete, ins Kloster hinaufzugehen. Die Cholera durchzog Europa, und in der Türkei wurde in diesem Jahr, 1862, strenge Quarantäne gehalten. Nur der türkische Aga in Karyès konnte die Erlaubnis geben. Das dauerte Stunden, und Mr. Beamont hatte schon die vergangene Nacht auf dem Boot zugebracht, er erzählt:

»Bei Anbruch der Dämmerung kamen wir näher und näher zum Berg, dessen oberste Spitze mehr als sechstausend Fuß über unseren Köpfen majestätisch aufstieg. Die weißen Streifen von Schnee, noch zu Beginn des August in seinen Spalten erkennbar, standen in malerischem Gegensatz zu dem üppigen Grün der klösterlichen Farmen und dem dichten Laubwerk des Urwalds, aber im Einklang mit den weißen Mauern, in denen der Gesang der Betenden und der tägliche Lobpreis zu Ihm aufsteigen, der Berg und Tal, Schnee und Eis geschaffen hat.«

. . . bis endlich der Mönch auf seinem Maulesel aus Karyès zurück war. Es wurde schon dunkel, und der silberne Mond übersprühte die sanften Wellen des Meeres mit funkelndem Schein. Nun durfte Mr. Beamont zum Kloster hinauf. Freundliche Mönche empfingen ihn, und Daniel, der Gästepater, brachte ihm zur Erfrischung ein Täßchen Kaffee, ein Gläschen Raki und einen Löffel Marmelade, dazu ein Glas Wasser, wie er sie jedem Ankommenden zur Begrüßung reicht. Aus dem Fenster sah man den Athos wieder, der in der Mondnacht als dunkle Silhouette am Horizont lag – wie ein Riese, der schläft.

*

Der Oktober lag schon über Land und Meer, als Jakob Philipp Fallmerayer 1838 von Konstantinopel dem Athos entgegenfuhr, um das Kloster Dionysîou an der Westküste zu besuchen. Er hatte es durch seine Studien über das Kaiserreich Trapezunt kennengelernt: Kaiser Alexios Komnenos hatte es im dreizehnten Jahrhundert gestiftet. Auch Fallmerayer kam von Lemnos herüber und sah bald den Athoskegel, der dunkel aus den Fluten aufstieg.

»Abends erschreckte uns der Riese, er schien so nahe bei uns, hatte eine Nebelkappe auf dem Scheitel und hinter ihm zog grauliches

Gewölk mit der veilchenroten Sonnenscheibe in den Lücken. Über der bodenlosen Tiefe an seinem Fuße schwammen wir in die Finsternis. Es war mondlose Mitternacht, wogendes Meer, bedeckter Himmel und Strichregen, wie das Fahrzeug am Fuße des Riesenkegels vorüberzog ... Und als der Morgen graute, war das Phantom verschwunden, der Himmel trübe und das Fahrzeug auch schon Kap Kassandra vorüber.«

Nachts war es unmöglich gewesen, den reisenden Fragmentisten an der Küste des Heiligen Berges auszubooten. Er mußte den Weg von Saloniki über Land auf sich nehmen. Zwar sei der Weg, wurde ihm mitgeteilt, in drei Tagen zu schaffen, erfordere aber Mut und Geduld selbst für Leute, die im Orient keine Fremdlinge wären. Außerdem hätten Gewohnheit und fast täglicher Verkehr zwischen der Hauptstadt Makedoniens und dem Mönchsgebiet Etappen für den beschwerlichen Ritt festgelegt. Das Bergdorf Chortiát erreichte Fallmerayer am Abend des ersten Tages. Seine Bewohner hatten das Privilegium, die Reisenden auf Maultieren nach Karyès zu bringen. Hier verbrachte Fallmerayer die Nacht. Nach einem ermüdenden Ritt über Stock und Stein zum See Langasa, dann durch eine schattenreiche Platanenschlucht mit einem hellen Bach, den man zweimal durchwaten mußte, fand er in dem schönen Dorf Zaglibéri am Nordabhange des Chlumgebirges am nächsten Abend Quartier. Vor der Tür des Einkehrhauses saß das dreizehnjährige Töchterchen der Witwe, festlich geschmückt, zum Zeichen, daß man werben dürfte. Eduard Zachariae sah sie im gleichen Jahr, »im besten Staat mit Goldstücken behangen am Webstuhl, der im Hofe aufgestellt war; das arme Mädchen war als heiratsfähig zur Schau gestellt«. Kleines griechisches Schicksal im Vorübergehen ... Die letzte Etappe war das Dorf Iérissos, nah dem Bereich der Mönchsrepublik, dessen ›grüne Grenze‹ nun nicht mehr weit war. Begeistert von der ihn umgebenden Waldnatur, ruft Fallmerayer den Wandernden zu:

»Zündet auf Athos die Wälder an und fället die Urwaldriesen von Ravannikîta, bald wird mit der grünen Herrlichkeit auch der Bach versiegen, wird der Mastixbaum verdorren, und ihr habt die Künste unserer Zeit über ein unentweihtes Labyrinth gebracht, habt den Sitz des seligsten Entzückens mit Axt und Feuerbrand säkularisiert. Verwitterte, abgenutzte Seelen des Okzidents, nach Kolchis, nach Athos eilet, den Duft ewiggrüner Laubholzwälder atmet ein, wenn ihr noch der Erhebung fähig seid! Ach, wem ist die Kraft des Wortes verliehen, um die weinlaubbekränzten Ahornwälder in Kolchis und die Kastanienpracht am Tore des Agion Oros vor dem Hunger und dem mörderischen Stahl abendländischer Verfeinerung zu schirmen?«

Die Herrlichkeit dieser Wälder bot aber auch das Unheimliche. Als Fallmerayer zum Heiligen Berge ritt, bestand auf der Chalkidike noch die Gefahr, von Räubern überfallen zu werden. Er erzählt uns davon während einer Mittagsrast:

»Denn eben an dieser Stelle bestand zehn Jahre früher der Engländer Urquhart sein bedenkliches Abenteuer mit den Agion-Oros-Klephten. Die Räuber standen im Dickicht neben dem Brunnen und hatten schon ihre Gewehre angeschlagen, wie er eben aus derselben Quelle trank, an der wir unser Mahl verzehren. Bei diesem Wasser beginnt das eigentliche Mönchsrevier und der dem Weib verpönte, durch eine zweite, dicht und parallel hinter der ersten laufenden Gebirgswand von der Welt und ihren Sorgen getrennte Grund, ›Megala Vigla‹ oder die Große Warte genannt . . .« Unser Reisender bricht mit seiner kleinen Maultierkarawane auf. »Kaum ist man durch unwegsames Steingewirr hinter den dunklen Pinienvorhang gedrungen, ändert sich plötzlich die Szene: man tritt unvermutet mitten in die immergrüne Buschregion der Heiligen Oase: die Lüfte fächeln milder, und ein breit eingekerbtes Flußtal, von besonders prachtvollen

Das Kloster Vatopédi

Platanen beschattet, ladet unwillkürlich zur Niederlassung ein. Rechts aus einer Vertiefung, weniger als eine Stunde vom Strand, blickt mitten aus dem Wald und langwipfligen Zypressen das Mauerwerk und der Glockenturm der großen Slawenabtei von Chilandári hervor.«

Noch ließ es dem Reitenden keine Ruhe, Einkehr zu halten. Er eilte weiter. Erst nach Sonnenuntergang stieg Fallmerayer von seinem holzgesattelten Maultier und ging durch den gewölbten Torweg und die gastlichen Hallen dieses schön gemauerten und großartigen Mönchskastells: er war in Vatopédi angelangt. Pater Kaisarios, der Archontaris, begrüßte ihn auf die herkömmliche Weise: ein Glas Wasser, Konfitüre, Raki und Kaffee. Und der Fremde, der er noch war, aber seine Liebe zum Athos mitgebracht hatte, traf auf vom Leben und Leiden in der Welt Herumgetriebene und sprach mit einem Schiffskapitän von Lemnos, »der die Früchte weltlicher Betriebsamkeit im großen Vatopédi verzehrte« und ihm seine Lebensgeschichte erzählte.

»In der Jugend plagte er sich hart, kam oft nach Taganrog und litt Verfolgung durch Österreicher, Briten und Türken; die Zeiten waren schlimm, Erwerb verkümmert, ehrliche Leute überall gefährdet, besonders im Freiheitskriege, und man konnte Freund und Feind im Nebel des Archipelagus nicht immer genau unterscheiden. Pater ** hat sich zwar in der Hauptsache ebensowenig vorzuwerfen als der kaum vierzigjährige Pater Kaisarios, der Zwangsbote, der zwanzig Jahre im Patriarchat zu Konstantinopel Häscherdienste versehen, manchen Erzbischof und unzählige Vagabunden, liederliche Mönche, schlechte Zahler und Gesetzesübertreter im Weichbild von Stambul eingefangen und vor das Tribunal des ökumenischen Patriarchen geliefert hat. Der Mann war unerschöpflich an Anekdoten aus der Polizeichronik, kannte jedes Haus und alle Familiengeheimnisse zwischen den Sieben Türmen und Bojukdere . . .«

Als Gehilfe war dem Achontaris Kaisarios ein junger Mann aus Xanthi in Thrakien zugeteilt, den seine Gemeinde wegen allerhand kleiner Vergehen nicht mehr duldete und zur Besserung auf den Agion Oros verbannte. Schicksale waren dies alles, Merkwürdigkeiten und Lebensläufe, die sich hinter den schweigenden Mauern des Klosters verbargen. Sie geben dem später hier Weilenden einen Blick frei in die Wirrnis der balkanisch-orientalischen Welt, die keinem von ihnen die Ruhe gab, wenn ihn nicht – wie eine geduldig sorgende Mutter – die Gemeinschaft der Mönche aufnahm und in Demut das

Gewissen, die Weltliebe und den Eigensinn – unruhige Flammen, wie sie es sind – löschte.

Nach Vatopédi kam im August 1883 auch ein Literatur-Professor aus Oxford: Athelstane Riley. Er und sein Freund, der anglikanische Geistliche Edwin Brisco Owen, hatten die Fahrt von Konstantinopel nach Kavalla, dem Hafen an der thrakischen Küste, mit dem österreichischen Dampfschiff *›Calypso‹* unternommen, mußten aber, zusammen mit dem orthodoxen Metropoliten, von dort aus ein türkisches Schiff nehmen.

»Das Deck war gefüllt mit Türken und Griechen, die, ihr Gepäck und ihre Habseligkeiten ringsum, gemütlich Pfeife oder Zigaretten rauchten. Alle wollten nach Smyrna und mußten folglich einen Teil ihres Weges noch einmal zurücklegen, weil sie aus Saloniki gekommen waren, . . . aber was macht das schon, Zeit hat keinen Wert im Orient.«

Der Athos-Berg lag als graue Silhouette am südlichen Horizont, als das Schiff in der kleinen Bucht des Klosters Vatopédi ankerte. Ein Boot wurde herangerudert, das die Gäste und ihr Gepäck zum Landeplatz brachte. Die Sonne war untergegangen, im Dunkeln wanderten Riley und seine Begleiter zum Kloster hinauf, das dicht an der Küste liegt.

»Bei unserer Ankunft wurde das große Tor hochgezogen, und ein Mönch mit einer Wachskerze in der Hand ging uns voran. Es war schon völlig dunkel, und von unserer Umgebung konnten wir nichts mehr sehen, aber, immer dem Mönch mit der Kerze folgend, schien es ein Labyrinth zu sein, durch das wir geführt wurden. Erst durch Höfe, dann aufwärts über Treppen und über lange Galerien, quer über alte Mauern, nun unter Dach, dann, wir nahmen es an, weil Sterne über uns waren, wieder ins Freie. Endlich erreichten wir Räume, die für uns vorbereitet waren – einen größeren Wohnraum, zu dem sich zwei Schlafzimmer öffneten.«

Die Angekommenen richteten sich ein. Bald wurde zum Abendessen im nahgelegenen Speisesaal gebeten . . . Was es gab, war fast ungenießbar, nur der Wein war einigermaßen erträglich. Nach ihrer anstrengenden Fahrt genossen die Gäste und ihr griechischer Metropolit in der ersten Nacht auf dem Heiligen Berge eine wohlverdiente Ruhe. Sie schliefen gut.

»Schroff und steil springt der Athos-Berg unmittelbar aus dem Meere bis zu einer Höhe von zweitausend Metern empor. Wehe dem Schiffe, das durch den Sturm in seine Nähe geführt wird: es zerschellt unrettbar an seinen zackigen, kahlen Marmorwänden, wie einst die stolze Flotte des großen Perserkönigs Darius. Einer Insel gleich liegt er da; erst der Näherkommende bemerkt die schmale Landzunge, durch die er mit der Halbinsel Chalkidike zusammenhängt.«

Das war der Eindruck, den Carl Fredrich empfing, als er 1904 von drüben, von der troischen Küste des Hellespont herüberkam. Als Archäologe dachte er während der Überfahrt an die Kette der Flammenzeichen, die nach der Eroberung Ilions vom asiatischen Ida zum Hermos auf Lemnos und von dort zum Athos mit seinem Juppiter-Heiligtum gebildet worden war, um die Siegesbotschaft in das heimatliche Mykene zu tragen: Klytämnestra wird Agamemnon ermorden, die Tragödie der Atriden beginnt. Aber der Athos schweigt, von Geschichte redet er nicht, die Menschen läßt er mit ihrem Schicksal allein.

*

Wir hätten die Herreise schon mit Wilhelm Roßmann unternehmen können, der 1872 von Konstantinopel aus in Begleitung seines früheren Zöglings, des Erbprinzen Bernhard von Sachsen-Meiningen, dem Athos entgegenfuhr. Er war jetzt Vortragender Rat der königlichen Sammlungen für Kunst und Wissenschaft in Dresden. Seine Hoheit machten mit ihm eine Bildungsreise, aber ihr Blick war auf den Menschen gerichtet, auf ›Land und Leute‹, wie man es damals nannte.

»Auf dem Schiff trafen wir Russen, deren Reiseziel ebenfalls der Heilige Berg war, und ein buntes Durcheinander von allerhand Untertanen des osmanischen Reiches. Die Russen umbauten sich mit einem Walle von Säcken aus rohen Fellen, in denen sie reichliche Pilgergaben für die Mönche mit sich führten, und legten sich in den so abgegrenzten Raum zum Schlafen; in ihrer Mitte lagerte die imposante Gestalt eines Priesters, der mit seinem gelockten Barte, seinen langen, schwarzen Haaren und der mörserartigen Kopfbedeckung, um die er ein weißes Tuch gebunden hatte, wie ein assyrischer König aussah. Die Muselmänner bestiegen das obere, für die erste Klasse der Passagiere reservierte Deck und verrichteten auf mitgebrachten Teppichen ihr Gebet in Richtung Mekka; dann gingen die einen, sich ein Narghileh« – die Wasserpfeife – »zu entzünden, das sie mit einer Feierlichkeit und Würde umhertrugen, als sei es ein transportabler Brandopferaltar und vollende sich in der Raucherzeugung die Zeremonie des abendlichen Gottesdienstes. Andere setzten sich in traulichem Kreise um einen gewaltigen Schnürbeutel, holten daraus einen gebratenen Hammelskopf heraus und klaubten bedächtig daran herum . . . In der Nähe von Lemnos war es, wo wir am folgenden Tage den Heiligen Berg in schwachen Umrissen entdeckten, immer höher und majestätischer erhob sich der amarantfarbene Marmorkegel des Athos . . ., und um Mitternacht schwebten wir über die noch nicht ergründete Tiefe des Meeres.«

Nachts um zwei Uhr wurden die Pilger und die reisenden Deutschen ausgebootet. Wir werden ihnen im russischen Kloster des Heiligen Pateleîmon wieder begegnen. Mit ihnen und anderen, die sich hinzugesellen, hoffen wir einige Zeit auf dem Heiligen Berg zu bleiben.

Beamont, 88 – Carlyle, 194 und 198 f. – Coate, 26 – Fallmerayer, Bd. 2, 89 ff. und 119 – Fredrich, 8 – Grisebach, 236 – Leake, 131 und 138 f. – Riley, 40 ff. – Rossmann, 94 ff. – Urquhart, 167 ff. – Zachariae, 214.

Daphni

Dieses Hafendorf ist nicht alt. Ein Albanese, Sotiri Papagianni gründete es um die letzte Jahrhundertwende, als er Agent der russischen Dampfschiffahrtsgesellschaft war. Vom Kloster Xeropotámou nahm er das Gelände in Pacht. Je ein Gebäude für den türkischen Zoll und die russische Post, in dem es sogar eine Telegraphen-Station gab, ließ er errichten, dazu auch ein Gasthaus, in dem Heinrich Gelzer 1902 nur noch »einen Schimmer europäischer Gesittung« verspürte. Allen Reisenden war Papagianni jedoch hilfreich, wenn sie stunden-, womöglich tagelang auf den Dampfer warten mußten, der sie in ihre Welt zurückbringen sollte. Später war Papagianni türkischer Kaimakam, wir werden ihm in Karyès wieder begegnen. Aber Daphni war von nun an das Tor zum Heiligen Berge. Lambert Ehrlich hat 1907 nach seiner Ankunft eine Nacht hier zubringen müssen, schön fand er das Wirtshaus nicht:

»Man nimmt ein Zimmer, d. h. alle möglichen Elemente werden in gemeinschaftlichen Zimmern untergebracht. Da die ganze Wirtschaft mit Ungeziefer reich ausgestattet war, so bezahlten wir zwar das Zimmer, konnten es aber nicht benutzen und verbrachten die Nacht im Freien vor dem Wirtshaus. Dabei tranken wir um drei Uhr am frühen Morgen Bier in der Gesellschaft griechischer Mönche . . .«

Auch sein Glaubensbruder, der Benediktiner-Mönch Placide de Meester, erinnerte sich nicht gern an seine Ankunft in Daphni: die türkischen Zöllner beschlagnahmten die gedruckten Bücher, die er bei sich trug. Nein, nein, beschlagnahmt wären sie nicht, wurde ihm angedeutet, aber man müßte alles Gedruckte im Zentralbüro überprüfen. *Seien Sie unbesorgt: man wird es Ihnen morgen oder vielleicht schon heute nachmittag wieder aushändigen können.* Das geschah jedoch, wie Bruder Placidius erleben mußte, nie. Glücklich war er dann, diesen Spürnasen entronnen zu sein und, nach längerer Seefahrt, wieder festen Boden unter den Füßen zu haben. Er ging an den kleinen Läden vorbei in die Herberge, um eine Tasse Kaffee zu trinken: umständlich schildert er, wie man im Orient in einer kupfernen Kasserolle dieses Getränk zubereitet. Am Anfang der Wanderung auf dem Heiligen Berg achtet man auf Nebensächliches zuerst.

Jetzt schreibt man das Jahr 1949, in Griechenland ist der Bürgerkrieg noch nicht vorüber. Amand de Mendieta kommt mit der ›*Thasos*‹ von Saloniki her und begegnet schon an Bord den Schwarzen Engeln: den gut gekleideten ›Aristokraten‹, die kaum ein Wort, allenfalls mit ihresgleichen, sprechen, und den anderen, »habillés à la diable«, die sich lustige Geschichten erzählen, und die alten, hageren Asketen, die schlafen, wenn sie nicht beten. Am Morgen klettert er auf das oberste Deck und erblickt in der Ferne den Gipfel des Berges, bald auch die eindrucksvolle Masse des Athos selbst: sie erinnert ihn, wie schon den alten Geographen Strabon, an die Form einer Brust. Nach und nach enthüllt sich, wie eine Schleppe, das flachere Waldland, in dem grüne und rote Dächer am Ufer zu sehen sind, bald kleine Häuser. Das ist Daphni: »ein poetischer Name, aber welch' prosaischer Ort! Ein kleiner Hafendamm, ein abscheulicher, rechteckiger Kasten aus Stein und Holz, wo die Zollvisitation stattfindet, ein Café, das zugleich Basar und eine Herberge der dritten Kategorie ist, eine Wache der Gendarmerie, ein Zollamt, ein Postamt, ein Kramladen, eine Kapelle, die Miniatur einer Hafenmeisterei – das ist Daphni . . .«

So sieht das Tor aus, durch das der Besucher den Heiligen Berg erreicht! Beim Zoll wird ihm versichert, es sei verboten, Waffen auf den Athos einzuführen, noch stände das Land unter Kriegsrecht! Aber forschende Theologen aus Belgien haben keinen Revolver. Ein Polizist der Hiera Koinotis achtet darauf, daß keine Frau hier an Land geht . . . Plötzlich Lärm und Geschrei: auf dem Platz vor dem Zollamt

wird eine schwarze Ziege enthäutet. Noch leben Flüchtlinge hier, die sich vor den Kommunisten retten konnten, aber außer ihrer Habe im Sack brachten sie Kuh und Ziege am Strick mit. Von nun an werden alle weiblichen Tiere getötet.

Während Amand de Mendieta über den Preis eines Esels, der ihn nach Karyès tragen soll, verhandelt, sitzen Einsiedler, Arbeiter, Laien und Pilger, vier oder fünf ›Touristen‹, Polizisten, »tout le monde« auf den Bänken aus Holz oder auf dem Boden vor dem Wirtshaus unter dem schattenspendenden Laubendach und genießen den Ouzo, den Raki, den türkischen Kaffee oder essen Melonen. Der Boden ist mit Kernen bestreut. Ähnlich beschreibt wenige Jahre später Gerhart Pohl dieses Dorf am Meer mit seinen zweigeschossigen Häusern levantinischen Charakters, das es nur einmal in dieser Welt gibt: es fehlen die Frauen!

»Das morgendliche Treiben auf der Gasse ist ergötzlich. Die Männer mit ihren ungeschickt beflickten, gestopften oder zerrissenen Hosen, den schmutzigen Hemden, Pullovern, Jacken und einem grotesk verwahrlosten Schuhzeug geben sich vollkommen ungezwungen – wie zuhause. Ihre geheime Tragik ist, daß sie kein

Zuhause haben – in dem Land ohne Frauen. Ein Schmaler mit pausbäckig ungeformtem Kindergesicht, der seinen Kaffee im Stehn getrunken hat, wirft den Zigarettenstummel achtlos in die Tasse. Ein Uralter kniet stöhnend am Strand und schwenkt seine aufgedröselten Socken im Salzwasser des Golfs. Ein Siebzehnjähriger taucht je vier Finger in das Wasserbecken, reibt damit den ›Schlaf‹ aus den Augen und durchgabelt einmal das zerzauste Haar. Der dicke Levantiner aus der Schenke spuckt die Schalen der Erdnüsse über das Mäuerchen hinweg, auf dem die Auslagen des Händlers – Heiligenbilder, aber auch Schundromane in neugriechischer Sprache – säuberlich aufgebaut sind. Auch die Arbeitsmönche von Daphni, die eilig über die Straße schlurfen, ohne an dem Treiben teilzunehmen, sind nachlässig gekleidet.«

Unter den anderen ist einer, der ausgezeichnet gekleidet ist und, wie er bereitwillig erzählt, drei jahre gegen die Rote Armee gekämpft hat. Er haßt das bolschewistische Rußland, »nennt es das Babylon des Antichrist« und ist überzeugt: *Rußland wird wieder frei sein!*

Und draußen werden sein die Hunde und die Zauberer und die Unzüchtigen und die Mörder und die Götzendiener und alle, welche die Lüge lieben und tun ... Die Apokalypse zitiert er hinter dem Ladentisch. In seinen graugrünen Augen steht das Leuchten der Zuversicht.«

Gerhart Pohl kauft diesem Russen, der die Hoffnung der Welt trägt, nach einer Weile noch ein Stück Seife ab.

Amand de Mendieta, 107 ff. – Ehrlich, 41 – Gelzer, 43 – de Meester, 42 f. – Pohl, 26 f.

Erste Einkehr: Kloster Xeropotámou

Das strenge Geviert des Klosters liegt oberhalb der Bucht von Daphni an einem ›trockenen Fluß‹, der ihm diesen Namen gab. Es ist das älteste auf dem Heiligen Berge und bestand schon, als Athanásios im zehnten Jahrhundert auf dem Athos lebte.

»Seine Lage ist wunderschön«, schreibt Johannes Komnenos in seinem ›*Reiseführer*‹ von 1701, »und seiner Würde sehr angemessen. Es hat in seiner Umgebung Oliven, Ölhaine, Weingärten und schattenspendende Bäume, sowohl Frucht- als Obstbäume und andere in großer Zahl und auf weiter Fläche – ein ergötzlicher Anblick. Auch hat es«, fügt er hinzu, »Gastfreundschaft und Erholung für diejenigen, die diesen Ort und seine Reliquien zu verehren wünschen.«

Mit Gerhart Pohl kehren wir in das Kloster ein. Pater Georgios begrüßt seine Gäste und bringt ihnen ein Glas Wasser, einen Löffel Marmelade, den Treberschnaps und ein Täßchen Kaffee. Es ist der übliche Begrüßungstrunk. Dann führt Georgios den Gast auf ein Zimmer, das altmodisch, aber gut eingerichtet ist und die Reinlichkeit eines städtischen Hotels aufweist. Auf dem Tisch stehen Petroleumlampe, Aschenbecher und Wasserkaraffe, liegen Kleiderbürste und Kamm. Ein Spiegel fehlt. Nachdem sich Gerhart Pohl etwas ausgeruht hat, bittet Pater Georgios ihn zum Essen: zarte Sardinen, ein lecker gewürztes Bohnengericht, vielfältige Salate mit Eierscheiben und gefüllten Oliven, Käse, Wein und Kaffee – es schien die Mahlzeit eines Grandhotels zu sein.

Auf mich machte das Kloster einen trostlosen Eindruck. Zwei Männer mit Stock und Rucksack kamen über den hölzernen Steg, der zum Noteingang in einen Neubau führte. Nach dem Brand im Jahre 1952 mußte mit diesem Trakt das Geviert des Klosters wieder geschlossen werden. Zwischen Beton und Ziegelarkaden, Bauschutt und Unrat gingen die Ankommenden in den Hof: Echo verdoppelte ihre Stimmen. Pater Georgios bat sie ins Gästehaus, um sie mit Kaffee und Raki zu bewirten. Vor wenigen Monaten war ein anderer Teil mit dem Haupttor abgebrannt. In der Ruine hing von den gemauerten Pfeilern etwas Rokokostuck herab. Ich ging vor das Tor, dort lag der Holzplatz: die unwirklich schöne Landschaft weitete den Blick bis zu den Gipfeln des Athos-Berges. Der Farbenklang steigerte sich zur Harmonie aus dem Grün in reichen Variationen, dem Grau und dem Weiß des majestätischen Berges zum Stahlbau des Himmels. Fallmerayer war gegenwärtig:

»Wie unbeschreiblich, wie preislos und verächtlich doch in solchen Momenten all unser Mühen und Streben erscheint! Der Mensch ist aber nicht zu stillem Genuß, er ist zum Kampf geboren; schweigend eilt er am offenen Tor der Seligkeit vorüber und sucht sich zu neuem Gram.«

Ein Mann werkelte am aufgestapelten Holz. Ich suchte Menschen, mir war alles und ich allen unbekannt. Bei der Ruine stand der Architekt mit einem Klosterbruder über die Pläne zum Wiederaufbau gebeugt. Der wortlose Gruß, das grußlose Schweigen mutete unheimlich an. Alles schien den Fremdling, der ich doch war, mit riesigen Augen anzusehen. In den alten Trakten waren die offenen Arkaden zugemauert, häßliche Fenster standen in weißgetünchter Wand. Die Phiale, der Brunnen des geweihten Wassers, hatte ein wenig Eleganz und erinnerte an die türkische Zeit. Ein wohlhabender Mönch, Kaisarios Daponte, hatte ihn vor zweihundert Jahren gestiftet. Ein Engländer kam vorbei und erklärte die Inschrift: die Phiale bezeichnet sich als chiotisches Mädchen und als Tochter Dapontes, vielleicht weil er die Quelle des Geldes für diese Quelle des Weihwassers war. Mönchsbraut möchte man die Phiale nennen . . ., wenn es nicht etwas blasphemisch wäre.

Mr. Dawkins, der Engländer, hatte den Athos durchwandert und Rast im Kloster Xeropotámou gemacht: er folgte den Lebensspuren des Brunnenstifters. Konstantinos Daponte entstammte einer angesehenen Familie auf der Insel Skópelos. Sein Vater erzog ihn gewissenhaft. Ein Mönch aus dem athonitischen Kloster Iwiron kam, um den Knaben zu bilden. Hierothéos nannte er sich, Wunder hätte er schon vollbracht, meinten die Leute. Früh entwickelte sein Zögling die Neigung zum Athos. Ehe er aber sein Ziel erreichte, trieb ihn das Leben umher. Er war in Konstantinopel tätig und später in Bukarest, und als er wieder in der Hauptstadt des Osmanischen Reiches eintraf, wurde er beim Großwesir Mahmuds I. wegen Unterschlagung angeklagt. Er entfloh auf die Krim. Als er zurückkam, warf ihn der Großwesir in die berüchtigten Türme, die ›Sieben Türme‹, an der Landmauer von Konstantinopel. Wieder frei, heiratete Daponte, glücklich wurde er nicht. Er schrieb religiöse Verse und entschloß sich, Mönch zu werden – wie Dionýsios, der sich auf der Insel Pipéri eine Kellion gezimmert hatte. Konstantin ging zu ihm und wurde mit vierzig Jahren zum Mönch geweiht. Er nahm den Namen Kaisarios an.

Nach einem Aufenthalt auf seiner Heimatinsel Skópelos siedelte er zum Athos über und trat in die Gemeinschaft von Xeropotámou ein. Neun Jahre lang ging er mit der Kreuzreliquie auf Reisen, um Geld für sein Kloster zu sammeln: er lernte den Orient kennen und Rußland, sah in Kiew die Kaiserin Katharina die Große, pilgerte durch die Moldau und die Walachei. Einem Triumph glich der Empfang in Xeropotámou, als er wiederkam. Das Katholikon wurde gebaut und das große Tor. Daponte ließ Marmor von der Insel Chios holen, mit dem die Phiale errichtet wurde: daher nennt sie sich ein chiotisches Mädchen. Kaisarios hatte seine Heimat unter dem Himmel gefunden, er schrieb Bücher, dichtete Epen und hatte für seine Mitbrüder manch guten Rat:

»Du bist Deiner Zelle überdrüssig? Geh hinaus und mache einen

Spaziergang durch die vielen Schönheiten der Wildnis. Geh zur Quelle, geh an die Küste, sie ist voller Schönheit und gibt Dir große Freude, sie anzuschauen. Geh zu den Höhlen, geh zu den Kellien der Eremiten der alten Zeit – göttliche Paläste. – Du siehst den Berg, siehst Wiesen und Feld? Wunder der Weisheit des Schöpfers und seiner Allmacht. – Durch Wald und Hain magst du wandern, durch Schluchten und Täler: denk an die heiligen Männer der alten Zeit und mache Dich ihnen gleich! – Deine Wanderung hast Du beendet? Geh in Deine Zelle zurück, nimm das Werk Deiner Hände auf und dann ein Buch. Auch das hat Dich müde gemacht? Dann nimm Deine Axt! Und du bist ebenso müde? Dann nimm Deine Perlenschnur, die Perlen überschwemmen Dein Herz mit großem Glück. Ist die Zeit des Gebetes gekommen, dann eile mit wahrem Eifer, bleib eine Weile und sprich mit Gott ... Und allezeit sei Deinem Gott dankbar.«

Gibt es denn nicht auch bei uns, Mr. Dawkins, diese beglückende Naturseligkeit und Gottfrömmigkeit – damals im achtzehnten Jahrhundert, als Pater Kaisarios, wahrlich ein Epikureer, in Xeropotámou lebte?

Das Katholikon, dessen Vollendung Kaisarios Daponte in den orthodoxen Ländern zusammengebettelt hatte, blieb während der Liturgie für mich – offensichtlich der einzige, der nicht orthodox war – unzugänglich. Die Uhr mit dem großen Zifferblatt zeigte byzantinische Zeit: es war bald zehn Uhr – später Nachmittag. Bei Sonnenuntergang endet der Tag, wie es die Natur verlangt: die Nacht ist der Tod und der Morgen die Auferstehung. Nach der Liturgie war ein Blick in das überkuppelte Innere der Kirche erlaubt. An der Apostelkrone, dem Choros mit den vielen Kerzen zum Lobpreis Gottes, prangte der Doppeladler der Palaiologen – er ist das Heilszeichen der Orthodoxen geblieben, mit ihm die byzantinische Zeit, nicht nur die Uhrzeit, die der Zeiger zeigt.

Nach diesem kargen Blick in die Vergangenheit wies ein Mönch mit hastigen Gesten den Fremden hinaus, mit sachlicher Geschäftigkeit schloß er die Kirchentür hinter sich zu – und ging ohne Gruß. An der Tür stand der Korb mit dem eucharistischen Brot. Im Narthex, der geöffnet blieb, saß ich allein – allein mit den Bildern der Apokalypse und des Jüngsten Gerichts ... Sie ließen einen melancholisch gestimmten Betrachter zurück. Die Schatten des Abends waren schon lang.

Ich suchte nach den antiken Reliefs, die an den Wänden der Zellentrakte angebracht sind, und fand sie. Sie stammen wohl aus der Stadt

Kleonai, die unten an der Bucht in altgriechischen Zeiten gestanden hat. Thukydides berichtet, daß sie wie die anderen Städte auf dieser Halbinsel Akte, über die sich das Athos-Gebirge erhebt, »von vermischten Stämmen zweisprachiger Barbaren« bewohnt war. Ob ein Mönch daran noch dachte? Joseph Carlyle ließ sich erzählen, daß ein walachischer Fürst die Reliefs dem Kloster geschenkt hätte. William Leake beschrieb das schönste Relief: auf ihrem Stuhl sitzt eine junge Frau vor ihrem Schmucktisch, hinter ihr steht ein Spiegel. Leutnant Webber Smith zeichnete die anmutige Sitzfigur in ihrer schönen Gewandung. Das fast klassisch wirkende Kunstwerk war wohl ein Grabrelief – Zeichen des Abschieds von dieser geliebten Welt. Das Bild einer Frau darf auf dem Athos doch nicht zu sehen sein! Aber diese Griechin hat sich alle Zeit ungestört geschmückt.

Amand de Mendieta ritt nur vorüber und bedauerte es, von den Reliquien des Klosters weder das Holz vom Kreuze Christi noch den Kelch gesehen zu haben, den die Kaisertochter Pulcherîa im vierten Jahrhundert geschenkt haben soll. Mir wurde er nicht gezeigt. Auch die gefälschte Urkunde habe ich nicht kennengelernt, die als Goldene Bulle des Kaisers Romanos ausgegeben wird, also aus dem zehnten Jahrhundert sein müßte. Kaisarios Daponte hat sie geschrieben. Er versah sie mit einem Datum, das seine Unkenntnis der byzantinischen Jahreszählung verrät. Er aber schrieb diese Urkunde zu Ehren seiner geistlichen Heimat – verzeihliche Sünde?

»Ich wechselte meinen Namen, meine Kleider und meine Stellung, aber nicht meinen Charakter«, schrieb Konstantinos Daponte als Mönch Kaisarios. »Bei mir erfüllte sich das Sprichwort: ›Der Wolf wurde alt und wechselte seinen Pelz, sein Charakter änderte sich jedoch nicht, auch nicht einmal sein Verstand.‹«

Bei so viel Ehrlichkeit war es allerdings eine verzeihliche Sünde, der Rede nicht wert. Mönche sind Menschen, ihr Charakter bleibt unveränderlich. Verwirrung vertreibt den Eindruck der Trostlosigkeit ... Eduard Zachariae erlebte in Xeropotámou eine ›unbeschreibliche‹ Szene:

»Unter den Mönchen schien wenig Bildung und eine lockere Disziplin zu herrschen. Ein Bischof von Melanitio, der als Pilger und in der Absicht, in ein Kloster zu gehen, nach dem Heiligen Berge gekommen war, wurde von den Mönchen feierlich bewirtet: man wünschte, daß er das Kloster Xeropotámou zu seinem Aufenthalt erwählen und sein Vermögen ihm zuwenden möchte. Ausnahmsweise wurde selbst Fleisch gegessen: ein ganzes, gebratenes Lamm kam auf den Tisch, welches ein schmutziger Albanese, ein Diener des Bischofs, mit den Händen in kleine Stücke zerreißen mußte, und der Bischof und die Mönche ließen sich's trefflich schmecken. Währenddem ward über das Kloster und die Reliquien gesprochen, die es besitzt, namentlich über ein großes Stück des heiligen Kreuzes, wobei der Bischof, das Glas zur Hand nehmend, wiederholt die Worte ausrief: *Ihr Väter, dem verehrten und lebenbringenden Kreuze.*«

Weil aber der Mönch sich in dieser Lebensgemeinschaft nicht – zumal er seinen Charakter behält – völlig von den Fesseln der Welt lösen kann, bleibt er seinem Schicksal verhaftet. Erst Armut und Entsagung sind Wurzeln mönchischer Freiheit, und nicht einmal sie, wenn sie nur Bedürfnislosigkeit sind. Erst Verzicht ist Askese. Das war die Last, die Pater Georgios trug und nicht tragen konnte.

Gerhart Pohl ließ sich seine Lebensgeschichte erzählen: Georgios war in der Hauptstadt des alten Byzantinischen Reiches geboren worden, in Konstantinopel. Istanbul, wie die Türken sie nennen, war

Gastzimmer im Kloster Xeropotámou

für ihn, den Griechen, nicht der Name der Stadt am Goldenen Horn. Nach der Schulzeit ging Georgios nach Athen, war Kontorist, schließlich Kanzleichef bei einem Rechtsanwalt. Als die Deutschen kamen, das war jetzt fünfzehn Jahre her, verlor er seinen Posten, arbeitete als Koch und Kellner in den Kantinen der grauen Wehrmacht und wurde deshalb nach dem Kriege als Kollaborateur verurteilt. Sein ehemaliger Chef stellte ihn jedoch wieder ein. Bei Ausbruch des Bürgerkrieges mußte das Büro geschlossen werden. Nun sollte Georgios zum Militär, seine Braut hatte ihn schon verlassen, und er haßte den Krieg ... Da, im Traum, erschien ihm ein Mönch, nahm seine Hand, führte ihn auf einen Berg, zeigte über das Meer nach Norden: *Das Fluchtland dient auch dir, wenn du ihm zu dienen bereit bist!* Georgios sah den Athos ... Er kam, wie andere in dieser Zeit der Wirren, und die Gemeinschaft nahm ihn auf. Georgios wurde Büttel in Daphni: an seiner Mütze prangte der Doppeladler des alten Byzanz und das Alpha und Omega, das A und das O: Christos – Agion Oros! – eine Ehre, die Gott ihm verliehen. Georgios sollte bei den Laienarbeitern, den ›kosmikoi‹, das Fastengebot durchsetzen, Streitigkeiten schlichten und Glücksspiele verhindern. Mit seinem langen Stab stolzierte er am Hafen entlang, ging auch in's Wirtshaus, war aber zu gütig. Und das mißfiel den Vätern der Heiligen Gemeinschaft. Nach einer blutigen Schlägerei zwischen den Hafenarbeitern – es war immer noch Bürgerkrieg in ganz Griechenland – wurde er, offensichtlich seinem Amt nicht gewachsen, abgelöst und dem Kloster Xeropotámou als Gastbruder zugeteilt. Nun war er glücklich, glaubte seinen Frieden finden zu können, war Christus nah, aber arm, und das bedrückte ihn. Er verehrte die Begnadeten, die ihm Heilige zu sein schienen, Asketen, die ihren Seelenfrieden erreicht hatten und auf alles verzichteten. Nur er konnte es nicht, er konnte diesen Verzicht nicht auf sich nehmen, er war nur bedürfnislos. Ihm gegenüber waren die Epitropen, diese ›Aristokraten‹, die das Kloster verwalteten, hartherzig, habgierig, hochfahrend – ohne Demut. Er hatte es oft erfahren müssen. Der Jahreslohn reichte nicht aus, sich das Nötigste zu verschaffen. Georgios litt, er neidete anderen die Kraft zum Verzicht. Er wurde verbittert, und sein Zorn, heimlich, nachts, wenn er wachlag, wachsend, blieb eine Schranke, die ihm den Weg in die Freiheit verwehrte. Er meinte, keine Gnade mehr zu empfangen: Christus wandte sich ihm nicht mehr zu ... Georgios verließ das Kloster, aber das Leben da draußen, in dieser Welt, die ihm andere Härten auferlegte, brachte ihm auch keine Freiheit, nicht einmal die Hoffnung, und gab ihm die

Ruhe nicht, die er suchte. Unzufrieden mit sich und der Welt kehrte er nach Jahresfrist in sein Kloster zurück. Die Brüder nahmen ihn auf. Die Zerspaltenheit blieb, und der unüberwindliche Gram, die Freiheit des Verzichts nicht ertragen zu können.

Pater Georgios war kein Epikureer wie Kaisarios Daponte, kein Bischof, der mit den Brüdern auf die Kreuzreliquie anstieß – Georgios war nur ein Mönch, der die Mühe des Mönch-Seins auf sich genommen hatte, aber die Freiheit, den Frieden nicht fand, den er suchte. Es war zu viel Vergangenheit in ihm, die er ablegen müßte – wie ein altes Gewand.

Jetzt herrschte ermüdender Ernst im Kloster. Der Abend blieb ohne Gespräch für mich. Ich teilte das Zimmer mit griechischen Pilgern. Die Unterhaltung zwischen den Männern wollte kein Ende nehmen. Die Bettstatt war hart, da rief ich: *Isycho, parakalo!* – plötzlich unendliche Stille. Hesychîa ist auf dem Athos das offenbare Geheimnis: die Ruhe des Herzens im Jesus-Gebet: »Jesus Christus, erbarme dich meiner!« . . . und tieferer Atem geht. Vielleicht war ich jetzt angekommen? War es schon ein Gebet? Bald nach Mitternacht ging der Klopfton des Semantron durch den dunklen Hof. Im Katholikon brannten einige Kerzen, Gesang war zu hören . . ., erinnertes Leben wacht auch im Schlafen – pneuma, der Atem unbegreiflicher Stille.

Bei Sonnenaufgang verließ ich das Kloster. Der Mönch an der Pforte grüßte mich nicht, er schlief auf der Holzbank. Draußen war es noch kalt.

Amand de Mendieta, 112 – Carlyle, 213 (Abb. bei Feigl, 138) – Daponte; vgl. Dölger, *Regesten* (→Lit.-Verz. 3b), 75, dem die Urkunde damals verdächtig war, und ders., *Schatzkammern* (→Lit.-Verz 3a), 132, der diese Urkunde nun als Kopie einer Fälschung charakterisiert, den Namen Daponte aber nicht erwähnt; über die Dichtungen Dapontes siehe George Seferis in Edmung Keeley: *A Conversation with George Seferis*, Athens 1986, 102 ff.: »I dont't mean that he is a great poet, simply that his way of expressing himself interests me. I don't say that he writes great poetry, but after all, one feels that in these countries in the 18th century, there was such a flourishing of Greek letters.« – Dawkins, 63 ff.; vgl. Huber (→Lit.-Verz. 3a), 69 ff. – Fallmerayer, Bd. 2, 56 – Komnenos, 482 – Leake, Bd. 3, 137 – Pohl, 32 ff. und 37 f. – Smith, 70 – Thukydides, XL, 109 – Zachariae, 263

Landschaft

»Der Hauptweg von Daphni nach Karyès«, erklärte Amand de Mendieta, der belgische Theologe, als ich ihn unterwegs traf, »ist nur ein grobgepflasterter Maultierpfad. Die Vegetation des westlichen Abhangs, obgleich dicht, ist ziemlich verkrüppelt: ein Dickicht von Lorbeerbäumen« – das dem Hafendorf seinen Namen gab – »und von immergrünen Eichen und Erdbeerbäumen, einigen staubigen Oliven, vom Seewind gebeugt. Eidechsen wälzen sich in der Sonne und huschen gleich bei unserer Annäherung fort. Unzählige Zikaden singen ihr metallisch klingendes Lied. An jeder Wende des steilen Weges scheint das Meer sich zu heben, und, erregt durch die hohe See, branden die Wellen schäumend gegen die schwarzen und grauen Felsen, aber funkelnd unter der heißen Sonne, die sie liebkost, und herrlich blau. Der Athos, blendend in diesem Licht, richtet seinen makellosen Gipfel gegen den azurnen Himmel – unwirklich wie ein Phantom.«

Von fern hört man das Motorboot tuckern, das nach Ouranopolis – in die Welt? – zurückfährt und sein Kielwasser wie einen Kometenschweif hinter sich herzieht. Unten an den grünüberwachsenen Hängen liegt Daphni . . .

»Es war bald Mittagszeit«, erinnerten wir uns später, »die Hitze wurde unerträglich. Glücklicherweise führte uns der Weg bald in einen hundertjährigen Wald, kühle und tiefgründige Kathedralen aus Bäumen und Astwerk umgaben uns, unsichtbare Vögel ließen ihre hellen Melodien hören. Gegenüber dem dürftigen Strauchwerk und den seltenen Oliven der westlichen Seite folgten jetzt die kräftigeren Arten unseres Landes: Eichen, Pinien, Ahorn und Kastanien. Die Kastanie«, urteilte Amand de Mendieta über die Welt um uns her, »scheint überhaupt auf dem Athos ihre Wahlheimat gefunden zu haben . . . Die Pflanzenkolosse rufen im Reisenden einen überwältigenden Eindruck hervor, ein Erlebnis der elementaren, unversöhnlichen und ewigen Kraft ungebändigten Lebenswillens, den man nicht aufhalten und eindämmen kann. Der Mensch fühlt sich klein unter den belaubten Riesen.«

Amand de Mendieta schien die Beschreibung zu wiederholen, die als herkömmlichen ›topos‹, als wiederkehrendes Kennzeichen einer Landschaft, Nikephóros Gregóras dem vierzehnten Jahrhundert überliefert hatte: alle Sinne werden in diesem Garten Gottes, wie er den Athos benennt, erregt, das Auge, das Ohr, Geruch und Gefühl – und die Seele. Da gibt es »die Vielfalt der Pflanzen, die den Blick erfreuen und die Luft wohlriechend machen, den Gesang der Vögel und das leise Rauschen des Wassers, das Summen der Bienen, den Anblick des großen Meeres, die Ruhe der Täler und die Stille des Waldes in seiner Einsamkeit . . . Und das Wohlbehagen, das die Sinne entzückt, erfüllt die Seele mit frommen Gedanken und lenkt sie zu Gott empor. Dieses Land schenkt mit dem Wald und seinen Quellen den dort Siedelnden ein glückliches, gottgefälliges und ungeschäftiges Leben . . . In den morgendlichen Gesang der Nachtigallen«, schreibt Gregóras weiter, »stimmen die dort Lebenden ein und lobpreisen mit ihnen den Herrn«. Er bezeichnet den Heiligen Berg als eine »Werkstatt aller Tugenden«: sie zieht nicht nur diejenigen an, die in ihren Genuß gekommen sind, sondern auch solche, die sie nur vom Hörensagen kennen, aber Heuchler und Unheilige stößt sie ab.

»Hier ist Meer und Berg und Wald beisammen«, stimmt Philipp Meyer dem altbyzantinischen Rhetoriker zu. »Und wer den Zauber jenes Meeres gesehen hat und geatmet, dem wird's immer wie wehmütige Erinnerung daran in der Seele bleiben . . . Mächtige Kastanien, Platanen, Eichen, Tannen treten hier zusammen zur vornehmen Gesellschaft des Hochwalds, hier ist Urdickicht von Haselnüssen und Lorbeer und zahllosem fremdartigem Strauchwerk. In den Lüften schaukelt sich die Liane an starrendem Ast und tief unten in der bemoosten Steinkluft ladet der murmelnde Fließbach auszuruhen auf altem Eichenstamm, um Welt und Zeit zu vergessen . . . Die gesamte Natur ist belebt von Vögeln und dem Wild des Waldes. Hier singt die Nachtigall, und die Schwarzdrossel raschelt durchs Gebüsch. Den Hasen freut der Wechsel zwischen Wald und Feld, das Reh und das Wildschwein finden Unterkunft im Waldesdunkel. Hier rasten der Zugvögel ungezählte Scharen, ehe sie über das Meer setzen, und der makedonische Wolf wagt sein Leben für einen Besuch auf der beutereichen Halbinsel.«

Diese Landschaft erhebt sich zu einer Andacht der Natur, wie Gott sie geschaffen hat und in der der Mensch, weil er sie nicht zerstört, noch als sein Geschöpf lebt und ihm dankt, wie es Kaisarios Daponte seinen Mitbrüdern von Xeropotámou anrät. Schöpfung kommt als ein Werk, nicht als ein Zustand, der nur schön ist, uns zum Bewußtsein, wird Erlebnis und damit Erinnerung, die die Zeit in uns aufhebt, nicht weil die Natur heilig ist – die Natur ist noch wild –, sondern weil sie durch den Lobpreis Gottes geheiligt wird. Es ist die »Landschaft, die jede kleine Lösung verachtet«, wie sich Erhart Kästner überzeugt, »eine Landschaft, in der kein Mensch ohne Gottesfurcht lebte und auch jetzt noch keiner ohne sie lebt«. Die Landschaft wird zu einem Paradies, das nie von Leidenschaften entweiht worden ist. Leidenschaft hat das belanglose ›Ich‹ zum Grunde, den Egoismus, dem das Hassen und Habenwollen, das Handeln und Herrschen folgen. Das ›Ich‹ wird zum Schweigen gebracht. Der Mensch erlebt die »Mitte der Machtlosigkeit« als sein Glück. Sie gibt ihm die Gewißheit, nicht verloren zu sein, denn er bleibt ein Geschöpf in Gottes Hand.

Der Weg führt uns weiter. »Ich bemerke plötzlich«, Amand de Mendieta blickte voraus, »daß wir den Kamm des Bergrückens erreicht haben und daß der Weg anfängt, gegen den östlichen Abhang der Halbinsel hinabzusteigen.« – »Hier trifft man«, gesellt sich Philipp Fallmerayer hinzu, »mitten im Dunkelschatten des Hochwalds rechts am Pfade eine grüne Alpenwiese, mit Zaunwerk künstlich eingefriedigt. Sennhütte und Hürde neben Brünnlein und Bächen; es ist Mittagsglut, die schweigenden Lüfte, das Bienengesumme, der Wanderer sitzt am Born. Kastanienlaub und Alpenflor schwanken im Wasserspiegel.« Tier und Mensch erholen sich in der mittäglichen Rast. Hohes Schweigen ringsum, das Gespräch erlischt.

Bald nach halb ein Uhr brechen wir auf. Nach einer Wegbiegung öffnet sich die Aussicht auf die Stadt, auf den Marktflecken Karyès, den jeder Fremde aufsuchen muß, um in der Epistasia, dem Sitz der Regierung der Mönchsrepublik, die Erlaubnis zum Betreten der Klöster entgegenzunehmen, das Diamonitirion. Wir lassen die Maultiere am Ortseingang zurück.

Amand de Mendieta, 112 f. – Fallmerayer, Bd. 2, 56 – Gregóras, 198 f. – Kästner, 152 – Meyer, 1036.

Karyès – das ›Undorf‹

»Hier ist der Markt der Mönche und im Umkreis sind eine Vielzahl von Werkstätten . . . Zahlreiche Mönche, Äbte und Alte kommen hier zusammen, vor allem an jedem Sabbat, um die Geschäfte und die Angelegenheiten der Gemeinschaft aller Klöster zu beraten oder Beschlüsse über Streitigkeiten zu fassen, die wegen der Einnahmen und der viel größeren Steuerlasten zwischen den Vätern entstanden sind. Hier residiert der vom Pascha in Thessalonike gesandte Bostandschi des Sultans, der über die äußeren Angelegenheiten der Klöster die Aufsicht führt, den Gehorsam überwacht und die Siedlungen vor Piraten schützt. Von allen Klöstern erhält er Geschenke an Lebensmitteln. Von jedem Kloster sind hier die Gebäude und Landhäuser gelegen, mit Zellen und Kirchen, die der Ruhe und der Erholung der Alten dienen, wenn sie aus der Ferne zur Synaxis« – der Versammlung der Abgeordneten der zwanzig Großklöster – »kommen, für viele ist die Entfernung zu groß, um noch am Abend desselben Tages in ihr Kloster zurückzukehren, oder sie sind daran gehindert und müssen hier bleiben, um ihre Geschäfte zu tätigen.«

So beschrieb vor zweihundert und neunzig Jahren Johannes Komnenos die Residenz der Heiligen Gemeinschaft – zur Zeit, als der Pascha in Saloniki die Mascht des Osmanischen Reiches repräsentierte und von den Klöstern Steuern einzog, ihre Eigenart aber unangetastet ließ. Und die Beschreibungen späterer Zeit gleichen diesem Bericht, nur statt des Bostandschi gibt es den Vertreter der griechischen Schutzmacht.

*

So leicht es ist, sich hier zurechtzufinden, so schwer ist es, an diesem Ort zu leben. Mittags, wenn auf dem Athos die Zeit stillsteht, schleicht über den Platz mit dem Protâton, der tausend Jahre alten Basilika, und dem Glockenturm nur – ein Kater. Oberhalb der marmornen Treppe, die zum Gebäude der Epistasie, dem Megaron, hinaufführt, ist eine rote Kordel gespannt: die Dienstgeschäfte ruhen, und die verwaltenden Diener der Heiligen Gemeinschaft halten Siesta. Die mit schönen Arkaden zur Kirche sich öffnende Loggia ist unzugänglich. Ohne Schutz ist man der Sonne ausgesetzt. Nur die Vorhalle an der Nord-

Gasse in Karyès

seite der Kirche mit ihren Fresken bietet kühlenden Schatten. Ich gehe wieder über den Platz zurück. Die Tür der Herberge verriegelt ein verrostetes Schloß, die zersplitterten Fenster sind schmutzig. Zu essen gibt's an den Tagen der Fasten nichts, zu trinken nur Wasser am Brunnen, an dem an einer Kette ein metallener Becher hängt. Ich trinke . . .

Auf einer kleinen Tafel steht mit Kreide geschrieben, daß man mit einem Jeep zum Kloster Iwiron fahren kann, aber wo soll man ihn finden? Auf dem Athos rolle kein Rad, hieß es jahrhundertelang. Rad ist Glück, Unrast und Schicksal. Rad kommt aus der Welt, was aus der Welt kommt, wirkt in dieser Abgeschiedenheit störend und beängstigend fremd: je fremder es wirkt, um so mehr lebt man sich ein. Ich sitze auf einer Mauer am Platz, von den Galerien der Häuser hängen Geranien. Nachmittags: ein Mönch kommt vorbei, schenkt eine Handvoll Nüsse – und geht schweigend weiter. Die Läden werden geöffnet, eine kapuzenverbrämte graue Gestalt setzt sich vor eine Tür, und die Geräusche des Handwerks lassen auf geruhsame Tätigkeit schließen.

Fallmerayer beschrieb diesen Nachmittag in Karyès als liebenswertes Genrebild, »in welchem Krämer und Handwerker der gewöhnlichen Ordnung, unbeweibte Weltleute ihr Geschäft betreiben«. Und: »Einsiedler voll Kasteiung und Schmutz schleppen in weiten Haarsäkken ihr rohes Fabrikat zum Markt; Regierungsmitglieder sitzen an den Auslagen ihrer arbeitenden Brüder und heimgarten über den Gang der Beratungen, über schwebende Prozesse; aber alles ohne Geräusch, ohne Zank, ohne Leidenschaft; in Karyès ist niemand zornig, redet niemand laut, es ist wie im Mondpalast des Schlafes, man sieht, daß sie die Hände und Lippen bewegen, hört aber ihre Stimme nicht, gebannte Geister, Schattenbilder ohne Nerv und Blut.«

Ein Engländer sah die Tätigkeit in einem Leben ohne Familie, ein Leben, in dem es Kinder nicht gibt: »Hier ist ein Kesselflicker, der Töpfe und Schalen ausbessert, aber kein Weib steht an der Haustür und bereitet ihrem Manne das Abendessen. An der nächsten Tür ist ein Flickschuster in geduldiger Arbeit über seinen Leisten gebeugt: seine geringe Größe hat ihn dazu verurteilt, Mönch zu werden, und in seinem Falle würde wohl keine Frau auf ihn warten. Da sind tatsächlich einige Jungen, die ihre Väter vom Festland her begleitet haben; aber man wird vergeblich auf das Geschrei eines Kindes hoffen oder auf die helle Stimme des schönen Geschlechts. Kein hübsches Gesicht schaut aus den weinlaubumrankten Fenstern; kein Liebhaber wartet auf der Straße hier unten. Karyès ist noch, was es schon vor Jahrhunderten war: die einzige Stadt auf der weiten Welt ohne eine einzige Frau.«

Athelstane Riley erlebte die Stadt, wie sie war und noch ist: man wäre in diesem »Mondpalast des Schlafes« und der »weinlaubumrankten« Familienlosigkeit auf eine gefährliche Weise allein. Aber es gibt die Erinnerung und einen Menschen, der den Athos besonders liebte, unseren ›Fragmentisten‹, der beschauliche Szenen beschrieb. War ich ihm nicht gestern begegnet, weil sich in Karyès allezeit wenig geändert hat?

Er war durch die dichtverwachsene immergrüne Buschregion zum Hochwald herausgewandert und an Einsiedeleien vorbeigekommen, bis der düstere Wald mit seinen riesigen Walnuß- und Kastanienbäumen, seinen Steineichen und Zypressen ihn mit Entzücken erfüllte. In Karyès traf er in einem schönen Gartenhaus den Abgeordenten des Klosters Vatopédi an, der hier mit Bequemlichkeit wohnte, auf seinem Diwan saß und wollene Socken strickte. Mit einem ›empirikus‹ – so bezeichnet Fallmerayer einen Arzt – kamen sie ins Gespräch. Und dieser heilkundige Mann aus Thrakien beklagte sich, daß er auf dem Agion Oros, wenn schon in seiner Heimat nicht viel, hier aber gar nichts verdienen könne. Die Mönche seien alle gesund. Gartenkräuter genügten ihnen, wenn das Alter ihre Glieder zu fesseln begänne. Unterkunft erhielt der Gast im Haus des Klosters Philothéou. Zur Abendmahlzeit hatte der sockenstrickende Prälat eine »gesottene Henne geschickt, Reis, Butter, Wein, Brot, Kaviar, Fisch und getrocknete Früchte hatte der Bazar geliefert«. Denn »von der übermäßigen und nutzlosen Strenge der Mönchsregel in Sachen der Diät wird am Regierungssitze zum Trost menschlicher Schwäche etwas Weniges nachgelassen. Selbst Pater Bessarion, der Rigorist, hatte an Nicht-Fasttagen ein Ragout aus Ziegenfleisch, und der strickende Prälat unterhielt – wohlverstanden nur für ungewöhnliche und vom Arzt vermerkte Fälle – eine Hennenkolonie mit Zubehör im verborgensten Winkel des Hofs und mit Auferlegung strenger Klausur . . . Wenn man regieren will, meinen die Väter in Karyès, ist es an der Ehre allein nicht immer schon genug; man will und muß zu Zeiten kräftiger essen und in Christo fröhlich sein.«

Glückliche Tage in diesem Idyll, das den Segen Gottes genießt: wir haben um uns, wenn auch zuweilen verwahrlost, einen Zustand, den wir verloren haben. Wir können nicht mehr so ›einfach‹ leben, uns bedrängt diese ›Enge‹. Wohnliche Enge, einfaches Haus, und darüber der Himmel – sie bilden bäuerliches Wesen aus, das in geduldiger Tätigkeit den Kreis seines Daseins zieht. Das war der Grund für die schlichte Begeisterung, mit der der Bauernsohn Fallmerayer den Athos wie kaum ein anderer erlebte, weil er aus seiner Heimat Tirol in die ›Weite‹ der wissenschaftlichen Welt, die ihn bald beengte, getrieben wurde und in ihr *sein* ›Paradies‹ verlor. Erst die Beschränkung auf das unabweisbar Erforderliche, die uns, die Gäste der Schwarzen Engel, anfänglich beengt, gibt uns die Fülle des Daseins zurück, um an das Ursprüngliche in uns zu erinnern. Hier ist die Erinnerung gegenständlich. Das macht die Befremdung aus – und die Stimmung an diesem seltsamen Ort, die uns das Bewußtsein unserer selbst nimmt. Vor Sonnenuntergang verließ ich die Stadt.

Ich ging zum nahegelegenen Kloster Koutloumousîou und aß in der dunklen Trápeza ein Linsengericht, trank ein Glas Wasser und übernachtete dort.

*

Die Epitropen der Heiligen Gemeinschaft sind in ihrem Beratungssaal versammelt, als Fallmerayer sich anderntags ihnen vorstellt. Der Protépistat meint, es kämen ja ungefähr in gleichem Sinne öfter Fremde aus dem Abendland, und besonderer Empfehlung bedürfe es bei dem liebevollen Geist ihrer Brüder in Sankt Dionys nicht. Während das Zirkular für die Klöster geschrieben und dann mit dem viergeteilten Siegel der vier Epistaten versehen wird, wollen die Abgesandten der Klöster von ihrem Gast mancherlei wissen, der eine über Bayern, seine Größe, seine Macht und seine Bedeutung, der andere über Deutschland und dessen Bewohner, der dritte gar über China, wo eben der Opiumkrieg ausgebrochen ist: sie stellen kindliche Fragen. Aber auch Allianzen der Sympathie und der Intelligenz werden, stellt Fallmerayer fest, in diesem Wettkampf der Neugier geschlossen. Und etwas Welt- und Länderkunde sei bei solchen Gelegenheiten der wirksamste Talisman, sich angenehm zu machen.

Vom Kloster Pantokrátoros ist August Grisebach unterwegs und geht bald an Kellien einsiedelnder Asketen vorüber, bald über kleine Wiesen, durch Ölbaumpflanzungen oder zu den winzigen Weingärten einsam lebender Mönche, dann durch den Hochwald mit seinen Steineichen und Weißtannen. In Karyès erkrankt er, und die vier Epistaten, von seinem Diener über seine Ankunft in Kenntnis gesetzt, lassen es sich nicht nehmen, ihn in seinem Quartier aufzusuchen:

»... eine überraschend imposante Erscheinung. Alle vier in würdigster Haltung, von bedeutungsvollem, ernstmildem Gesichtsausdruck, der sowohl Ehrfurcht als Vertrauen einflößt: zwei von ihnen in hohem Greisenalter, mit herabwallenden, silbernem Bart, der vierte, der am meisten redete, noch ein rüstiger Mann von fünfzig Jahren, brauner Gesichtsfarbe, schwarzem Haar und lebhaft ergreifendem Auge; jeder aber vor dem andern durch ein eigentümliches, immer charaktervolles Gepräge des Physiognomischen ausgezeichnet.«

In seinem leidenden Zustand ist es dem Deutschen peinlich, sich kaum unterhalten zu können. Die Epistaten verabschieden sich bald und gehen. Abends nimmt Grisebach den von ihnen empfohlenen Siderites-Tee, worauf sich nach einigen Beschwerden Ruhe und heilsamer Schweiß einstellt. Am nächsten Tag macht er den Hohen Geistlichen seinen Gegenbesuch und empfängt die üblichen Zeichen rücksichtsvoller Aufnahme: Früchte, Kaffee und Pfeife. Bald danach bricht er auf, um auf den Gipfel des Athos, das Ziel seiner Reise, zu reiten, zu wandern, Pflanzen und Stein zu beschreiben.

Es müssen andere Würdenträger gewesen sein, die den Rechtsgelehrten Eduard Zachariae in der Epistasie empfingen und ihn in ein fast inquisitorisches Gespräch verwickelten.

»Die Mönche schienen besonders vor englischen und amerikanischen Missionaren in Furcht zu sein, obgleich sie die Dogmen der anglikanischen und überhaupt der protestantischen Kirche nicht kannten. Vor nicht gar langer Zeit hatten, wie man erzählt, auf Befehl des Patriarchen von Konstantinopel alle Exemplare des Neuen Testaments, welches von der englischen Bibelgesellschaft im Druck herausgegeben und in Menge unter die Mönche auf dem Heiligen Berge ausgeteilt worden war, nach Karyès abgeliefert werden müssen, und waren dort öffentlich verbrannt worden, weil diese Ausgabe einen ketzerischen Text enthalten sollte. Zwei Punkte waren es vornehmlich, über welche mir mein Glaubensbekenntnis abgefragt wurde ..., die Anbetung der Heiligen und der heiligen Bilder und über die Seelenwanderung (metempsychose), über welche damals unter den Mönchen ein großer Streit zu herrschen schien.«

Kurz zuvor hatte der Patriarch Gregórios VI. für den Glaubensbereich seiner Orthodoxen jede Bibelübersetzung verboten und 1837 eine Streitschrift gegen Martin Luther herausgegeben. Missionarischer Eifer ist den Mönchen allerdings fremd: sie beten für sich und die Welt. Aber kein Orthodoxer wird Protestant, das wäre Abfall von Gott. Dem Fremden gewährt der Athos gewisse Duldung, sobald sich

Das Parlament der Mönchsrepublik um 1860 nach einer Zeichnung von Antonin Proust

PISAN

erweisen läßt, daß ihn kein religiöser Fanatismus hergeführt hat: Gott wird ihn vom falschen Weg zurück in die Wahrheit rufen. Er hat Sein Bild auch ihm eingeprägt. Dem Irrenden werden die Mönche helfen, wenn er, wie sie auf der Suche nach Gott sind, sich von fesselnden Zweifeln löst – nur dann gewinnt er die Freiheit.

Um diese Mitte kreist das Leben des Heiligen Berges, das sich in den Abgesandten der Großklöster repräsentiert. Sie wählen die vier Epistaten, die nur für ein Jahr ihr Amt übernehmen. Sie führen die Geschäfte der Mönchsrepublik, einer von ihnen hat den Vorsitz, er ist der Protépistat. Als Antonin Proust in Karyès ankam, fand gerade die Wahl der Epistaten statt. Erst danach wurde er von den versammelten Vertretern der Klöster empfangen. Die Alten saßen nach türkischer Sitte auf ihrem Diwan, waren in einen Mantel mit weiten Ärmeln gekleidet, der sich auf der Brust öffnete und eine Robe aus blauer oder violetter Farbe sehen ließ, und rauchten, wie üblich ihre Pfeife. Von den gelblich gestrichenen Wänden hoben sich die dunklen Gestalten mit ihrem Kalimafkion, der Kopfbedeckung, auf merkwürdige Weise ab. Und Antonin Proust, der Freund Edouard Manets, achtete auf diesen Farbklang aus schwarz, blau und gelb und dem leichten Rauch aus den Tabakpfeifen. Es muß ein Eindruck vollendeten Orients gewesen sein. Der Präsident nahm das Empfehlungsschreiben des Patriarchen entgegen, küßte den Namen Seiner Heiligkeit, ein Albaner brachte Kaffee und Konfitüre und bot dem Gast die Pfeife an, die er angezündet hatte, und alle stellten Fragen über Frankreich oder Konstantinopel und über den Zweck der Reise des jungen Franzosen. Es schien ihnen seltsam, daß einer, der mitten im sagenhaften Glanz der westlichen Welt lebte, hierhergekommen war, um arme Mönche zu sehen.

*

Mit dem Metropoliten von Kavalla begeben sich Athelstane Riley und sein Freund Owen, begleitet von ihren Dienern und dem Dolmetscher Angelos zur Epistasie. Über eine hölzerne Treppe, die am Gebäude hinaufführt, erreichen sie den Saal, in dem die Synodalen auf ihren Diwanen Platz genommen haben. Der ›Präsident‹, der Protépistat, sitzt auf einem Lehnstuhl, vor ihm steht ein Tisch, an dem der Grammatikos, der Sekretär, schreibbereit wartet, um das Diamonitirion auszufertigen, mit dem das Gastrecht der zwanzig Großklöster erworben wird. Als der Metropolit und die beiden Engländer den

Raum betreten, erheben sich die Anwesenden, nur der Protépistat nicht. Die Gäste verbeugen sich nach beiden Seiten. Für sie sind Stühle gegenüber dem Protépistaten zurechtgestellt. Die Mitglieder der heiligen Gemeinschaft setzen sich, dann die Gäste. Minuten des Schweigens verstreichen. Ein Soldat in albanesischer Tracht bringt den Besuchern Raki, Mastix und ein Glas Wasser. Man trinkt ohne Worte. Und Reverend Owen, hier der höchste Repräsentant der anglikanischen Kirche, hat Mühe, seine Fassung zu bewahren: er findet das schweigende Warten – oder das erwartungsvolle Schweigen? – kurios. Der Albaner kehrt zurück und bringt auf einem Tablett Kaffee in winzigen Täßchen. Die Gäste trinken. Dann erst gibt der Metropolit das Schreiben des Patriarchen Joakim II. einem der Abgesandten, der neben ihm auf dem Diwan sitzt, dieser dem nächsten, bis es endlich beim Sekretär anlangt. Der Sekretär liest, Monotonie in der Stimme, halblaut den Text vor. Inzwischen spricht der Metropolit über einige Angelegenheiten, die er für den Patriarchen auf dem Athos besprechen soll, und macht höfliche Bemerkungen über die Bewohner des Heiligen Berges . . .

Und nun, redet er mit erhobener Stimme die Versammelten an, *habe ich das Vergnügen, Euch diese beiden vornehmen anglikanischen Reisenden vorzustellen und bekannt zu machen: es sind Mitglieder der anglikanischen Kirche, deren Oberhaupt der Erzbischof von Canterbury ist, und die zu diesen heiligen Küsten gekommen sind, um über die gegenwärtige Lage der orthodoxen Kirche und insbesondere über die heiligen Klöster des Athos ihrem Mutterlande Bericht zu erstatten.*

Die namentliche Vorstellung wird von den Abgesandten der zwanzig Klöster mit leichten Verbeugungen und beifälligem Murmeln erwidert . . . Der Protépistat ist ein Bulgare aus dem Kloster Zográphou, darum spricht jetzt der zweite Epistat einen Willkommensgruß und zeigt sich geehrt, Repräsentanten der anglikanischen Kirche auf dem Heiligen Berg zu wissen. Er sichert den Besuchern die Gastfreundschaft aller Klöster zu. Über den Dolmetscher Angelos dankt Athelstane Riley: ein lang schon gehegter Wunsch sei nun in Erfüllung gegangen. Dann reicht er Fotografien von englischen Kanzeln und Altären herum, die mit freundlichem Dank entgegengenommen, betrachtet und weitergegeben werden.

Gehören Sie zur protestantischen Kirche?, fragt nun einer der Mönche. – *Nein,* antwortet der Metropolit, um die Verständigung zu erleichtern. *Sie nicht oder jedenfalls nicht zu dem, was wir die protestantische Kirche nennen. Die Protestanten haben keine Liturgie, sondern nur Gebet und*

Predigt, während dieser – und er weist auf Reverend Owen – *englische Priester eine Liturgie zelebriert hat, sogar in Vatopédi. – Vielleicht sind sie Presbyterianer,* meint ein anderer und richtet sich fragend an den Metropoliten, *ich habe gehört, daß sie nicht dieselben sind wie die Protestanten. – Nein,* stellt auch diesmal der Metropolit richtig, *Presbyterianer haben keinen Bischof, und in der Anglikanischen Kirche gibt es viele Bischöfe. Owen,* wendet er sich diesem zu, *zeigen Sie ihnen die Fotografie Ihres Patriarchen.* Die Fotografie macht die Runde. Am Ende dieser Unterhaltung hat Riley den Eindruck, daß die Anglikanische eine Art lateinischer Kirche sein müsse, die nicht an den Papst glaubt. Inzwischen ist das Diamonitirion geschrieben und wird den Engländern ausgehändigt. Der Sekretär bittet die Gäste, ihren Namen in das Gästebuch einzutragen. Athelstane Riley überlegt nicht lange und schreibt:
»Agnus Dei, qui tollis peccata mundi, dona nobis pacem« und darunter seinen Namen, dann Owen. Das Buch wird herumgereicht. Sinópoulos, der Sekretär, versteht den lateinisch geschriebenen Satz aus der katholischen Messe, übersetzt ihn ins Griechische: *Polykalá,* war die Antwort, *Gott gewährt uns die Union!* Damit war die Versammlung geschlossen, die Besucher entfernten sich.

*

Père Didon und sein schreibender Schatten – ›notre régent‹, nennt er ihn – reiten vom Róssikon auf steilen und steinigen Wegen zur Skite des Heiligen Andreas, das wegen seiner prächtigen Architektur ›Serail‹ genannt wird. Die kleine Karawane kommt über den Bergkamm der Halbinsel, von dem aus man das blaue Meer und die benachbarten Inseln, Lemnos und Thasos, sieht:

»Père Didon eröffnet die Kolonne, den Kopf gegen die Sonne mit einem einfachen Taschentuch geschützt: die andern entfalten ihre Sonnenschirme in eleganter Reihe, aber auch auf sehr verschiedene Art. Einige Eseltreiber in ihren Fustanellen« – den faltenreichen weißen Röcken – »folgen zu Fuß, ihre Pistolen im Gürtel. Zwei Mönche sind ihnen zugeteilt, gehen und kommen den Trupp entlang. Sie fühlen sich wahrscheinlich glücklich, eine gute Gelegenheit gefunden zu haben, ›sich aus dem Staub zu machen‹, und sprechen mit ungewöhnlicher Zungenfertigkeit aufeinander ein.«

Und über auf- und absteigende Pfade reiten die Reisenden, an Abgründen oder an lieblichen Weingärten entlang, zur Skite des

Patriarch Joakim III.

Heiligen Andreas, das von russischen Mönchen bewohnt wird. Im Hof steigen sie von ihren Maultieren ab. Ringsum wird gebaut: Zellentrakte, die eine ältere Kapelle des Heiligen Antonios einbeziehen, und die Trápeza für das gemeinsame Mahl der schwarzgekleideten Brüder. Auch das Kyriakon, die ›Herrenkirche‹ – so wird die Kirche einer Skite genannt –, ist noch nicht vollendet. Der Bau konnte erst nach 1880 in Angriff genommen werden, nachdem Zar Alexander II. in Sankt Petersburg einem Attentat zum Opfer gefallen war. Unzählige Mönche bilden die Gemeinschaft der Skite, ihr Dikaios, dem Range nach einem Abte gleich, aber dem Kloster Vatopédi verantwortlich, ist ihr monarchischer Gebieter und Seelenhirt, dem sie unbedingten Gehorsam schulden.

Hier lebt der Patriarch Joakim im Exil. Mit seinem Krummstab und dem silbernen Kreuz auf der Brust, dem langen Bart und dem majestätischen Antlitz macht er auf Père Didon, den er freundlich begrüßt, einen lebhaften Eindruck. Bald kommen die Umstände zur Sprache, die ihn gezwungen haben, nach seiner Abwahl auf den Athos zu gehen. Man hatte ihm vorgeworfen, russischem Einfluß nachgegeben zu haben und beim Großwesir des Sultans Abd-ul-Hamid großes Ansehen zu genießen. Friede mit den Türken war ihm in seinem hohen Amte wichtiger als die Beziehung zum Königreich Griechenland, das die Vereinigung aller Griechen verlangte, ihm aber zu westlich eingestellt war. Über diese Zusammenhänge hatte der Botschafter des Deutschen Reiches, Joseph Maria von Radowitz, Seiner Exzellenz, dem Reichskanzler Otto von Bismarck, Bericht erstattet und Joakim als eine der bedeutendsten und würdigsten Persönlichkeiten der orthodoxen Kirche bezeichnet.

Ich hätte in Kostantinopel bleiben können, gibt Joakim seinen französischen Besuchern zu verstehen, *aber ich liebe diesen Berg wegen seiner Einsamkeit und seines heiligen Charakters.*

Er meide allerdings die griechischen Klöster. Joakim hat sich in der Nähe des Klosters Iwiron eine fürstliche Einsiedelei errichten lassen, die er während des Sommers gern aufsucht. Père Didon drückt ihm gegenüber seine Genugtuung darüber aus, ihm, dem berühmten Repräsentanten der griechischen Kirche, begegnen zu dürfen und bewundert die Entwicklung des mönchischen Lebens auf dem Heiligen Berge.

Ja, erwidert nachdenklich Seine Heiligkeit, *aber Sie haben das Leben, wir nicht.* Nach einer Pause kommen von ihm zögernd die Worte: *Es ist lange her, daß ich eine Reise nach Rom gemacht habe, aber . . .*

Seine Besucher verstehen, daß es für ihn hätte kompromittierend sein können, in Gegenwart eines katholischen Geistlichen – der Didon doch war – hierüber zu sprechen: von Union darf auch nicht andeutungsweise die Rede sein. Zum Schluß wird der ›unvermeidliche‹ Raki gebracht. Man trinkt mit Dank. Die Franzosen verabschieden sich: das Gesicht des Patriarchen scheint von traurigem Ernst geprägt.

In dieser Stunde konnte niemand wissen, daß Joakim 1901 – nun als Joakim III. – nach fast zwanzigjährigem Exil erneut zum Patriarchen gewählt wird, diesmal zur Freude der Griechen, zum Ärger des Großwesirs.

Im Hof der Skite des Heiligen Andreas setzen sich Père Didon und Monsieur ›le régent‹ wieder auf ihre Maultiersättel und reiten mit ihrem kleinen Gefolge den kurzen Weg nach Karyès. Sie wollen der Hiera Koinotis und dem türkischen Gouverneur ihre Aufwartung machen.

*

Wenn die Synaxis nicht einberufen worden ist, halten die vier Epistaten in ihrem Salon am Vormittag Audienz. Zwei Benediktiner betreten den Raum, verbeugen sich ehrfurchtsvoll und überreichen im versiegelten Umschlag das Schreiben Seiner Heiligkeit des Patriarchen Joakim III. Der Protépistat bittet sie, Platz zu nehmen, liest den Brief und gibt ihn seinen geistlichen Kollegen zur Kenntnis weiter. Zuletzt erhält ihn der Grammatikos, der Sekretär, der dem an der Tür stehenden Palikaren ein Zeichen gibt. Nun wendet sich der Protépistat an Placide de Meester, an einen der beiden Benediktiner, die aus Rom zum Athos herangereist sind:

Mönche seid Ihr also? – Ja, wir sind Mönche, erwidert Placides Reisegefährte und bringt seine Freude zum Ausdruck, die künstlerischen und literarischen Reichtümer des Heiligen Berges kennenzulernen. Der Protépistat will es genauer wissen: *Mönche, einfache Mönche oder Priestermönche?* In der griechisch-orthodoxen Kirche gibt es nur Mönche und Weltpriester, Diakone und Mönchspriester werden ›Hieromonachoi‹ genannt. *Seid Ihr Jesuiten?* fragt der Protépistat weiter, *Jesuiten, wie einer vor zwei Jahren hierherkam, oder gar Assomptionisten, die uns vor einigen Monaten besuchten?* Damit sind offensichtlich die Augustiner gemeint, die unter diesen Namen – nach einem Haus in Jerusalem – im Bereich der Orthodoxie wirken und teilweise zum griechischen Ritus übergetreten sind. Heinrich Gelzer hatte sie im alten Chalkedon besucht. Bei den Griechen fanden sie wenig Gegenliebe, weil Papst Leo XIII. ihnen die Aufgabe übertragen hatte, seine Unionsbestrebungen zu fördern. Doch Placide de Meester, dessen Schrift über Leo XIII. in Daphni vom türkischen Zoll beschlagnahmt wurde, glaubt, der Protépistat denkt an die Lazaristen des Vincent von Paul. Die beiden reisenden Mönche beeilen sich mit der Antwort: *Nein,* erklären sie, *wir sind nichts dergleichen, wir sind Benediktiner, Jünger des Heiligen Benedikt, des Erzvaters unseres westlichen Mönchtums.*

Inzwischen hat der Palikar, ein Albanese, auf einem Tablett den Begrüßungstrunk gebracht: zwei Gläser mit Wasser, ein drittes mit ein

Die Skite des Heiligen Andreas

paar Löffeln und ein leeres Glas, dazu eine Schale mit Konfitüre und zwei Gläschen Aquavit. Placides Mitbruder tut einen Löffel Konfitüre in ein Glas Wasser. Der Albanese lächelt, die hohe Geistlichkeit lächelt, wenn auch kaum merklich: etwas Ungewöhnliches mußte geschehen sein! Tatsächlich: der Jünger des Heiligen Benedikt hat sich noch nicht den orientalischen Sitten angepaßt. Denn bei dieser zeremoniellen Begrüßung führt man einen Löffel Konfitüre zum Mund, stellt den Löffel in das leere Glas, nimmt ein Schlückchen Wasser und trinkt schließlich den Aquavit. Aber – es ist nur eine kleine Verwirrung entstanden. Während der Palikar zwei Täßchen schwarzen Kaffee bringt, wird die Unterhaltung wieder aufgenommen. *So ist es in der Tat,* sagt einer der Epistaten, *wir feiern den glückseligen Benedikt am 14. März und lesen an diesem Tag in der nächtlichen Liturgie seine Lebensgeschichte. Im übrigen,* fügt er hinzu und meint damit das Kloster der Amalfitaner, *haben Eure Euch im heiligen Mönchsleben vorausgegangenen Brüder ein Kloster auf dem Heiligen Berg gehabt, und es bestehen noch jetzt Spuren davon, unter anderem ein alter Turm, den Ihr sehen werdet, wenn Ihr Eure Rundreise zu den Klöstern macht.*

Der Sekretär reicht den beiden Benediktinern das Diamonitirion, die Audienz ist beendet. Die katholischen Mönche gehen die hölzerne Außentreppe hinunter. Auf der Straße fallen sie in ihrem ›lateinischen‹ Habit natürlich auf. Die orthodoxen Mönche beugen sich über ihre Ladentische und fragen voll Neugier, woher denn die beiden gekommen sind und wer sie wohl wären?

*

Viele Wege führen nach Karyès, keiner ist dem anderen gleich und kein Wanderer dem anderen – mag auch die Schilderung der Landschaft sich ähneln. Die Erlebnisse sind vielgestaltig. Im August 1949 kommen Amand de Mendieta und sein Wandergefährte Athanásios Bikas vom Kloster Stavronikîta. Sie gehen zu Fuß. Bikas redet ununterbrochen von seinen mystisch-theosophischen Überzeugungen und von seiner Bewunderung für Krishnamurti, den er, wie viele, für den neuen Christus hält. Er kennt den Athos gut, aber darüber spricht er nicht. Auf halbem Wege begegnen den Wandernden zwei Asketen, ein Alter und einer in den besten Jahren. Der Jüngere geht auf die beiden Fremden zu, typisch: nackte und verschmutzte Füße, Hosen aus Flicken, ein ehedem weißes Hemd, jetzt isabellenfarben, stellenweise zerrissen, die bronze-braune Haut wird sichtbar. Das Gesicht, von einem Bart dunkel umrahmt, ist schön, die Augen sind weich und von leuchtendem Glanz.

Freundlich zeigt er auf eine nahe Quelle, er weiß: jeder Wandernde hat Durst. Das Wasser schöpft er mit einer verbeulten Feldflasche der amerikanischen Armee. Lächelnd lädt er Amand de Mendieta ein, diesen Trank – natürlich aus seiner Flasche, es gibt keinen Becher – zu schlürfen. Mendieta trinkt das erfrischende Wasser und gibt die Flasche seinem Begleiter. Asketen und Wanderer trennen sich wieder. Vor Sonnenuntergang treffen Amand de Mendieta und Freund Bikas, der Christus in einer Vermummung erwartet und nicht weiß, daß er ihm vielleicht heute begegnet ist, in Karyès ein und finden beim Pater Photios ein bescheidenes Unterkommen. Sie essen fröhlich zu Abend, und der Rotwein erhöht die euphorische Stimmung. Wasser und Wein gehören der Natur und dem Leben an, sie sind Zeichen der Taufe und der Eucharistie. An solchen Tagen kann man Diesseits und Jenseits nicht genau unterscheiden: Leben und Glauben sind eins.

Auf seinem einsamen Ritt von Xeropotámou nach Karyès hat Gerhart Pohl Rast an einer Quelle gemacht – dort, wo sich Fallmerayer in der Mittagshitze erholte – und erinnert sich lebhaft an ihn: »Während die Meisterprosa des Schilderers schon eine gewisse Patina angesetzt hat, ist die geschilderte Landschaft geblieben.« Da kommt ein Mönch auf seinem Maultier dahergetrabt.

»Der Greis klappt den altmodischen schwarzen Schirm zusammen, der ihm als Sonnenschutz dient. Fröhlich lachend sagt er: *Du bist ein Deutscher, die Deutschen sind Schwärmer. Bist du es auch?*« Er bleibt ohne Antwort. »Der Alte fährt fort: *Ihr und die anderen im Westen liebt die Blumen, die Tiere, die Berge, die Sonne und – alte Bücher.* Er kichert. *Geschenke Gottes,* sagt er nüchtern, *das aber erkennt ihr ungenau.* Nun widerspreche ich. Nicht wegen alter Bücher sei ich hier, obwohl ich sie zu schätzen wisse. Mir ginge es um die Feststellung, ob auf dem Athos Urchristentum noch lebendig sei. Der Mönch sieht mich einen Augenblick durchdringend an. *Hast du es gefunden?* fragt er. Bevor ich in Sprachnot zu antworten vermag, sagt er: *Alle bloß Menschen – auch auf dem Agion Oros.* Er spornt mit den Fersen das Maultier an und ruft unter dem wieder gespannten Schirm zurück: *Christos im Herzen . . .*«

In der Vorhalle des modernen Gebäudes der Epistasia, des Megaron, sitzen zwei Mönche, als Gerhart Pohl hereinkommt, und bieten ihm Platz auf einer Bank an. Einer meint, die Fremden, die nur Urkunden, Bücher und Bilder sehen wollten, seien Ikonomanen: aber die Ikonen *sind* das Wesen des Heiligen Berges, der diese kleine Endlichkeit unserer Welt in das Unendliche öffnet. Ein Büttel der Hiera Koinotis führt den Besucher in einen einfach möblierten Raum.

»Dort erscheint ein Epistat. Das Mönchsgewand ist aus gutem Tuch, das hohe zylindrische Barett sitzt tadellos auf dem gepflegten vollen Haar. Um den Hals trägt er zwei lange Silberketten, an denen ein juwelengeschmücktes Kreuz und ein offenbar kostbares Medaillon der Panagîa (Mutter Gottes) hängt.«

Epistat und Besucher nehmen einander gegenüber Platz. Kaffee, Treberschnaps und Marmelade werden gebracht, die Unterhaltung beginnt und bringt bald die Rede auf die politischen Verhältnisse in der seit dem Zweiten Weltkrieg gespaltenen Welt.

»Der Epistat kennt die Lage genau und wertet sie sicher – auf theologischem Grund. Für ihn (und den Athos überhaupt) gibt es nur die eine wirkliche Gefährdung aller Menschen in Christi Bruderschaft, die er vom Politischen her weit faßt, sehr weit und großzügig unter Einschluß aller Sektierer, Ketzer und Herzenslahmen – den Kreml der Gottesleugner, Glaubensfeinde, Kirchenzerstörer – der Zarenmörder, wie er haßlos, aber schneidend nüchtern sagt . . . *Wie denken sich die Deutschen den Fortgang,* fragt der Epistat . . . Ich stelle fest, daß unser

Land in drei Teile gespalten ist. Die Reaktion des Athoniten ist von fast bestürzender Selbstverständlichkeit. *Die Deutschen werden es zusammenfügen,* sagt er. *Ihre Wiedergeburt wird den großen Wandel auch für die versklavten Völker des Ostens einleiten.* Er schweigt . . . Unvermittelt sagt er: *Die Hiera Koinotis macht keine Politik. Aber unser Leben ist stete Hingabe an den Heiligen Geist – Agion Pneuma, die allgegenwärtige, alles bewirkende Kraft. Sie bringt uns der immer erstrebten, kaum je erreichten vollkommenen Vereinigung mit Gott nahe. Wenn Sie das für Urchristentum halten . . .*«

Die Epistaten lenken und behüten die kleine Weltlichkeit dieses weltfernen Ortes inmitten der halben Insel und der Klöster auf dem Heiligen Berg. Sie handeln in dem unendlichen Raum ihres Glaubens. In ihm beten die Mönche ihrem Leben entgegen, um Gott dem Allerhöchsten dem Wesen nach gleich zu werden – Ebenbild Gottes, das sie von Anfang an sind. Es ist eine beschwerliche Zeit. Mut gehört schon zum Aufbruch, wer weiß, wann er ankommt? Ein langer Weg führt durch die Dunkelheit dieser Welt und die Seelenlandschaft, die noch von Zweifeln zerklüftet ist, Gott nicht finden zu können – bis einer das Licht in sich selber entdeckt und der Horizont seines Glaubens sich in der Ferne verliert, als wäre die Seele mit dem Himmel vereint: er hat seine Heimat gefunden.

Auf seiner Wanderung in diese Ewigkeit hat ein Eremit in der Nähe von Karyès Rast gemacht, einsam haust er in seiner Hütte – weltweit von der Gemeinschaft geschieden. Er kann auf sich selbst verzichten, er hat den Frieden erlangt, das Licht schon gesehen. Seinem Gast stellt er, wenn über das Land sich die Nacht senkt, eine Lampe ins Fenster, ihm den Weg durch das Dunkel zu weisen.

»Dann scheint das Weiß des Hauses bläulich im Mondlicht. Die Silberfransen des Meersaums winden sich bis an den Horizont hin. Der Athosgipfel, diese große Ziffer der Landschaft, treibt auf den Hügelwäldern dahin.«

Einen Freund begleitet Erhart Kästner zu diesem Eremiten, den am Tage noch niemand gesehen hat und der die Nacht im Gebet verbringt. Sie gehen den Weg zur Mitte . . . Erhabene Stille ringsum. Licht in der Ferne.

Amand de Mendieta, 114 – Didon, 122 ff. – Fallmerayer, Bd. 2, 103 f. – Gelzer: *Geistliches und Weltliches,* 138 – Grisebach, 255 f. – Kästner, 74 f. – Komnenos, 496 – de Meester, 49 und 76 ff. – Pohl, 58 und 64 ff. – Proust, 111 – von Radowitz (ungedruckt) – Riley, 76 ff. – Zachariae, 242.

Die Einsamkeit des Gouverneurs

Einer lebt unter den Mönchen, der an Welt und Herrschaft gebunden bleibt: der Vertreter der Staatsgewalt. Ohne Obrigkeit scheint in dieser Welt nichts sicher zu sein, und jedermann sei untertan der Obrigkeit, die Gewalt über ihn hat, schrieb Paulus in seinem Brief an die Römer – um des Gewissens und des Friedens willen.

Also herrschte auch Friede auf dem Heiligen Berg. Nachdem der Athos sich im Jahre 1430 dem Sultan und Padischah Murad II. unterworfen hatte, hielt ein Bostandschi die Ordnung unter den Klöstern aufrecht. Manch einer bereicherte sich auf diesem ›verlorenen Posten‹: viele zogen mit einem Vermögen von vier bis fünftausend Piastern ab, wenn sie nach einem Jahr wieder durch den Großwesir versetzt wurden. Der Pascha von Saloniki schickte alljährlich einige Aufseher, die in allen Klöstern die Polizeigewalt hatten. Wenn etwa ein Kirchlein errichtet worden war, mußte es abgerissen werden. Dies berichtete Nikolaus Rossi, ein Grieche aus Napoli di Romania, den die Congregatio di Propaganda fide von Rom zum Athos gesandt hatte, um in Karyès eine Lateinschule zu gründen und darüber hinaus die Möglichkeit einer Union mit der Orthodoxie zu erkunden. Und Rossi schrieb seinen Oberen auch dies: fänden sich in einem Kloster christliche Sklaven oder hätten sich christlich getaufte Türken hinter den schützenden Mauern eines Klosters verborgen, würden die Mönche bestraft. Es blieb dem Berichterstatter auch nicht verborgen, daß der Mund eines Aufsehers durch Bestechung und Bewirtung zum Schweigen gebracht werden konnte.

Ein Osmanli ist unter den Mönchen allein, er hat keine Gemeinschaft, er ist nur beauftragt und wartet auf den Tag, an dem ihn der Befehl seines Sultans aus seiner Lage befreit. Einmal in der Woche geht er über den Markt, um nach dem Rechten zu sehen. Zu Ostern kommen die Pilger zum Protâton – und wenn die Jungen dann, die ihre Väter begleitet haben, mit ihren Pistolen in die Luft und die Mönche aus ihrer Kanone Salut schießen, sitzt er dazwischen, scheint ein wenig ›angeheitert‹ zu sein und raucht seine Pfeife. Mönche haben ihm Wein gebracht: das ist ihm verboten, er aber trinkt, sein Prophet ist nicht hier, seinen Koran hat er zu Hause. Kaum sieht er die Besucher über den Platz gehen. Joseph Carlyle und Mr. Hunt begrüßen ihn.

Das war 1801. Bald danach erhoben sich die Griechen gegen die türkische Herrschaft. Athos-Mönche riefen den Emanuel Papas, der mit Alexander Ypsilanti gegen die Türken kämpfte, zum Beschützer Makedoniens aus und hielten den Kaimakam im Kloster Koutloumousîou gefangen. Unter der Führung von Äbten bildeten sich bewaffnete Gruppen, die die Landenge zur Chalkidike verteidigen wollten. Türkische Soldaten unter dem Wesir Mayram Pascha trieben die Bauern mit ihren Familien, mit Kindern und Vieh aus ihren Dörfern auf den Heiligen Berg und besetzten die Klöster. Viele Mönche flohen aufs Festland, die Kranken und Alten blieben. Die Mönche sollten eine hohe Abgabe zahlen – 1823 wurden 83 Mönche, weil die Hiera Koinotis nicht Geld genug hatte, hingerichtet. Erst nach Jahren zogen die Türken ab, die Mönche kamen zurück. Ein Aga residierte wieder in Karyès. Der Friede war wieder hergestellt.

Der Gouverneur ist ein wortkarger Mann, der weder lesen noch schreiben kann. Er hat einen Kurdenknaben aus Assyrien, der das Lesen und das Schreiben für ihn erledigt. Wenn ihm ein Gast aus Europa den Ferman des Sultans überreicht, liest's ihm der Knabe vor. Als Grund für den Aufenthalt genügt's ihm zu wissen, daß der Fremde die Welt aus Liebe zur Pracht bereist. Bei dieser Gelegenheit möchte er Neuigkeiten von Stambul erfahren und wie teuer oder wohlfeil das Leben in Deutschland wäre und ob der Kral des Landes viele Soldaten und Kanonen hätte – 1838! Sonst ist der Aga, der diese Fragen an Fallmerayer richtet, wenig ideenreich, denn der Fastenmonat Ramadan hat begonnen, in dem ein frommer Muselmann erst nach Sonnenuntergang heiter und gesprächig wird. Den französischen Reisenden Antonin Proust empfing später »ein junger Mann von 30 bis 35 Jahren, weder schön noch häßlich, aber durch das Nichtstun dick und fett, dazu stumpfsinnig durch die Einsamkeit«.

Wer ihn so antrifft in seinem Gehäuse, zu dem man, gleich neben der Epistasie, eine hölzerne Treppe emporklimmt, fühlt sich erheitert, möchte sich über ihn gar lustig machen: jetzt ist der Kaimakam ein kleiner, untersetzter Mann mit vollem Bauch und fröhlicher Miene und kommt den Gästen entgegen. Mit Leuten von Welt unterhält er sich gern und stellt dann in radebrechendem Französisch allerhand Fragen an Père Didon, dessen geistlichen Ornat er neugierig betrachtet: *Sind Monsieur ein Archimandrit?* Und dann erklärt er, daß er sieben Sprachen beherrsche, ja, in der Tat: sieben Sprachen, und darauf ist er besonders stolz: *Ich bin Herr über zehntausend Mönche,* ruft er begeistert aus. Mit seiner roten Frisur und dem Fez, der auf seinem Türkenkopf saß, machte dieser Kaimakam einen komischen Eindruck – mitten unter diesen schwarzen Soutanen, die vor seiner Schildwache auf- und abgingen. Seine Gäste entließ er mit einem kräftigen Händedruck, offensichtlich von ihnen entzückt, wie sie von ihm. In seinem dürftigen Holzhaus empfing später ein trefflicher alter Herr den Deutschen Carl Fredrich.

»Würdig war es, als er in langem, weißem Gewand den Paß des Besuchers visitierte, denn so verlangt es türkische Staatsklugheit. Würdig war es auch, als er mit untergeschlagenen Beinen auf seinem Sofa saß und bei Kaffee und Süßigkeiten bald in griechischer, bald in französischer Sprache plauderte. Er fragte: *Wann heiraten die jungen Leute in Deutschland?* – eine Frage, die nicht bei einem Türken, wohl aber auf dem Heiligen Berg wunderbar berührte.«

*

Alle Tage hat solch ein Kaimakam mit niemand anderen zu tun als mit schwarzgekleideten Mönchen und hört keine andere Musik als ihre nasalen Gesänge, mehr noch: es bedrückt ihn, daß er, der Abgesandte des Sultans, sich dem Gesetz fügen muß, demzufolge alles Weibliche vom Heiligen Berge verbannt ist. Er gibt in seinem Gespräch mit Mister Lukach, dem Engländer, zu, daß ein solches Gesetz gut für die Mönche sei – tatsächlich eine begrüßenswerte Vorsicht –, aber für einen Gouverneur wäre es doch eine Demütigung. Kondensmilch muß er sich aus Saloniki und Eier aus der Chalkidike herschicken lassen. Monatlich einmal darf er für wenige Tage zu seiner Familie nach Konstantinopel fahren, wo er zwei Töchter hat und eine englische Gouvernante, die zweimal in der Woche Steak haben will und monatlich pünktlich ihr Geld verlangt. Und er bekommt nur alle acht Monate sein Gehalt, und das nicht einmal regelmäßig. Mister Lukach bedauert ihn, denn der Kaimakam ist ein Christ aus Albanien, Papagianni heißt er und trägt trotz seines Christentums seine Bürde mit Unmut. Nun hat er auch noch, wie Lambert Ehrlich, der kein Vertrauen zum Athos mitgebracht hat, berichtet, »die Aufgabe, aus den Klöstern eine möglichst hohe Abfindungssumme herauszupressen, und diese soll jährlich über 100 000 Frank betragen. Seine Tätigkeit besteht also vorzüglich darin, von Zeit zu Zeit die Klöster aufzusuchen und sich dort bewirten und bestechen zu lassen«.

*

Jahrzehnte unaufhörlicher Kämpfe waren vergangen, bis die Völker des Balkans das Joch der türkischen Herrschaft abgeschüttelt hatten. 1878 hatten die europäischen Mächte in ihrem Berliner Vertrag im Artikel 62 festgesetzt, daß die Mönche des Berges Athos, von welchen Ländern sie auch stammen, Besitz und Vorteil genießen und ohne Ausnahme vollständige Gleichheit der Rechte und Prärogative behalten. Der Zar erhielt das Schutzrecht über die russischen Mönche, die seine Untertanen geblieben waren. Das Osmanische Reich hatte nur noch die Aufsicht. Der Kaimakam blieb in seine Einsamkeit ›verbannt‹. Griechenland betrieb eine Politik, durch die alle Hellenen in einem nationalen Staat vereinigt werden sollten, und die Mönche der griechischen Klöster sympathisierten mit ihrem Vaterland. Sie bekämpften den Einfluß der Russen, die zusammen mit den serbischen und bulgarischen Brüdern ihnen an Zahl überlegen waren. Der Athos wurde wie ganz Makedonien zum Durchzuggebiet griechischer Banden, die ihre Landsleute gegen Türken und Bulgaren unterstützten und sich, wenn es sein mußte, auf den Athos zurückzogen und in den Wäldern versteckten, um auszuruhen. Was sollte ein Kaimakam dagegen tun? Diese Leute waren als Pilger gekommen und richteten keinen Schaden an.

Im Frühjahr 1912 hatten die slawischen Balkanstaaten mit Griechenland ein Bündnis geschlossen und erklärten im Oktober der Hohen Pforte den Krieg. Zu der Zeit war Jean Tharaud gerade mit seinem Bruder Jérôme zum Athos gekommen und begab sich zum Kaimakam, um ihm sein Empfehlungsschreiben zu überreichen. Und der Kaimakam wandte sich an seinen Besucher:

Sehen Sie sich um, mein Herr! Sehen Sie diese vielen Tausende von Mönchen. Besuchen Sie ihre Klöster, fragen Sie sie selbst. Über was können sie sich wirklich beklagen? Haben wir ihre Regeln verletzt? Haben wir sie ihres Eigentums beraubt? Haben wir ihnen die Pilgerfahrten verboten? Haben wir auch nur ein Tüttelchen ihrer jahrhundertealten Verfassung geändert? ... Nur der Westen spricht von türkischem Fanatismus. Aber welcher Staat, frage ich Sie, welcher Eroberer könnte diese Leute mit größerer Humanität und Mäßigung, größerer Toleranz in Fragen der Religion behandeln? Unter unserer Herrschaft sind die Mönche frei geblieben, unabhängiger sogar als unter den byzantinischen Kaisern. Und ... sie haben unter dem Sultan nur den hundertsten Teil der Plagen zu erleiden gehabt, die Sie Ihren Mönchen in Frankreich auferlegt haben. Sie werden sich nach uns sehnen, die Mönche, mein Herr!

Am 2. November 1912 eroberten griechische Truppen unter dem

Befehl des Kronprinzen Konstantin die Stadt Saloniki. Das Flottengeschwader des Admirals Kondouriotis nahm Kurs auf den Athos. Der Kreuzer ›*Aweroff*‹, von drei Torpedobooten begleitet, ging auf der Reede von Daphni vor Anker. Die fünf oder sechs Beamten, die beim Zoll oder bei der Post tätig waren, flohen in das russische Kloster Panteleîmonos, man konnte sie vom Schiff aus am Strand entlang laufen sehen. Ein Torpedoboot fuhr ihnen nach, der Kapitän verlangte vom Abt, ihm die Flüchtenden auszuliefern. Nach einigem Hin-und-Her wurde dieser Forderung stattgegeben. Siebzig Soldaten wurden ausgeschifft, die weißblaue Fahne auf dem Zollamt gehißt. Der Trupp setzte sich nach Karyès in Marsch. Dort verhaftete man den unglücklichen Kaimakam auf seinem Diwan. – Damit war nach fast fünfhundert Jahren die osmanische Herrschaft über den Athos beendet. Im nächsten Jahr fiel König Georg von Griechenland in Saloniki einem Attentäter zum Opfer. Konstantin wurde König der Hellenen. Auf einem Panzerkreuzer fuhr er im heißen August 1913 von Kavalla aus um den Heiligen Berg und nahm ihn in seinen Schutz.

Nun war eingetreten, was Fallmerayer befürchtet hatte: Griechenland schob seine Grenze zum Strymon vor, zum Jubel der Hellenen, zum Zorn der Bulgaren, die vom Mittelmeer abgeschnitten blieben. Darum führte Bulgarien Krieg gegen Griechenland, um einen Hafen an der thrakischen Küste zu haben, und gegen das Osmanische Reich und verlor ihn nach wenigen Wochen. Der Krieg griff auf den Athos über: der Streit zwischen den griechischen und den slawischen Klöstern wurde mit der Waffe in der Hand ausgetragen. Eine Freischar aus Mönchen griechischer Klöster eroberte das Bulgarenkloster Zográphou. In Karyès residierte der Kommandeur der griechischen Garnison.

Der Erste Weltkrieg brach aus. Frankreich und England errichteten einen Brückenkopf auf den Dardanellen, um Konstantinopel zu belagern, und besetzten das griechische Thessalonike. Russische Kriegsschiffe kreuzten vor den Küsten des Heiligen Berges. Als ihr Verbündeter betrat der Chefkommissar der französischen Mittelmeerflotte, Robert Dufour de la Thuillerie, mit ein paar hundert Matrosen den Athos und ließ das bulgarische Kloster Zográphou besetzen. Zum Róssikon unterhielt er gute Beziehungen, sorgte zwar vor allem für den militärischen Nachschub, für den Holz in großen Mengen benötigt wurde, aber auch für die Mönche. Französische Schiffe brachten ihnen die nötigen Lebensmittel, darunter jeden Monat zwei Tonnen feinsten Mehls zum Backen des eucharistischen Brotes. Und die

Mönche beteten Tag und Nacht für den Sieg des ruhmreichen Frankreich und seiner Alliierten – und das heißt: Orthodoxe für Katholiken und Anglikaner.

Nachdem Griechenland 1920 durch den Friedensvertrag von Sèvres das Schutzrecht über die Mönchsrepublik erhalten hatte, wurde 1925 ein Gouverneur eingesetzt, der dem Außenministerium in Athen unterstand. Der Agion Oros blieb autonom. Nur die Ländereien mußten zugunsten der Flüchtlinge aus der Türkei zwangsverpachtet werden. Der Schotte Sydney Loch siedelte einige Familien an der Grenze an, für die er Land von der Hiera Koinotis pachtete: an einem alten Wachturm enstand die ›Stadt des Himmels‹, Ouranopolis, ein Weltort am Heiligen Berge.

Der Nachfolger des bald verstorbenen ersten Gouverneurs war Nikólaos Lelis, den die griechische Regierung aus dem lebensfrohen Paris nach Karyès versetzte. Ihm gelang es, die unruhigen Jahre vergessen zu lassen. Griechenland war inzwischen eine Republik geworden und unter dem General Pangalos, dem führenden Mann der Offiziersjunta in Athen, sogar eine Diktatur. In einem Anfall übler Laune beschloß der Diktator, den Athos in ein Spielkasino zu verwandeln und die Kunstschätze dem Byzantinischen Museum in Athen zu übereignen. Die Mönche drohten, wie zu Zeiten des Bildersturms, ihre kostbaren Ikonen zu vergraben oder im Meer zu versenken. Nikólaos Lelis konnte die diktatorische Willkür abwenden. Er lebte – wie seine türkischen Vorgänger – einsam. Die einzige Freude, die er sich gönnte, war die Unterhaltung mit Besuchern aus dem Westen Europas.

Ich bin hier, sagte er zu Robert Byron und seinem Begleiter David Talbot Rice, der ein bedeutender Byzantinist werden sollte, *ich bin hier, um sicherzustellen, daß die Verfassung, der sich die Mönche selbst unterworfen haben und die von der griechischen Regierung uneingeschränkt anerkannt worden ist, eingehalten wird. Das ist meine ganze Pflicht. Und was die finanzielle Seite der Angelegenheit betrifft: es ist nicht wahr, daß meine Regierung die klösterlichen Farmen – wie man behauptet – enteignet hat. Es wird Lastenausgleich gezahlt, und viele Metochien sind nur für die Zeit von zehn Jahren verpachtet.*

Die Mönche, beteuerte der Gouverneur, hätten sogar außergewöhnliche Vorrechte: sie seien vom Militärdienst befreit und von allen Steuern, sie müßten auch keinen Zoll für Ein- oder Ausfuhr entrichten. Aber Robert Byron hatte noch eine Frage:

Gibt es unter diesen armen Mönchen nicht einige, die sich eine zusätzliche

Einnahmequelle dadurch verschaffen, daß sie den zollfrei eingeführten Kaffee und den Zucker wieder auf das Festland bringen und mit Gewinn in den Läden von Saloniki verkaufen? Und ist es nicht ein Skandal, daß einige Mönche sich bereichern, während ihre Brüder in Lumpen gehen ...?

Das wollte der Gouverneur keineswegs zugeben. Aber eine Sorge hatte er doch:

Sagen Sie mir, nachdenklich sprach er es, *gibt es in der Welt eine Frau? Soll ich niemals mehr tanzen? Werde ich jemals Paris wiedersehen, wo ich tätig war, als mein Vorgänger, der den Athos liebte, plötzlich verstarb? – Paris ...*

*

In Karyès hatte sich in all den Jahren kaum etwas geändert. Auch wenn sie hin und wieder eine alte Athener Zeitung lasen, hörten die Mönche nicht viel von der Welt. Als dann 1941 auch Griechenland dem Eroberungs-Wahnsinn eines einzigen Mannes zum Opfer fiel, versammelte sich das Parlament der Mönche. An ihn, der den Zweiten Weltkrieg entfesselt hatte, den Führer und Reichskanzler Adolf Hitler, wandte sich die Hiera Koinotis, um ihren Besitz, den ihnen Rußland, aber auch Griechenland genommen hatte, zurückzuerhalten. Erich Feigl hat dieses Dokument jetzt bekanntgemacht. Der Brief blieb ohne Antwort. In Karyès gab es statt des griechischen Gouverneurs eine Außenstelle der feldgrauen Wehrmacht. Ein Nachrichtentrupp legte Fernsprechleitungen, und die Mönche freundeten sich mit den deutschen Soldaten an. In einem Kloster, das nicht genannt sein soll, sah Franz Dölger, der im Auftrag des Amtes Rosenberg den Athos erforschte, ein Hitlerbild. 1944 zogen die Deutschen ab und dankten für die erwiesene Gastfreundschaft.

Ein paar Monate später gab es auf dem Athos keine fremden Soldaten, keine Partisanen und keinen Gouverneur. Der Bürgerkrieg brachte neues Unheil. Flüchtlinge, von ihrer Angst vor den Kommunisten getrieben, kamen mit Kühen und Hühnern, mit Familien und Kindern in die Wälder des Heiligen Berges, ihnen folgten kommunistische Banden, Männer und Mädchen, Gewehr über der Schulter, und setzten sich in Karyès fest. Der Gouverneur, den Athen entsandte, mußte in Vatopédi bleiben. Aber eines Nachts verließen die Kommunisten den Athos und schleppten zweihundertfünfzig Maultierlasten als ihre Beute bis an die bulgarische Grenze. In feierlicher Versammlung regelte 1947 die Synaxis die Rechtsstreitigkeiten und erließ Bestimmungen über die Kellioten und die vagabundierenden Mönche. Vor allem ging es nach der ›Zeit der Wirren‹ um die Wiederherstellung der Moral, die durch Flüchtlinge und Kommunistinnen gelockert schien. Nun konnte der Gouverneur die Ordnung aufrechterhalten, die er selbst hergestellt hatte. Er siedelte nach Karyès über.

Karyès mit den Botschaftsgebäuden der Großklöster

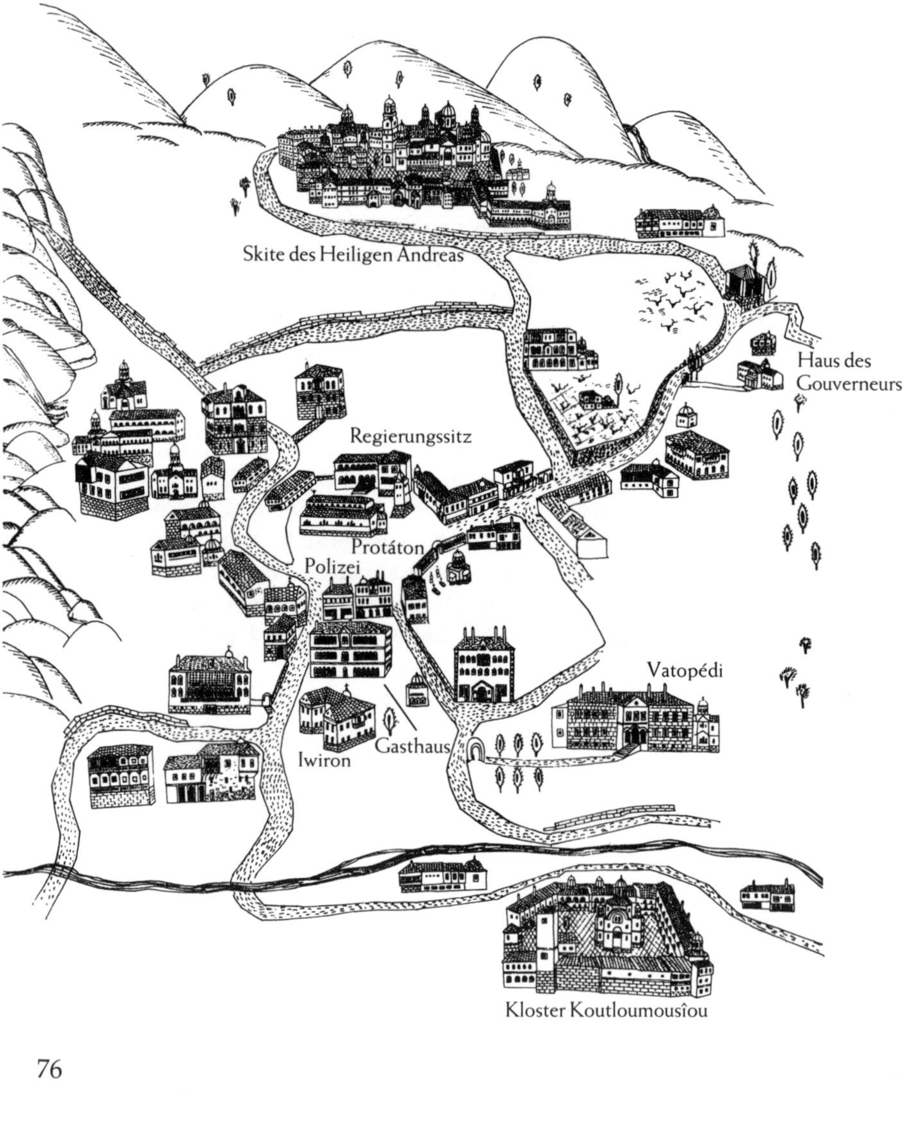

In diesem Vertreter der Staatsgewalt einen Historiker des kanonischen Rechts kennenzulernen, der mit Leichtigkeit mehrere Sprachen beherrscht, ist für Amand de Mendieta doch überraschend. Aber Dr. Panagiótis Panagiotákos – ein Name, wie für den Athos geschaffen – hat sich in Griechenland und im westlichen Ausland einen geachteten Ruf erworben. Besucher empfängt er in seinem geräumigen Arbeitszimmer, das eine reiche Bibliothek enthält. Er unterhält sich mit Amand de Mendieta über die Lage der Mönchsrepublik: jetzt, 1949, ist die Ruhe auf dem Heiligen Berge ungetrübt. Es wird bald eine Schule gegründet werden, in der Liturgie, Musik und Malerei für die künftigen Novizen gelehrt werden sollen. Dr. Panagiotákos ermuntert seinen Gast, eine Arbeit über den Athos zu schreiben, in der die persönlichen Erlebnisse mit den wichtigsten historischen Begebenheiten verbunden sein sollten. Amand de Mendieta wird ihm das Manuskript hersenden, damit es Dr. Panagiotákos korrigiere und, falls erforderlich, ergänze. Am Ende des Gesprächs fordert der Gouverneur seinen belgischen Gast auf, an der feierlichen Zeremonie aus Anlaß des Sieges über die Kommunisten teilzunehmen, die am Grammos-Gebirge nahe der albanischen Grenze ihre letzte Niederlage erlitten haben.

Anderntags vereinigen sich die Mönche und alle Einwohner von Karyès im Protâton zu einer Gemeinschaft patriotischen Geistes und religiöser Ergriffenheit. Zahllose Kerzen auf den kupfernen Leuchtern steigern mit ihren kleinen Flammen die Begeisterung. Öllampen brennen vor allen Ikonen und vor der Ikone der Gottesmutter, der *›Axion éstin‹*. Die Bilder des Pansélinos verschwimmen im Dunkel. Weihrauch erfüllt die Basilika. Der Diakon steht vor der Königlichen Tür der Ikonostase und spricht mit seiner weittönenden Stimme die Bitten der großen Litanei, die sich auf die besonderen Umstände des Tages beziehen. Zwei Chöre singen die Doxologie, das *›Gloria in excelsis Deo‹*, gefolgt von einer Reihe von Bitten, die Christus, Gott Vater und die Mutter Jesu Christi anrufen. Sie singen mit einer bewegenden Stimme und mit einem Ernst, dem Amand de Mendieta seine Bewunderung nicht versagen kann. Nach der Liturgie hält der Gouverneur eine patriotische Ansprache, mit der er die Begeisterung der Gemeinde entfacht. Laut geht der Ruf durch das Gotteshaus: *Es lebe der König, es lebe die Nation!*

Nach der Zeremonie bittet der Protépistat, das Oberhaupt der demokratischen Gemeinschaft der Schwarzen Engel, in den großen Ratssaal des Hieron Koinotikon Megaron, wie der Sitz der Epistasie amtlich genannt wird. Hier finden sich die zivilen und militärischen Repräsentanten mit den Mitgliedern des Hohen Rates ein, sowie alle angesehenen Mönche und andere geladene Gäste. Der Vorsitzende präsidiert auf einem Lehnstuhl, zu dem eine Stufe hinaufführt, ihm gegenüber der Gouverneur. Sie tauschen kurze Glückwünsche aus. Es gibt Erfrischungen und Loukoúmi, mit weichen Mandeln verziert. Es war ein festlicher Tag, man konnte glauben, das große Byzantinische Reich hätte eine kleine Auferstehung erlebt.

*

Als Nachfolger des Dr. Panagiotákos wird Konstantin Konstantinópolis berufen, den Ernest W. Saunders als einen feinfühligen und gebildeten Mann schildert. Er beabsichtigt, mit den gelehrten Athoniten den Heiligen Berg zu einem Zentrum der byzantinistischen Studien zu machen, um die Kultur der Orthodoxie, deren Erbe die Mönchsgemeinschaft sei, den jungen Mönchen zu überliefern. Er lebt schon seit 1947 auf dem Athos und wohnt jetzt in einem geräumigen Haus, das am Ende eines Zypressenweges in einem Weingarten steht. Eines Tages geht er die Stufen seines Konaks herunter, als ein Trupp von Reisenden auf Maultieren die Gasse entlangkommt. Er erkennt einen Freund aus Athen und merkt gleich, daß es Deutsche sind, deren Sprache er gut beherrscht. Liebenswürdig entbietet er den Willkommensgruß und bittet die Angekommenen in sein Haus, das innen, so ohne Frauenhand, wie Erhart Kästner feststellt, nicht viel Wohnlichkeit hat. Zwar liest er Martin Heidegger, mit dem Erhart Kästner in Briefwechsel steht, und Ernst Jünger, aber ihn bedrücken gegenwärtig andere Sorgen, da »sich nachgerad unter die Wallfahrer mehr und mehr Reisende mengen . . . Jetzt sei von Deutschland und Frankreich eine neue Spezies häufig: kurzhosige Tramper, die sich mittellos durch die Welt schlügen und für die der Athos ein Hotel ohne Hotelrechnung sei. Allzu Kurzhosigen habe man wohl, um des Anstands willen, das Betreten des Landes verwehrt, mit nicht besonders gutem Erfolg, bei ihrer gewürfelten Hartnäckigkeit«, meint der Gouverneur. Nun, die Landplagen wechseln. Für den Abend lädt er die Gäste ins Wirtshaus ein, das Erhart Kästner einen »Ort der Verstörung« nennt:

»Totale Männerwirtschaft. Besitzer und Geschäftsführer war ein Mönch, natürlich, wie ja auch Mönche die kleinen Gewerbe betrieben, die Schuhe besohlten, das Schneiderhandwerk ausübten... Der Wein, ein hellroter, geistvoller, ungemein stürmischer Harzwein, war ohne Zweifel bedeutend. Die militärischen Spitzen erschienen, der Leutnant der Gendarmerie, ein fescher Salontyp, der sein Kommando auf dem Heiligen Berg als das Schlimmste ansah, was ihm zustoßen konnte; er verfiel den Abend über, je mehr er der Mädchen, die fehlten, gedachte, in immer tiefere Trauer. Sein Hauptwachtmeister, der aussah wie alle Hauptwachtmeister in allen Armeen der Welt, erwies sich als überraschend belesen und ließ, ein Grieche, nicht den geringsten Scherz unaufgefangen, nicht die geringste Anspielung unbeglichen zurück.«

Erhart Kästner meint, er hätte ihn 1943 bei Delphi gesehen: er und der andere als Feinde im klassischen Land! Aber der Heilige Berg hebt die Zeit der Vergangenheit auf, in der kein Haß je war, und läßt die Freundschaft zurück.

Amand de Mendieta, 228 f.; vgl. 1 – Robert Byron, 49 – Carlyle, 205 – Didon, 122 ff. – Dölger, 1. Auflage, Abb. 291 – Dufour de la Thuillerie, 25 f. – Ehrlich, 141 und 146 – Fallmerayer, Bd. 2., 99 f. – Feigl, 62 – Fredrich, 20 – Kästner, 66 f., 71 f. – Leake, Bd. 3, 136 – Loch, 25 f. und 225; Ouranopolis war von ihm Prosphóri, ›Geschenk‹, genannt worden – Lukach, 829 – de Meester, 266 f. – Pabel, 13 – Proust, 111 – Rossi, nach Hofmann (→ Lit.-Verz. 3 a), 16 – Saunders, VIII – Tharaud, zit. nach Robert Byron, 151 ff.

... aber es fehlen die Frauen

»Dies ist eine von den charakteristischen Veräußerlichungen des Regiments des Buchstabens und der Form, des unfreien Geistes, der hier auf dem Athos seine üppigste Blüte treibt.«
(Josef Muth)

Ein solcher Vorwurf ist keine Erklärung, erklärt sich jedoch aus liberalistischem Fortschrittsdenken. Ihm kam es auf Vermehrung von Menschen und weltlichen Gütern an, als wäre die Tätigkeit der Sinn des Lebens und brächte das Glück auf dieser Erde hervor. Not und Sorge sind davon die Folge – und wir finden uns nicht mehr zurecht. Auf dem Athos aber herrscht der Heilige Geist der Freiheit. Kein Kind erblickt das Licht der Welt in dieser Heimat, die dem Himmel angehört. Denn die Mönche sind die ›gens aeterna, in qua nemo nascitur‹ – das ewige Volk, in dem niemand geboren wird.

Vom Athos bleibt, wie Fallmerayer es gedeutet hat, ohne doch den Grund zu finden, daher »das Weib, das begehrliche Auge, das Hochzeitsfest, üppige Künste, Kirmesfeier und sinnaufstürmender Tumult . . . auf immer verbannt«. Ähnlich sagte es im vierzehnten Jahrhundert Nikephóros Gregóras: »Es gibt keinen zügellosen Blick, keine üppige Schönheitspflege und all das nicht, was jenen alten Verkehr mit der Schlange erneut Urständ feiern läßt und das Leben mit viel Wirrwarr und Wogengetümmel erfüllt.«

Manchmal kennen Mönche eine Frau nur von den kerzenrauchgeschwärzten Bildern, den Ikonen, als ›*Glykophiloúsa*‹, die ihren Erstgeborenen herzlich lieb hat – wie jede Mutter dieser Welt. Die ›*Liebkosende*‹ ist das wundertätige Bild des Klosters Philothéou. Als ein Pilgerschiff einmal vor der Insel Lemnos dem Untergang schon nahe war, kam sie selbst, ergriff das Steuer und rettete die Hoffnungslosen. Man kennt die Muttergottes auch als ›*Galaktotrophoúsa*‹, die ihr Kind in seinen ersten Wochen stillt – wie jede Menschenmutter auch. Es ist zugleich das Zeichen für die menschliche Natur in Christo. Im Kloster Gregorîou wird die ›*Milchnährende*‹ um Hilfe angerufen. Und als ›*Platytéra*‹, die ›*Allumfassende*‹, die mehr als aller Himmel ist, weil sie der Welt den Gottessohn gebar, den Schöpfer, ist sie das Zeichen, daß Gottes Sohn wesensgleich dem Vater ist. Von Engeln wird sie nun verehrt. Vor ihr erscheint in weltbedeutender Mandorla der Knabe mit dem Segensgestus, und seine Mutter hebt als Betende die Arme, nimmt teil an jeder Liturgie des Himmels, in der ihr Sohn sein priesterliches Amt versieht. Weil die Theotókos, die Gebärerin des Höchsten, Anbetung fordert und erhält und im Bilde gegenwärtig ist, darf keine Menschenmutter mit dem Kind in einem Bild zu sehen sein. Wahrhaft ikon ist das Bild, das keine Menschenhand gemalt hat und vom Himmel her gesandt ist. Dann ist das, was als Form verstanden wird, nicht mehr ›Form‹ und starr, lebensfern, bewegungslos und ohne Körper, sondern erhaben über alles, was Bewegung hat und Leben, und unergründliche Entrücktheit.

»Das Weihereich der leisen Mönche dürfen Weiberfüße nicht betreten«, schreibt Theodor Däubler und erzählt legendenhaft:

»Einst erschien, so sagte mir ein Mönchlein, Christi Mutter, Unsere Gute Liebe Frau, hold umflort von Lichtgewölk, einer Kaiserin aus Stambul, die am Strand, wo jetzt Iwiron steht, versunken im Gebet, hinwandelte. ›Meine Tochter‹, waren ihre milden Worte, ›hier am Athos blüht mein Garten, sei das letzte Weib, das ihn betritt, segle fort, bring die Botschaft allen frommen Frauen!‹ Die Kaiserin erschaute das Wunder, lauschte den seltsamen Worten und gehorchte. Sie war ja nicht erschrocken. Seitdem blieb das Weib aus der Einsamkeit der Mönche verbannt ... Großes Meer und alte Bäume sind die Wälle um den blütenreichen Gau: nun hegt der Mann ihn sich allein.«

Wer war die Kaiserin aus Stambul, der Stadt am Goldenen Horn? Kaiser Arkadios Tochter Pulcherîa könnte es gewesen sein. Im fünften Jahrhundert wäre sie zum Kloster Xeropotámou gekommen, als der Grundstein des Katholikons gelegt ward: sie habe den Mönchen einen Kelch für das eucharistische Mahl geschenkt. Den Kelch bewahrt das Kloster noch und erzählt auch die Legende. Aber Mara, die Tochter des Serbenfürsten Georg Brankowitsch kam auf einer Wallfahrt in das Paradies der Gottesmutter. Die Mönche des Klosters Pawlou hatten für ihr Seelenheil gebetet, als sie von ihrem Vater in den Harem Sultan Murads gegeben worden war. Und im gleichen Jahr, 1430, wurde dem Sultan von einer seiner Chaßeki Sultan ein Sohn geboren, Mehmed, der 1453 Konstantinopel eroberte: das irdische Reich der Orthodoxen war vernichtet. Als fromme Christin, die sie blieb, brachte Mara den Mönchen die Myrrhen der Heiligen Drei Könige. Doch die Stimme der Allheiligen bat sie, umzukehren.

Nun steht ein Andachtstempel zwischen Strand und Kloster dort, wo die Mönche das Geschenk aus Maras Hand entgegennahmen, das einst die Könige Marias Kind zu Füßen legten.

Das Gebot ist streng und unerbittlich: keine Frau darf dieses Paradies betreten. Und die Mönche legen sich den Grund dafür zurecht. In Iwiron unterhielt sich August Grisebach mit ihnen: von den Menschen sei das Gebot wohl nicht erlassen worden, weil der Athos jeden Atemzug des Weibes und alles Weiblichen ersticke. Gerate also unglückseliger Weise so ein Weib an die Küste dieses Paradieses – augenblicklich müsse es den Geist aufgeben. Das wäre sicher eine Fabel, meinte Grisebach, der deutsche Arzt. Andere Mönche, die an dem Gespräch beteiligt waren, gaben dann auch zu, daß mancherlei gegen das Gebot einzuwenden wäre, versicherten jedoch: solche Bräuche und Gebote seien durch ihr Alter aller Ehren wert. Denn nur dadurch werde ja der Lebenswandel, dem Mönche und Asketen sich verschworen hätten, rein gewahrt. Einer, Dimitri genannt, glaubte allerdings, daß in den letzten Zeiten die Strenge nachgelassen habe: ihm sei berichtet worden, daß vor ein paar Jahren aus dem großen Rußland eine Fürstin, neugierig durch das Verbot gemacht, in den Klöstern gesehen worden sei, man hätte sie sogar mit Ehrbezeugungen umhergeführt. Andere wollten dies nicht zugestehen und meinten, wenn schon eine so vornehme Dame es wagen sollte, bei den Schwarzen Engeln einzukehren, die Schicklichkeit es ihr gebiete, Männerkleidung anzulegen. Alle aber waren davon überzeugt: solange die Klöster auf dem Heiligen Berg bestünden, habe man kein weibliches Gewand im Garten der Allheiligen gesehen.

Sollte also eine Frau es wagen, die heilige Küste zu verletzen, müßten – wie Josef Muth versichert – alte Mönche sie unverzüglich in einem Kahn aufs Festland bringen. Ägäische Fischer raunten dem reisenden William Leake noch ganz andere Geschichten zu. Davon hörte Otto Kern, der deutsche Forscher nach dem Altertum, hundert Jahre später auch: eine als Mann verkleidete Engländerin wäre auf den Athos gekommen. Mönche hätten den Trug gemerkt und sie ergrimmt totgeschlagen. Verletzten sie das fünfte Gebot? Wohl kaum, so bleibt auch dieser Mord legendenhaft. Meist sind es russische Fürstinnen oder Engländerinnen der gehobenen Gesellschaftsschicht, die den Heiligen Berg betreten haben sollen. Und keiner hat sie totgeschlagen? Nein, man hat sie gastfreundlich begrüßt. Nathaniel Pischon nennt uns einen Namen: Canning Lord Stratford, über den man in der diplomatischen Gesellschaft Konstantinopels sprach – im Spätjahr 1852, und der Lord berichtet selbst.

*

Als Botschafter der Queen Victoria war er mit der Politik der Hohen Pforte und dem Schicksal der griechischen Untertanen des Sultans schon lange vertraut. Er wünschte, beruhigend auf die griechische Bevölkerung einzuwirken, und unternahm aus diesem Grunde eine Fahrt zu den Inseln des Ägäischen Meeres. Vielleicht war sein Ziel der Athos, denn der Heilige Berg war berüchtigt: ein Versteck von Munition und Waffen? Ähnliches hatte auch August Grisebach schon mitgeteilt. Lord Stratford schien eine Inspektion empfehlenswert zu sein. Mit dem Dampfer der österreichischen Botschaft, der ›*Antilope*‹, fuhr er mit seiner Frau und seinen beiden Töchtern durch das Marmarameer zur Insel Lemnos. Ein Sturm zwang jedoch den Kapitän, die Anker zu lichten, weil sonst das Schiff gestrandet wäre. Die Nacht verlief ruhig.

»Am nächsten Morgen«, berichtet Lord Stratford, »fanden wir uns in unbewegter See unter einen wolkenlosen Himmel, nahe der Grenze des berühmten Heiligen Berges der Griechen, den zu sehen wir schon lange wünschten. Als die herrlichen Umrisse seines schönen Vorgebirges sich entfalteten, erkannten wir auf den anscheinend unzugänglichen Felsen die malerischen Klöster des Berges Athos. An der Seite, die Thessalonike zugewandt ist und der wir uns näherten, ist die Küste ungewöhnlich steil.«

Da gab es keinen Ankerplatz, Lord Stratford sollte ausgebootet werden, aber niemand war am Ufer auszumachen.

»Die Damen baten darum, mit an Land gehen zu dürfen, nur um später zu erzählen, sie wären dort die ersten gewesen, seitdem, wie die Legende weiß, die Jungfrau Maria dieses Land betreten hätte.

Gewiß war es ja, daß seit Jahrhunderten keiner Frau gestattet worden war, diesen heiligen Ort zu entweihen. Die Erlaubnis wurde ihnen erteilt, und wir waren schon eifrig dabei, unseren kleinen Landungsplatz zu erkunden, als zu unserer Überraschung eine Prozession von Mönchen näherkam, die Maultiere mit sich führten und fragten, ob wir Seitensättel hätten. Wir zeigten auf das Schiff und sagten, wir wären nur für ein paar Augenblicke hier am Strand gelandet und hätten nicht die Absicht, in ihr Heiligtum einzudringen. Sie bestanden jedoch darauf und erwiderten, daß ihr Abt dort oben die Damen sowohl als den Elchi« – den Gesandten, wie man ihn auf türkisch nennt – »erwarte. Eine Verweigerung wäre unhöflich gewesen. So sahen wir uns zu unserer großen Freude bald die Stufen hinaufsteigen und dann den Felsenpfad, der zum Kloster führte. Als wir das Tor durchschritten, wandten sich die Mönche um und murmelten: *Es ist verboten!* Nach diesem Balsam für ihr Gewissen, schlugen sie alle Bedenken in den Wind und waren sehr höflich, um ihren ›verbotenen‹ Gästen eine Ehre zu erweisen. In den Privatgemächern des Abtes wurde uns Kaffee angeboten, und durch das Fenster bewunderten wir die großartige Aussicht.«

Im Klosterhof wurden Pferde herangeführt, dann gesattelt. Die englischen Gäste unternahmen einen Ausflug in das Innere des Landes.

»Die ungewöhnliche Einsamkeit unterbrach nur ein Mönch: sein Gesicht, als er unsere Gesellschaft bemerkte, war so von Schrecken erfüllt und die Heftigkeit, mit der er sich bekreuzigte, so groß, daß wir uns überzeugt fühlen mußten, er sähe uns für eine Erscheinung des wahren Satans an. Und sein Esel schien von demselben Gefühl beherrscht zu sein, da er sich gegen den Felsen drängte, als er an uns vorübertrabte.«

Bei Sonnenuntergang kehrten die Ausflügler zum Kloster zurück. Es war das Kloster des Heiligen Paulus von Xeropotámou.

»Die Glocken, die zu Ehren des Gesandten läuteten, erreichten unser Ohr, als wir noch oben in den Bergen waren, und es war schon dunkel, bevor wir zu unserem Schiff zurückkamen.«

Am nächsten Vormittag besuchte der Lord die Mönche in ihrem Refektorium: »Der vollständige Mangel an Intelligenz fiel peinlich auf.« Er verabschiedete sich. Später umfuhr die ›*Antilope*‹ das Vorgebirge und ließ die Klöster der Nordostküste in ihrer unüberbietbaren malerischen Schönheit vorübergleiten.

»Wir besuchten ein anderes Kloster, Vatopédi, welches an der Nordseite liegt und sehr reich ist, weil es Olivenöl produziert. Auch hier wurden wir mit Höflichkeit empfangen. Wir gingen hinunter in den ungeheuren Keller, um die Ölfässer zu sehen. Das mysteriöse Dunkel dieses Raumes, den nur eine einzige Fackel beleuchtete, war eine dem Rembrandt würdige Szene.«

Nach wenigen Tagen Kreuzfahrt trafen der Lord und seine Familie wieder in Konstantinopel ein. Waffen hatte der britische Botschafter nicht gesehen. Vatopédi hatte keine Kanonen mehr. Bei den Orthodoxen, die mit dem Lord befreundet waren, rief sein Besuch auf dem Athos jedoch einen ziemlichen Skandal hervor.

»Es hat lange gedauert«, fügt Lord Stratford seinem Bericht hinzu, »bis sie vergessen konnten, daß einer russischen Fürstin die Erlaubnis, die wir erhalten hatten, verweigert worden war.«

*

In neuerer Zeit wird gelegentlich berichtet oder auch gedichtet, was vorgefallen sein könnte. In das Reich der guten Novellistik wird auch die Geschichte der Konstanze gehören, die Rudolf Biach vorgibt, erlebt zu haben. Mit einem Insektenkundler erforschte die Frau von der Insel Amouliani die Küste des Heiligen Berges, zeltete gelegentlich in einer Bucht, wo sie niemand sah. Eines Nachts kentert bei heftigem Sturm das Boot. Sie rettet sich an den Strand, kommt in ein Kloster. Erschrockene Mönche versorgen sie, eifrige Gendarmen bringen sie noch vor Sonnenaufgang in einen Turm an der Arsana, wo sie besseres Wetter abwarten soll. Durch dieses Erlebnis fühlte sich Frau Konstanze geläutert, als wäre sie wie einst die Dichterin Sappho vom weißen Felsen der Insel Leukas ins Meer gesprungen. Und lange Briefe schrieb sie noch.

Für die Zeitungen ist dergleichen Sensation. ›*Der Spiegel*‹ nannte 1974 ein paar Frauen, die absichtlich den Athos betraten, obwohl sie wußten, daß es verboten war. Als aber – schon viele Jahre vorher – die holländische Archäologin Kathrein Lindenberg, einen Bootsmann bestochen hatte, um von einem Musikdampfer aus unbemerkt die Gestade des Mönchsbergs zu erreichen, und tatsächlich an Land gekommen war, erließ das griechische Parlament ein Gesetz, das Verstöße gegen das Verbot mit Gefängnis bis zu einem Jahr bedrohte. Und wenn schon »vorwitzige Frauenspersonen« versucht hätten, sich heimlich, als Matrosen oder Hippies verkleidet, einzuschleusen, dann würden sie, wie die ›*Süddeutsche Zeitung*‹ zu wissen glaubte, verhaftet und nebst einer saftigen Geldstrafe mit Schande und Spott auf das nächste Kaik gebracht und zum Festland gerudert. Aber Maryse Choisy, die über ›*Sexualität und Kunst*‹ ein Buch geschrieben hatte, wurden Spott und Schande nicht zuteil. Sie lebte keinen Monat bei den Männern. ›*Un mois chez les hommes*‹ erregte zwar einiges Aufsehen, aber dieser ›*Monat bei den Männern*‹ war, abgesehen von sexuellen Phantasien, auf Grund von Reisebeschreibungen abgefaßt worden. Dem jungen Costa de Loverdo erzählte ein Mönch von dieser Frau: die schändlichen Verderbtheiten, über die sie berichte, und die entsetzlichen Szenen, die sie gesehen zu haben behaupte, zeige sie als ein ›ekelhaftes Weib‹ – nur fragt es sich, ob dieser Mönch das Buch auch gelesen haben könnte. Die Mönche sind klüger und begründen mit leiser Ironie das Verbot auf zeitgemäße Weise:

. . . weil wir dem Weibe das Ärgernis ersparen wollen, hier zu sehen, wie man ohne sie glücklich ist und ohne sie auskommen kann. Und die Männer? Sie sollen spüren, wie im zwanzigsten Jahrhundert Menschen ohne sie, ohne die Frauen leben und ohne zu hasten, ohne zu geizen, und was sich sonst noch nennt Zivilisation.

*

Die Wahrheit ist: die Mönche, die die Frauen dieser Welt nicht wollen, verehren die höchste Frau, die allheilige Gottesmutter, die Jungfrau Maria, denn sie leben in ihrem Paradies. Und die Allheilige wird die Fürbitterin aller Sterblichen sein, wenn am Letzten aller Tage das Urteil über die Auferstandenen gesprochen wird. Jeder Mönch sieht diesen Tag – noch ist es Bild, was einst die Wirklichkeit, für ihn die Erkenntnis seiner Selbst sein wird – im Pronaos seines Katholikons, wenn er den Raum der Liturgie verläßt: die Menschenmutter Eva kniet mit Adam vor dem Thron des Richters, der kommen wird, zu richten über Lebende und Tote. Und die Allheilige kniet neben ihrem Sohn, der Verdammnis oder ewiges Heil verkündet. Eine tiefere Entsprechung von Eva und Maria ist nicht vorstellbar: zwei Mütter, die Mutter des Menschengeschlechts und die Mutter des Erlösers, vereinen sich angesichts der Ewigkeit – beide bitten Gottes Sohn um Gerechtigkeit und Gnade.

»Lächeln versöhnt . . . Maria ist die Paramythia, Mythos ist männlich, ist seit je und erst recht seit alten griechischen Tagen ordnende Kraft. Was darüber hinausgeht – para mythia ist –, ist himmlische

Gnade und hebt irdische Gerechtigkeit auf.« Franz Spunda versuchte das Geheimnis aller Gnade zu ergründen. Theodor Däubler fand die andere, die ihm eigene Antwort: »Nein, Eva ist rein ... Nicht als Verführerin bleibt das Weib, am Athos, dem Manne entrückt, denn auch das befruchtbare Tier traf der Ausschluß ... Geburten ahmen im Vollbrachten Gottes Schöpfungsgeschehen nach, und das wird lästerlich! Der Mann allein ist heilig, und das Weib allein ist heilbar ... Hat der Mensch sich heilig umgestaltet, geschieht durch ihn die Welt im Geist ... Bloß Entwicklung durch Verwicklung rollt sich trostlos fort. Die Athoshoffnung fordert: Tod der Geburt!«

Mit dem Herrenwort aus einem apokryphen Evangelium – »Ich bin gekommen, die Werke des Weiblichen aufzulösen« – sei das Matriarchalische gemeint, schrieb Erhart Kästner, »das Muttergöttliche, das die Welt zum Zuhause, zur Heimat macht und zum immergebärenden Schoße. Das ist das Warme, dessen Seligkeit ist, Leben zu schenken und es auf die Beine zu stellen, das ist die Nacht und das Bett und das Haus und der Herd, die Gluckenwärme, das: ›Hauptsache, wir sind beisammen‹.« Symbol dieses Wiederkehrenden und Wiedergebären sei das Rad. Aber wir glauben, »daß es gut ist, irgendwo auf der Welt ein Ausgespartes zu wissen, wo das unterbrochen ist: dieses Fort- und Fort- und immer Weitergebären, dieses ›Immer-wieder-von-vorne-Anfangen‹, Aufziehen, Hoffnung-Setzen und wieder Zurückfallen, dieses Rad der Geburten und immer wieder Geburten.«

Aufhören kann dieses sich kreisende Rad des Lebens, dieses unaufhörliche Kreisen um eine Mitte, als sei sie die Nabe des Rades, die ruht – aufhören kann alle Bewegung nur an einem Ort dieser Welt, auf dem Athos. Wir erleben in dieser zeitlosen Mitte, um die sich alles andere dreht, das Unwandelbare, das die Gegenwart überwindet.

Biach, 137 ff. – Canning, Bd. 2, 216 ff. – Däubler, 16 f. – Fallmerayer, Bd. 2, 73; vgl. 104 f. – Gregóras, 198 – Grisebach, 225 und 334 – Kästner, 271; vgl. Roditi, 57 – Kern, 113 – Komnenos, 467: Besuch der Placidia, Tochter des Kaisers Theodosios, in Vatopédi, 492: Mara, vgl. Runciman (→ Lit.-Verz. 3 b), 180 ff. und 189 f. – De Loverdo, 18 – Leake, Bd. 3, 136 – Muth, 653 – Pischon, 77 – Der Spiegel, 15. April 1974 und 22. September 1976; dazu Frankfurter Allgemeine Zeitung, 12. Januar 1977 – Spunda, *Landschaft und Legende,* 172 – Süddeutsche Zeitung, 19. August 1976 und 25. November 1976

ZWEITER TEIL

Mönchsgeschichten

Bedeutung

Diese Geschichten erinnern an Mönche, die bei uns kaum noch bekannt sind, obgleich ihnen als Zeugen des unerschütterten Glaubens und des europäischen Geistes Bedeutung zukommt. Unnötiger Streit hat sie uns fremd werden lassen, wir wandten den Blick von ihnen ab und vergaßen, daß wir mit ihnen unserem Ursprung näher geblieben wären. Jetzt suchen wir Wege, ihnen begegnen zu können. Ihre Zeit ist vergangen, sie haben sie abgelegt, aber ihr Wesen bleibt gegenwärtig. Mystiker waren sie und Ikonenmaler, Fürsten, Philosophen und Kaufmannssöhne und wanderten weit durch die Welt. Ihr Leben ist mit der wechselvollen Geschichte des Byzantinischen Reichs und mit der Geistes- und Leidensgeschichte der orthodoxen Völker verbunden, über die sie – wie ihre anderen Brüder, die namenlos blieben – ein enges Netz von Beziehungen breiten. Durch den Heiligen Geist, der auf dem Athos gewirkt hat und wirkt, bilden sie mit allen, die zum Heiligen Berge kamen, eine Kette durch die Jahrhunderte, jeder Mönch trägt diese Kette, die ihn zu einem unzerreißbaren Gliede formt. Dann fühlt er die Kette nicht mehr – er bildet sie selbst und erlangt die Freiheit, die ihm die Gemeinschaft schenkt.

Athanásios

Athanásios erblickte das Licht dieser Welt im Jahre 920 in Trapezunt. Die Familie seines Vaters war aus dem syrischen Antiochien zugewandert, die Mutter stammte aus Kolchis. Der Vater, ein angesehener Handelsmann, starb vor der Geburt des Sohnes und die Mutter, die ihrem Kinde den Namen Abraham gab, nach wenigen Jahren, um, wie es in der Legende des Heiligen heißt, mit ihrem Gatten wieder vereint zu sein – glücklich, diesem Sohne das Leben geschenkt zu haben. Eine Dame aus der vornehmen Familie Kanites nahm das Waisenkind auf. Sie führte das Leben einer jungfräulichen Nonne, sie liebte den Knaben. Das ausgelassene Treiben der Jungen in Stadt und Gasse mied er und ging lieber mit seinen Gespielen in eine nahgelegene Höhle. Dort wählten die Kinder ihn zum ›Abt‹ und spielten, als wären sie Mönche in einem Kloster am Berge und Abraham der Hirt ihrer Herde. Während der Fastenzeit beachtete Abraham gewissenhaft die Gebote und übte sich früh in Askese. Seine geistliche Mutter hatte den Wunsch geäußert, daß er in der Kaiserstadt Konstantinopel Studien treibe, um ein Mann der Gelehrsamkeit zu werden. Nach ihrem Tode mangelte es dem kaum erwachsenen Abraham an allen Mitteln, dies Ziel zu erreichen. Nur Gott konnte helfen.

Das Byzantinische Reich war unter der Herrschaft des Kaisers Romanos Lakapenos seit dem Jahre 920 in schwere Kämpfe gegen Bulgarien verstrickt gewesen, aber der Friede schien durch ein Ehebündnis gesichert. Romanos, der Basileus und Autokrator, übte unangefochten die Macht im Reiche aus. Von ihm nach Trapezunt entsandt, um auch in Anatolien die Rechte der kaiserlichen Gewalt durchzusetzen, lernte ein Steuereinnehmer den jungen Abraham kennen, der ihm in seiner Liebe zu Gott als ungewöhnlich erschien, dazu wißbegierig und tugendreich war. Er nahm ihn als seinen Tischgenossen an und als Gast bei sich auf und, als er nach Konstantinopel zurückkehren mußte, mit in die Kaiserstadt. Dort besuchte Abraham den General Zephinezer, der seinen Sohn mit einer Verwandten Abrahams verheiratet hatte. Freundlich begrüßt und eingeladen, Gast dieses Hauses zu sein, verzichtete Abraham, seiner Askese zuliebe, jedoch gern auf solch häuslich-familiäres Leben, begnügte sich zur täglichen Nahrung mit Brot, Fisch und wenigen Früchten, aß manchmal nur alle zwei Tage ein kleines Gerstenbrot oder etwas Gemüse, obgleich sein Körper kräftigere Nahrung nötig gehabt hätte. Auch den Schlaf mochte er nicht, er vertrieb ihn und wusch sein Gesicht mit kaltem Wasser ab. Allenfalls setzte er sich auf einen Stuhl, zu Bett ging er nie, oft zog er sich an einen verborgenen Ort zurück, entledigte sich seines Obergewandes, um Kälte und Nässe ertragen zu lernen. Als sie es bemerkten, gaben ihm seine Verwandten einen warmen Mantel und nötigten den sich Wehrenden, ihn anzulegen.

Abraham war ein Schüler des Professors Athanásios, der wegen seiner Gelehrsamkeit und der Weltklugheit, die er vortrug, berühmt war und in der Hohen Schule des Magnauren-Palastes Studenten um sich versammelte. Gewissenhaft widmete er sich den Studien, Müdigkeit kannte er nicht. Seinen Geist stärkte er durch Philosophie, seinen Körper lernte er durch Enthaltsamkeit zu beherrschen – so war er Schüler und Meister zugleich und wurde bald als ein Einsiedler angesehen, noch bevor er das Gewand eines Mönches empfangen hatte. Durch seinen Charakter, seine Tugend und seine Rede gewann Abraham Achtung und Liebe.

Seine Mitschüler wählten ihn daher zu ihrem Meister und gingen zum Kaiser, sie baten ihn, Abraham als ihren Professor anzuerkennen. Kaiser Romanos willigte ein. Zahlreiche Hörer, von seinem Wissen beeindruckt, saßen zu den Füßen des jungen Gelehrten, so daß der alte Athanásios nur noch wenige Hörer hatte. Seinerseits wandte er sich an den Kaiser, damit diesem Zustand ein Ende bereitet werde. Kaiser Romanos – es muß noch vor dem Jahre 944 gewesen sein – wies Abraham einen abgelegenen Hörsaal zu, aber die Schüler folgten auch dorthin ihrem verehrten Lehrer. Um seinem Professor Athanásios nicht weiterhin beschwerlich zu sein, gab Abraham schließlich sein Lehramt auf, um allein mit Gott, fern den Annehmlichkeiten und dem Ruhm der Welt, einsam zu leben.

Sein Oheim Zephinezer übernahm ein Kommando im Ägäischen Meer. Abraham folgte ihm auf die Insel Lemnos. So kam es, daß er seine künftige Heimat sah: von hier aus erblickte er das erste Mal den Athos, dessen Schatten gegen Abend auf den Marktplatz der Stadt fiel und hinter dem die Sonne versank. Und in Abraham lebte der Wunsch auf, dort zu sein und zu bleiben. Einmal kehrte er noch in die Hauptstadt zurück und begegnete hier – als habe Gott es gefügt – dem Abt Michael Maleinos, der vom Kloster Kyminàs bei Brussa gekommen war. Abraham ging, den ehrwürdigen Greis zu begrüßen und offenbarte ihm seine Absicht, Mönch zu werden. Abt Michael freute sich über das Wissen, die Tugend und den guten Willen des jungen Mannes und sah in ihm eine künftige Zierde seines anatolischen Klosters. Während er sich mit Abraham über das Leben eines Mönches beredete, trat unvermutet der Stratege Nikephóros Phokàs ein, um seinen Onkel Michael zu besuchen, bevor er in diesem Jahr, 949, als Befehlshaber des Ostens den Krieg in Syrien begann. Abraham entfernte sich zögernd. Sein Aussehen und sein Benehmen waren dem Feldherrn aufgefallen, und Nikephóros fragte den Abt: *Wer ist dieser Mann, mein Vater, woher kommt er und aus welchem Grunde ist er zu dir gekommen?* Michael erklärte ihm den Wunsch Abrahams, Mönch zu werden. Seitdem vergaß Nikephóros, ein leidenschaftlicher Soldat und ein Kämpfer für die Orthodoxie, den jungen Abraham nicht mehr. Bald darauf brach Michael nach Kyminàs auf. Abraham ging mit ihm, und Michael weihte ihn nach Ablauf der vorgeschriebenen Zeit von drei Jahren zum Mönch und gab ihm den Namen Athanásios, den Namen des Streiters gegen den Irrglauben des Arius und des Bekenners der Wesensgleichheit Gottvaters und Jesu Christi.

Athanásios setzte sein asketisches Leben fort, aber Abt Michael linderte seine Enthaltsamkeit – glaubte er doch, in ihm ein Werkzeug des Heiligen Geistes zu sehen – und befahl ihm, nicht mehr im Sitzen zu schlafen, sondern sich während der Nacht auf eine Matte aus Stroh niederzulegen. Gleichwohl mußte Athanásios lange Stunden in unbeleuchteter Zelle beten und war verpflichtet, die Doxologie, die Lobpreisung Gottes, jeden Sonntag vom Abend bis zur dritten Stunde des nächsten Tages zu lesen, damit sein Wille zum Schweigen gebracht werde. In allem war er seinem Abt als ein frommer Zögling gehorsam, verrichtete die ihm aufgetragene Arbeit, widmete sich mit Ernst und Andacht dem liturgischen Dienst und bildete sich nebenher zu einem hervorragenden Kalligraphen heran. Er erlangte die Bewunderung seiner Mitbrüder im Kloster, die es ihm gleichzutun hofften, ihn aber kaum mit Mühe erreichten. Michael steigerte die Kontemplation seines geistlichen Sohnes dadurch, daß er ihn in die mystischen Geheimnisse der Hesychîa einweihte, um alle Leidenschaften zu bezwingen, im Jesus-Gebet jeden Augenblick Gott nah zu sein und in die Anschauung Gottes sich zu versenken. In allen geistlichen Übungen aus dem tiefen Grunde der Seele erfahren, siedelte sich Athanásios unweit des Klosters in einem Asketerion ein.

Im Jahre 957 hielt sich der Stratege Nikephóros Phokàs kurze Zeit in Kyminàs auf, bevor er mit seinem Heere wieder nach Syrien aufbrach. Von seinem Oheim, dem Abt Michael, wünschte er Trost und Belehrung zu empfangen, die ihm helfen sollten, seine Soldaten in Streit und Krieg im Namen Gottes zu führen und selbst den inneren Kampf zu bestehen. Im Verlauf der Unterhaltung fragte er auch nach Athanásios und bat, ihn besuchen zu dürfen. Währenddem kam der Bruder des Nikephóros, Leòn, der Befehlshaber der kaiserlichen Truppen im Westen, hinzu. *Ihr kommt gerade zur rechten Zeit,* sagte Michael zu den Brüdern, *damit ich euch zeige, welchen Schatz ich in diesem Athanásios habe. Er wird bald kommen, um euch zu treffen.* Die Brüder bestanden darauf, ihn in seiner Einsiedelei zu sprechen, der Abt willigte ein, und sie verließen miteinander das Kloster. Athanásios kam aus seiner Hütte heraus, sie sprachen mit ihm und erstaunten über die Worte, die sie vernahmen, und empfingen Unterweisungen, die sie nie gehört hatten. Von diesem Gespräch und von der Liebe dieses Mannes zu Gott waren sie so beeindruckt, daß sie sich nicht von ihm trennen wollten. Endlich wandten sie sich an den ehrwürdigen Abt: *Wir sagen dir Dank, lieber Vater, daß du uns in Gestalt dieses Mönches deinen kostbaren Schatz hast sehen lassen.* Ins Kloster zurückgekehrt, ordnete Michael an, daß Athanásios gegen Abend zu ihm kommen solle. Als nun der Einsiedler erschienen war, legte Michael die Hände der Brüder in seine Hände und sprach: *Eure Gedanken vertraue ich in Zukunft diesem Mönch an, seid ihm gehorsam wie einem Vater!* Und die Brüder bedankten sich lebhaft für die geistliche Fürsorge und erwiderten: *Von nun an, ehrwürdiger Vater, haben wir für unsere Seelen keine Sorge mehr.* Danach eröffneten sie dem Athanásios ihre Gedanken um Welt und Gott und teilten ihm mit, was sie sich vorgenommen hatten, weil sie, erfüllt von diesen trostreichen Worten, die Belehrung und den Lehrer bewunderten, den sie gefunden hatten. Nikephóros nahm Athanásios beiseite und entdeckte ihm seine Gott wohlgefällige Absicht: *Ich wünsche und hoffe, heiliger Vater, mich aus den Händeln der Welt zurückzuziehen, und ich habe beschlossen, alles aufzugeben und Gott allein zu dienen, soweit es mir möglich ist. Ich komme, sobald du mir das Zeichen gibst, ich setze alle Hoffnung auf dich.* Athanásios sprach: *Vertraue auf Gott, mein Sohn, er wird es lenken.* Die Brüder verabschiedeten sich, sie erwiesen Athanásios eine Achtung und ein Vertrauen, wie sie sie selbst ihrem Oheim gegenüber nicht gehabt hatten.

Jahre vergingen. Danach bekundete Michael seinen Vertrauten, Athanásios möge zu seinem Nachfolger gewählt werden, um Hirte seiner bald vereinsamten Herde zu sein: er selbst sei alt und dem Tode nah. Athanásios hegte den Wunsch, auf den Athos zu wandern, den er von Jugend an liebte, und entfloh, als er von der Absicht seines geistlichen Vaters hörte – glaubte er doch, noch nicht würdig zu sein, Lenker der Seelen zu werden. Zwei Bücher nahm er zum Heiligen Berge mit: die vier Evangelien und die Apokalypse, dazu die Apostelgeschichte, die er selbst abgeschrieben hatte.

Auf dem Athos lebten damals zahlreiche Einsiedler, die zu einem Kloster in der Nähe des Dorfes Jérissos gehörten. Sie hatten sich, wie es Brauch auf dem Heiligen Berge war, als Anachoreten über die Halbinsel verstreut und wohnten in Höhlen und Hütten. Sie hatten die Welt vergessen und weihten sich nur der ›theoria‹, der Gottesschau, und dem Gebet. Einige Mönche lebten zu dritt und viert in einem Asketerion zusammen, wenige in klösterlicher Gemeinschaft, in einer Lawra. Den Eremiten war ein solches Koinobion zu weltnah, obgleich es sich vor den arabischen Piraten schützen konnte – besser als die Asketen in ihren Höhlen in der senkrechten Wüste aus Stein. Die Anachoreten nährten sich von wilden Kastanien und anderen Früchten von Baum und Strauch und tauschten, wenn ein Schiff von den benachbarten Inseln vor der felsigen Küste Anker warf, die Früchte ihres paradiesischen Gartens gegen etwas Getreide ein. In Karyès führte ein Rat der Alten die Aufsicht, ein Protos, den die Mönche auf Lebenszeit wählten, hatte den Vorsitz. Dreimal im Jahre kamen die Eremiten und Anachoreten in Karyès zusammen und hielten in einer kleinen Kirche ihre gemeinsame Liturgie und teilten das eucharistische Mahl.

Als Leòn Phokàs Heerführer auf dem Balkan geworden war, mußte Abraham fürchten, von ihm gesucht, womöglich in die Unruhe der Welt zurückgerissen zu werden. Er verbarg sich, er nahm den Namen Barnabas an und trat in die kleine Lawra auf den Hügeln von Zygos ein. Ein freundlicher Alter fragte ihn, warum er hierher gekommen sei. Athanásios antwortete ihm: *Ich bin ein Seemann, Vater, und als ich in großer Gefahr war, mitten auf hoher See, versprach ich Gott, alle meine weltlichen Sachen preiszugeben und meine Sünden zu bereuen. Darum habe ich dies heilige Gewand angezogen. Gott überzeugt mich, daß ich hier meine Heimat finden werde, und ich wünsche nichts anderes, als bei dir zu leben, damit ich durch dich auf den Weg allen Heils geführt werde.* Der Alte ließ den ›Barnabas‹ bei sich wohnen und betreute ihn wie ein Vater den Sohn. Athanásios stand ihm in seiner Bedürftigkeit bei und diente ihm mit Demut und Treue. Eines Tages sprach er: *Unterrichte mich Vater, damit ich den Psalter während der Liturgie lesen kann wie du, denn in der Welt, außerhalb meiner Ruderbank, habe ich überhaupt nichts gelernt.* Der Alte glaubte es und brachte ihm Lesen und etwas Schreiben bei, es war eine schwierige Arbeit. Athanásios tat, als verstünde er es noch nicht, und wiederholte seine ›Komödie‹ mehrere Male. Der Alte wurde schon ungeduldig, bald zornig und stieß den ›Barnabas‹ von sich: Sünde sei, wie er es treibe! Aber der bewunderungswürdige Athanásios, der sich in Demut erniedrigt hatte, sagte zu ihm: *Weigere, Vater, dich nicht, die Probe mit mir fortzusetzen, obgleich ich es nicht kann und unwissend bin wie ein Grobian, sondern habe Geduld mit mir. Hilf mir, so Gott will, und du es durch dein Gebet kannst.* Der Alte wandte sich ab und hüllte sich in sein Schweigen ein, Athanásios stand und legte die Hand an die Wange, als wäre er voller Verzweiflung. Aber eines Abends überredete er seinen Lehrer, mit ihm gemeinsam zu beten:

Gott erhörte die Bitte. Und ›Barnabas‹ begann, Fortschritte zu machen. Der gelehrte Athanásios und der gelehrige ›Barnabas‹ – sie lernten das Alphabet, die Schrift und das Lesen, und der ungebildete Alte unterrichtete einen Weisen.

Nikephóros Phokàs war zu dieser Zeit Befehlshaber über ganz Anatolien. Er suchte seinen geistlichen Vater Athanásios und bat den Statthalter von Thessalonike, sich zum Athos zu begeben, um, wenn möglich, ihn dort zu finden, da er längst das Kloster Kyminàs verlassen hätte. Er beschrieb ihm genau Aussehen, Wissen und Tugend des Athanásios. Der Statthalter trat bei dem Protos in Karyès ein, der nichts von Athanásios wußte und seinen Gast vertröstete: zu Weihnachten werde eine der drei jährlichen Versammlungen abgehalten, dann fände der Gesuchte sich ein. Der Statthalter ritt nach Thessalonike zurück und berichtete dem Nikephóros von seinem Besuch auf dem Heiligen Berge.

Am Tage der Christi Geburt pilgerten die Eremiten nach Karyès zur Liturgie. Sie sangen die Psalmen und Hymnen, und mit ihnen sang und betete der Unerkannte und Unbekannte, der gesucht wurde und wiedererkannt werden sollte, zwar nicht von einem der Brüder – denn diese wußten nicht, daß er unerkannt lebte, obgleich sie ihn kannten –, sondern vom Protos selbst, dem er niemals begegnet war. Einer der Brüder sollte aus dem ehrwürdigen Buch des Theologen Johannes, dem Evangelium, lesen, in dem gesagt wird, daß Gottes Wort sich in Christus, dem eingeborenen Sohn, verleiblicht und Vater und Sohn seit uranfänglichen Zeiten eines Wesens sind. Der Protos gab das Zeichen dem ›Barnabas‹, der sich weigerte: er könne nicht gut genug lesen. Der Protos drohte ihm mit empfindlicher Strafe. Da trat der Alte vor und sprach mit einem verzeihenden Lächeln: *Sieh davon ab, Vater, du kennst nicht die Grobheit und die Unwissenheit dieses Bruders, der bei mir lebt. Er ist erst dabei, den Anfang des Psalters zu buchstabieren.* Was aber tat die demütige und gerechte Seele, die sich ›Barnabas‹ nannte, es aber nicht war? Athanásios widersprach dem Befehl nun nicht mehr, er begann zu lesen wie ein Kind, das die Worte aus vielen Stücken zusammenliest, als wären es Steinchen, ein Muster daraus zu legen. Als ihn der Protos so buchstabieren hörte, erhob er sich von seinem Thron: Athanásios blickte ihn ängstlich an, fürchtete den Zorn Gottes und las mit zitternder Stimme, dann besser und offenbarte endlich seine Kunst und seine Tugend. Und die Eremiten, die einsiedelnden Anachoreten, erstaunten und bewunderten, was sie noch nie erlebt hatten: die Worte der Schrift offenbarten sich ihnen in Wahrheit und

Herrlichkeit. Vor allem der Alte, der sein ›Lehrer‹ gewesen war, schien wie betäubt und weinte vor Freude. Die Brüder priesen ihn glücklich, Meister eines solchen Schülers gewesen zu sein. ›Barnabas‹ machte vor allen Brüdern die Metanoia, den Kniefall, um ihnen seine Reue zu bezeugen, und legte sein Haupt unter ihre Füße, um durch die versammelten Väter die Gnade des Allmächtigen zu erlangen. Da erhob sich der würdige Paulos Xeropotáminos, der seinem Kloster in Xeropotámou vorstand, und verneigte sich vor Athanásios. Er verkündete laut, daß dieser Bruder einst der Lehrer und Lenker des Athos sein werde und, wie ein guter Hirt vieler Schafe, seine Herde Gott zuführen werde. Es war ein prophetisches Wort.

Die Liturgie war beendet. Dem Protos gab Athanásios sich zu erkennen: er wies ihm das eiserne Halskreuz vor, das Abt Michael Maleinos ihm geschenkt hatte. Der Protos eröffnete ihm, daß die Brüder Leòn und Nikephóros in ihrer Sorge um ihr Seelenheil ihn, ihren geistlichen Vater, suchten. Aber Athanásios vermehrte nur die Verwirrung, als er den Protos inständig bat: *Vater, sage es ihnen nicht, daß ich hier bin, ich flehe dich an, bringe mich nicht in arge Not, ich will von hier nicht fort.* Der Protos verstand es und wies ihm weitab von Karyès eine Höhle an, in der ein reuiger Weiser sein asketisches Leben führen konnte.

Doch die Welt fand ihn wieder. Als er über die Barbaren des Nordens einen Sieg davongetragen hatte, kam Leòn Phokàs als Pilger zum Athos, um der allheiligen Gottesmutter Dank zu sagen und den Eremiten zu treffen, den er liebte. Er fand ihn, und große Freude empfanden Leòn und Athanásios bei ihrem Wiedersehen. Die Alten vom Heiligen Berge erfuhren, welche Achtung der große Feldherr des Reiches dem einsam lebenden Asketen bezeigte, und baten ihn, er möge ihnen beim Neubau ihrer Kirche, dem Protâton in Karyès, helfen und ihnen eine Stiftung zukommen lassen: der Raum sei für sie und für die Liturgie zu eng. Leòn überließ ihnen das nötige Geld und ordnete an, die Kirche so prächtig wie möglich auszustatten.

Athanásios zog sich auf ein Vorgebirge des Athos in eine Höhle zurück, hoch über dem unendlichen Spiegel des Meeres. Weit öffnete sich von hier aus dem Blick die Welt. Er aber betete vor einer alten Gottesmutter-Ikone, die ihm aus Ägypten zugekommen war – einst, so erzählten die Brüder, sei sie vor den ungläubigen Mohammedanern geflohen. Doch die Stimme des großen Versuchers redete zu Athanásios, er werde den Athos verlassen und seine Einsiedelei, bis er sie hasse, ihm keine Ruhe gönnen. Ein Jahr dauerte dieser verzweifelte Kampf. Dann gestand Athanásios: wenn Gott es will, werde ich gehen. Er stieg von seiner Höhle den gefährlichen Weg hinab, auf dem nur ein Seil ihm Halt vor dem Abgrund bot. Er wollte seinen Brüdern in Karyès die Zweifel bekennen und seine Unruhe offenbaren, durch die er litt, und sie mit einem Kniefall um Verzeihung bitten. Als nun die dritte Stunde des nächtlichen Gebets für die Gottesmutter anbrach und er vor den Brüdern stand, breitete sich ein himmlisches Licht über ihm aus und verklärte ihn. Das war ein Zeichen Gottes, des Höchsten, und von Stund an liebte er seine Einsiedelei, in der seine Seele den Streit mit sich selbst bestanden hatte.

Zum Krieg aber rüstete sich das Reich. Kaiser Romanos II. ernannte im Jahre 960 Nikephóros Phokàs zum höchsten Befehlshaber der kaiserlichen Truppen, um die Insel Kreta vom Joch der Araber zu befreien. Sieggewohnt, wie er war, verließ sich jedoch Nikephóros Phokàs nicht allein auf die Tapferkeit seiner Soldaten, er glaubte, daß die Gebete der Väter auf dem Heiligen Berge ihm sicherer helfen würden. Er entsandte eine Galeere zum Athos, mit der, wenn irgend möglich, Athanásios mit einigen Mönchen zu ihm kommen sollte. Athanásios zögerte, dann ließ er sich überreden und schiffte sich mit den Brüdern Theodótos und Nikon ein. Nikephóros belagerte Candia, die Hauptstadt der Insel, und kämpfte gegen erbitterten Widerstand. Athanásios traf ihn im Kriegslager an. Seinem Seelenlenker, der ihm nun ein Kriegsgefährte geworden war, eröffnete Nikephóros seine Absicht, auf dem Athos Zellen und eine Kirche errichten zu lassen, um für sich und ein paar Brüder ein Koinobion nach dem Vorbild des Studion-Klosters in Konstantinopel zu gründen. Die Mönche sollten in einer unlösbaren Gemeinschaft leben – und er unter ihnen: Kriegsruhm sei eine Fessel der Welt, den er verachte. Athanásios lobte ihn. Geld, das ihm der Feldherr anbot, lehnte er ab: Gott werde das Werk verwirklichen helfen. Nachdem sie noch einige Zeit ihrer Freundschaft gewidmet hatten, trennten sie sich, und Athanásios fuhr auf einer Galeere wieder in seine Heimat. Pater Nikon blieb auf der Insel zurück, um den Glauben an Christus, der in den Jahrzehnten der arabischen Herrschaft fast verlorengegangen war, zu festigen. Nikephóros eroberte Candia, Kreta war mit dem Reich wieder vereint.

Athanásios baute für Nikephóros und sich ein Kathisma, eine Einsiedelei für die gemeinsame Liturgie, und legte die Fundamente für eine Kirche der allheiligen Gottesmutter, ein Katholikon, das der eucharistischen Feier dienen sollte. Auf dem weiten Platz um dies Haus ihres Gottes errichteten einige Brüder ihr Kellion, Zellen, in denen sie wohnten und beteten: so entstand die ›Breite Gasse zwischen den Hütten‹, die Megiste Lawra. Aber der Urheber aller Bosheit und der Vater der Mißgunst, der sie als Teufel bedrohte, fesselte die Hände der Arbeiter, die aus der Welt hergekommen waren, um gegen Lohn dem frommen Werke zu dienen, und nun nicht einmal mehr die Hand zum Mund führen konnten. Athanásios betete das ›Dreimal-Heilig‹ – und es mußte ein Wunder gewesen sein: als Athanásios selbst mit zugriff, war alle Verwirrung verflogen, die Arbeit ging weiter, die Bauleute faßten Vertrauen, fielen dem Wundertäter zu Füßen und wünschten selbst, Mönch zu werden. Später erzählten sie, Athanásios hätte den Teufel mit Füßen getreten, und bauten eine kleine Kapelle dort, wo er gestanden hatte.

Als das Katholikon für die Liturgie hergerichtet wurde, erhielt Athanásios das große Habit, das angelon schema: er hatte den höchsten Grad seines Mönch-Seins erreicht. Gegenüber dem Gotteshaus legte er die langgestreckte Trápeza an und ließ da hinein zwanzig marmorne Tische bringen, an denen je zwölf Mönche ihr kärgliches Mahl nach der Liturgie einnehmen konnten: Brot, Gemüse, Früchte und zum Festtag Fisch – wie es Athanásios seit je gewohnt war –, und außerhalb der Fasten etwas Öl und ausreichend Wein. Auch richtete Athanásios ein Haus für die Kranken ein und ein Gästehaus, denn aus der Welt kamen Pilger zu ihm, und ernannte dienende Brüder für das jeweils wechselnde Amt, das im Namen der Nächstenliebe ausgeübt werden mußte. Da es an Wasser mangelte, erschloß Athanásios mitten im Hof zwischen den Hütten eine Quelle: man erzählte, er habe das Wasser wie Moses mit einem Stab aus dem Stein hervorsprudeln lassen. Von den Flüssen aus ließ er durch kleine Gräben, die in den Fels gehauen wurden, den Obstgarten bewässern, auch die Becken für die Kleiderwäsche und Tröge für Ochs und Esel füllen. Er brauchte die Tiere, damit sie den Brüdern bei der Arbeit halfen, Holz für den Winter zu bringen und Getreidesäcke zu tragen. Unablässig teilte Athanásios mit seinen Mönchen Arbeit und Anstrengung, oft genug kam es vor, daß er wie ein Zugtier das Joch eines Wagens auf sich nahm, den drei Männer kaum von der Stelle bewegt hätten. Im Jahre 963 wurde das Kloster geweiht.

Seiner klösterlichen Gemeinschaft gab Athanásios die erforderlichen Regeln, wie sie für das Studion-Kloster in der Kaiserstadt galten, damit er als ein Hirte der ihm Anvertrauten die Seelen in diesem Koinobion mit Sorgfalt führe, Gott und die allheilige Jungfrau Maria die Gebete erhalte und die Gemeinschaft sich als der wahre Leib

Christi bewähre. Und mit Liebe erfüllte die Gemeinschaft der Heilige Geist, der alles in allem bewirkt. Niemand durfte etwas besitzen, auch die einfache Kleidung gehörte nicht dem, der sie trug. Das welthafte Trennen von Mein und Dein vertreibe als ein kaltes Wort, sagte er oft, die Liebe zum Nächsten, und selbst das Geben kann bei dem Geber Stolz zurücklassen. Und wer es etwa wagen sollte, mit seinem Bruder in Streit zu geraten, müsse aus der Kirche verwiesen werden, während dreier Wochen nicht an der Segnung teilnehmen und nur Wasser und Brot zu sich nehmen. Bereute der Unglückselige, gut, wenn nicht, müsse er unwiderruflich das Kloster verlassen. Von allen Brüdern verlangte Athanásios um der Liebe Christi willen unbedingten Gehorsam, weil eine Gemeinschaft, wenn sie bestehen will, ihn nötiger hat als Trank und Speise.

Es kam der Tag, an dem Athanásios erfuhr, daß nach dem Tod des Kaisers Romanos II. dessen Gattin Theophanou den in Syrien siegreichen Feldherrn Nikephóros Phokàs aufgefordert hatte, nach Konstantinopel zu kommen: er solle Kaiser sein. Sie, die auffallend schöne, Helena gleiche Lakedaimonierin, werde ihn ehelichen, damit er Vater ihrer Söhne Basilios und Konstantin wäre. Der Patriarch Polyeuktes krönte ihn 963 in der Hagia Sophia zu Konstantinopel. Athanásios erschrak: nun wollte er nicht mehr an dem Orte leben, den er für Nikephóros und sich geschaffen hatte, denn der Kaiser, in dem er seinen geistlichen Freund nicht mehr erkannte, hatte das gemeinsame Werk verraten, hatte Theophanou geheiratet und sogar Fleisch zu sich genommen. Athanásios gab vor, alles für einen Besuch des neuen Kaisers vorzubereiten und ging zu Schiff mit einigen Brüdern nach Abydos. Dort sandte er die Mehrzahl, unter ihnen den Bruder Theodótos, wieder zum Athos zurück. Zwei blieben bei ihm, einen von ihnen schickte Athanásios mit einem vertraulichen Brief an den Kaiser nach Konstantinopel, mit Antonios, dem anderen Bruder, segelte er nach Zypern. Dort angekommen, kehrten beide in ein Kloster ein und baten um Nahrung, für die sie die Arbeit ihrer Hände anboten. Sie seien auf der Wallfahrt nach Jerusalem, erklärten sie, doch wäre die Reise wegen der arabischen Räuber gefährlich. Der Abt wies ihnen eine Wohnung an und dankte für die brüderliche Hilfe, die sie versprachen. Er selbst erhielt einen Brief der kaiserlichen Kanzlei, mit dem im ganzen Reich nach Athanásios gefahndet wurde. Die Wallfahrer sahen sich gezwungen, in aller Eile zum Heiligen Land aufzubrechen. An der gegenüberliegenden Küste, an der sie das Schiff verließen, schien es ihnen gewagt, Gegenden zu durchwandern, die von den Arabern besetzt waren, aber ebenso auch die Wege zu nehmen, die zum Reich gehörten: dort wären sie den Nachforschungen der kaiserlichen Boten ausgesetzt. Kaum daß sie ihren Weg aus der Stadt genommen hatten, wurde Antonios krank, er hatte sich den Fuß verletzt. Athanásios pflegte ihn und legte ihm Blätter des Palmbaums auf: es half. Antonios wurde gesund. Doch bald überfiel ihn die Ruhr, hohes Fieber steigerte sich zum Wahnsinn. Athanásios trug den zum Tod Erkrankten, und es mußte ein Wunder und Gottes Fürsorge gewesen sein, daß der schon Sterbende in den Armen des Athanásios genas. So waren die beiden Mönche auf der Wallfahrt ins Heilige Land und auf der Flucht vor dem Kaiser in bittere Not geraten. Gott hatte ihnen ein Zeichen gesetzt. Erschöpft saßen sie am Rande des Wegs.

Theodótos, der in die Lawra zurückgekehrt war, sah die Brüder ängstlich und aufgeregt, als hätte nicht nur Athanásios, sondern Gott selbst sich von ihnen losgesagt. Viele Mönche verließen das Kloster. Auch Theodótos hielt es nicht lange in dieser Trostlosigkeit aus, er brach auf, Athanásios zu suchen. Er kam ohne Hindernis nach Atalia. Ungünstige Winde zwangen ihn, die Reise zu Fuß fortzusetzen. Er fand den, den er suchte: er begegnete Athanásios, der mit Antonios am Rande des Weges saß. Als einer den anderen erkannt hatte, freuten sie sich, nicht mehr allein in der Fremde zu sein. Als aber Athanásios hörte, daß die Brüder in der Lawra verwirrt wären, ihres Hirten beraubt und dabei, sich zu zerstreuen, wich die Freude der Trauer und der Entmutigung. Hatte Gott sie alle verlassen, seit sie das Kloster verlassen hatten? Athanásios sandte Theodótos zur Lawra zurück, damit er die Rückkehr des Hirten anzeige. Endlich kam er selbst wieder in seine Heimat, und die Brüder glaubten, eine zweite Sonne im Winter zu sehen und eine Wiedergeburt zu erleben. Ununterbrochen konnte man den Lobpreis Gottes hören: die einen küßten die Hände des Athanásios, andere seine Füße oder die von der Wallfahrt verschlissenen Kleider. Gott hatte sich ihrer erbarmt.

Nachdem er in kurzer Zeit das Kloster und die Gemeinschaft wiederhergestellt hatte, begab sich Athanásios zum Kaiser nach Konstantinopel, der ihn freudig begrüßte, sich jedoch schämte, seinem geistlichen Vater in kaiserlicher Würde und Kleidung gegenüberzutreten. Athanásios begleitete ihn in sein Privatgemach. Kaiser und Mönch nahmen nebeneinander Platz, wie es ein Kaiser nur Ebenbürtigen gestatten darf, und Nikephóros sagte zu seinem frommen Gast: *Ich weiß, ehrwürdiger Athanásios, daß ich die Ursache all jener Unruhe und*

Pein bin, die du ertragen hast. Ich habe die Furcht Gottes mißachtet und meine Pflicht Ihm gegenüber geschändet und mit Füßen getreten. Dennoch bitte ich dich und flehe dich an, Geduld mit mir zu haben und meine Rückkehr abzuwarten, bis Gott es mir erlaubt, mich aufs neue mit meinen Gebeten an ihn zu wenden. Athanásios erkannte die Not, in der sich der Kaiser befand und die ihm die Pflicht gegen das Reich auferlegte. Er verzieh ihm und mahnte ihn, in Mäßigkeit und in Demut zu leben, sich vor Gott zu bekennen und jeglichen Tag Reue zu zeigen. Er empfahl ihm, Mitleid mit denjenigen zu haben, die sich gegen ihn empören würden, und allen Almosen zu geben, die in Armut und Elend lebten. Der Kaiser stellte ihm für die Rückkehr ein Schiff zur Verfügung.

Danach erließ Nikephóros für sein Kloster am Heiligen Berge eine Goldene Bulle, schenkte ihm noch ein Kloster in Thessalonike und erteilte seiner Gründung eine beträchtliche Stiftung zum Unterhalt der Kirche und des Protâton in Karyès. In der Lawra wurden neue Bauten in Angriff genommen. Ein Hafen wurde in einer Felsenbucht angelegt, um den Schiffen bei Sturm und Winter Sicherheit zu geben und, wenn es nottäte, sie instandzusetzen. Während der Arbeit kam ein Alter auf Athanásios zu und schilderte ihm eine Vision:

. . . und siehe, ich sah es: da stand ein Anführer wilder Soldaten auf dem Berg und drohte mit großer Gewalt und Grobheit, er teilte seine böse Legion und bedeckte mit ihr die Spitze des Berges, den steilen Abhang und viele Hügel, als wäre es Wald, und stellte Fallen den Mönchen auf. Er selbst, dieser düstere Dämon, begab sich mit neunhundert Mann auf die Metana, wo deine Höhle ist, Vater, und wütete . . .

Der Traum wurde Wirklichkeit: düsterer Dämon war ein Baum! – Athanásios war es gewohnt, bei jeder Arbeit Hand anzulegen. Als jetzt ein großer Baumstamm getragen werden sollte, griff er unten zu, die Arbeiter oben, die den Stamm den Abhang hinunterstießen. Athanásios stützte den Fuß an das steinige Ufer des Baches und zog mit denen, die unten halfen, den Baum. Und die üble Schar und ihre Anführer – wehe ihrer Grausamkeit! –, sie ließen es zu, daß der schwere Baum abglitt und im Rollen und Fallen anderes Holz mitriß und ihn, den Athanásios, traf. Und lange Wochen war Athanásios an sein Lager gefesselt, in vierzig Tagen schrieb er das ›*Gerontikon*‹, das Buch der Alten, der Kirchenväter, ab und vermehrte auf diese Weise während des Krankenlagers die Arbeit seiner demütigen Seele.

Nach sechs Jahren kaiserlicher Herrschaft wurde im Dezember 969 Nikephóros Phokàs im Palast zu Konstantinopel ermordet. Er fiel einem Anschlag der Theophanou, seiner Gattin, und des Johannes

Tzimiskès zum Opfer. Johannes bestieg den Thron. Ein Neffe des Nikephóros, Bardas mit Namen, ließ sich zum Kaiser ausrufen, aber ein Schwager des Johannes, Bardas Skleros, zog gegen ihn in den Krieg und schloß ihn in ein Kloster auf Chios ein. Der Fürst der Finsternis nahm die Gelegenheit des Thronstreits wahr und wandte sich gegen Athanásios, den Freund des ermordeten Kaisers. Jeden der Alten vom Berge besuchte er und fand sie, von geistlichem Eifer beseelt, nicht bereit, ihre altertümliche Lebensweise preiszugeben. Er hatte es nicht anders erwartet und gab den Eremiten den Rat: *Seht ihr nicht, daß Athanásios den Berg tyrannisiert und die alten Gebräuche umstößt? Stört er nicht die Stille des jungfräulichen Gartens? In der Tat: er errichtet prunkvolle Wohnungen, er baut Kirchen und Häfen, er staut die Wasserquellen, bedient sich der Ochsengespanne! Seht ihr nicht, daß er die Felder bestellt und Weinstöcke pflanzt und daß er Frucht aus dem Samen zieht? Er hat die Welt auf dem Berg eingeführt! Ihr aber habt die Welt verlassen, weil sie euch fremd war. Und ein Fremder ist Athanásios.* So raunte der Versucher lange und ging von Höhle zu Höhle, als hätte er die Stundentrommel in seiner Hand. Und die Alten kamen zusammen und hielten Rat:

Beenden wir das Werk der Scheinheiligen, sprachen sie untereinander, *vertilgen wir diejenigen, die hergekommen sind, unsere Welt zu zerstören, an ihrer Spitze den Athanásios. Was er gebaut hat, wollen wir niederreißen, damit sein Name aus dem Gedächtnis gelöscht werde. Gegen die Willkür haben wir das ältere Recht. Wir wollen den Kaiser Johannes beschwören, daß er diesen Fremdling vertreibt.*

Der Paulos von Xeropotámou, der einmal so günstig von Athanásios geweissagt hatte, ging mit den Brüdern nach Konstantinopel, dies dem Kaiser zu sagen: ein tätiges Leben sei für sie, die Anachoreten, ein gottloses Leben. *Athanásios stört unsere alten Gesetze, er verändert die gewohnten Sitten des Heiligen Berges.* Kaiser Johannes befahl, daß Athanásios in die Kaiserstadt komme. Er wolle Recht sprechen. Kaiser Nikephóros hatte ein Gesetz gegen den Kloster- und Kirchenbesitz erlassen, damit die Mönche um so leichter besitzlos und arm bleiben könnten, aber auch die Großgrundbesitzer kein Land an die ›tote Hand‹ verschenken sollten. Der Patriarch Polyeuktos zwang jetzt den neuen Kaiser Johannes, dieses Gesetz aufzuheben: er wollte selber Herr weiten Landes sein und die Steuern für sich, um der Kirche Macht zu verleihen. Athanásios sollte sein Bundesgenosse sein, er wurde ein Werkzeug der Politik. Die Klage der Alten war ein Grund, dem Athanásios Recht zu verschaffen. Darum wandte der Kaiser ihm, dem Abt der Megiste Lawra, der vor ihn trat, sein Wohlwollen zu und erließ noch im gleichen Jahr, 971, eine Goldene Bulle und mit ihr das erste Typikon für den Heiligen Berg, das Grundgesetz, das auf vier gegerbten Ziegenhäuten geschrieben wurde und deshalb »Tragos« genannt wird. Damit waren die Anachoreten und die Eremiten zum Schweigen verurteilt. Die Alten bedauerten ihren Schritt, den sie getan, und baten Athanásios um Verzeihung, der ihnen seine Liebe und sein Vertrauen schenkte.

Der Widerstand gegen Athanásios war durch das kaiserliche Typikon nicht gebrochen. Bruder Thomas empfing eine Vision, und Seltsames trug sich zu. In der dritten Stunde der Nacht, als dem Lobpreis Gottes die Versenkung in das Gebet folgte, vollbrachte einer die Untat, ging, ein Verblendeter, mit dem Todesschwert über den Hof und hörte, wie Athanásios mit verhaltener Stimme sang. Er trat an die Zellentür. *Vater, segne mich!* bat er, dachte, daß Athanásios herauskommen würde . . . Doch der Vater rief: *Wer bist du?* Die strenge Stimme traf den, der – ein Kain – mit dem Schwert vor der Tür stand und wie vom Tod gelähmt war. Das Schwert fiel zu Boden, es klirrte. Da öffnete Athanásios die Tür, und zu seinen Füßen wand sich der Unglückselige: *Habe Mitleid mit deinem Mörder! Verzeih mir mein Unrecht und lösche die Gottlosigkeit meines Herzens! Ich tat es nicht!* Athanásios zündete eine Kerze an: das Gesicht seines Mörders war totenbleich. Tonlos war die Stimme des Vaters: *Du bist wie ein Räuber gekommen mit einem Schwert! Mein Sohn, höre auf mit deinem Geschrei, setze dich nicht der Verachtung aus, verrate niemandem, was hier geschehen ist. In der Tat: Gott hat dir deine Sünde vergeben, und siehe, ich umarme dich, mein Sohn!* Und Athanásios bezeugte hinfort seine besondere Liebe diesem verlorenen Sohn und vergalt seine Untat mit Barmherzigkeit.

Eines Tages ging Athanásios nach Mylopótamos, wo er bei einem Kellion einen Weingarten angelegt hatte. Dort befand sich eine Kapelle des Heiligen Eustatios, von Hütten umgeben, in denen durch Askese erschöpfte Brüder lebten und sich erholen konnten. Athanásios besuchte sie und sprach ihnen Trost zu. Als er gegen Abend über den kleinen Fluß Velas – den Mikròs Velas – zurückkam, befahl er den Mönchen, die mit ihm wanderten, mit einem Boot zur Lawra zurückzufahren, er selbst wollte zu Fuß gehen. Am Weg traf er einen bettelnden Alten, wohl einen der Arbeiter, die vor Jahren im Kloster geholfen hatten. Athanásios gab vor, nur ein bettelnder Mönch zu sein, und fragte ihn, ob es noch weit bis zur Lawra wäre und es im Kloster Sitte sei, Gastfreundschaft zu gewähren. *Wenn du dort,* sagte er zu ihm, *irgendeine Wohltat empfangen hast, will ich auch dort hin gehen. – Wie groß die Güte dort unten ist und die Gastfreundschaft?* erwiderte der Alte, der am Wege saß. *Sieh mich an, Vater. Ich bin mit so viel Wohltaten überhäuft: einer hat mir seinen Mantel gegeben, ein anderer seine Decke und andere anderes. Und wenn du selbst dort hinkommst und sie einen Mann wie dich sehen, der viel frömmer ist, als ich es sein kann, tun sie noch mehr Gutes.* Athanásios wanderte weiter und kehrte betrübt in sein Kloster zurück.

Die Große Lawra mit der Kapelle des Heiligen Athanásios

Nach der Abendandacht setzte er sich auf eine Treppe und empörte sich über die Mönche:

Ich bin erstaunt, liebe Brüder, erstaunt und sehr traurig, daß ihr meine Gebote vergessen habt und durch euren Ungehorsam dem Teufel verfallen seid. In der Tat: einer von euch hat keine Gewalt über sich selbst, wie könnte er sonst geben, was ihm nicht gehört? Wer es einmal leugnet, aus ganzem Herzen ein Knecht Christi zu sein, gehe nach seinem Willen, wohin es ihn in die Welt treibt. Was tut er anderes, als der Gerechtigkeit Gottes zu entfliehen und ein Sklave der Sünde zu werden? Der Wille muß in unserer Gesellschaft verstummen. Welche Belohnung verdient denn die Gastfreundschaft, wenn einer die Sachen weggibt, die ihm nicht gehören, und dafür neue verlangt, die ihm niemals gehören werden. Niemand besitzt ein Gewand, sofern er ein Mönch ist, niemand von euch hat eine Decke zu eigen, Gewand und Decke sind nötig nur, damit ihr Nacktheit nicht ertragen müßt und im Winter nicht frieren sollt. Wenn es gut ist, zu geben, was einer nicht hat, obgleich er seinen eigenen Willen längst aufgab, dann, meine Brüder, ist so zu handeln ungelegen und steht euch nicht an. Es wird ohne Belohnung bleiben. Armut ist das Gebot, das ich euch gab, laßt vom Hirten euch leiten, ihm zollt Gehorsam, ihm sollt ihr gehorchen. Was er für recht hält und billigt, das müßt ihr achten und euch danach richten, in ihm ist das Bild Christi, seine Befehle müßt ihr als Gottes Gebote betrachten. Gastfreundschaft muß allgemein sein, wir müssen alles gemeinsam geben und nur gemeinschaftlich etwas besitzen.

Athanásios hatte als ein Katechet gesprochen. Er führte seine Brüder zum wahren Gehorsam und zur Armut in dieser Welt, um in der anderen reich an Gnade zu sein. Er nahm sich das Recht des Befehls. In ihm wirkte der Heilige Geist.

Ein Bruder, der Mönch Gerásimos, war vom Glauben an die Wunderkraft des Athanásios erfüllt, weil er durch ihn von einer gefährlichen Verletzung geheilt worden war. Und das kam so: eines Tages sollte Gerásimos mit seinen kräftigen Armen einen Rebstock aus dem Boden reißen, er rüttelte ihn wohl zwei- oder dreimal . . ., dann brach er schreiend zusammen. Er hatte einen Darmbruch erlitten. Athanásios berührte ihn nur leicht mit der Hand, und gegen alles Erwarten wurde Gerásimos bald wieder gesund. Als dieser Mönch nun den Wunsch äußerte, nach Jerusalem zu wallfahren, Dank der Allheiligen am Grab ihres Sohnes zu sagen, gab ihm Athanásios die Erlaubnis.

Nach meiner Rückkehr, erzählte Gerásimos später und rief Gott zum Zeugen an, *wünschte ich den Vater wegen einer dringenden Sache zu sprechen. Ich war in der Backstube beschäftigt, und da gab es eine von Ochsen bewegte Maschinerie für das Kneten des Teiges . . ., ja, die hatte er selbst erfunden. Der Vater war gerade in der Kirche der Zwölf Heiligen Apostel, draußen, nur ein paar Schritte vom Kloster entfernt. Ich ging dort hin, und vor der Tür, an der ich wartete, sah ich, wirklich,* setzte er hinzu, weil ihn die Erinnerung bedrängte, *wirklich, ich sah sein Gesicht wie eine brennende Flamme, als er herauskam. Ich trat etwas zurück, neigte mich, hinter einem Baumstamm verborgen, nur etwas vor, ihn besser zu sehen. Ich betrachtete sein Gesicht, Strahlen sandte es aus, und eine engelgleiche Aura umgab seine Gestalt. Angst hatte ich, aufgeregt war ich, ich schrie: ›Vater!‹ – Und er sah mich, kam auf mich zu und sprach mit seiner weichen Stimme: ›Ist es nicht die Stunde, einzutreten?‹ Ich wußte nicht, was er damit sagen wollte, und zögernd gestand ich ihm, was ich gesehen hatte. Der Vater segnete mich: ›Hab keine Angst, mein Sohn, aber ich gebe dir im Namen des allmächtigen Gottes den Befehl, mit niemandem darüber zu sprechen, was du gesehen hast, solange ich lebe.‹ Ich habe diesen Befehl bis heute befolgt.* Das erzählte der Mönch Gerásimos, lange nachdem Athanásios tot war.

Einige Äbte und mancher unter den Asketen auf dem Heiligen Berge waren nicht von dem Gebot der Liebe durchdrungen und konnten es nicht verwinden, dem Athanásios – wie sie meinten: auf entehrende Weise – nachgeordnet zu sein. So war es auf dem Typikon des Kaisers Johannes Tzmiskès zum Gesetz gemacht worden. Die Eremiten verstanden nicht, daß des Kaisers Gebot Gottes Wille verkündete. Sie kamen nicht mehr nach Karyès zur Versammlung und nicht mehr zur Liturgie und klagten Athanásios an, Ursache ihrer Schande zu sein. Sie wandten sich an den Protos Johannes Phokénos, den sie selbst gewählt hatten, und redeten freundschaftlich auf ihn ein: *Du bist unser Protos, oder ist es der Abt der Großen Lawra, der hier befiehlt? Wenn du nicht willst, daß unser Rat der Alten geringgeschätzt wird, mußt du unsere Macht durch dein Gebot wiederherstellen und schützen.* Der Protos hatte nur einen einfachen Verstand, er begriff die List nicht und gehorchte ihnen, wie er guten Ratschlägen seit je gefolgt war. Als nun der Kaiser Basilios, den man später den Bulgarentöter nannte, im Jahre 986 mit seinem Heere in Makedonien lagerte, wollten die Eremiten sich bei ihm über Athanásios beschweren. Der Protos begleitete sie, damit ihre Arglist nicht offenkundig sein würde. Als sie miteinander durch die Wälder der Chalkidike wanderten, um den Kaiser zu finden, begegneten sie dem Athanásios, der vom Kaiser zurückkam und, nachdem sie ihm den gewöhnlichen Gruß der Ehre erwiesen hatten, sie fragte, wohin sie des Weges zögen und welches ihre Absicht sei. Einige machten Vorwände und wichen der Frage aus, aber der Protos, der seine Ehrlichkeit nicht verbarg, sagte zu ihm: *Das ist gegen dich, Bruder Athanásios, daß wir zum Kaiser gehen.* Und Athanásios, in seiner ihm eigenen Schlichtheit, erwiderte: *Geht nur, Väter, geht mit Gott!* Der Protos, der den Athanásios heimlich verehrte, bat ihn sogleich um Verzeihung. Die anderen hatten keine Ruhe in seiner Gegenwart, sie wollten weiter, sie wollten zum Kaiser, sich Recht zu holen. Als sie sich von Athanásios getrennt hatten, nannten sie ihren Protos einen einfältigen Alten und hielten ihn für dumm: unüberlegt hätte er sie bloßgestellt. Sie warfen ihm vor, seines Amtes nicht mehr würdig zu sein, so daß sich der Alte weigerte, weiter mit ihnen zu gehen, und sie ermahnte, mit ihren Ränken gegen Athanásios aufzuhören: *Ihr solltet ihm keine Qual bereiten, ihr grabt euch eure Grube selbst.* Die Eremiten bestanden darauf, zum Kaiser zu gehen, und setzten ihren Weg fort, der Protos Johannes Phokénos blieb zurück, bald kehrte er heim. Und siehe: wie Gott seinen Diener rächt! Gefahr kam über die Schar der wandernden Alten im schwarzen Gewand. Nicht feindliche Bulgaren waren es, denen sie in die Hände fielen, sondern Türken, die im Solde des Kaisers standen, plünderten die Unglücklichen aus. In Schmach und Schande wurden sie nackt auf den Athos zurückgeschickt. Als die zitternden Greise durch das Tor der Großen Lawra hereinkamen, ließ Athanásios ihre Blöße bedecken, gab ihnen Kleid und Decke und nahm sie gastfreundlich auf. Seine Liebe beschämte sie: sie blieben bei ihm, weil sie es besser fanden, von ihm gebildet und durch seine Tugend geleitet zu werden.

Athanásios gewann durch seine Liebe und sein heiligmäßiges Leben das Vertrauen aller, die zu ihm kamen. Es suchten ihn Männer aus Rom auf, um seine Schüler zu werden, auch aus den südlichen Städten Italiens, aus Kalabrien und aus Amalfi, aus Georgien und Armenien kamen sie. Äbte und Metropoliten verließen ihren erhabenen Thron, um sich zu seinen Füßen zu setzen und seine Lehre zu hören. Athanásios zeigte ihnen als Lenker der Seelen den Weg des Heils und gab ihnen die Kraft, ihn zu gehen. Sein Charakter lebte ihnen den Glauben vor. Die Kämpfe, die er bestanden, die Wunder, die er vollbracht und die durch ihn geschehen, die geistlichen Wirkungen seines Gebetes und seiner Sorge, befähigten alle, ihm ihre Liebe zuzuwenden, so daß sie eins waren im Heiligen Geiste. Tugend und Weisheit waren dem Athanásios eigen. Wie auf Moses lag auf ihm die Weihe Gottvaters, Menschen zu führen und Hirt einer großen Herde zu sein. Durch ihn füllte sich der Athos mit vielen Bewohnern, die in diesem Garten der Gottesmutter weltferne Heimat fanden.

Es mußte das Katholikon, die Kirche, die alle Mönche zur Liturgie versammelte, vergrößert werden. Als nichts mehr fehlte als die krönende Kuppel, in der einst der Pantokrator im Bilde Christi die zur Eucharistie vereinten Brüder segnen sollte, beschloß Athanásios, auf den Bauplatz zu gehen, um die Arbeit zu prüfen. Vorher las er den Brüdern eine Katechese des glückseligen Theodóros vom Studion-Kloster in Konstantinopel vor und fügte eine persönliche Bemerkung hinzu:

Meine Brüder und Söhne! Seien wir achtsam auf uns und bewahren wir unsere Sprache. Es ist beser, von der Höhe zu stürzen und umzukommen, als durch die Sprache in die Sünde zu fallen. Erwarten wir stets die Versuchung, weil wir dadurch und durch die Bedrängung, die uns ängstigt und die uns zur Abwehr zwingt, eingehen in das Himmelreich. Ärgert euch nicht vor einem schlimmen Ereignis, bedenkt, daß es auch nützlich sein kann, denn anders sind die Dinge, wie sie die Menschen sehen und kennen, und anders die, wie sie Gott fügt.

Die ihn so reden hörten, glaubten, er hätte ein prophetisches Wort gesprochen und sein Ende geahnt: er lebte schon im neunten Jahrzehnt. Sie gingen zu ihm, ihn zu umarmen. Unruhe befiel sie, sie sprachen nur leise noch miteinander. Athanásios entledigte sich seines Obergewandes und nahm das aus Eisen gefertigte Kreuz, das er mit einem Ring um den Hals trug, ab. Abt Michael Maleinos hatte es ihm bei seiner ersten Weihe geschenkt. Als Athanásios nun an den heiligen Mysterien der Eucharistie teilnahm, glänzte sein Antlitz vor heiliger Freude, und die Brüder erstaunten. Ahnungsvoll blieben sie zurück, als er in seine Zelle ging und lange Zeit betete. Er kam wieder, die Brüder standen im weiten Hof, den rings die Zellen um ihre Kirche mit dem eingerüsteten Neubau bildeten. Sie knieten, den Segen von ihm zu empfangen. Athanásios rief sechs Jünger zu sich, und sie stiegen die Gerüste hinauf. Als sie den gefährlichen Aufstieg vollendet hatten, fiel das Mauerwerk ein, das Gerüst brach zusammen, und alle stürzten zu Boden. Vier waren sofort tot, Athanásios und ein Bruder, Daniel, der Architekt, wurden verschüttet, aber sie lebten, so daß sie laut riefen: *Herr Jesus Christus, hilf mir, Ehre und Ruhm sei bei Gott!* Sie beteten noch mit dem letzten Atemzug, der ihnen blieb: *Herr hilf uns, erbarme dich unser!* und auf Rettung hofften. Wie im Tumult liefen die Brüder zusammen, räumten den Schutt aus den Trümmern und bargen die Toten, zuletzt ihren Heiligen Athanásios. Sie seufzten und unterbrachen ihr Stöhnen nur, um zu jammern. Athanásios lag, den Kopf geneigt, die Hände zum Kreuz übereinandergelegt, nahe dem Abtsthron. Sie hoben ihn auf und betteten ihn auf sein Lager. Sie waren untröstlich.

Als ein Gerechter war Athanásios für alle gestorben, wie er als ein Gerechter für alle gelebt hatte. Als ein ikon Christi hatte er sich für sein Werk geopfert. Bei der Bestattung blutete noch seine Wunde am Fuß, sonst war er unverletzt. Man begrub ihn in der Kapelle der Vierzig Märtyrer, dem Parekklesion neben dem Katholikon, in dem noch heute sein heiliger Leichnam ruht.

Analecta Bollandiana, Bd. XXV, 1908, 5–89 – Bréhier (→ Lit.-Verz. 3 b), Bd. 3, 393 f. – Leon Diakonos: *Nikephóros Phokàs und Johannes Tzimiskès,* übersetzt von Franz Loretto (= Byzantinische Geschichtsschreiber, Bd. 19), 1961 – Paul Lemerle: *La vie ancienne de saint Athanase l'Athonite,* in: Le Millenaire du Mont Athos, Bd. 1, 1963, 58 ff. – Ostrogorski (→ Lit.-Verz. 3 b), 237 ff. – Hieronymus Pierre: *La vie du Saint Athanase l'Athonite,* in: Irénikon, 8 (1931), 547–599, S. 667–689, und 9 (1932), 71–95 und 248–264 – ›Tragos‹, in deutscher Übersetzung bei Beck (→ Lit.-Verz. 3 b), 223 ff. – Zakynthinos (→ Lit.-Verz. 3 b), 201 f.

Johannes Tornik und sein Neffe Euthýmios

Mönche sind die Gott Schauenden, die ›theoretikoi‹ – sie lassen die Menschen, die ›kosmikoi‹, die sich an Besitz und Rechthabereien fesseln, in ihrem Tumult allein. Sie verachten sie nicht, sie beten für sie und die Welt. Zuweilen geschieht es jedoch, daß Mönche in die Kämpfe der Zeit eingreifen und einen Sieg erringen, aber den Ruhm, demütig vor Gott, anderen überlassen – wie der Georgier Johannes Tornik: er rettete das Reich der Rhomaier.

Seine Heimat Georgien – im Altertum ein römischer Vasallenstaat – lag an den Abhängen des südlichen Kaukasus, dessen gebirgige Küste die Wellen des Schwarzen Meeres umspülten. Gegen Süden grenzte das Hochland Armenien an. Dazwischen breitete sich das stromdurchflossene Flachland der Kolchis aus, das sich zum Meere öffnete. Die Bauern lebten in Hütten aus Erde und Lehm. Und diese Iberer, die in dem fruchtbaren Talland des Tao den Acker mit Getreide und die Gärten mit dem Weinstock bebauten, erinnerten sich noch an das Mädchen Nino, das ihnen im vierten Jahrhundert Christum zugeführt hatte – ihn, den Erlöser, der sich als Weinstock Gottes bezeichnete. Zur Zeit des Kaisers Justinian, dem Prokop darüber berichtete, galten die Iberer als ein Volk, das die Satzungen des Christentums am besten beobachtete. Im Jahre 622 durchzog Kaiser Herakleios mit seinem Heere das Land, um es den Persern streitig zu machen: die Iberer leisteten ihm Waffendienst. Persien wurde besiegt, aber kaum zwanzig Jahre danach von den Arabern erobert, die auch über ein byzantinisches Heer einen überwältigenden Sieg erfochten. Das Reich war geschwächt.

Seitdem standen die Iberer in andauerndem Abwehrkampf, um nicht dem Schwerte Mohammeds des Propheten zum Opfer zu fallen. Während des letzten Kriegs hatte sich Johannes Tornik als ein Feldherr Ruhm und Ehre erworben, dann war er Mönch geworden, war später zum Kloster Kranià am bithynischem Olymp gewandert, um die Welt zu vergessen.

Im zehnten Jahrhundert herrschten über das kleine Reich der Iberer und über Georgien, den Nachbarländern des mächtigen Byzantinischen Reichs, die Bagratiden. Sie glaubten, ihre Ureltern seien David, der König Alt-Israels, und Bathseba, die Frau des Urias, die ihrem König gehorchte und ihm den Salomo gebar. So konnten die Bagratiden sich rühmen, Verwandte der Gottesmutter Maria zu sein. David – ein Bagratide – trat im Jahre 970 die Herrschaft an. Er trug den Namen seines Ahnherrn und den Titel eines Kuropalaten, eines Wächters des (kaiserlichen) Palastes, den ihm der Kaiser der Rhomaier verliehen hatte, ihm aber im Kampf gegen die Araber keine Hilfe gewährte. David sah sich sogar bedroht: Johannes Tzimiskès drang in den Orient vor und eroberte die Küsten Syriens und Palästinas, stand vor Jerusalem. Seine Truppen besetzten Georgien, und der Kaiser befahl zur Sicherung des daraus folgenden Vertrages, den man ein Bündnis nicht nennen kann, die Stellung von Geiseln. Zu diesen gehörte der Sohn des Johannes Varazvadse, eines Bruders des Johannes Tornik: Euthýmios, dessen Vater ebenfalls ein Mönch auf dem bithynischen Olymp geworden war. Als Euthýmios nun – sicher seinem fürstlichen Range gemäß – in der Hauptstadt Konstantinopel lebte, befand sich sein Vater bereits auf dem Athos, um sich unter der Lenkung des Athanásios in Askese und Gebet zu vollenden. Euthýmios erwarb sich derzeit eine außergewöhnliche Bildung und übersetzte vor 976 – kaum zwanzigjährig – Predigten der Kirchenväter, so die des Gregors von Nyssa, in seine georgische Muttersprache. Diese Schriften schickte er seinem Vater Johannes in das Asketerion bei der Großen Lawra, wohin auch sein Oheim Johannes Tornik inzwischen gekommen war. Dort schrieben die beiden Brüder ein Buch des Euthýmios ab und fügten ihrem Werke diese Zeilen hinzu:

»Ich, Johannes, wurde gewürdigt, dies heilige Buch zu erwerben, das Euthýmios aus dem Griechischen übersetzt hat – Gedenket meiner – des Johannes – und meines geistlichen und leiblichen Bruders, des gewesenen Tornik, und meines Sohnes Euthýmios, der dies übersetzt hat – Geschrieben wurde es auf dem Heiligen Berg Athos, im Hause der Gottesmutter, im Kloster des Evangelisten Johannes, in der fünften Indikation, im Jahre sechstausend vierhundert und fünfundachtzig seit dem Anfang der Welt.«

Das war das Jahr 977 nach Christi Geburt. Diese friedliche Tätigkeit der beiden vornehmen Georgier und Athos-Mönche wurde bald unterbrochen. Im Jahre zuvor war der siegreiche Kaiser Johannes Tzimiskès nach der Rückkehr von seinem Eroberungszuge gestorben. Wirren bedrohten das Reich. Der General Bardas Skleros, der mit dem verstorbenen Kaiser verschwägert war, hatte vor Jahren dessen Rivalen, den Bardas Phokas, besiegt und ihn mit seiner Familie in einem Kloster auf der Insel Chios eingeschlossen. Jetzt wollte er selbst die Macht in seine energischen Hände nehmen. Er befehligte als Domestikos eine kampfgewohnte Armee in Anatolien, die die Ostgrenze des Reiches schützte. Seine Soldaten riefen ihn zum Kaiser aus. Das war Usurpation! Bardas Skleros rückte bis in den Westen der asiatischen Halbinsel vor, er bedrohte Konstantinopel. Für ihn war der junge Kaiser Basilios, der zweite dieses Namens, nur ein Spielball im Streit, zumal dessen Bruder und Mitkaiser Konstantin sich nur den angenehmen Seiten des Lebens zu widmen schien. Beide waren von ihrer Mutter Theophanou, der Gattin Romanos II., und von ihrem Großonkel Basilios, einem Eunuchen, abhängig. Dieser Basilios bestimmte als Parakoinomenos (als Kanzler) die Politik des Reiches. Er war der eigentliche Gegner des Bardas Skleros. Er holte den Bardas Phokas aus seiner klösterlichen Verbannung und schickte ihn mit kaiserlichen Truppen dem Bardas Skleros entgegen. Der Usurpator besiegte ihn zweimal. Die Herrschaft Basilios' II. war unmittelbar gefährdet. Truppen von der Nordgrenze abzuziehen, schien unmöglich, da Bulgaren und Russen jedes Jahr die Feindseligkeiten erneuern konnten. In der gegenwärtigen Lage würde es nur dem Kuropalaten David gelingen, mit seinen tapferen Kriegern die Herrschaft der beiden jugendlichen Kaiser, des Basilios und des Konstantin, und mit ihnen den Bestand des Reiches zu sichern.

Der Eunuch Basilios schickte Boten zu Johannes Tornik in die athonitische Einsiedelei, damit er den Kuropalaten David um Beistand bäte. Denn Tornik war ›persona grata‹ des Herrn über Georgien, stand also in dessen besonderer Gunst. Johannes nahm den Ruf des Schicksals auf sich. Er reiste, Mönch, der er war, nach Konstantinopel, holte seinen Neffen Euthýmios, dessen Geiselhaft nun beendet war, ab und fuhr – wohl zu Schiff – zu seinem Gebieter in die georgische Heimat. Er konnte dem Kuropalaten David als Gegengabe für dieses ungewöhnliche Bündnis Bergland und Täler in Ostanatolien zwischen Euphrat und Van-See anbieten, die der Kaiser ihm als persönliches Erbe zu überlassen bereit war. David willigte ein und betraute Johannes Tornik mit der Führung des Heeres gegen Bardas Skleros. Mit zwölftausend Mann zu Pferd und zu Fuß führte Johannes den Krieg gegen den Usurpator und besiegte ihn. Bardas Skleros konnte sich nur durch die Flucht nach Damaskus retten, wo ihn der Kalif al-Tai freundlich empfing.

Am Hofe von Byzanz breitete man den Mantel des Schweigens über diesen Erfolg. Geschichtsschreiber erklärten später den zweimal besiegten Bardas Phokas zum Triumphator, noch dazu als Sieger im Zweikampf mit seinem Rivalen. Eine unglaubliche Geschichte! Oder war es die Bescheidenheit eines athonitischen Mönchs, der sich dieser Welttat nicht rühmen mochte? Der Kuropalat David hatte durch den Sieg seines Feldherrn Johannes Tornik an Macht gewonnen. Sein Reich wurde durch die ›Oberen Länder‹ vergrößert. Der Handel zwischen dem Fernen Osten, den arabischen Ländern und den Küsten des Ägäischen Meeres durchquerte auf den alten Karawanenstraßen sein Land. Es war nicht viel mehr als eine volklose Wüste. David lud Bewohner aus den benachbarten Ländern ein, sich dort anzusiedeln. Erfolgreich verteidigte er es gegen arabische Überfälle. Aber der Kaiser Basilios sann auf Rückgewinnung des Gebietes und trug sich zuweilen mit dem Gedanken, seinen lästigen Erben David ermorden zu lassen.

Euthýmios Schriften verbreiteten sich in den Klöstern der Orthodoxie, vor allem unter den georgischen Brüdern. Im bithynischen Kloster Kranià schrieb ein gewisser Saba Kuti die Apokalypse des Johannes auf Grund einer Übersetzung des Euthýmios ab. Er brachte das Buch mit auf den Athos und fügte an den Schluß seines pergamentenen Bandes die Worte hinzu:

»Christus verherrliche in seiner Seele Euthýmios, den Übersetzer dieses Buches.« Die Wirren der Welt hatten den Schreiber zutiefst beunruhigt: »Geschrieben wurde dies Buch auf dem Berge Olympos im Hause der Heiligen Gottesmutter, in der Lawra mit dem Namen Kranià unter der Regierung des Basilios und des Konstantin, unter dem Patriarchat des Antonios, in der Zeit des furchtbaren Aufstandes des Bardas Skleros, der großen Drangsale Griechenlands und der Ausplünderung der Armen, als junge Leute sich gegenseitig durch das Schwert grausam umbrachten, der Bruder über den Bruder und der Vater über den Sohn herfiel. Dies alles geschah, während ich dies Buch niederschrieb. Wem aber der Sieg verliehen werden sollte: außer Gott wußte es niemand. Alle stritten miteinander in Wort und Tat, groß und klein, alles kämpfte.«

Das bezieht sich auf die Wirren des Jahres 978. Saba lebte mit den Georgiern in dem Asketerion des Evangelisten Johannes nahe der Großen Lawra. Damals wird der Bruder des Johannes Tornik, Johannes, der Vater des Euthýmios, mit dem Abt Athanásios übereingekommen sein, daß die Georgier ein eigenes Koinobion haben müßten. Der Kuropalat hatte den byzantinischen Kaisern Reich und Herrschaft gesichert, also sollte den Iberern durch Kaiser und Reich neues Recht eingeräumt werden. Im Jahre 980 gründete Johannes das Haus der neuen Gemeinschaft und gab ihm den Namen Iwiron, denn es sollte den Georgiern eine Heimat auf dem Heiligen Berge sein. Er wurde der erste Abt und weihte das Kloster dem Tode Mariens, dessen jährlich wiederkehrendes Fest am 15. August der Hohe Tag in Iwiron blieb. Das Kloster war an der Küste des Meeres errichtet worden, wohl an der Stelle, an der die Gottesmutter Maria auf die Halbinsel gekommen war und an der das Kloster des Heiligen Clemens, eines Schülers des Johannes Theologos, gestanden hatte.

Iwiron – das Kloster der Georgier

In diese schöne Einsamkeit, wie sie die felsig-waldige Gegend nannten, kam mit Euthýmios, der einige Zeit auf dem bithynischen Olymp zugebracht hatte, auch sein Onkel Johannes Tornik, seiner Würde als Feldherr abermals ledig, und ließ sich von nun an Johannes Synkellos nennen, ›einer, der mit den anderen zusammenwohnt‹. Dem Abt Johannes überließ Athanásios ein Chrysobull des Kaisers Basilios II., das ihm Abgabenfreiheit für ein großes Schiff gewährte, jedoch nicht für die 25 Häuser, die der Großen Lawra als Eigentum bleiben sollten. Daher möge der Abt Johannes, falls die Beamten zur Steuerveranlagung kämen, diese Urkunde dem Abt der Lawra wieder zustellen, damit alles seine Ordnung hätte. Mit seinen Verwandten trat ein Vetter des Euthýmios in das Kloster ein und stiftete den Bau der Kirche, mag wohl ihr Baumeister gewesen sein: »Ich habe ihre Säulen gefestigt, und in Ewigkeit nicht werden sie wanken, Mönch Georgios, Iberer und Gründer.« Er ließ diese Inschrift in eine Porphyrplatte unter der Kuppel einmeißeln – noch heute ist diese Botschaft des Glaubens zu lesen.

Die Georgier brachten aus ihrer Heimat Bibeln mit, dazu eine Offenbarung des Johannes und vor allem ein im Jahre 913 in Georgien geschriebenes Evangeliar, um aus den Büchern des Neuen Testaments und aus den Psalmen die Gebete während der Liturgie in ihrer Muttersprache zu sprechen. Die beiden Brüder Johannes setzten ihre Arbeit des Abschreibens fort. Sie bezeugten es in einem Bande aus Pergament, in dem sie zum Schluß, noch unter dem Eindruck des Geschehens vergangener Jahre, die Worte hinzufügten:

»Ich, Johannes, weiland Tornik, und mein Bruder Johannes – wir haben dies Buch, das Paradies heißt, erworben und geschrieben – zum Gebete zuerst für den mächtigen und gottfrommen Kuropalaten David – und nach ihm zum Gebete für uns selber, zuerst für Johannes, weiland Tornik – jetzt aber Johannes Synkellos, dank den heiligen Königen« – Basilios und Konstantin –, »der aus Liebe zu Gott die Ehre der Welt verließ – sich mit dem Schema« – dem Gewand – »der Einsiedler bekleidete und selbst in diesem Schema dem Baum des Lebens und den heiligen Königen mit großer Treue diente – Als nämlich im Lande der Griechen ein hochmütiger Mensch erschien und sich gegen die heiligen Könige empörte, beeilte sich dieser zu dem mächtigen und in jeder Hinsicht unbesiegbaren Kuropalaten David zu gelangen – Auf ihren Befehl hin machte er seinen« – des Empörers – »Plan zunichte und stützte so die heiligen Könige.«

Damit hinterließ Johannes Synkellos ein ungewöhnliches Bekenntnis seines Glaubens und seiner Demut vor Gott und den Kaisern des Reichs der Rhomaier – ein Lebensbericht, der erst nach einem Jahrtausend wieder ans Licht treten sollte. Johannes Synkellos starb im Jahre 983. Sein Bruder, der Abt Johannes, betrauerte seinen Tod. Er konnte den Verlust nicht verwinden, er sehnte sich nach unstörbarer Einsamkeit. Er überredete seinen Sohn Euthýmios und einige andere Brüder, die er liebte, mit ihm den Athos zu verlassen und nach Spanien zu fliehen. Sie alle nahmen Abschied vom Kloster Iwiron und wanderten am Meere entlang zum Hellespont, warteten in Abydos auf ein Schiff zur Fahrt in den Westen . . . Aber der Präfekt der Stadt, der ein Freund des Johannes war, sprach mit ihnen und veranlaßte sie, ihr Vorhaben aufzugeben und auf den Heiligen Berg zurückzukehren. Sie sollten dem Kaiser nicht von ihrer Flucht erzählen, wie er selbst, das versprach er, gegen jeden den Vorgang geheimhalten werde.

In sein Kloster zurückgekehrt, spürte Johannes bald, daß ihm kein langes Leben mehr beschieden sein würde. Er übertrug dem Euthýmios die Verwaltung des Klosters. Ein Mönch kam zu ihnen, Leone genannt, und bat, bei ihnen zu leben. Er war ein Bruder des Herzogs Pandolfo von Benevent, der ein Wohltäter des von Benedikt von Nursia gegründeten Klosters Montecassino war. Mit Leone waren sechs andere Mönche gekommen. Sie hatten in Konstantinopel in einem Kloster am Bosporus gelebt, nahe bei der Niederlassung der italienischen Handelsstadt Amalfi, gegenüber dem Goldenen Horn. Johannes und Euthýmios nahmen sie gastfreundlich auf. Andere Amalfitaner traten ein, die wie ihre Brüder und Stadtgenossen nach den Regeln des Heiligen Benedikt leben und Liturgie halten wollten. Die Georgier rieten ihnen, sich ein eigenes Kloster zu gründen. Die Lateiner, wie man die Mönche aus dem Westen ihrer Sprache wegen nannte, kauften das erforderliche Gelände und bauten, von den Iberern tatkräftig unterstützt, Zellen, Refektorium und Kirche, die sie der Gottesmutter Maria weihten. Der Turm, mit einem Adlerwappen geschmückt, steht noch nach einem Jahrtausend. Die Amalfitaner besaßen ein großes Schiff, mit dem sie sich von Konstantinopel aus versorgen ließen, und legten unten am Meer einen Hafen an. Ihr Abt unterschrieb Urkunden in griechischer Sprache, aber in lateinischer Schrift. Ein Johannes von Benevent lebte einige Jahre in diesem Kloster, nachdem er sich in Jerusalem und auf dem Sinai aufgehalten hatte. Ihm erschien im Traum der Heilige Benedikt und forderte ihn eindringlich auf, nach Montecassino zurückzukehren, da er zum Abt des Klosters gewählt worden sei. Er reiste ab.

Das von den Amalfitanern mitgebrachte *›Buch der Gespräche‹* Gregors des Großen übersetzte Euthýmios aus dem Griechischen ins Georgische. Er war unter den Brüdern des iberischen Klosters der gelehrteste Mönch. Zwei Bibliotheken richtete er ein, eine größere, aus der kein Buch entfernt werden durfte, und eine kleinere, die allen zugänglich war, für den Gebrauch der täglichen Andacht und für das stille Gebet. Iwiron bildete den geistigen Mittelpunkt der georgischen Sprache und der georgischen Literatur, die von hier ihren Ausgang nahm. In der Klausur der Übersetzer von Iwiron wurde auf Grund der griechischen Texte die georgische Bibel verbessert. Allein 170 Schriften soll Euthýmios selbst übersetzt haben, wie es das Testament seines Vaters mitteilt. Er begründete den Austausch zwischen der griechischen und der georgischen Kultur. Auch der Text einer alten indischen Erzählung gelangte in seine Hände, sie war noch in persischer Sprache überliefert und hatte Johannes Damascenos zum Verfasser. Euthýmios übertrug sie ins Griechische und ins Georgische, damit sie bei der gemeinsamen Mahlzeit in der Trápeza vorgelesen werden konnte.

Und da hörten die schweigend speisenden Brüder die Geschichte von dem Prinzen Josaphat, dem sein Vater, der König Avennir, einen prächtigen Palast bauen ließ: kein Leid sollte den Knaben betrüben. Denn ein Sterndeuter hatte dem Vater geweissagt, daß Josaphat Christ werden würde, sobald er die Welt und das Leiden in ihr erkannt hätte. Jahre ungehinderten Glücks vergingen. Eines Tages begegnete dann der Prinz einem Bettler, den die Lepra verunstaltet hatte. Bald traf er einen Blinden, später trat ihm ein Greis entgegen: Josaphat zweifelte an seinem Leben. Und als er einen Toten am Wege sah, waren ihm die Augen geöffnet: er hatte die Leiden der Welt und die Wirklichkeit des Lebens erkannt. Er pilgerte zu dem christlichen Eremiten Barlaam, um von ihm als dem Asketen und Überwinder des Lebens seine Berufung zu erfahren. Josaphat sprach das Glaubensbekenntnis zu Christus, er ließ sich taufen. Sein Vater lockte ihn in seinen Palast zurück, da trat ein Barlaam ihm gegenüber, der mit allen Worten der Ehrfurcht von Gott, Christus und von Maria sprach und am Ende seinen Glauben verfluchte. Josaphat sollte es auch tun, aber er ließ sich nicht täuschen. Er wandte sich von seinem Vater ab und ging wieder in seine Einsamkeit zu Barlaam, durch den er nur Wahrheit erfuhr. Nun setzte König Avennir ihn zum Erben der Hälfte seines Reiches ein, um ihn für die Welt zurückzugewinnen. So sehr ihn das Volk auch bat: Josaphat entledigte sich seiner königlichen Würde und entsagte der Welt, blieb bei Barlaam als ein Eremit und wartete im Gebet auf den Tag, da Gott ihn zu sich rufen würde.

So christlich diese Legende auch ist: sie geht auf die Geschichte des Gautama Buddha zurück, des Prinzen Bodhisatva, dessen Name zu Josaphat umgebildet wurde und ›Joseph‹ ähnlich war. Euthýmios wußte es vielleicht nicht, aber diese Erzählung machte ihn für alle Zeiten berühmt. Die Amalfitaner brachten sie in ihr Mutterkloster mit und erzählten sie bald auf Latein und schmückten sie aus. Dadurch wurde die Legende im Westen verbreitet. Vinzent von Beauvais und Jakobus de Voragine, der sie in seine ›*Legenda aurea*‹ aufnahm, überlieferten sie für die Leser erbaulicher Geschichten. Die Erzählung aus dem fernen Indien warnte den Frommen vor der Welt, deren Nichtigkeit und Verderbtheit er einsehen sollte, um ihn in seinem Glauben zu prüfen: der Mönch vor allen soll den falschen Propheten der Weltklugheit nicht folgen. Den Weg, den ihm Gott zeigt, zu wandeln, ist seine Berufung, und er wird ihn in Demut gehen.

Die Welt in ihrer Verlorenheit und Verlogenheit stand Euthýmios zeitlebens vor Augen. Es war die Erfahrung seiner frühen Jahre gewesen. Ihr konnte er leichten Herzens entsagen – wie Josaphat und sein Oheim Johannes Tornik, den er vielleicht auf dem Feldzug gegen Bardas Skleros begleitet hatte. Leiden, Haß und Bosheit waren ihm gegenwärtig gewesen. Längst hatte er am Strande der Ewigkeit, an den Ufern des leuchtenden Athos, die Heimat seiner Seele und den Frieden in Gott gefunden. Friedlose Gegenwart wurde durch den Glanz der Überlieferung und den Glauben an Christus und die heilige Mutter des Schöpfers in den Schatten gestellt. Die Lehren der Kirche und die Schriften der Väter, welche die Orthodoxie vorgelebt hatten: sie waren das unvergängliche Licht! Euthýmios hatte es Griechen und Georgiern auf gleiche Weise vermittelt. Mit den Sprachen, die er beherrschte, verkündete er das Wort Gottes.

Im Jahre 986 folgte er seinem Vater als Abt des Klosters. Als Hirt seiner mönchischen Gemeinschaft setzte sich Euthýmios, dessen Lebensgeschichte sein Landsmann Georgios aufschrieb, mit Strenge und Kraft dafür ein, daß die Brüder in Eintracht und geistlicher Sammlung die Feste des Jahres und die täglichen Liturgien begingen. Ebenso sorgte er für das leibliche Wohl der ihm Anvertrauten, weil geistliches und körperliches Leben nicht voneinander getrennt sein sollten, und wachte darüber, daß die Güte des Weins nicht nachließ und die kärglichen Speisen sorgfältig zubereitet wurden. Er hielt zu unbedingter Besitzlosigkeit an und verbot alles, was nicht lebensnotwendig war.

Außer der Sorge für sein eigenes Kloster übernahm Euthýmios die Verwaltung der Großen Lawra, nachdem der Heilige Athanásios beim Einsturz des Baugerüstes ums Leben gekommen war. Äbte der anderen Klöster und der Protos, das Oberhaupt der Mönchsrepublik, kamen zu ihm und baten ihn um Hilfe bei ihren Entscheidungen. Euthýmios gab jedem sein Recht. Erzbischof von Zypern zu werden, lehnte er ab: die Versuchungen der Welt sollten ein Opfer in ihm nicht finden. Das war zu der Zeit, als seine irdische Heimat Georgien in die Wirren der Welt zurückfiel.

Der Kuropalat David hatte Bagrat, der dem armenischen Haus seines Geschlechts entstammte, adoptiert, um ein Großreich aus dem alten Georgien, aus Armenien und den ›Oberen Ländern‹ zu schaffen. Innere Unruhen quälten Reiche und Arme, selbst Bagrat zog gegen ihn in den Krieg. David starb 1001, es hieß, er wäre auf Verlangen des Kaisers durch einen vergifteten ›Leib Christi‹ während der eucharistischen Feier getötet worden. Andere meinten, georgische Adelige hätten, vom Kaiser angestiftet, diese gotteslästerliche Untat vollbracht oder, was am wahrscheinlichsten war, Bagrat selbst wäre in das Verbrechen verwickelt, um sich des ganzen Landes zwischen den beiden Meeren zu bemächtigen und der Übermacht des byzantinischen Kaisers gewachsen zu sein. Die Mörder seines Kuropalaten zur Rechenschaft zu ziehen und den Tod Davids zu seinem Vorteil zu nutzen, kam Basilios selbst nach Georgien. Weil David ohne leibliche Erben verstorben war, weigerte er sich, das anatolische Erbe, die ›Oberen Länder‹, dem Bagrat zu überlassen. Da erhoben sich georgische Ritter und ergriffen das Schwert gegen den ›Heiligen König‹. Die Leibwache des Kaisers, die blonden Waräger aus dem Lande Ruriks, entschied über Unrecht und Recht durch die Gewalt ihrer Waffen. Treubruch beherrschte die Welt, Haß flammte auf.

Am Ende erlebte Euthýmios selbst Unfriede und Schmähung: Uneinigkeit hatte die Brüder der Großen Lawra entzweit. Treulos wurden die Mönche, die ihm anfangs ergeben gewesen waren. Sie vernachlässigten ihre klösterlichen Pflichten, sie verweigerten den Gehorsam. Sie waren Griechen, er ein Georgier. Der Kaiser mußte Schiedsrichter sein! Ihm von den Vorfällen zu berichten, brach Euthýmios nach Konstantinopel auf. Er lebte schon mehr als achtzig Jahre. Jetzt stand er dem ebenfalls greisenhaften Kaiser Konstantin VIII. gegenüber, der nach dem Tode seines Bruders Basilios seit einigen Jahren Alleinherrscher war, aber lieber den Spielen im Hippodrom zusah, als das Reich zu regieren. Am byzantinischen Hof traten die Beamten zur Beratung zusammen, sie waren noch damit beschäftigt, einen Bericht zu verfassen, als Euthýmios unerwartet von einem Unglück betroffen wurde: sein störrischer Esel, mit dem er durch die Straßen ritt, scheute vor einem Bettler, der den Schwarzen Engel um einen Almosen bat. Euthýmios stürzte zu Boden, die Vorübergehenden schauten sich um. Der Schwerverletzte wurde in ein nahegelegenes Kloster getragen. Man legte ihm eine Ikone Christi in seine Hände. Betend und Gott lobend ertrug der Heilige die Schmerzen und verschied noch am selben Tage. Das war der 13. Mai des Jahres sechstausend fünfhundert und sechsunddreißig seit Erschaffung der Welt, im Jahre 1028 nach christlicher Zählung. Mönche brachten den Leichnam zum Kloster Iwiron und bestatteten ihn in einem Sarkophag, der in der Kirche Johannes des Täufers aufgestellt wurde.

Des Athanásios Schenkung an Abt Johannes, Dölger: *Schatzkammern* (→ Lit.-Verz. 3 a), 292 – Jürgen Molitor: *Die georgische Bibelübersetzung, ihr Werdegang und ihre Bedeutung in heutiger Sicht,* in: Oriens Christianus, 37 (1953), 23–48 – Michael Tarchnisvili: *Die Anfänge der schriftstellerischen Tätigkeit des Hl. Euthýmios und der Aufstand des Bardas Skleros,* in: Oriens Christianus, 38 (1954), 113–141; vgl. *Das Leben Kartlis, eine Chronik aus Georgien 300–1200,* hrsg. von Gertrud Pätsch, Leipzig 1985, 346 f. über Johannes Tornik und Euthýmios und 476 ff. über Basilios und Konstantin – Jacobus de Voragine: *Die Legenda aurea,* aus dem Lateinischen übersetzt von Richard Benz, Heidelberg o. J. (Nachdruck der Ausgabe Jena 1917, ^{3}1925), 943 ff.; *Barlaam und Josaphat,* Cod. Iwiron 463 (12. Jahrhundert), vgl. Weitzmann, (→ Lit.-Verz. 3 a), Tafel 22 und 105 f.

Symeon und sein Sohn Saba

Gründer athonitischer Klöster sind in ihrer ersten Lebenszeit oft fürstlichen Ranges gewesen. Wie sie als Hirten ihrer Völker Frieden und Recht bewahrten, wollten sie – bevor der Tod an sie herantrat – für sich und die ihnen Anvertrauten das Heil der Seelen durch Gebet und Andacht erlangen. Sie kleideten sich in das Gewand der schwarzen Engel, um sich in diesem zweiten Leben, dem das erste zum Opfer fiel, auf das dritte, das ewige Leben vorzubereiten. So legte auch der Großzupan Stephan Nemanja von Serbien nach kampfreichen Jahren seine fürstliche Würde ab, entsagte der Welt und ging mit seinem Sohn Saba als Gründer des Klosters Chilandár in die Geschichte des Heiligen Berges ein.

Serbien, das Bergland zwischen Donau und Adria, blickte mit seinen kleinen Hafenstädten nach Italien hinüber. Seit den Tagen des Altertums hatte sich hier urbanes Leben erhalten. Und die Zeta, wie das Gebiet am Meere genannt wurde, war im elften Jahrhundert von Gnade des Papstes in Rom sogar ein Königreich. In wenigen katholischen Klöstern lebten Mönche nach der Regel des Heiligen Benedikt. Der innere Landesteil, das gebirgige Raszien, zog sich mit seinen bach- und flußdurchströmten Tälern in die Donauebene hinab. Hart war das Leben und rauh die Luft, Schnee lag auf den Bergen noch bis in den Mai. In armseligen Steinhütten hausten Hirten an den Hängen oberhalb der sich dehnenden Weideflächen. Zwischen den bewaldeten Bergen breiteten sich Niederungen aus. Dort lebten auf fruchtbarem Boden Bauern von Acker und Vieh, ihre Dörfer lagen verstreut. Tapfer waren die Männer in Streit und Krieg, die Frauen aber zu unausgesetzter Arbeit genötigt, bei Saat und Ernte, im Stall und im Haus. Die Kinder wuchsen unter ihrer Sorge heran. Und der Vater wurde von allen als Herr und Gebieter verehrt, weil er die Gewalt über Hof, Feld und Familie hatte. Sippe und Stamm bildeten die überschaubare Gemeinschaft, wie die Berge den Kreis des Daseins und ihrer Weltkenntnis begrenzten. Gläubige Christen erst seit wenigen Generationen, hingen die Lebenden noch dem Ahnen- und Totenkult an. Durch die Spaltung der Christenheit in Ost und West öffnete sich dieses Raszien nach 1054 dem byzantinischen Einfluß. Konstantinopel brachte mit dem Glanz seiner kaiserlichen Metropole Schreib- und Bildkunst in die einsamen Waldklöster, kaum in die Dörfer, und half den Mönchen, mit der kirchenslawischen Schrift in ihrer eigenen Sprache heilige Bücher schön zu schreiben. In Serbien bildete sich eine eigene Kultur heraus, es bestand die Neigung, alles Griechische zu verachten. Der Kaiser im fernen Konstantinopel übte seit den Zeiten Justinians – wenn auch nicht unangefochten und von Aufständen der freien Bauern bedroht – die oberste Reichs- und Rechtsgewalt über das Land aus.

Stephan erblickte als Sohn des Stammesfürsten Zavida im Jahre 1114 das Licht dieser Welt. Sein Vater war vor seinen Brüdern in die Zeta geflohen, den Knaben taufte ein katholischer Priester, später ein Priester der Orthodoxen ein zweites Mal. Nach dem Tode seines Vaters trat Stephan, zum mutigen Krieger herangewachsen, sein Erbe im östlichen Serbien, im Bergland um das Moravatal, an. Seine Brüder waren die Herren in den anderen Teilen des unzugänglichen Raszien. Sie wollten den Stephan nicht neben sich dulden und sperrten ihn in eine Felsenkluft ein. In dieser schutzlosen Spalte zwischen Wurzel und Stein richtete Stephan sein Gebet – wie die Legende erzählt – an den Dulder und Märtyrer Georg: er entkam und vertrieb mit seinen bewaffneten Bauern die Brüder. Die Flüchtenden nahm der Kaiser in Konstantinopel auf. Seinem Retter, dem Heiligen Georg, stiftete Stephan in Ras eine Kirche und ein Kloster nach byzantinischem Vorbild und beschenkte die Mönche mit Land und kostbarem Gerät. Manuel, der byzantinische Kaiser, half im Jahre darauf, 1169, den Brüdern, mit kaiserlichen Söldnern – Franken und Türken, Bulgaren und Petschenegen – nach Serbien zurückzukehren, um das Land von dem ›aufständischen‹ Stephan zu befreien und in das Reich einzufügen. So kam es zur Schlacht zwischen den Brüdern. Ehe der Tag anbrach, hielten Mönche und Priester nächtliche Liturgie, um den Sieg für Stephan von Gott zu erbitten. Der Heilige Georg kam, um die Ermüdeten wachzuhalten. In der Schlacht trieb Stephan, in der Hand das Siegeszeichen des Kreuzes, die Söldner in die Flucht, sein ältester Bruder ertrank im Fluß, die beiden anderen unterwarfen sich und wurden zu Fürsten nordserbischen Landes. Sie und sein Kriegsvolk riefen Stephan zum Großzupan aus, der Kaiser hatte das Nachsehen. Als Großfürst hoffte Stephan im Bunde mit Ungarn die Herrschaft des byzantinischen Kaisers abzuschütteln. Der König von Ungarn ließ ihn aber im Stich. Der Kaiser selbst zog in den Krieg gegen das unbotmäßige Serbien. Stephan mußte sich unterwerfen, nachdem er 1172 im Triumphzug des Kaisers Manuel als ein Gefesselter durch die Straßen der stolzen Hauptstadt geführt worden war: er schwor den Eid eines Vasallen. Eustathios von Thessalonike verherrlichte den Sieg seines Kaisers über die serbischen Barbaren durch ein feierliches Gedicht. Serbien war ein Bestandteil des Byzantinischen Reiches geworden, als Großzupan kehrte Stephan in seine Heimat zurück.

Das Land hatte Frieden für viele Jahre. Danach zog Stephan abermals gegen Byzanz ins Feld: Andronikos I. regierte zum Schrecken des Reichs. Im Bunde mit Ungarn eroberte Stephan Belgrad, die Stadt an der Donau, dann Nisch und drang bis nach Sofia vor, nahm auch die Städte an der Adria-Küste in seinen Besitz, ihm widerstand nur die Republik Ragusa. Stephan kämpfte im Bunde mit den Bulgaren gegen Kaiser Isaak II., das neue Bulgaren-Reich entstand, sein Herrscher empfing vom Patriarchen die Zarenkrone. Dann wandte sich Stephan an den Kaiser des römisch-deutschen Reiches, Friedrich von Hohenstaufen, genannt Barbarossa, und sandte Boten nach Nürnberg: er räumte Friedrich, der einen Kreuzzug ins Heilige Land vorbereitete, das Recht ein, mit seinem Heere Serbien zu durchziehen. In Nisch trafen Kaiser und Großzupan 1189 zusammen. Stephan ehrte seinen Gast durch Geschenke, Verpflegung für das Heer der Ritter bot er ihm reichlich und schlug ihm ein Bündnis gegen Byzanz vor. Das Bündnis lehnte der Kaiser ab, mit Isaak schloß er einen Vertrag. Stephan erstritt sich trotzdem Siege über das schwache Reich von Byzanz, nahm Städte und befestigte Plätze in seinen Besitz, besiegte, wie es in seiner Lebensbeschreibung heißt, seine Feinde wie Moses den Amalek, indem er, ohne zu ermüden, das Kreuz Christi vor sich hertrug, mit seiner Hilfe die feindlichen Barbaren überwand und den griechischen Namen tilgte. Im Jahre 1191 schloß er Frieden mit Isaak, gab die Eroberungen heraus und verheiratete seinen zweiten Sohn Stephan mit Eudokia, einer Nichte des Kaisers. Den Titel, den ihm der Kaiser verlieh, Sebastokrator, nahm er als Zeichen seiner Würdigung an: er war ein Verwandter des Kaiserhauses geworden.

Stephan gründete das Kloster Studenitza und weihte es der unbefleckten und makellosen Mutter und Wohltäterin Maria. Als Grablege des großfürstlichen Geschlechts Nemanja stattete er es mit wertvollen liturgischen Geräten aus. Westliche Werkmeister wirkten bei der Erbauung der Kirche mit, aber die liturgische Einteilung des Innenraumes und die alles bekrönende Kuppel entsprach orthodoxem Brauch.

Da kam eines Morgens ein Diener zum Großfürsten Stephan und meldete, es sei der Rastko, des Großzupan Sohn, aus dem Palast gegangen und nicht wiedergekommen. Stephan und seine Gemahlin Anna wußten lange Zeit nicht, ob er tot oder am Leben wäre, und der Großfürst sprach in seiner Betrübnis: *Wie soll ich die Totenklage anstimmen, ohne vom Leben und Sterben meines Sohnes zu wissen, warum und wie ist er fortgegangen?*

Rückblickend auf diese Flucht aus dem herrscherlichen Palast bezeichnet sich Rastko in der Lebensgeschichte seines Vaters, die er aufschrieb, als den geringsten unter seinen Brüdern. Denn er tat es dem verlorenen Sohne gleich, verließ seinen gütigen Vater und die selige Mutter, seine Herrin, seine edelgeborenen Brüder und stellte sie mit seiner Unbesonnenheit bloß. »Und ich« – erzählt Saba weiter, als wäre er jetzt zu sich selbst gekommen – »brach in ein fernes, fremdes Land auf, nährte mich mit den Schweinen und wurde von ihrem Futter nicht satt.« Sein Vater sandte Boten in alle Länder, die den Rastko endlich auf dem Athos, dem Heiligen Berge, eingesiedelt fanden, wo er den apostel- und engelgleichen Stand auf sich genommen hatte. Er lebte in dem russischen Kloster Palaiomonastir unter dem Namen Saba. Die Boten wollten ihn nach Serbien zurückholen. Da versteckte sich Saba in einem Turm, sprang aus dem Fenster – entwich. Das Kloster Vatopédi nahm ihn brüderlich auf. Als ihm dies alles berichtet worden war, erwachte in dem großfürstlichen Vater der Wunsch, sich auf den Heiligen Berg zu begeben, um dort wie ein guter Hirte nach dem verlorenen Schaf zu suchen und es auf seinen Schultern in die Heimat zu tragen. Und er sprach:

Blicke nicht zurück, schau nicht auf die Schönheit der Welt, die rasch vergeht, damit es dir nicht gehe wie dem reichen Mann aus dem Gleichnis. Schon ist die Axt an die Wurzel gelegt und die Felder sind gelb geworden, begreife doch, es ist Erntezeit.

Der Tumult der Welt und die Stürme des Lebens, die er durchlitten, bedeuteten Stephan nichts mehr. Das Reich der Rhomaier schien der Auflösung nahe, Kaiser Isaak wurde gestürzt und geblendet. Sein Bruder Alexios, der Schwiegervater des jungen Stephan, wurde in der Hagia Sophia zum Kaiser gekrönt. Serbien war zu seiner Macht auf dem Balkan emporgestiegen. Großfürst Stephan sah sich, 82 Jahre alt, am Ziel seines Lebens. Nun kamen, von ihm gerufen, seine Beamten und die Wojwoden, die Anführer und die Vorkämpfer der Krieger, der Bischof mit seinen Mönchen und die Magnaten und Sippenväter zu einem Landtag zusammen. Sie huldigten ihren Großzupan, der auf dem Throne saß, neben ihm seine Gattin Anna, an seiner Seite standen die beiden Söhne, Vukan, der ältere, und Stephan mit seiner Gattin Eudokia. Und der Großfürst redete zu ihnen und den Versammelten:

Priester, Freunde und meine Brüder! Es sei euch kundgetan, daß ich von meiner Jugend an den heißen Wunsch in meinem Herzen getragen habe, den Geboten meines Herrschers, Gottes, zu folgen, aber mein Herr Christus hat es nicht gebilligt. Nun ist die Zeit gekommen, das längst Begonnene zu vollenden. Meine Herrschergewalt also gebe ich jenem, der unter euch bleibt, auf daß er auf meinem Throne herrsche, und ich segne ihn für euch mit jenem Segen, mit dem einst Gott die Nachkommenschaft Hiobs gesegnet hat, damit er für immer unter euch die Herrschaft innehabe.

Danach erteilte er den Söhnen mit gütigen Worten der Mahnung und Liebe den Segen wie einst Isaak seinem Sohne Jakob und wandte sich den Anwesenden zu:

Ich sehe, wie alles menschliche Bemühen nichtig ist, über den Tod keinen Bestand hat, der Reichtum nicht von Dauer ist und Ruhm unerreichbar bleibt. Denn nahet der Tod, vernichtet er alles. Zwecklos ist unsere Rastlosigkeit: kurz ist der Weg, den wir wandeln, unser Leben ist Rauch, Dunst, Erde und Staub, kurz nur tritt es in die Erscheinung und ist rasch dahin. Wahrhaftig, alles ist eitel, denn das Leben ist bloß ein Schatten und Traumgebilde, und unnütz ist das Bemühen der Irdischen, wie es die Bücher sagen: haben wir auch die ganze Welt gewonnen, sinken wir doch ins Grab, wo Kaiser und Bettler beieinanderliegen. Laßt mich daher, meine teuren Kinder, alsbald frei, damit ich dahin gehe, wo ich die Freuden Israels schauen kann.

So tröstete er die, die weinten und ihn inständig baten, bei ihnen zu bleiben und nicht fortzugehen. Aber Stephan erhob sich und mit ihm Anna und übergab seinen Thron seinem Sohn Stephan und der Eudokia mit den Worten: *Mein geliebter Sohn, weide dieses mein Israel, nimm dich seiner an und führe es wie Josef das Lamm!* Dann krönte er den vor ihm knienden Sohn, winkte den Bischof heran und sprach zu ihm: *Tritt näher, Geweihter des Herrn, und erfülle mir den Wunsch meines Alters.*

Er entledigte sich der Zeichen seiner großfürstlichen Würde und legte, während die Mönche sangen, das apostel- und engelgleiche Gewand an. Er nannte sich Symeon. Seine Gattin Anna tat es ihm nach und kleidete sich als Nonne Anastasia. Symeon trat in die Gemeinschaft der Mönche zu Studenitza ein, und als dies Saba, sein Sohn, im fernen Kloster Vatopédi vernahm, betete er zur Gottesmutter Maria und sandte seinem Vater, dem Bruder Symeon, einen Brief:

»Komm nur, mein Herr, wahrer Diener meines Herrschers, des allmächtigen Gottes! Komm nur, Ehrwürdiger, dein Herr harret Deiner und hat Dir die beste Unterkunft bereitet, denn jene, die auf ihn bauen, werden nicht zuschanden werden. Kehre ein zu den Freuden Deines Herrn, denn jenen, die ihn lieben, gereicht alles zum besten.«

Nach wenigen Jahren machte sich Symeon auf die Wanderung, um seine Tage, die ihm noch blieben, auf dem Heiligen Berge, dem Athos, bei seinem Sohn zu verbringen. Die Mönche empfingen ihn in Vatopédi, und Vater und Sohn beteten Tag und Nacht miteinander und erfreuten sich an den Freuden des liturgischen Gesangs. Dann ging Symeon und suchte jedes der heiligen Klöster auf, begrüßte die Mönche, die Äbte und Eremiten und beschenkte sie, und überall ließ er sein Licht anzünden und sich in die Brudergemeinschaft aufnehmen. Unter dem Protos Gerásimos, dem gewählten Haupt der athonitischen Heiligen Gemeinschaft, kamen Äbte und Mönche aus den Klöstern in Karyès zusammen. In das Protâton, ihre Kirche, zogen sie mit feierlichem Gesange ein. Sie setzten eine Bittschrift an den Kaiser Alexios III. Angelos auf: er möge eine Goldene Bulle erlassen, das dem Symeon und dem Saba gestatte, das Kloster Chilandár, das vor einiger Zeit Seeräuber niedergebrannt hätten, auf ihre Kosten wieder aufzubauen, um dort in ihrer Sprache Liturgie zu halten, wie es die Mönche von Iwiron und die im Amalfinon täten. Mit diesem Schreiben sandten sie Saba nach Konstantinopel. Die Weltstadt und das verwirrende Leben darin war seiner bisherigen Einsamkeit nicht nur nicht gleich, sondern so außerordentlich verschieden, daß Saba es uns nicht schildert. Er konnte nicht wissen, daß ihm noch manche Reise in die großen Städte des Orients bevorstand. Er wartete auf die Entscheidung des Kaisers. Im Juni 1198 verfügte Alexios III. in einem Chrysobull, den Mönchen Symeon und Saba das Land um Malea zu überlassen und in Chilandár ein serbisches Kloster zu errichten. Saba kehrte mit dieser Urkunde auf den Athos zurück, Symeon aber wandte sich an seinen Sohn Stephan, den Großzupan, und bat ihn um Hilfe:

Das Kloster Chilandári – die Gründung der Serben

»Geliebter Sohn und Diener Christi«, schrieb er ihm, »dies sei Dir kund: da Dich der Herr und Gott und die Allerheiligste nach ihrem Willen und mit meinem Segen zurückließen, dort zu regieren, schreibe ich Dir, daß ich mitten auf dem Heiligen Berge eine verlassene Gnadenstätte, geweiht der Reinigung der Gottesmutter, genannt Chilandár, gefunden habe. Zögere nicht, sondern setze alle Deine Kraft daran, dieses Heiligtum der Allerheiligsten zu meinem Andenken in diesem Lande und nach mir für Dich, Deine Kinder und Enkel, Dein Geschlecht und die Nachkommenschaft bis in die Ewigkeit wieder aufzubauen. Denn Du sollst Stifter sein, wie ich bereits seinerzeit in Deinem Reich mit einer Urkunde Dir das Kloster der Gottesmutter und Wohltäterin von Studenitza übergeben habe, mit niemandem teilbar, nur Dir und Deinem Samen gehörig.«

Der Abt des Klosters Chilandár, Methodije, reiste mit diesem Brief nach Serbien und brachte die Gewißheit mit, daß Stephan helfen werde. Und Stephan schickte mit ihm reichlich und massenhaft Geschenke für die Gründung und die Fertigstellung des Heiligtums der Allerheiligsten, und zwar nicht nur einmal, sondern jedes Jahr sandte er, was immer der heilige Herr benötigte, bis die Kirche der Allerheiligsten fertig war. Einen Brief an seinen Vater schloß Stephan mit den Worten:

»Befiehl, Herr, auch noch anderes, alles wird man Dir erfüllen, denn ich werde nicht nachlassen bis zu meinem letzten Atemzuge. Nicht ich habe dies alles erworben, sondern Du, Herr, hast das alles mit Hilfe Deines Gebieters geschaffen. Das, was verloren war, hast Du zurückgewonnen und Zerstreutes hast Du zusammengelesen und die Ketzer mit Hilfe Deines Christus überwältigt . . . Denn in der Tat, Du bist der gute Hirte, der Du Deine Seele für Deine Schafe hergabst und die Wölfe der ketzerischen Lehren des Geistes von Deinem Volke vertriebst. Und was bin dagegen ich, Herr? Einzig und allein ein Augenzeuge Deiner Unternehmungen.«

Symeon aber schickte seinem Sohn einen Splitter vom Kreuze Christi. In feierlicher Prozession von Priestern und Mönchen unter der Anführung des Bischofs wurde die Reliquie empfangen, und es schien, als würde das Land, wie die Sonne aus dem Osten hervorbricht, nun vom Lichterglanz des Gekreuzigten bis in das Weltall erleuchtet. Der Großzupan dankte Gott.

Symeon und Saba wandelten – wie die Legende berichtet – nun den überaus schmalen und engen Pfad und vergaßen ganz und gar die irdischen Dinge, indem sie sich von allem, was vergänglich ist und aus Erdenstaub besteht, befreiten und ihren Geist aufs Himmlische richteten. Nur mit ihrem Körper standen sie auf dem Erdboden, mit Verstand und Seele aber weilten sie in himmlischen Höhen. Sie verbrachten lange Zeit in ihrem Kloster der heiligen Gottesmutter und ewigen Jungfrau Maria, bis zu dem Tage, an dem jener, der die menschlichen Leiber erschaffen, die menschlichen Geheimnisse kennt, in dessen Hand das Atmen eines jeden Lebewesens ruht und dessen Barmherzigkeit das Lebensende eines jeglichen weiß, zu beschließen geruhte, den dreimal seligen Greis zum besseren Leben hinüberzuführen. Symeon fühlte sich krank, zu seinem Sohn und geistlichem Mitbruder sprach er:

Bringe mir die Ikone der Mutter meines Herrn Jesus Christus, damit ich, wie versprochen, meinen Geist in ihre Hände lege. Rufe mir, mein Sohn, den Protos Gerásimos und alle Mitbrüder, damit sie meinen Heimgang sehen, denn schon nähern sich die Engel meines Herrn und Gottes, und die mächtigen Krieger. Meine Ohren vernehmen ihre Stimme und ihren Gesang.

Das Tálanton klang hohl durch die waldreichen Berge, die Gerufenen kamen herbei. Da breitete Symeon eine Bastmatte vor dem Bilde der Allerheiligsten aus, legte sich darauf nieder und befahl, ihm einen Stein unter sein Haupt zu legen, wie es den Toten in ihren Gräbern gebührt. Er ließ sich in das Totengewand kleiden, das nach seinem Tode um seinen Körper genäht werden würde, wie es mönchischer Sitte entsprach. So lag dann dort

»... jener, den alle fürchteten und vor dem alle im Lande zitterten ..., wie einer der Fremden, arm, in seine Mönchskutte gehüllt, auf einer Matte am Boden, mit einem Stein unter dem Kopf, allen sich verneigend und demütig von allen Vergebung und Segen erbittend ... Um Mitternacht wurde der selige Greis still und hörte auch auf, mit mir zu sprechen«, erzählt Saba in der Lebensbeschreibung seines Vaters, in der er die letzten Stunden des Sterbenden schildert. Die Mönche hatten sich in ihre Zellen begeben, sich auszuruhen. Saba blieb mit einem Mitbruder bei dem Sterbenden und hielt die Wache der Nacht.

»Als der Morgen hereinbrach und der Kirchengesang sich erhob, ging mit einem Male ein Leuchten über das Antlitz des seligen Greises, er wandte sich zum Himmel, gab seinen überaus gotterfüllten Geist auf und entschlief im Herrn ... Als die Morgenandacht beendet war und sich auch die Mönche sonder Zahl eingefunden hatten, begann man beim ehrwürdigen Leichnam feierlich die üblichen Totengebete zu singen. Es kamen hierauf Angehörige vieler Völker herbei, um ihm die letzte Ehre zu erweisen und mit großer Feierlichkeit die Totengebete zu singen. Es sangen zuerst die Griechen, dann die Georgier, dann die Russen, nach den Russen die Bulgaren und dann auch wir, seine versammelte Herde.«

Man schrieb als Todestag des Heiligen Symeon den 13. Februar des Jahres sechstausend siebenhundert und acht seit Erschaffung der Welt, es war das zwölfhundertste Jahr seit Christi Geburt.

Saba war nun allein mit den fünfzehn Mönchen, die das Kloster Chilandár bewohnten. Er empfand nicht nur Trauer in seiner Verlassenheit, sondern auch Angst vor gottlosen Räubern. Er zog sich auf ein Kellion in der Nähe von Karyès zurück und kaufte sich einen kleinen Garten, in dem er Weinbau betrieb. Aus einem Land freier Bauern gekommen, erkannte er: nur freies Bauerntum könne den Athos und seine Gemeinschaft am Leben erhalten. Haus und Nahrung sollte sich eine kleine Männer-›Familie‹ auf ihrem Kellion selbst durch Arbeit verschaffen, um »im Namen Jesu Christi und seiner überheiligen Mutter allezeit in Freiheit bestehen« zu können. Saba schuf damit das athonitische Mönchsbauerntum. Aber der Friede dieses Eremiten und Anachoreten fand bald ein Ende. Friedlosigkeit beherrschte die Welt.

Ungarn erstarkte im Bunde mit Serbien. Mit seiner Hilfe setzte, unterstützt von Bulgarien, der römische Papst Innozenz III. alles daran, das Byzantinische Reich zu schwächen. Vukan sollte mit den Ungarn seinem byzantinerfreundlichen Bruder, dem Großzupan Stephan, die Macht entreißen und Herr über ganz Serbien sein. Mit fremden Söldnern verwüstete er das Land. Stephan besiegte ihn, verstieß Eudokia, die Tochter des Kaisers in Konstantinopel, und hoffte auf die Unterstützung des Westens. Das Byzantinische Reich zerfiel. Die Bulgaren griffen in Thessalien an. Archonten und Fürsten machten sich in Griechenland unabhängig vom Kaiser in Konstantinopel. Viel schlimmer: der Vierte Kreuzzug unter der Führung des venezianischen Dogen Enrico Dandolo wandte sich 1203 gegen Byzanz. Alexios III. mußte seine Hauptstadt fluchtartig verlassen. Isaak II. und sein Sohn Alexios, nunmehr der vierte des Namens, wurden von den Kreuzfahrern als Kaiser und Mitkaiser eingesetzt. Die Bedingung, die sie eingehen mußten, konnten sie nicht erfüllen. Da eroberten die Kreuzfahrer Konstantinopel ein zweites Mal und teilten das Reich unter sich auf. Der Athos und seine Heilige Gemeinschaft waren gefährdet: die Franken bauten ein Kastell an der Grenze der heiligen Siedlung und bedrängten die Mönche in ihrer Freiheit. Und Saba wurde in die Wirren der Welt zurückgerissen. Sein Bruder, der Großzupan Stephan, schrieb ihm und schilderte in seinem Brief, wie Vukan, dieser Frevler und Wildling, ihn aus dem Lande vertrieben hätte, und daß er, Stephan, ihn kraft des Gebets Symeons bezwungen habe, nach diesen Anstrengungen nun aber erschöpft sei. Und er beschwor Saba:

»Deshalb bitte ich Dich, höre auf die Stimme, die ich aus der Tiefe meines Herzens zu Dir schicke! Laß mein Bitten nicht unerhört, hebe die Gebeine des Heiligen und Ehrwürdigen und tue uns die Gnade, uns in gebotener Eile die wohlriechenden Gebeine des Heiligen zu überbringen, auf daß sein Vaterland durch die Übertragung der

Gebeine und durch Deine Ankunft erleuchtet werde, denn unser Land wurde von unsern Gesetzesfrevlern entheiligt, durch Bluttaten gemartert, und wir selbst gerieten zu Fremdlingen in Gefangenschaft.«

Als Dank für die Rettung aus dieser Not sollte der Leichnam des Heiligen Symeon, wie es hergebracht war im serbischen Land, nach Studenitza getragen werden. Saba bereitete die Überführung vor. Es war Eile geboten, die Lateiner des Vierten Kreuzzugs drangen wiederholt zum Heiligen Berge vor und bedrohten den Frieden der Lebenden und der Toten. Kreuzritterknechte hielten Wache in ihrem Kastell. In Thessalonike übte ein katholischer Erzbischof aus Frankreich die Aufsicht über den Athos aus . . . Da öffnete Saba das Grab seines Vaters Symeon und fand den Körper unversehrt. Er hob den Toten aus seinem Grabe auf und trug ihn, wie er schreibt, durch Feuer und Wasser heil hindurch, wohlbehalten und unversehrt. Sein Weg führte ihn durch die von Lateinern und Bulgaren umkämpften Gebiete Thrakiens und Makedoniens. Und als er nach Serbien kam, gingen ihm Mönche und viel Volk entgegen, voran die durch Saba versöhnten Brüder Vukan und Stephan, und nahmen den verehrten Leichnam als eine Reliquie an. Sie trugen ihn in das Kloster Studenitza und bestatteten ihn an einer vorgesehenen Grabstätte, die der Selige selbst ausgewählt hatte. Dem steinernen Sarge entfloß wundertätiges Öl. Saba blieb als Abt des Klosters der betende Wächter am Grab seines Vaters und vollzog den Totenkult nach altserbischer Sitte.

Saba handelte von nun an als Hirte seines Landes, um in verwirrender Zeit das Recht des Großzupans, seines Bruders, zu wahren und die politische Lage zugunsten Serbiens auszunutzen. Venedigs Hilfe erreichte Stephan, nachdem er eine Enkelin des Dogen Dandolo geheiratet hatte. Dies trug ihm die Krone eines Königs von Serbien von seiten des Papstes Honorius ein: im Jahre 1237 krönte ihn ein katholischer Legat aus Rom. Saba zog sich auf den Athos zurück. Die Rangerhöhung Stephans forderte die Antwort des Orthodoxen heraus: für den geistlichen Hirten der Serben, einem freien Volke, mußte es ein selbständiges Erzbistum geben, Reich und Kirche sollten durch *eine* Familie gelenkt werden und durften niemanden untertan sein, auch nicht dem ökumenischen Patriarchen. Saba reiste 1219 nach Nikaia, der Hauptstadt des Byzantinischen Reiches, das von den Lateinern auf das westliche Kleinasien beschränkt worden war. Vom Patriarchen Manuel erlangte er das unabhängige Erzbistum Serbien, er selbst die Würde des Erzbischofs. Von Nikaia aus fuhr Saba zum

Athos hinüber und schrieb dort nach dem Vorbild byzantinischer Klöster das Typikon, die Grundordnung, für das Kloster Chilandár. Auch Bücher religiösen und rechtlichen Inhalts arbeitete er aus. Das kirchliche Gesetzbuch übersetzte er selbst und gab damit den Völkern des Balkans bis hinauf nach Rußland die Regeln kirchlichen und bürgerlichen Rechts. Durch Saba entwickelte sich Chilandár zu einem Mittelpunkt der serbischen Kultur und des geistigen Lebens. Männer angesehener Familien traten in das Kloster ein. Aus ihrer Mitte gingen die Bischöfe hervor, die Saba in Serbien weihte. Bald residierte er wieder in Studenitza als Erzbischof. Doch den irdischen Frieden fand er nicht mehr.

Im Jahre 1229 bereiste Saba das Heilige Land, blieb eine Zeitlang in Jerusalem und lernte dann den Orient kennen, den Boden der Wüste, aus dem das syrische Mönchstum hervorgegangen war. Im Kloster des Heiligen Saba ehrten die Mönche den Namensjünger ihres Gründers und schenkten ihm eine Ikone der Gottesmutter, *›Die mit den drei Händen‹:* die *›Tricherousá‹*. Johannes von Damaskus hatte sie in das Kloster gebracht, als er, bis dahin Schatzmeister des Kalifen, auf sein Weltamt hatte Verzicht leisten müssen. Er war beschuldigt worden, einen Brief an Kaiser Leo III. geschrieben zu haben. Der Kalif ließ seine rechte Hand verstümmeln, aber die Allheilige heilte ihn auf wunderbare Weise, und Johannes weihte der Maria die dritte Hand. Diese wundertätige Ikone soll der Heilige Lukas eigenhändig gemalt haben. Saba nahm sie auf seiner beschwerlichen Reise mit und kehrte mit seinen serbischen Brüdern nach Jerusalem zurück, um an den heiligen Stätten der Christenheit zu wachen und – Friedrich II. von Hohenstaufen hatte Jerusalem den Christen wieder gewonnen – für den Frieden der Welt zu beten.

Saba verließ das Heilige Land, in Nikaia verhandelte er mit dem Kaiser Johannes III. Vatatzes und mit dem Patriarchen Germanos II. Das Reich von Nikaia stieg unter den Staaten des Vorderen Orients zur führenden Macht auf. Nicht weniger stark war das Zarenreich der Bulgaren als Vormacht im Balkan. Beide waren dazu ausersehen, das Lateinische Kaiserreich in Konstantinopel zu überwinden. Ein Bündnis zwischen ihnen zu stiften, sah der serbische Erzbischof, der Heilige Saba, als seine Lebensaufgabe an. Sein Neffe, König Vladislaw von Serbien, hatte die Tochter des bulgarischen Zaren geheiratet. Saba war sein Brautwerber gewesen. 1233 brach er abermals nach Jerusalem auf, sprach dort und bald darauf in Alexandrien mit dem Patriarchen, besuchte als athonitischer Pilger die Thebais, das Land der

Einsiedler und Anachoreten, wanderte durch Libyen, dann zum Katharinenkloster auf dem Sinai und verhandelte in Antiochien auch mit dem dortigen Patriarchen. Zweck dieser schwierigen diplomatischen Mission, die er auf sich genommen, war die Wiederherstellung des Patriarchats von Bulgarien, um dieses Reich für das Bündnis mit Byzanz gegen den Westen zu gewinnen. In Nikaia traf er wieder mit dem Patriarchen Germanos zusammen. Saba berichtete ihm über die Ergebnisse seiner Gespräche. Selbst mit den Lateinern in Konstantinopel, mit Johann von Brienne, der für den unmündigen Kaiser Balduin II. die Regentschaft über das schwindende Fremdreich führte, trat Saba in Verhandlungen ein und reiste dann nach Serbien zurück.

Eine letzte Anstrengung stand ihm bevor: 1234 bestieg er – nunmehr sechzig Jahre alt – ein Schiff, das ihn durch das Ägäische Meer, am Athos vorbei, und durch den Bosporus nach Mesembria an der bulgarischen Küste des Schwarzen Meeres brachte. Saba wurde vom Zaren Iwan II. Asen in Tirnovo empfangen und übermittelte ihm das Einverständnis der vier Patriarchen, den Erzbischof von Tirnovo in den Rang eines gleichberechtigten, eines fünften Patriarchen zu erheben. Endlich brach der große Friede an, das Werk Sabas. Zum nächsten Frühjahr wurde eine Synode nach Lampsakos, am asiatischen Ufer der Dardanellen, einberufen, ein Bündnis zwischen Zar Iwan Asen und Kaiser Theodoros II. Laskaris war beschlossene Sache, um die Einheit der Orthodoxie in der Vielheit der Vöker wiederherzustellen. Symbol dieses Ewigen Friedens und politischen Bundes würde die Hochzeit Theodoros' mit Helena sein, der Tochter Iwan Asens. Saba erlebte sie nicht mehr. Er starb am 14. Januar 1235 und wurde in der Kirche der Vierzig Märtyrer in Tirnovo bestattet. Sein Neffe, König Vladislaw von Serbien, besuchte zwei Jahre später den bulgarischen Zaren und bat ihn, den Leichnam Sabas nach Serbien überführen zu dürfen. Es war das dritte Jahr nach dem Tode des Heiligen, nach serbischer Sitte die Zeit, einen verehrten Toten aus seinem Grabe zu heben und an anderer Stätte niederzulegen. Der Zar willigte ein. Saba wurde in dem serbischen Kloster Miljesevo, das König Vladislaw gegründet hatte, ein zweites Mal zu Grabe getragen und als ein ›Lehrer des Vaterlandes‹ verehrt und angebetet. Hier ruhte er bis 1594. Dann entführten Türken die sterblichen Überreste, weil selbst Mohammedaner zum orthodoxen Heiligen gewallfahrtet waren, und verbrannten ihn auf offenem Feld.

Anmerkungen nebenstehend.

Gregórios Pálamas

Auf der Halbinsel des Heiligen Berges gab es schon lange die beiden unterschiedlichen Weisen mönchischen Lebens: Klöster und Einsiedeleien. Mönche in den mauerumgürteten Koinobien bildeten in Andacht und Arbeit eine Gemeinschaft, die dem Abt unbedingten Gehorsam schuldete. Der Einsiedler, der Gott im Gebet in sich aufnahm, lebte in Höhle und Hütte allein. Das gemeinsame Gebet im Katholikon, der allgemeinen Kirche der Mönchsgemeinschaft, und das des Eremiten in seinem Asketerion – sie waren und sind die Brennpunkte athonitischen Daseins. In der Liturgie vollzog sich das Mysterium der Eucharistie, durch die sich Christus in der Gemeinschaft verleiblicht. Der Einzelne fand in der Hesychîa die Stille des Herzens und die Schau des göttlichen Lichts. Mysterium und Hesychîa bewirkte der Heilige Geist – ein unvergleichliches Wunder.

Zwischen dem Allein-Sein im Gebet und dem Gemeinsam-Sein in der Liturgie entbrannte der Streit, wie er zu Zeiten des Athanásios, als die Lawra gegründet wurde, ausgetragen worden war – ein Streit, den der bedeutendste Mönch des Athos, Gregórios Pálamas, beendete, nicht als Sieger, sondern als Bekenner der unerschütterten Wahrheit, der er sich in Demut unterwarf. Durch ihn wurde der rechte Lobpreis Gottes ein Bollwerk des Glaubens, das selbst nach dem Untergang des Byzantinischen Reiches gegenüber den osmanischen Eroberern und dem katholischen Westen standhielt. Die Klöster im Schatten des schweigenden Athos-Berges blieben seitdem ein Ort und Hort der Orthodoxie.

Die Familie des Pálamas war in Kleinasien alteingesessen gewesen und in die Reichs- und Kaiserstadt Konstantinopel übergesiedelt, als die Türken kamen. Konstantin Pálamas gehörte zur Zeit des Kaisers

---

Actes de Chilandar, publiés par Louis Petit et B. Korablew (=Actes de l'Athos), Sankt Petersburg 1911, Reprint 1975 – Stanislaus Hafner: *Studien zur altserbischen Historiographie* (=Südosteuropäische Arbeiten, Bd. 62), Graz 1964 – J. Matl: *Der Heilige Sava als Begründer der serbischen Nationalkirche.* in: Kyrios, 2 (1937), 23 ff. – Serbisches Mittelalter, Altserbische Herrscherbiographien, Bd. 1: *Stephan Nemanja nach den Viten des Hl. Sava und Stephan des Erstgekrönten,* übersetzt, eingeleitet und erklärt von Stanislaus Hafner, Graz/Wien/Köln 1962 – Ostrogorski:« (→ Lit.-Verz. 3 b), 330.

Andronikos II. Palaiologos dem Hohen Senat an. Eines Tages geschah es, daß er während einer Sitzung unter dem Vorsitz des Kaisers in frommer Ergebenheit vor Gott dem Allmächtigen in tiefe Meditation versank. Obgleich er seine Frage unbeachtet gelassen hatte, lobte Andronikos ihn, weil er selbst im tiefsten Herzen ein Bekenner der Orthodoxie war. Er übertrug ihm die Erziehung des Kaiserenkels Andronikos, der allerdings als Prinz den Leichtsinn zur Richtschnur seiner Vergnügungen nahm. Dagegen führte die Familie des Konstantin Pálamas ein klösterlich-puritanisches Leben. Drei Söhne und zwei Töchter wuchsen heran. Gregórios war der Älteste. Er war noch ein Knabe von sieben Jahren, als sein Vater 1303 verstarb. Noch auf dem Sterbebett hatte Konstantin seine weltlichen Gewänder gegen das ›angelos schema‹ eines Mönches vertauscht.

Gregórios bildete sich unter Theodoros Metochites, dem Großlogotheten und Schatzkanzler des Kaisers, an der Palastschule aus. Er trieb Grammatik und Rhetorik, vor allem die Logik des Aristoteles und die Metaphysik, Platon zu lesen, vermied er, weil dieser Philosoph – wie er später sagte – den Unachtsamen ins Heidentum führe, so anziehend sei er. Als Gregórios siebzehn Jahre alt war, wurde er dem Kaiser Andronikos vorgestellt: er mußte einen Vortrag über die Logik des Aristoteles halten. *Der Großlogothet Theodoros, der Allwissende, war erfüllt von Bewunderung und sagte zum Kaiser: ›Wenn Artistoteles selbst in Fleisch und Blut hier gewesen wäre, würde er den Gregórios gelobt haben.‹ Und er fügte hinzu, daß hier ein wahrlich Begabter vor ihnen stünde, den alle diejenigen nötig hätten, die wünschten, die Logik des Aristoteles zu verstehen.* Pálamas schildert diese Szene und spricht von sich in der dritten Person, als wäre er noch nicht zu sich selbst gekommen.

Gregórios lernte den Streit in der Orthodoxie über den Ausgang des Heiligen Geistes kennen: es galt die katholische Lehre und den Papst, den Bischof von Rom, zu bekämpfen. Denn es konnte nicht wahr sein, daß der Heilige Geist vom Vater und vom Sohne ausgeht, wie es im Glaubensbekenntnis der ›Lateiner‹ das unleidliche Wort ›filioque‹ behauptet. Mehr als zwei Jahrhunderte zuvor hatten sich Papst und Patriarch deshalb als Ketzer verflucht. Das Konzil von Lyon hatte 1274 nur der Form nach die Union der beiden Kirchen wiederhergestellt: Kaiser Michael VIII. Palaiologos war bereit gewesen, den Primat des Papstes anzuerkennen, die Mönche vom Heiligen Berge nicht. Man erzählt, der Kaiser hätte die Schwarzen Engel von Zográphou und Vatopédi, die sich nicht beugen wollten, getötet und ihre Klöster zu einem Raub der Flammen gemacht. Als elf Jahre später Andronikos II.

Kaiser geworden war, verkündete der Patriarch Gregórios II. nach einer Synode in Konstantinopel, daß »der Heilige Geist selbst leuchtet und sich ewig offenbart durch die Vermittlung des Sohnes, wie auch das Licht der Sonne glänzt durch die Vermittlung der Strahlen, aber das zeige nicht an, daß er sein Dasein durch den Sohn hat oder vom Sohn«. Der Sohn Gottes, wesensgleich dem Vater, wird als ›dynamis‹ bezeichnet und der Heilige Geist als ›energeia‹, mit dem er alles bewirkt und durchdringt. Zum Beweise konnte der Gedanke des Aristoteles dienen, mit dem das Wesen einer Sache von ihrem Wirken unterschieden wird. Gott ist Geist, Geist ist Leben, Leben ist Tätigkeit. Das war kein Streit um die Worte, sondern um den Glauben und das Denken, das die Einheit alles Gedachten und Wirkenden erkennt und sie in der Heiligen Weisheit vereint. Das, was zu glauben war, richtig zu denken, und Gotteserfahrung mit dem Wissen versöhnen – das war die lebenslange Anstrengung dieses ungewöhnlichen Mystikers Gregórios Pálamas wert.

In diesem Konflikt, der die Geister erregte, fand Pálamas für seinen Glauben, den er als Wahrheit erkannte, das Vorbild in Theoleptos von Philadelphia, der Stadt, die mitten im Reich der ungläubigen Osmanen eine Bastion des Byzantinischen Reiches geblieben war. Theoleptos gehörte zu den Menschen, von denen bekannt war, daß sie die Kraft des Heiligen Geistes besaßen – einer, der im Rhythmus des Atmens, durch Horchen auf den Schlag des Herzens, durch Inwendung des Gesichts zur Mitte des Körpers das Jesus-Gebet: *Herr Jesus Christus, erbarme Dich meiner!* ununterbrochen spricht. Er war Hesychast. Dieser heilige Metropolit war überzeugt, daß die Schismatiker im Westen und die Latinophronen – die sich dem lateinischen Dogma näherten – sich durch Christus wieder zu einem Glauben, einer Lehre und einer Kirche vereinigen würden.

Der Sohn Gottes, sagte er seinem geistlichen Zögling, dem Nikódemos, der der geistliche Vater des Gregórios Pálamas werden sollte, *hat sich für dich zum Menschen gemacht und hat ein Leben ohne Sünde geführt. Durch die heilige Taufe und das kostbare Blut, das er am Kreuz vergossen hat, wird er dich erlösen. Er hat die Kirchen gegründet, die so viel wie ein Paradies sind, und hat uns in ihnen versammelt, und die Bäume dieses Paradieses sind die Priester der Orthodoxie. Aber Christus hat eine allgemeine Kirche im Glauben und in der Lehre geschaffen, und die Priester sind ausgesandt in jene Kirchen und auserwählt, um die Christen zu unterweisen und zu lenken. Der Bischof ist der Vermittler zwischen Gott und den Menschen und bringt Gott unaufhörliche Bitten dar, richtet an ihn die flehenden Gebete seiner Gemeinde und erteilt Gnadenakte in Gestalt der Sakramente. Das, was die rechtgläubigen Priester vollziehen und was jeder als heilige Gaben erkennt, sind der Leib und das Blut Christi, Taufe und Abendmahl. Das ist die Wirkung des Gebets und der Eucharistie: die Herabkunft des Heiligen Geistes. Nicht teilzunehmen an der heiligen Eucharistie oder ihr fernzubleiben, das ist nichts anderes als zu meinen, Christus sei nur ein Mensch.*

Die Eucharistie ist die Mitte, um die sich der Glaube rankt. Um aber die Ruhe des Gebets, die Hesychîa, zu erlangen, muß einer alles, was ihn an die Kette der Welt legt, jeden Besitz, jede Habe weit von sich weisen. Das kann nur ein Mönch. Dann erreicht sein Geist die Freiheit, die ihm die Offenbarung verheißt.

Gregórios war zwanzig Jahre alt, als er im Jahre 1316 seine Mutter und seine beiden Schwestern, Epicharis und Theodotes, veranlaßte, ins Kloster zu gehen. Es war die Zeit, in der sein Lehrer Theodoros Metochites die Kirche des ›*Heilands zu den Feldern*‹, der Chora-Kirche, draußen an der Landmauer von Konstantinopel errichten ließ. Das Innere wurde reich mit Fresken und Mosaiken geziert. Im Bilde, angetan mit fein gemustertem Kaftan und bedeckt mit einem turbanartigen Hut, bringt der Würdenträger des Reiches seine Stiftung dem thronenden Christus dar. Er war sich seines Ranges bewußt, aber Gregórios Pálamas wollte der Welt entsagen. Kaiser Andronikos II. versuchte noch, ihn von seinem Vorhaben abzubringen, und versprach ihm Reichtum und Ehren. Gregórios wies diese Zukunft, als könne man sie erwerben, von sich: er verließ den Hof und die Welt, entschlossen, in den Stand der Mönche zu treten. Mit seinen Brüdern Makários und Theodosios machte er sich auf den Weg zum Athos. Einige Zeit hielten die Brüder sich in einer Gegend auf, in der einst Kaiser Johannes Tzimiskès Bogumilen und Paulikianer aus Armenien angesiedelt hatte, um sie mit anderen Ketzern, den Markioniten und den Messalianern, wie in einem Getto abseits der Städte zu halten. Und diese Katharer, die Reinen, glaubten, daß die Welt eine Schöpfung des Bösen sei, die nur durch Gebet geheilt und erlöst werden könnte. Das war Häresie, denn Gott hatte die Welt und den Menschen erschaffen.

Die drei Brüder wanderten weiter. Auf dem Athos traten sie in das Kloster Vatopédi ein, das an der nordöstlichen Küste des heiligen Berglands lag und wegen seiner geistlichen Haltung berühmt war, aber durch Seeräuber, die alles verheerten, und durch die Lateiner, zuletzt noch unter der katalanischen Soldateska, viel hatte leiden müssen. Kaiser Andronikos II. hatte es durch reiche Stiftungen zu neuem Ansehen erhoben. Gregórios Pálamas und seine Brüder wußten, daß Nikódemos, der Schüler des Theoleptos von Philadelphia, hier als einer der Hesychasten lebte, und erwählten ihn zu ihrem geistlichen Vater. Drei Jahre blieben sie in Gebet und Askese bei ihm, dann wurde Gregórios zum Mönch geweiht. Sein Bruder Theodosios starb, bald danach auch Nikódemos. Gregórios fand mit seinem Bruder Makários in der Großen Lawra eine neue Heimat.

Jahre vergingen, dann wurde Gregórios durch den Abt Joannikios zum Chorsänger berufen. Aber das Leben in der Gemeinschaft und die Pflichten, die von ihr jedem auferlegt werden, bedrückten Gregórios: er sehnte sich nach einer Gott schauenden Lebensweise, in der kein Abt gebietet – hatte doch schon vor langer Zeit Johannes Klimakos, der Abt des Katharinen-Klosters auf dem Sinai, erklärt, daß für einen Mönch das Koinobion nicht das Wahre sein könne, weil er eine große Wachheit nötig hätte und einen Geist ohne Tat. Im Koinobion unterstütze ihn zwar ein Bruder, doch den Mönch, den monachos, der einsam lebt, ein Engel. Gregórios Pálamas fand seine Einsamkeit in Glossia am nordöstlichen Abhang des Athos-Berges. Dort lebte ein Meister der Hesychîa: Gregórios, der den jungen Gregórios bei sich aufnahm. Doch der Alte kehrte bald in die Hauptstadt zurück, aus der er gekommen war, und starb.

Auch ihn, den Gregórios Pálamas, hielt es nicht lange in dieser Hütte am Felsenberg. Zu oft kamen türkische Seeräuber und plünderten die Einsiedeleien aus. Gregórios ging nicht allein, ihm schloß sich ein Mönch, genannt Akindynos, an, der ein bewegtes Leben hinter sich hatte. Sein erster Lehrer tötete sich selbst – eine unverzeihliche Sünde, sein zweiter Lehrer war zu den Ketzern übergelaufen – ein verdammenswerter Entschluß. Das mag der Grund gewesen sein, daß mehrere Klöster den Akindynos nicht aufnehmen wollten, obgleich Gregórios ihn als seinen Freund herzlich empfohlen hatte. Andere Schüler folgten dem Gregórios als ihrem Meister, unter ihnen Isidoros und Kallistos, und wanderten mit ihm nach Makedonien.

Einen Winter blieben die frommen Brüder gemeinsam in der Stadt Thessalonike. Sie waren davon überzeugt, jeder Mönch hätte eine prophetische Mission für alle Welt und dürfte – als ein monachos – nicht nur für sich das Heil seiner Seele suchen. Alles Persönliche hatten sie als welthaft abgelegt, aber in die Welt zu wirken, sahen sie als ihre gottgewollte Pflicht an – wirke doch auch der Heilige Geist alles in allem. So schloß sich um Isidoros ein Kreis von gebildeten Laien, die willens waren, mit den Mönchen in Gebet und Andacht die

Hesychîa für sich zu erlangen. Sogar Damen der hohen Gesellschaft gehörten dazu, und das schien befremdlich. Gregórios wurde zum Priester geweiht. Aber sein Leben und Lassen blieben nicht unangefochten. Man erzählte später, er hätte den Bildern nicht die erforderliche Verehrung zuteil werden lassen, hätte in der Kirche gegessen und sogar an einem Freitag gebadet. Es war bekannt, daß in der großen Hafenstadt mit ihrem ausgedehnten Handel zwischen Ost und West sektiererischer Eifer und glaubensstarre Unduldsamkeit ihr Wesen trieben. Pálamas geriet in den Verdacht, ein Ketzer zu sein. Er verließ die Stadt. Ihm schlossen sich Mönche an und teilten mit ihm die Einsiedelei in der Nähe der Stadt Berrhóia im makedonischen Hügelland. Fünf Tage der Woche lebten sie ihrem Gebet. Am Abend vor dem Tag des Herrn gingen sie in die Metropole von Berrhóia, um die Feier der Eucharistie zu begehen, und empfingen Blut und Leib Christi. In der Stadt wohnte die Mutter des Pálamas mit ihren beiden Töchtern als Nonnen in einem Kloster, sie starb, auch die Schwester Epicharis. Akindynos trennte sich wieder von ihm und lehrte jungen Männern Grammatik und Rhetorik. Gregórios Pálamas war allein.

Einer kam zu ihm, den die Sorge quälte, daß das ununterbrochene Gebet doch nur einem Mönch, der allein lebe, möglich wäre, wie sollte jeder jederzeit beten können? Gregórios erwiderte ihm, daß das Gebot unablässigen Betens alle Christen erhalten hätten, denn Christus sei für alle gestorben, um sie zu erlösen. Ihm, dem Hiob, und seinen anderen Schülern, die sich um ihn sammelten, erklärte Gregórios die Heilige Dreifaltigkeit und das Wesen der Drei in einem Geiste Vereinten.

Und seine Lehre sollte nicht nur für diejenigen gelten, die, womöglich aus Eitelkeit, sich für Auserwählte hielten, sondern für jeden Gültigkeit haben, den sie erreiche: Gott wäre ja in Christus Mensch für jeden geworden. Wie Gott ihn und alle nach seinem Willen geschaffen hätte, also nach seinem Bilde, um ihn zu befähigen, Seiner ansichtig zu werden, so auch den Sohn, den er gesandt habe und der Ihn, den Vater, kraft des Heiligen Geistes zur Erde und zu den Menschen bringe. Gott und Sohn seien eines Wesens. Auch der Mensch, jeder einzelne unter den anderen, habe Anteil an Gott, sei ein Bild, ein Ikon, des Höchsten. Und die Kraft des Geistes verglich Gregórios mit den Sonnenstrahlen, die uns Licht bringen, durch die wir leben und durch die wir das Dasein der Sonne erfahren. Ebenso war ihm der Tonkrug im Brennofen ein Beispiel, mit dem er die Wirkungen des Geistes erklärte: wie der Tonkrug, vom Feuer durchdrungen, glänzend werde und Wärme annähme, danach aber nur die Wirkung des Feuers zeige: Trockenheit, Leichtigkeit und rote Farbe, so werde der Mensch von der Wirkung des Geistes durchdrungen. Gott sei das Licht, das Strahlen aussende, der Mensch erfahre durch sie das Licht, das in Gott ruht, und trage es in sich selber. Gott sei für sich, der er ist, aber sein Handeln sei von seinem Wesen nicht abzutrennen, wie die Sonne nicht von den Strahlen, mit denen sie Wärme und Leben spende, abgetrennt werden könne und doch für sich sei, als was sie erscheine.

»Wer an dieser Gnade teilhat, wird selber Licht. Er ist mit dem Licht vereint und wird durch das Licht alles dessen gewahr, was jenen, die dieser Gnade nicht teilhaftig sind, unsichtbar bleibt. . . . Jene aber, die reines Herzens sind, sehen Gott, der, da er das Licht ist, in ihnen wohnt und sich jenen offenbart, die ihn lieben.«

Und ein anderes Mal sprach Gregórios zu seinen Schülern über die Verklärung des Herrn auf dem Berge Tabor: Gott habe in seiner unvergleichlichen Liebe zu den Menschen, die er sich geschaffen, seinen Sohn gesandt, der mit Ihm eines Wesens sei und seine göttliche Wesenhaftigkeit uns allen durch sein Blut und durch das Wasser der Taufe mitgeteilt habe. Die mit Geist begabte Seele werde von ihm angezogen, damit Er auf Erden erscheine, um mit den Menschen und in ihnen zu leben. Sobald Christus sich in der heiligen Kommunion mit ihnen vereine, geschehe das unvergleichliche Wunder im menschlichen Wesen, denn Christus sei wahrer Mensch und in seinem Wesen wie ein Mensch gewesen. Der Mensch werde zum Tempel des Allerhöchsten, Christus wohne in diesem Tempel und mit ihm die Vollkommenheit Gottes, denn Christus sei wahrer Gott und mit Ihm eines Wesens. Und wenn dem so sei – erklärte Gregórios in seiner christlichen Unterweisung –, dann könne der Mensch, sobald er würdig der Wirkung des Heiligen Geistes sei, teilhaben an den Strahlen des göttlichen Leibes Christi, die einst die Jünger am Berge Tabor erleuchtet hätten. Die Verklärung sei aber das Vorspiel der sichtbaren Erscheinung Gottes in der Glorie, darin Er dereinst zu uns kommen werde. Da nun die Apostel für würdig erachtet worden seien, das Licht mit ihren leiblichen Augen zu schauen, warum sollten nicht jene, deren Herzen sich geläutert hätten, mit den Augen der Seele das Vorspiel und die Verheißung Seiner Erscheinung erblicken? Zu jener Zeit, als Christus am Berge Tabor mit dem Lichte Gottes verklärt worden sei, habe sich sein Leib, die Quelle des Lichts und der Gnade, zwar noch nicht mit unseren Leibern vereint, doch jetzt, da Er sich mit uns durch die heilige Kommunion vermischt hätte und in uns lebe, erleuchte Er auf natürliche Weise die Seele, die noch im Leibe, also in uns, wohne. Mit dem Pfingstfest, das die Apostel nach der Himmelfahrt Christi erlebten, sei – so endete Gregórios seine Predigt – der Heilige Geist auf uns alle gekommen, wie er in Gott und in seinem Sohne ruhe seit Anbeginn. Das aber wäre die falsche Lehre, die da meine, daß der Heilige Geist von Gott und auch von seinem Sohne ausgehe oder ausgegangen sein müsse, wie es die Abgesandten des römischen Bischofs behaupteten. Manch einer von den Gebildeten in der Kaiserstadt Konstantinopel täte es auch, weil er die Schriften des Thomas von Aquin läse, die Demetrios Kydones übersetzt hatte.

Mönche der Großen Lawra an der Phiale

Fünf Jahre blieb Gregórios Pálamas mit seinen geistlichen Brüdern in Gebet und Unterweisung zusammen. Dann fielen die Serben in Makedonien ein und vertrieben die Frommen aus ihrer Einsiedelei bei Berrhóia. Gregórios kehrte 1331 auf den Athos zurück und richtete sich, eine Stunde von der Großen Lawra entfernt, in dem Hesychasterion des Heiligen Sabbas ein: ein kleines Gebäude, eine steinerne

Hütte zu nennen, aus Feldstein errichtet, mit rundbogigen Fenstern. Trat er hinaus, lag zu seinen Füßen das Geviert des Klosters mit seinem gedrungenen Turm: eine Burg Gottes, befestigt durch den Lobpreis Gottes, die Orthodoxie. Allwöchentlich ging Gregórios einen mühsamen Felsenweg zu den Brüdern hinunter, um mit ihnen die Feier der Eucharistie zu begehen. Sie war für ihn die Mitte des Lebens, mit ihr wollte er die Hesychîa verbinden. Beides bedinge einander, sagte er seinen Brüdern im Kloster, und nur dadurch würden sie die Unbedingtheit der Erlösung erfahren und mit dieser Wahrheit das monastische Leben erneuern. In der Lawra bildete sich unter den zahllosen Mönchen durch Gregórios eine Gruppe von Hesychasten. Und unter den Mönchen der anderen Klöster, in den Skiten und in den Kellien, auch in den Einsiedeleien an den schroffen Abhängen des Berges wurde Gregórios als ein Lehrer und Seelenlenker bekannt. Der Protos in Karyès schlug ihn als Abt des Klosters Esphigménou vor, in dem zweihundert Mönche lebten. Gregórios nahm die Wahl an, hoffte, Liturgie und Hesychîa zu versöhnen, aber seinem erzieherischen Eifer widerstand die Gemeinschaft, die in herkömmlichem Gebet erstarrt war. Gregórios fand keine Gegenliebe. Nach wenigen Monaten verzichtete er auf sein Amt, das ihm zur Bürde geworden war, und zog sich wieder in das Hesychasterion des Heiligen Sabbas zurück.

Gregórios Pálamas schrieb seine Gedanken auf, als er am Abhang des Athos einsiedlerisch lebte. Und der schweigend sich offenbarende Athos-Berg wurde für ihn der Berg der Verklärung. Auf seinem Gipfel steht die Kapelle der Metamorphosis, der Verklärung Christi. Dorthin wallfahren die Schwarzen Engel am Tabor-Fest, dem 6. August, und halten die nächtliche Liturgie. Über den weithin sich streckenden Hügeln aber, über dem leuchtenden Meer wirkte Gregórios als ein Gottesbote, der das Licht der Wahrheit sah, wie einst die Jünger des Herrn das Licht am Berge Tabor erschauten.

Gregórios blieb nicht allein. Schüler kamen zu ihm, als sein Ruf sie erreichte und wünschten ihn zu ihrem geistlichen Vater. Mit ihnen kehrte der Mönch Akindynos zu ihm zurück, der auf dem Athos eine Zuflucht auf seinem ruhelosen Lebensweg suchte. Er war von Berrhóia nach Thessalonike gewandert und hatte sich dort mit einem Griechen aus Kalabrien angefreundet, dem Barlaam. Und dieser Barlaam hatte an den Mönch Ignatios einen Brief geschrieben, den Akindynos in einer Abschrift dem Pálamas brachte und der voll Spott über die Hesychasten war:

»Ich wurde von ihnen in die Ungeheuerlichkeiten und die absurden Lehren eingeführt, die ein Mensch nicht begreifen kann, wenn er Geist hat oder wenigstens etwas Verstand, so von Ergebnissen des irrenden Glaubens und andere tollkühne Vorstellungen. Sie haben mir von wunderbaren Trennungen und Wiedervereinigungen des Geistes und der Seele berichtet, über den Umgang, den Dämonen mit der Seele haben, von dem Unterschiede zwischen roten und weißen Lichtern, vom Eintritt und dem Ausgang des Geistes durch die Nasenlöcher, der in Übereinstimmung mit der Atmung hervorgebracht wird, und von den Schilden, die sich rings um den Nabel vereinigen, schließlich von der Vereinigung unseres Herrn mit der Seele, welche mit völliger und erkennbarer Gewißheit des Herzens sich innerhalb des Nabels vollzieht.«

Und Barlaam behauptete auch noch in diesem Brief, daß die Hesychasten Ketzer wären, wenn sie meinten, das Licht ihres Gottes zu sehen, der doch unerkennbar und menschlicher Erfahrung nicht zugänglich sei. Häßlich dünkte dem Pálamas der Vorwurf des Kalabriers, daß die Hesychasten Nabelbeschauer, Omphaloskopoi, wären. Gregórios erkannte, daß dieser Barlaam vom westlichen Denken umfinstert war und Gottes Gegenwart niemals verstehen, geschweige denn erleben würde.

Die schweren Jahre begannen. Es kam nun zum Federkrieg. Barlaam schrieb gegen die Freunde der Lateiner, die Latinophronen. Pálamas wandte sich gegen ihn, weil er falsche Gründe für die rechtmäßige Lehre vorgebracht hätte, und verfaßte abermals einen Traktat gegen die katholische Lehre vom Ausgang des Heiligen Geistes, um den Standpunkt der Orthodoxie zu verdeutlichen. Barlaam äußerte sich spitzfindig über die Beweise des athonitischen Mystikers. Akindynos riet ihm, nur die Hesychasten anzugreifen, nicht aber den Pálamas, dessen theologische Ansicht mit der der Väter übereinstimme. Der Streit wollte kein Ende nehmen. Barlaam reiste nach Avignon, um am Hof Papst Benedikts die Orthodoxen gegen die Angriffe der Lateiner zu verteidigen. Der Papst war wenig beeindruckt. Als Barlaam zurückkam, traf er in Thessalonike mit Gregórios Pálamas zusammen. In der Einsiedelei des Isidoros redeten sie miteinander und stritten um ihre Wahrheit. Barlaam beschuldigte den Pálamas der Vielgötterei: Gott bleibe für jeden Menschen unerkennbar, wie könne man etwas, das außerhalb aller Erfahrung bestünde, wahrnehmen? Das Licht vom Berge Tabor sei ein geschaffenes, kein ewiges Licht, der Heilige Geist könne ebensowenig wahrgenommen werden. Wer es behaupte, glaube, daß es mehrere Götter gäbe, einen, der ist, was er ist, und einen anderen, den man sehen könne. Pálamas bekannte sich zur Orthodoxie und zur Lehre von Gottes ewigem Sein und zur ›dynamis‹ des Sohnes, der auf die Welt kraft der dem Heiligen Geiste eigenen ›energia‹ wirke. Und durch ihn vereine der Glaubende sich mit Gott. Die Gegner schieden ohne Gruß und Segen. Der Streit beunruhigte das Land und die Stadt. Akindynos wollte in Konstantinopel vermitteln. Da bekannten sich die Mönche der Großen Lawra, geführt von ihrem Abt Theodosios, zu ihrem Seelenlenker Gregórios und legten ihre Begründung in einem feierlichen Dokument nieder. Einige Brüder wurden mit diesem Schreiben nach Konstantinopel geschickt.

Zu Anfang des Jahres 1341 traf Barlaam seinerseits in Konstantinopel ein und überreichte dem Patriarchen und der Synode eine Klageschrift gegen die ketzerischen Messalianer, die seiner Meinung nach auf dem Athos Anhänger hätten, und behauptete, die Mönche des Heiligen Berges zweifelten die Autorität des Patriarchen an. Als Beweis diente ihm die Erklärung der Mönche der Großen Lawra. Nun war der Patriarch herausgefordert, er durfte nicht schweigen. Den Streit, der die Tiefen der Orthodoxie aufgewühlt hatte, wollte er durch ein Gericht unter seiner Leitung beenden. Die Kaiserin, Anna von Savoyen, riet ihm, die Rückkehr des Kaisers Andronikos III. abzuwarten, weil Barlaam die Entscheidung des Kaisers als höchster Autorität des Reiches wünschte. Und Barlaam wußte, daß einflußreiche Kreise in Konstantinopel seine Ansichten teilten und ihn unterstützen würden. Er war sich seines Sieges sicher und hoffte, Gregórios Pálamas als Ketzer vor dem heiligen Synod zu sehen, der ihn verurteilen müßte. Barlaam täuschte sich.

Kaiser Andronikos befand sich in diesem Winter in Thessalonike. Er war ein Freund des Pálamas, mit dem er unter dem Logotheten Theodoros Metochites aristotelische Studien getrieben hatte. So wurde der Streit zwischen Barlaam und Pálamas zur Angelegenheit des Reiches. Der Patriarch Johannes Kalekas berief für den frühen Sommer ein Konzil ein und verlangte vom Metropoliten von Thessalonike, daß er den Pálamas nach Konstantinopel schicke, als wäre dieser Hesychast ein Gefangener. Akindynos erreichte die persönliche Einladung für Pálamas, der nun mit dem Kaiser in die Hauptstadt kam. Mönche begleiteten ihn. Das Konzil trat im Juni des Jahres 1341 zusammen: Pálamas' Lehre von den Energien und dem Sein Gottes wurde als Dogma anerkannt, Barlaam aber verurteilt. Und der Kalabrier kehrte nach Italien zurück, wurde katholischer Bischof einer Diözese, die griechischen Ritus hielt, und versuchte später, seine griechische Sprache dem Dichter Francesco Petrarca zu lehren. Er hatte den Frieden in dieser Welt gefunden. Pálamas fand die Ruhe, die er als Ziel und als Grund des wahren Lobpreises, den er Gott schuldete, ersehnte, nicht.

Das Schicksal des Byzantinischen Reiches steht jetzt auf dem Spiel. Kaiser Andronikos III. Palaiologos stirbt, nur 45 Jahre alt, im Sommer 1341, vier Tage, nachdem die Beratungen des Konzils beendet sind. Nun verlangt als höchster Beamter des Reiches der Großdomestikos Johannes Kantakoúzenos die Regentschaft für den unmündigen Kaisersohn Johannes. Anna von Savoyen, die rechtmäßige Kaiserin, verweigert sie ihm und führt die Regentschaft selbst. Sie schützt den Pálamas, der sich in einem Kloster am Bosporus aufhält. Patriarch Johannes Kalekas will ihn nach Konstantinopel locken und hofft, ihn gegen Johannes Kantakoúzenos einzunehmen, der die Hauptstadt verlassen hat. Gregórios Pálamas antwortet ihm, daß er seine politischen Ansichten nicht ändern werde, weil sie mit den wahren Bestrebungen des Volkes und des jungen Kaisers im Einklang stünden. Eine Gesandtschaft von Mönchen und Äbten des Athos, die der Protos Isaak anführt, trifft in Konstantinopel ein, um sich auf ausdrücklichen Wunsch des Kantakoúzenos für Pálamas einzusetzen. Die Kaiserin gewährt dem Protos Audienz. Aber Gregórios ist in Gefahr, weil er in diesem Machtkampf für die hohen Hierarchen der Kirche eine Gefahr ist. Aus dem Kloster am Bosporus vertreibt ihn der Lärm der Bootsleute, er siedelt sich nahe der Säule des Heiligen Daniel ein und führt sein asketisches Leben. Eine heimlich zusammengerufene Versammlung von Bischöfen und Mönchen verurteilt den Pálamas wegen seiner theologischen Lehre – jetzt hat der Patriarch einen Vorwand. Mehrfach wechselt Pálamas seinen Aufenthaltsort in der Stadt. Im Sommer 1344 wohnt er in der Residenz des athonitischen Protos, dem Kloster des Heiligen Johannes von Petra. Ihm wird eine Vorladung zur Audienz bei der Kaiserin überbracht. Pálamas weigert sich, zu erscheinen. Athos-Mönche gehen zum Patriarchen und beschweren sich: die Lehre des Pálamas sei vom Konzil bestätigt. Darum geht es nicht mehr. Dem Patriarchen geht es nicht mehr um den Heiligen Geist, sondern um Politik, denn Pálamas hat einen Brief an Johannes Kantakoúzenos geschrieben, und dieser Kantakoúzenos ist ein Feind der Kaiserin und des Patriarchen. Die Mönche raten dem Pálamas, die Stadt zu verlassen, um sich in die Freiheit zu retten: der Patriarch drohe, ihn zu verhaften. Gregórios geht nach Herakleia am Marmarameer. In Konstantinopel tritt eine Synode zusammen, die ihn wegen seiner Briefe, die er nach dem Konzil vom Sommer 1341 geschrieben hat, verurteilt. Isidoros, der Schüler des Pálamas und derzeit Metropolit von Monembasîa in Südgriechenland, protestiert vergeblich. Friedlosigkeit geht um, Freunde werden zu Feinden. Akindynos, inzwischen Metropolit von Thessalonike, veranlaßt den Patriarchen, Gregórios Pálamas zu verhaften. In seiner Metropole war 1342 ein Aufstand ausgebrochen: die Zeloten wollten zugunsten der niederen Klassen eine neue Ordnung der Gesellschaft errichten. Sie sind die Feinde der Aristokratie, sie haben sich gegen den Großdomestikus Johannes Kantakoúzenos empört, der einen Krieg gegen Anna von Savoyen führt und ein Freund der Hesychasten ist.

Aus der Gefangenschaft schreibt Pálamas an seinen Schüler Philotheos und »an die verehrungswürdigen Väter, die Geronten, des Heiligen Berges«, sowie an seinen leiblichen Bruder Makários, den Mönch der Lawra. Er erklärt, daß er sich in einer gefährlichen Lage befände, weil seine Anstrengungen, den Krieg aufzuhalten, nichts genutzt und ihm nur geschadet hätten. Er dankt den athonitischen Mönchen für ihr Schreiben an den Patriarchen, obwohl sie damit erfolglos geblieben wären. Die Welt ist in Aufruhr, Waffen müssen entscheiden, wenn die Vernunft nicht herrscht. Der Glaube ist in Wirklichkeit schwach, stark nur im Herzen.

Anfang des nächsten Jahres ist Pálamas wieder voll Hoffnung. Er hat an den Patriarchen einen ausführlichen Brief geschrieben, er weiß, daß die Kaiserin Anna ihm trotz allem gewogen ist und daß er ein Märtyrer des Glaubens nicht sein wird: seine Lehre ist anerkannt. Der Glaube wird über die Macht triumphieren. Die Entscheidung steht bevor: Johannes Kantakoúzenos rückt mit seiner Streitmacht gegen Konstantinopel, zum Kaiser hat er sich krönen lassen? Das ist Usurpation. Die Kaiserin setzt den Patriarchen Johannes Kalekas ab. Johannes Kantakoúzenos zieht in die Hauptstadt ein. Man handelt Bedingungen aus: Johannes Kantakoúzenos soll für zehn Jahre Mitkaiser des noch unmündigen Johannes V. Palaiologos sein. Ein zweites Mal wird er in der Hagia Sophia zum Kaiser gekrönt. Er ernennt alsbald den Einsiedler Isidoros zum Patriarchen, Gregórios Pálamas kehrt in die Freiheit zurück. Akindynos muß aus Thessalonike weichen. Pálamas wird zu seinem Nachfolger erwählt. Ein drittes Konzil, zu dem sich 1351 in Konstantinopel Vertreter aller orthodoxen Kirchen zusammenfinden, bestätigt unter dem Vorsitz des Kaisers Johannes VI. Kantakoúzenos die Lehre des Pálamas, die dem Synodikon, den liturgischen Büchern der Orthodoxie, als dem rechten Wege zum Heil, hinzugefügt wird. Gregórios Pálamas hat in Demut gesiegt.

Sein Amt als Metropolit von Thessalonike konnte er jedoch erst in diesem Jahre antreten, nachdem die Zeloten, die sich weigerten, Johannes Kantakoúzenos als ihren Kaiser anzuerkennen, niedergeworfen waren. Im Triumph zog Gregórios Pálamas in seine Metropole ein. Zwischen den zerstrittenen Parteien stiftete er Frieden. Oft predigte er gegen das Unrecht, das in der Gesellschaft herrschte: er hielt es für die eigentliche Ursache des Unglücks, das die Stadt betroffen hatte. An den politischen Vorgängen nahm er lebhaften Anteil. In seinen Unterweisungen und in seinen Schriften aber blieb das Mysterium Christi die Mitte, sie bestimmte sein geistliches Leben.

Im Jahre 1354 entsagte Johannes VI. Kantakoúzenos seiner kaiserlichen Würde und trat als Mönch Joasaph in das Manganen-Kloster der Hauptstadt ein. Gregórios Pálamas entschloß sich, auf einer Galeere nach Konstantinopel zu reisen, um seinen Mitbruder Joasaph zu sehen. Das Schiff wurde von türkischen Piraten überfallen. Pálamas wurde als ein Gefangener an den Hof des Sultans Orchan nach Brussa gebracht, in dessen Harem Theodora, die Tochter des Johannes Kantakoúzenos, lebte: ein Dank an den Osmanen, der ihm im Kampf um den Thron ein Bundesgenosse gewesen war. Aus seinem unfreiwilligen Exil schrieb Pálamas an die Gemeinden seiner Diözese in Makedonien, wechselte Briefe mit den Genuesen in Galata am Goldenen Horn und mit dem Großmeister der Johanniter auf Rhodos. Ihn überraschte die Duldung, mit der die Mohammedaner die Orthodoxen behandelten und die den Christen zugute kam. Gregórios Pálamas bemühte sich um die Verständigung zwischen den Religionen. Er lernte Menschen kennen, die mosaischen Glaubens, aber keine Hebräer waren. Unter den Türken gab es eine Freiheit des Glaubens, wie sie Pálamas im Reich der Orthodoxie nicht gekannt hatte. Ihres Lehrers beraubt, waren die Hesychasten im Reich und in der Hauptstadt wieder Verfolgungen ausgesetzt, nachdem Johannes V. Palaiologos Alleinherrscher geworden war. Auf einer Reise nach Thessalonike, wo sie ihre Brüder besuchen wollten, wurden der Hesychast Johannes und sein Schüler Gregórios zu Tode geschlagen: ihr Mörder war ein geistlicher Zögling des Johannes gewesen. Haß trat an die Stelle der Liebe. Und ein Freund des Johannes Kantakoúzenos, Nikephóros Gregóras, der wie Pálamas ein Schüler des Theodoros Metochites gewesen war, wandte sich gegen die Hesychasten, zu denen als

Mönch Joasaph Johannes Kantakoúzenos gehörte. Zweifel trat an die Stelle des Glaubens. Viele Gelehrte verstanden die Gründe nicht, die Pálamas für seine Lehre vorgebracht hatte. Selbst Bischöfe blieben im Streit der Meinungen unentschlossen. Die Gebildeten waren mit dem Blick auf das kirchliche Dogma zerstritten.

Nach einem Jahr kehrte Gregórios Pálamas aus türkischer Gefangenschaft nach Thessalonike zurück. Er hatte in den aufregenden Zeiten des Kaiser- und Bürgerkrieges, als das Reich dem Zusammenbruch nahe war, die Tiefe der Orthodoxie ergründet und den Glauben an das gegenwärtige Wirken Gottes gefestigt: Gottes werden die Menschen ansichtig sein, weil Er sie liebt, Gott hat den Sohn gesandt, und der Sohn sendet den Vater durch den Heiligen Geist zu den Menschen und offenbart Ihn für uns. Der Streit um diese Wahrheit hatte den Körper geschwächt. Mehrfach schon war Gregórios an das Krankenlager gefesselt worden. Anfang 1359 erkrankte er wieder. In seinen Predigten sprach er jetzt häufig über den Tod. Am ersten August erörterte er die Gründe der Krankheit, die ein Dämon, und die Ursachen aller Leiden, die nur die Sünde den Menschen eingebracht hätte. Fieber stellte sich ein. Da redete Pálamas verächtlich von Quacksalbern und Zauberern, weil sie die Seele töten, ohne den Körper zu heilen. Am Sonntag danach erhob er sich nicht mehr von seinem Lager, las für sich eine Homilie. Sein Ende ahnend, sprach er, nachdem er das Evangelium des Tages erläutert hatte, von der wahren Gefahr, die dem Christen auflauere und die nicht nur den leiblichen Tod bedeute, sondern den dauernden Verlust des Körpers und der Seele, denn beide, als von Gott geschaffen, bildeten für ihn eine unauflösbare Einheit. Gregórios Pálamas war bereit, vor den Thron des göttlichen Richters zu treten. Er starb, 63 Jahre alt, am 14. November 1359. Man bestattete ihn in der Hagia Sophia, der altehrwürdigen Metropolis von Thessalonike, unter deren Kuppel der elfte Vers aus dem ersten Kapitel der Apostelgeschichte spricht:

»Ihr Männer von Galiläa, was stehet ihr und sehet gen Himmel? Dieser Jesus, welcher von euch fort entrückt ist zum Himmel, wird kommen, wie ihr ihn gesehen habt gen Himmel fahren«.

Und darüber thront Christus, das Bild des Bildes Gottes. Engel tragen seine Mandorla. Unter ihm betet die allheilige Gottesgebärerin, seine Mutter, von Engeln verehrt. Über den vier Evangelisten schreiten die Apostel zum Herrn. Sie alle vereint die Göttliche Liturgie zum Lobpreis des Allmächtigen. Aber in der Welt wird um die Wahrheit gestritten.

Gegner des Pálamas wurden aus den klösterlichen Gemeinschaften des Athos ausgeschlossen. Kallistos trat zum zweiten Mal in die Würde eines Patriarchen ein. Er hatte in frühen Jahren mit Gregórios Pálamas in einer Einsiedelei auf dem Heiligen Berge gelebt. Noch im Todesjahr des verstorbenen Metropoliten von Thessalonike verfügte er, daß mehrere Mönche aus der Großen Lawra verwiesen werden sollten: Gennadios, Dionýsios und Kosmas, wohl möglich, daß sie sich geweigert hatten, dem Gregórios Pálamas liturgische Ehren zu erweisen, wie es in diesem Kloster üblich geworden war. Ein anderer Widersacher des Pálamas wurde 1368 exkommuniziert: Demetrios Kydones. Man warf ihm vor, Anhänger des Thomas von Aquin zu sein. Er ging ins Exil nach Zypern: über die Insel herrschte der katholische König Hugo von Lusignan. Ihm hatte Thomas von Aquin eine Abhandlung über das Königtum gewidmet. Verwirrung lag über der Zeit. Galt den Gegnern des Gregórios Pálamas nicht die Gnade des allmächtigen Vaters und die Liebe der Gottesmutter, die versöhnt? Menschen treffen Entscheidungen. Gott bleibt, der er ist.

Bald nach dem Tode des verehrungswürdigen Metropoliten war in Thessalonike eine Kommission von Bischöfen zusammengekommen, die unter dem Vorsitz der Kaiserin Anna von Savoyen Dokumente sammelte: Wunder waren am Grabe des Gregórios Pálamas geschehen. Auf Grund dieser urkundlichen Berichte verfaßte der Patriarch Philothéos Kókkinas die Lebensgeschichte des Erneuerers der Orthodoxie und des Mystikers, der aus der Tiefe des Glaubens dem Hesychasmus zum Siege verholfen hatte. Im Jahre 1368 ließ er ihn, seinen Lehrer und Freund, heilig sprechen. Seitdem werden am zweiten Sonntag der Fasten die Reliquien des Heiligen von Thessalonike, des Zeugen Christi in leidender Zeit, durch die Straßen und Gassen der Stadt dahergetragen. Während der Liturgie erklingt eine Hymne:

»Leuchte der Orthodoxie, Gründer und Lehrer der Kirche, Vorbild allen Mönchen, unüberwindlicher Freund und Verbündeter der Theologen. O Gregórios, Wundertäter, Stolz von Thessalonike, Herold der Gnade! Mögen Deine Bittgebete für das Heil unserer Seelen niemals unterbrochen werden!«

Das Volk, das nach der Prozession wieder zur Metropolis zurückkehrt, wird seinen Heiligen nicht vergessen.

Ernst von Ivanka: *Hesychasmus und Palamismus, ihr gegenwärtiges Verhältnis und ihre geistesgeschichtliche Bedeutung,* in: Jahrbuch der österreichischen Byzantinischen Gesellschaft, 2 (1952), 23 ff. – Jürgen Kuhlmann: *Gregor Palamas (1296–1359),* in: Große Mystiker, Leben und Wirken, hrsg. von Gerhard Ruhbach und Josef Sudbrock, Mün-

Theophánes der Kreter

Die Bilder der Orthodoxie, darin es den Raum dieser Welt und die Zeit nicht gibt, zeigen, was wahrhaft Wirklichkeit hat: das Seiende, Gott und die Heiligen. Die Form, in der dieses Sein in die Erscheinung tritt, muß über alle Erfahrung hinaus Gültigkeit haben, damit, wer im Gebet zum Bild und zu sich selbst kommt, die Wahrheit erkennt: Gottes allmächtiges Wirken. Gott schuf sich in der Seele des Menschen ein Eben- und Gegenbild, ein Analogon seines Wesens. Der Mensch ist ein Bild Gottes, seine Ikone. Und der Mensch, der in dieser Welt lebt, macht sich ein Bild seines Gottes, des Höchsten, ein Analogon seiner Seele, eine Ikone, durch die das Urbild, das in seiner Seele anwesend ist, im Bereich des Sichtbaren einkehrt. Und die Ikonen sind Bilder des die Zeit übergreifenden Glaubens, der sich an die Ewigkeit knüpft – visio mystica. Sie sind Symbol einer Wirklichkeit, die es gibt, aber nicht geben kann, wo alles erklärt wird. Sie sind eine Welt der Verklärung, die Gott dem Glaubenden schenkt. So haben sie Teil am Mysterium, das sich in der liturgischen Feier ereignet und empfangen den Weihrauch als Zeichen des frommen Gebets, wie sie selbst Zeichen der Gnade sind. In diesem Geiste und der ihn bewahrenden Überlieferung schuf der Maler Theophánes aus Kreta seine Bilder, sein Werk.

In einer Inschrift aus dem Jahre 1527 nennt er als seine irdische Heimat das Dorf Strelitza auf Kreta, der Insel, die damals schon mehr als dreihundert Jahre unter venezianischer Herrschaft stand. Er lernte

---

chen 1984, 142–170 – G. J. MATZARIDIS: *The Deification of Man, St. Gregory Palamas and Orthodox Tradition,* Crestwood/N. Y. 1984 – MEYENDORFF (→ Lit.-Verz. 3 b) – Ders.: *Introduction à l'étude de Grégoire Palamas* (=Patristica sorbonnensis), Paris 1959 – Gregorios PALAMAS: *Défense des saints hésichastes,* Introduction, texte critique, traduction et notes (=Specilegia sacra, Bd. 30), Louvain 1959 – Leonide OUSPENSKIJ: *La théologie de l'icône dans l'église orthodoxe,* Paris 1980, 203–229: Hésychasme et humanisme – RUNCIMAN (→ Lit.-Verz. 3 b), 127 ff., – Heinrich SCHAEDER: *Das Glaubensbekenntnis des Gregorios Palamas,* in: Wort und Wahrheit, 1938, 217 ff. – Erich TRAPP (Hrsg.): *Prosopographisches Lexikon der Paläologenzeit,* Wien 1976 ff. – Dorothea WENDEBOURG: *Geist oder Energie, zur Frage der innergöttlichen Verankerung des christlichen Lebens in der byzantinischen Theologie* (=Münchener Monographien zur historischen und systematischen Theologie), München 1983.

in Candia, wie seit arabischer Zeit Iráklion hieß, in der Berg-Sinai-Schule die Malerei von Ikonen, mußte Farben bereiten und Pinsel binden, Kalk brennen und Goldplättchen schlagen. Er malte die Gottesmutter, Propheten und Märtyrer. Unausbleiblich war es, daß er Bilder aus Venedig zu sehen bekam: Madonnen in der Art des Giovanni Bellini, so lebensecht, als säße Maria mit ihrem Erstgeborenen an seinem Tisch. Er kaufte sich Kupferstiche mit den Szenen aus dem Leben Christi. Was war das Rechte – die Bilder der westlichen Fremde oder die Ikonen der Orthodoxie? Das Geheimnis liturgischer Bilder blieb ihm noch zweifelhaft. Als junger Mann heiratete er, seine Frau schenkte zwei Söhnen das Leben. Aber er war nicht zufrieden: eines Tages entschloß er sich, die Heimat und die Welt zu verlassen, um der Wahrheit jenseits des Zweifels näherzukommen. Er bestieg eine Galeere und landete nach Tagen auf See an der Arsana der Großen Lawra, wo er drei Jahre danach ein Mönch unter anderen wurde.

Kam er nach Karyès und nahm er im Protâton an der Liturgie teil, umgaben ihn die Wandmalereien des berühmten Manuel Pansélinos, die zweihundert Jahre alt sein mochten. Er sah den Heiligen Athaná-

Die Trápeza der Großen Lawra

sios, den Gründer seiner Lawra, und Pétros, den ersten Eremiten des Heiligen Berges, dann die Theodoren, die mutigen Soldaten Christi, und den noch im Paradies schlafenden Immanuel: »Da er sich niederlegte, ist er eingeschlafen wie ein Löwe und wie ein junger Löwe – wer wird ihn erwecken?« Theophánes hörte es in der nächtlichen Liturgie am Tag vor der Auferstehung, der Anástasis Christi, dem höchsten Fest der Orthodoxie. Dieser Immanuel war der ›Niedergefallene‹, der am dritten Tag auferstehen wird. Es war ein Zeichen des Todes, den Christus erlitt und den er überwand. Darum war sein Bild dort, wohin der Tod alle Lebenden führt, zu sehen: im Westen der Kirche. Das Bild darunter sprach nicht anders von Sterben und von Erlösung, es war der Tod der Gottesmutter dargestellt: Christus nimmt die Seele der Verstorbenen, als sei sie ein Kind, auf seinen Arm und trägt sie in seinen Himmel, damit sie teilhabe an seiner Herrlichkeit. Und im Gebet lebte Theophánes bei Johannes auf Patmos, dem Theologen, dessen apokalyptische Vision sein Schüler Próchoros aufschreibt. Bilder wurden für ihn Blicke ins Ewige, ihm als einem Schauenden, der inwendig voller Bilder war, offenbarte sich geistige Wirklichkeit, die allen künftigen Dingen zukommt. Denn das Ewige, in dem Gott ist, der er ist, und die Welt, die den Menschen festhält, waren unvereinbar, aber bald erkannte Theóphanes auch, daß das ikonische Bild sie unlösbar miteinander verbindet.

Theophánes war ein Meister der Ikonenmalerei, nun mußte er helfen, in der Großen Lawra die Trápeza, den Raum der gemeinsamen Mahlzeit, mit ihren hohen Wänden in Lang- und Querschiff nach den Regeln der herkömmlichen Kunst auszumalen. Der Metropolit von Serres in der Chalkidike hatte vor einigen Jahren das schadhafte Gewölbe des Speisesaals durch einen festen Dachstuhl aus Holz ersetzen lassen. Die Malereien mußten von Grund auf erneuert werden. Die Bilder sollten das Verhalten der Brüder untereinander und zu Christus lenken. Wie Trank und Speise als ein liturgisches Mahl ihnen die Kraft gaben, Gebet und Arbeit zu leisten, um dereinst mit Christus das große Abendmahl zu feiern, so sollte die Hoffnung darauf ihren Glauben leiten. Denn »es werden kommen von Morgen und von Abend, von Mitternacht und vom Mittage, die zu Tische sitzen werden im Reich Gottes«, heißt es im Evangelium des Lukas. Was hier und jetzt, in diesem Raum und in dieser Zeit geschieht, ist nur ein Vor-Bild, ein ikon des Künftigen und Letzten. Das Bild verbindet sie miteinander und stellt die Gemeinschaft des überzeitlichen Lebens her.

Einige Brüder waren schon an der Arbeit, als Theophánes mit zugriff. Er malte die heiligen, langgestreckten Gestalten in faltenreichen Gewändern. Im Querschiff widmete er dem Tod des Heiligen Athanásios ein breitformatiges Fresko, für das er, um es getreu der Überlieferung anzufertigen, eine Ikone mit dem Tod des Heiligen Athanásios von Alexandrien zum Vorbild nahm. Der athonitische Athanásios hatte im Katholikon beim Sturz vom Gewölbe den Tod erlitten, er war nicht in der Wüste gestorben. Zum Totenoffizium mußten daher die Mönche von den zinnengekrönten Mauern der Lawra umgeben sein, das Katholikon mit seinen Kuppeln durfte nicht fehlen. Sonst blieb alles beim alten. Ein Mönch mit dem Tálanton umschreitet das Kloster und ruft mit dem Klangtakt seines hölzernen Instruments die Brüder zusammen. Der Heilige auf seiner Säule zieht einen Korb mit Nahrung an einem Strick zu sich empor. Die Eremiten in ihrer Höhle, die ihr Asketerion bis zu ihrem Hingang nicht mehr verlassen wollen, singen den Lobpreis Gottes – denn die Seele des Toten schwebt in den Armen des Engels zum Himmel. Über diesem Bilde sind rings um den Querraum der Trápeza die Strophen der Akathistischen Hymne zu sehen, die einst die Kaiserstadt Konstantinopel vor den ungläubigen Awaren rettete – nur jetzt nicht mehr: Mehmed der Eroberer hat ihre Mauern erstürmt und das Reich der Rhomaier überwältigt. Aber die Burgstadt Gottes, die Lawra auf dem Heiligen Berg, wird kein Mohammedaner erobern. Unter die Wurzel Jesse, die den Mönchen den Stammbaum Christi erklärt, malte Theophánes die Weisen des heidnischen Altertums: Pythagoras und Sokrates, Homer, Platon und Plutarch, Thales, Galenos und Solon: was sie geschrieben hatten, deutete auf den Erlöser voraus. Und eine seltene Szene fügte der Maler hinzu: ein Heiliger namens Sisóne tritt an den Sarg Alexanders des Großen, sieht den Eroberer als Totengerippe und fragt: »Auch du bist hier?« Meint er den Tod oder den Weltenbeherrscher? Weil aber ein Mönch den Tod immer vor Augen hat, malte Theophánes für seine Brüder das Jüngste Gericht. Adam und Eva beten vor dem Thron des künftigen Richters, und der Höllenrachen öffnet sich neben der Tür, durch die die Mönche nach der schweigend eingenommenen Mahlzeit die Trápeza wieder verlassen. Sie sollten wissen, was ihnen bevorstand. An der Nordwand halten Abraham, Isaak und Jakob die Seligen in ihrem Schoß, darüber thront Maria, die allheilige Gottesmutter, Engel verehren sie. Ihr zur Seite wartet der gute Schächer, denn er wird im Paradiese sein. Christus hatte es ihm noch vor seinem Tode am Kreuz versprochen.

Die Jahre vergingen. Dann wanderte Theophánes nach Thessalien zu den Meteora-Klöstern. Er zog unbehindert durch die griechischen Provinzen des Osmanischen Reiches und nahm den gleichen Weg, den zweihundert Jahre zuvor der jüngere Athanásios gegangen war, nachdem die wilden Katalanen ihn und seinen geistlichen Vater, Gregórios den Sinaiten, vom Athos vertrieben hatten. Athanásios war der Gründer des Klosters auf dem ›breiten Stein‹, den er Metéoron, ›zwischen Himmel und Erde schwebend‹ nannte. Das Kloster weihte er der Metamorphosis, der Verklärung Christi. Man hatte Theophánes gerufen, um die vor einigen Jahren fertiggestellte Kirche des Klosters auszuschmücken, das den Namen des Agios Nikólaos trug. Und dieses Kloster war auf einem steilen Felsen gebaut, unweit des Dorfes Kastraki, aber ganz unzugänglich. Nur mit einem Netz, in das sich Theophánes hocken mußte, kam er hinauf: zwei Mönche drehten eine knarrende Holzwinde. Man hieß Theophánes willkommen, der etwas taumelnd dem Netz entstieg. Agios Nikólaos war eine Stätte der seelischen und körperlichen Entspannung für die Äbte und Ältesten der Meteoren und hieß daher ›Anapavsà – Ort der Ruhe‹.

Alles, was Theophánes für's Malen brauchte, wurde nach und nach mit dem Netz in das kleine Kloster gebracht. Der Raum war beengt, und doch mußte die Bilderfolge dem Herkommen entsprechen, nichts durfte vergessen, alles Überflüssige jedoch vermieden werden. Theophánes erzählt mit den Bildern den Weg der Seele, die über das Leben hinausgeführt sein will. An der Tür des Narthex klagen Adam und Eva vor den Pforten des Paradieses. Das Innere einer Kirche ist das Paradies, darin die Priester als Bäume Gottes gepflanzt sind. Wer aber von ihnen ausgeschlossen wird, wer an der Gnade und an der Eucharistie nicht teilnehmen darf, klagt.

Im Inneren der Kirche, dem Naos, begleiten die Bilder das liturgische Geschehen, das ein Abbild der Menschwerdung Christi ist und des Erlösungsweges. Im Allerheiligsten – einem Raum, so schmal, daß nur die Próthesis und die Bema Platz darin hat – thront über den zwei kleinen Apsiden Christus als Pantokrator, begleitet von seiner Mutter und dem Täufer Johannes, der nach orthodoxer Weise geflügelt ist. In der Próthesis wird angesichts des Schmerzensmannes das Opfer vollzogen, eines Bildes, das Theophánes westlichen Darstellungen entsprechend malte: Christus mit geöffneten Armen, umgeben von den Leidenswerkzeugen. Er ist für alle am Kreuz gestorben und ist auferstanden. Geht der Priester zum Altare hinüber, erscheint vor ihm die Gottesmutter in der Art der Blacherniótissa, als Orantin mit dem

Christusknaben, der das Gebet segnend entgegennimmt. Die Heiligen Basilios und Chrysóstomos stehen beiderseits des Altares: sie schufen die Grundform der Liturgie. Vom Altare aus begeht der Priester die eucharistische Feier, die ein Vor-Bild künftigen Heiles darstellt. Ursache aller Erlösung ist die Auferstehung: unter dem Bilde der Gottesmutter ist Jonas zu sehen, den der Walfisch nach drei Tagen wieder ans Land spie – Vorbild des Auferstandenen. Hierarchen umstehen den heiligen Raum, in dem Brot und Wein als den Symbolen des Geopferten ausgeteilt werden.

Unter der Kuppel des kleinen Raumes geschieht das Mysterium der Verleiblichung Christi in der Gemeinschaft der Mönche. Ihr entspricht die Fleischwerdung des Wortes. Das Gebet der Jungfrau Maria, das sie am Altar entgegennahm, geht hinauf in die Kuppel, in der Gottvater – denn Gott und Sohn sind eines Wesens – im Bilde Christi erscheint: Er ist der Seiende, alles Sein ist in Ihm, alles Wirken geht von Ihm aus. Der Kreuzesnimbus bezeichnet ihn: O Ω N – »Ich bin, der ich bin.« Unter dem Pantokrator, dem Allherrschenden, wird die himmlische Liturgie gehalten, an der Maria, von Engeln verehrt, teilnimmt: ihr Gebet wird erhört. Seraph und Cherubim halten Kelche und Leuchter und ziehen als Diakone des heiligen Dienstes einher. Sie und die Engel tragen das Epitaphion, das Grabtuch, als Zeichen, daß Christus als ein Mensch gestorben ist und begraben war. Propheten verkünden die Allmacht Gottes, die Evangelisten das Wort: sie sitzen als Schreibende in den Pendentifs der Kuppel. Sie sprechen von der Menschwerdung Gottes in Christus und von der Auferstehung des Heilands, der unsere Welt erlöst. Daher umzieht die Folge der Kirchenfeste die Wände des Naos, des heiligen Raumes. Erschütternd die Szene, in der Christus ans Kreuz erhöht wird: zwei Schergen halten ihn, der rücklings die Leiter besteigt – ein unerhörtes Motiv! Rings umstehen Heilige als Wächter der Gemeinschaft des Abendmahls den Raum.

Den Naos öffnet die Schöne Tür zum Vorraum der Kirche, dem Narthex, der die Katechumenen zum heiligenden Unterricht sammelt. Die Bilder dienen der evangelischen Lehre. Oben sind die Wundertaten Christi zu sehen, darunter Asketen der Wüste, denen der Mönch nachstreben soll. Unter ihnen, an der Westwand des Raumes, der Tod des Heiligen Ephraëm. Das Bild enthält die gleichen Szenen wie der Tod des Athanásios in der Trápeza der Großen Lawra. Im Tode sind alle Menschen einander gleich, wenn sie unter der Erde gebettet sind, wo Könige und Bettler beieinander liegen. Das Bild soll an den Vater der Mönche in Syrien erinnern, der als Einsiedler in der Nähe von Edessa in der Anbetung Christi lebte. In der Wüste muß sich asketisches Leben vollenden, der fruchtlose Boden, auf dem die Dämonen der Versuchung hausen, gibt zugleich und allein auch die Kraft, durch Demut die Freiheit über die Welt und sich selbst zu erringen. Jetzt aber ist der Heilige auf seinem Sterbebett ausgestreckt und hält die Ikone mit dem segnenden Christus umklammert. Seine Brüder sind um ihn versammelt. Nun sind sie einsam, aber der Verstorbene wird ihnen ein Vorbild bleiben, wie er es für die Mönche der Meteoren sein soll.

An der Wand gegenüber wird der Mönch an den Gründer der Meteoren-Klöster gemahnt, an Athanásios, und an die Stifter der Kirche, an den Metropoliten Dionýsios von Lárissa und den Exarchen von Stagoi, den Priester Nîkanor, der Stadt, die jetzt Kalámbaka heißt. Ihre Bilder werden durch die Darstellung der Gottesmutter und der Propheten, die den Messias weissagten, überhöht. Der Narthex ist aber auch der Ort, an dem die Totenliturgie gehalten wird: an der Nordseite ist das Jüngste Gericht zu sehen, das dem, der am Totenamt teilnimmt, im Bilde vor Augen führt, was der, der tot ist, von Angesicht zu Angesicht sieht. Hoch oben erscheint in seiner Mandorla Christus, ihn umgeben die zwölf Apostel, und Maria und Johannes der Täufer stehen zur Seite und bitten für die, die vom Todesschlaf auferweckt worden sind. Unten werden die Seelen gewogen, Teufel wollen die Waagschale in die Tiefe ziehen, aber die gläubigen Seelen wiegen schwerer. Adam und Eva, die aus der Hölle Erlösten, beten für das sündige Menschengeschlecht, das von ihnen abstammt. Die Seligen schweben in Wolken empor ... Die Verurteilten, die keiner Gnade teilhaftig werden, fallen in den Blutstrom des Feuers, der vom Herrn des Letzten Gerichts ausgeht. Engel stoßen sie in die Glut. Und der Höllendrache öffnet seinen unersättlichen Rachen unmittelbar neben der Tür, die zum Naos führt: das große Auge des heillosen Unheilvollen glotzt beharrlich und fürchterlich. Klein ist auf der anderen Seite unter der Gottesmutter Abraham dargestellt, der die Seligen in seinen Schoß aufnimmt. Der gute Schächer nähert sich ihm mit seinem Kreuz. Angesichts dieser Letzten Dinge nennt Theophánes in seiner Inschrift Tag und Jahr der Vollendung, den 12. Oktober 1527, seinen Namen und seine Herkunft aus dem Dorf Strelitza auf Kreta. Nur von der Mühe der Arbeit spricht er nicht. Er aber hatte die Vision gehabt. Was der Überlieferung entsprach, lebte durch ihn. Er hatte Gott und die Welt durch das Mysterium seiner Bilder miteinander versöhnt, weil er Diesseits und Jenseits durch seine ikonische Weise miteinander verband. Gottes Gerechtigkeit, Allmacht und Gnade offenbarte sich für ihn auch im engsten Raum. In Demut kehrte Theophánes der Kreter auf den Athos zurück.

Der Abt und die Brüder der Großen Lawra beauftragten ihn einige Zeit danach, das Katholikon ihres Klosters auszumalen. Es war der heiligste Ort auf dem Athos, Athanásios hatte die Lawra gegründet, hier unter der Kuppel war er zu Tode gestürzt. Niemand kann diesen Raum verlassen, ohne an diesen Opfertod sich zu erinnern. Mit Sorgfalt bereitete Theophánes die Arbeit vor. Helfende Brüder, unter ihnen seine Söhne Symeon und Neóphytos, den Neubekehrten, weihte er in die Geheimnisse der Ikonen ein, als wäre es ein Katechismos und er ein Katechet. Nur gründliche Lehre läßt Überlieferung zu. Alle Arbeit ist Dienst an der Gemeinschaft, und das Gebet heiligt die Arbeit. Fleißig und willig ging jeder dem Theophánes zur Hand. Für die Farben mußte das Rohmaterial von weit her herangeschafft werden. Lapis lazuli, der leuchtende Blaustein, kam von jenseits des Kaspischen Meeres, von China über die Karawanenstraßen durch das Reich der Osmanen, über Anatolien und Konstantinopel nach Thessalonike. Händler boten es in Karyès auf dem Wochenmarkt an. Daraus wurde Ultramarin gewonnen, das von ›jenseits des Meeres‹ zum Athos gelangte. Der mühsame Weg machte es teuer, aber für den Unraum der Bilder war es erforderlich, das Heilige sollte vor strahlendem blauen Grunde stehen. Aus den Kermeskörnern, den getrockneten Weibchen einer Schildlausart, wurde roter Lack zubereitet, indem man die Körner mit Alaun versetzte, und Alaun, das auf den griechischen Inseln aus vulkanischer Lava gewonnen wurde, vertrieben venezianische Kaufleute auf den Märkten der benachbarten Inseln. Die Brüder brachten es auf einem kleinen Kaik heran. Aus solchem Lack bereitete man ein kräftiges Dunkelrot. Karmin geriet am besten, wenn die Cochenil-Laus zu Pulver verrieben und mit Eiweiß zersetzt werden konnte. Cochenil gab es noch nicht sehr lange, Mexiko war die Heimat der Laus und der Kakteen, auf denen sie ihre Nahrung gefunden hatte – wer wußte auf dem Athos schon etwas von Amerika? Und das Eiweiß, das auch für das Malen unerläßlich war, mußten die heimlich auf dem Athos gehaltenen Hühner liefern, deren Eier allenfalls in Vatopédi zu Ostern gegessen werden durften; rot gefärbt, waren sie ein Symbol der Auferstehung Jesu Christi. Zinnober stellte man aus Schwefel und Bleiglätte her. Grün aus kleinen Kupferplättchen, die in Essigsäure aufgelöst wurden. Blei, in Stücke geschnitten, kam in einen Tonkrug mit Weinsäure, der Topf dann zwei Wochen lang unter gegorenem Maultiermist. Danach wurde der Inhalt auf einen Marmorstein geschüttet, zerrieben und in einem großen Gefäß getrocknet – so hatte man Bleiweiß, das für Ikonen gut, für die Malerei an der Wand aber nicht so geeignet war. Tage und Wochen vergingen bei dieser umständlichen Arbeit, bis die Farben in Töpfen, Tiegeln und Krügen verfügbar waren – eine Arbeit, die während des Malens ununterbrochen fortgesetzt wurde. Inzwischen waren die Pinsel fertig: aus den Haaren von Eselsmähnen, aus den Haaren der Kinnbacken des Maultiers, je nachdem, ob mit ihnen der Entwurf an der Wand, Fleischfarbe oder Gewänder gemalt werden sollten. Die Haare steckten in einer Adlerfeder, Schweinsborsten mußten mit einem seidenen Faden an einem Holzstab befestigt werden. In großen Holzkübeln stand jetzt gebrannter Kalk bereit, der fett wie Schweineschmalz sein mußte, Werg wurde hineingerührt, wobei die jungen Brüder, um sich in Askese zu üben, Stunde um Stunde rührten, bis der Kalk trocken genug war, um Feuchtigkeit aufzunehmen: auf der Mauer durfte er nicht reißen. Die Malfläche mußte glatt sein, wenn das Bild von Dauer sein sollte, eigentlich für die Ewigkeit.

Aus den Dörfern vom Festland kamen nun Zimmerleute, um bei den Mönchen als Taglöhner tätig zu sein: ›kosmikoi‹ nannte man sie, weil sie in den Fesseln der Welt verstrickt waren und Frau und Kinder zurücklassen mußten. Sie schlugen das Holz im Walde und bauten in der Kirche das hohe Gerüst auf. Die oberen Teile der Wand und die alles überragende Kuppel mußten zuerst mit Bildern geziert werden. Aus einem Kübel, den er auf das Arbeitsgerüst hochholen ließ, nahm Theophánes mit einem Schöpflöffel, der in der Küche nicht mehr benötigt wurde, Wasser und besprengte mehrmals die Fläche, die Helfer taten's ihm nach. Wieder und wieder mußte die Wand angefeuchtet werden. Am nächsten Morgen wurde Kalk zwei Finger dick aufgetragen, der die Feuchtigkeit in sich aufnahm. Die zweite dünnere Schicht aus weißlichem Wergkalk trug der Meister selbst auf und strich sie glatt. Nun war die Zeit für das Gebet an die Muttergottes Maria gekommen, mit dem jede Arbeit am Bild begann, um von ihr den Segen des Erlösers zu erbitten. Währenddem trocknete der Kalk etwas an.

Und Theophánes stieg wieder hinauf, hoch in das Gerüst, er war nun allein mit seiner Imagination, die er auf dem Kalkgrund verwirklichen wollte. Er zeichnete, ein großer langschenkeliger Zirkel aus gespaltenem Rohr diente ihm, die Proportionen nach den vorgeschriebenen Maßen anzugeben und die Nimben der heiligen Gestalten kreisrund zu ziehen. Der Kreis war das Zeichen vollendeten Seins, das nur den Heiligen zukam. Dann gab Theophánes mit dem Pinsel aus den Haaren der Eselsmähne, den er in Ocker tauchte, die Umrißlinien der Figuren an, strich wieder die Fläche glatt. Und er mußte geschickt und behende, vor allem in der Wölbung, zu Werke gehn, damit sich auf der Oberfläche des Wergkalks keine Haut bildete, die eine mit Eiweiß oder mit Öl gebundene Farbe nicht annehmen würde. Ein Helfer reichte ihm ein Messer herauf, mit dem er die Gesichter und die Falten der Gewänder flach in den Malgrund ritzte. Die augenlosen Gesichter hatten jetzt schon den Charakter und die Gewänder die richtige Haltung, durch die jede Gestalt von der anderen unterschieden sein mußte. Nun zog Theophánes mit breiterem Pinsel die Umrißlinien nach, geübtere Schüler wies er an, die Farben zu mischen, zuerst die dunkleren Töne der Schattenpartien, dann die helleren, mit denen die Flächen gefüllt werden, aufzutragen und nicht bei der Arbeit zu zögern, damit die Farbe gleichmäßig in den Kalkgrund eindringen konnte. Die Farben mischten die Maler auf einer Palette aus Holz und strichen die Pinsel, wenn noch zuviel Farbe an den Haaren des Pinsels haftete, auf den Nimben ab, die ihnen gelegentlich, um die Arbeit zu beschleunigen, als Palette dienten. Mit Ultramarin wurde die Fläche zwischen den Figuren gefüllt, um die heiligen Gestalten wie in einem raumlosen Himmel erscheinen zu lassen. Die Nimben, reliefartig etwas erhöht, erhielten erst später das sorgfältig geschnittene Blattgold. Gesichter, Hände und Füße malte Theophánes selbst, die Augen zuletzt: mit Weiß deutete er die Hornhaut an, und blasses Rosa, mit dem er auch Lid und Wange belebte, verlieh den Augen leuchtenden Blick – das Heilige wurde anschaubar, die Wirklichkeit einer anderen Welt war erschaffen. Ein Kalligraph gab jeder Figur ihren Namen und auf den weiß gelassenen Schriftrollen den überlieferten Spruch, damit das Heilige zum andächtig Schauenden spräche. Ein Gehilfe zog um das Bild einen schmalen Rahmen, Karminrot nahm er dazu. Das Bild war vollendet. Das Gerüst konnte abgebaut werden und wurde für die nächstniedrige Wandzone eingerichtet. Dann standen wieder Holzkübel mit Kalk, der Bottich mit Wasser, Tiegel und Krüge mit Farben bereit. Die Arbeit begann von neuem und wiederholte sich Bild für Bild, von Woche zu Woche – handwerks- und kunstgemäß.

Erst nach Jahren verklärten die Bilder das Halbdunkel des Raumes: im Diakonikon, in der der Priester die Liturgie mit seinem Gebet vorbereitet und sich liturgisch kleidet, sahen die drei Engel bei Abraham auf ihn herab. Sie sind ein Vor-Bild der heiligen Dreifaltigkeit, weil sie die Geburt des Isaak verkündigen. Die Speisen, die Abraham ihnen bietet, sind sein Dank, wie auch die Eucharistie die Danksagung für das Opfer des Gottessohnes ist. In der Próthesis vollzieht der Priester das Opfer, hier malte Theophánes den schlafenden Immanuel als Vor-Bild der Auferstehung und die Opferung Isaaks als Vor-Bild des Opfertodes Christi am Kreuz. Zu diesen Bildern kam die Apostelkommunion als Vor-Bild des Priestertums, denn jeder Priester, der das Opfer vollzieht, ist ein typum Christi und ihm, dem Erlöser, gleich, ihm, der den Aposteln Brot und Wein als Zeichen seines Fleisches und seines Blutes austeilt.

Doch in dem heiligsten Ort, der Bema, der mittleren Apsis, ist der Thron aufgestellt, auf der die Platytéra, die Gottesmutter, zu sehen ist, die von Engeln verehrt wird, weil sie mehr als die Schöpfung ist: sie hat den Schöpfer hervorgebracht. Und dies Allerheiligste ist die Seele der Kirche, im Naos davor ist die Kuppel der Himmel, darunter die Welt, in der sich die Offenbarung vollzieht: die Verkündigung des Wortes, die Fleischwerdung Gottes in Christus und die Erlösung von dieser Welt. Diesem Raum wies Theophánes die Lehre von den zwei Naturen in Christus zu, die Matthäus und Johannes verkündet hatten. Ihnen gehören die östlichen Pendentifs der Kuppel, in der Christus als Pantokrator erscheint. In der südlichen Konche, dem Choros der Psalter, erhielt das Leben Christi die entscheidende Bilderfolge, von der Geburt bis zur Taufe im Jordan und der Verklärung auf dem Berge Tabor, um seiner Menschlichkeit und seiner Göttlichkeit Zeichen und Bild zu verleihen. Gegenüber in der nördlichen Konche, dem anderen Choros, schilderte Theophánes die Passion und die Auferstehung als Zeichen des menschlichen Duldens und des göttlichen Sieges über die Hölle: Christus sprengt ihre Tore, nachdem er als Mensch am Kreuz gestorben und vom Grabe auferstanden ist. Das letzte Abendmahl stellte Theophánes gegenüber dem Allerheiligsten dar, weil es das Vorbild der Eucharistie ist und ein Vor-Bild des Großen Abendmahls, das allen Glaubenden im Reiche Gottes ausgerichtet wird – dereinst, wenn die Göttliche Liturgie wahrhaft Wirklichkeit sein wird. Und Christus »ist Mensch geworden, damit wir vergöttlicht werden«, sagte Irenäus, der Kirchenvater. Es ist das Mysterium der Hesychasten. Unter diesem Bilde künftigen Heils malte Theophánes den Tod Mariens und ließ die Inschrift anbringen, daß er zur Zeit des Patriarchen Jeremias und des Abtes Kyprianòs seine Arbeit vollendet hätte.

Das Kloster Stavronikîta, in dem Theophánes die Trápeza ausmalte

Das war im Jahre 1535, als der sehr ehrenwerte Meister Theophánes von Kreta, wie eine Urkunde des folgenden Jahres berichtet, mit seinen beiden Söhnen in der Lawra lebte. Und Theophánes blieb in seinem Heimatkloster und kaufte für die Söhne zwei ›adelphata‹, zwei Brüderhäuser, und ein drittes für den, der sie beerdigen würde. Die Söhne zogen in die abgelegenen Skiten.

Das Kloster Stavronikîta erteilte Theophánes im Jahre 1545 den Auftrag, die Trápeza in diesem kleinen Kloster hoch über dem Meer auszumalen. Theophánes verließ die Lawra und tauschte seine Behausung gegen das Kellion Pyrgos bei Karyès ein, um seiner Arbeit näher zu sein und leichter nachgehen zu können. Sein Sohn Symeon half ihm. Weil das Kloster mit seinem neuen Katholikon dem ökumenischen Patriarchen unmittelbar unterstand, malte Theophánes das Bildnis des Patriarchen Jeremias und malte ihm ein kleines Modell des von ihm erneuerten Klosters in die Hand. Ihm zu Ehren brachte der Maler im Narthex der Kirche die Bilder der Sieben Konzilien an, wie es in der alten Hagia Sophia zu Konstantinopel gewesen war, in der Kirche Justinians, die nun schon fast hundert Jahre eine mohammedanische Moschee war. Im übrigen malte er die Kirche in der herkömmlichen Weise aus.

Theophánes kehrte in sein Kellion bei Karyès zurück, er war alt geworden, die Wandmalerei mußte er jüngeren Brüdern überlassen. Ikonen malte er noch, mit denen er die Wandbilder in der Trápeza der Großen Lawra wiederholte, um sich seiner Anfänge als junger Maler zu erinnern. Sein Sohn Neóphytos verließ ihn und trat 1552 als Mönch in die Lawra ein, er bot seine Dienste als Maler von Ikonen an. Sein Kellion überließ Theophánes im August 1559 einem anderen Eremiten und kehrte nach Candia zurück. Er wollte sein Leben in der Heimat beschließen. Der junge Doménikos Theotokópoulos, ein Schüler der Berg-Sinai-Schule, verehrte ihn, aber Theophánes starb noch im gleichen Jahr. Doménikos ging nach Venedig, man nannte ihn bald den Griechen: el Greco. Theophánes Sohn Neóphytos, noch einmal nach Kreta zurückgekehrt, bestätigte im Februar 1560 einem Notar, daß er alles, was sein Vater hinterlassen hätte, erhalten habe. Das wahre Erbe des Theophánes war seine Malerei, die in die Überlieferung orthodoxer Bildkunst einging.

Ernst BERGER: *Quellen und Technik der Fresko-, Öl- und Temperamalerei des Mittelalters von der byzantinischen Zeit bis einschließlich der ›Erfindung der Ölmalerei‹ durch die Brüder van Eyck,* Leipzig 1897 – BROCKHAUS (→ Lit.-Verz. 3 a) – Manolis CHATZIDAKIS: *Recherches sur le peintre Théophane le Crétois,* in: Dumbarton Oaks Papers, 23/24 (1969/70), 309 ff. – Malerhandbuch (→ Lit.-Verz. 3 a) – Max DOERNER: *Malmaterial und seine Verwendung im Bilde,* neu bearbeitet von Hans Gert Müller, 14. Aufl. München 1976 – FICHTNER (→ Lit.-Verz. 3 a) – HUBER (→ Lit.-Verz. 3 a) – KALLIS (→ Lit.-Verz. 3 b) – MILLET (→ Lit.-Verz. 3 a) – Nonne THEOTEKNI: *Meteora, der Felsenwald Griechenlands,* Athen 1980, 171 ff.

Eugénios Boúlgaris

Das Land der Phäaken war die Insel Korfu nicht mehr: Nausikaa hatte hier mit ihren Freundinnen am Strand die Wäsche gewaschen und dann mit Bällen gespielt, als Odysseus, der von Poseidon Umhergetriebene, ihr gegenübertrat. Alkinoos, der König der Insel, ließ den Fremdling, der ihm von seinen Irrfahrten erzählte, wieder in die Heimat, auf die Insel Ithaka, bringen. Diese sagenhaften Zeiten waren längst vergessen, vergessen wie die Zeit der Normannen und Staufer. Seit Jahrhunderten hatte Venedig die Herrschaft über die Insel und übte sie mit Lässigkeit aus. Die Festung zwischen den beiden spitzen Bergen, den Koryphäen, die der Insel den Namen gaben, schützten die Stadt Kerkyra. Die weit sich erstreckenden Olivenwälder, die kleinen Dörfer zwischen Hügel und Tal – all das, umgeben vom blauen Meer, das mit seinen Buchten tief in das Land eindrang, bot ein Bild des Friedens – wie zu Zeiten Nausikaas. Das Kloster Palaiokastritza blickte auf seinem Felsen nach Westen über die Adria.

Im Jahre 1716 wurden Stadt und Festung Kerkyra vom Reichsgrafen Mathias von der Schulenburg mit seinen deutschen Söldnern für Venedig verteidigt. Türkische Schiffe sperrten den Hafen, Truppen landeten an. Im vorigen Jahr hatten sie das südliche Griechenland für den Sultan zurückerobert, jetzt bestürmten sie die ausgedehnten Festungsanlagen – vergeblich. Am Tor der Festung prangte der Löwe des Heiligen Markus in unerschütterter Ruhe: er blieb unangefochten. Nach einem verheerenden Unwetter gaben die Türken die Belagerung auf und schifften sich wieder ein. Korfu war vom Feinde befreit. Am Tag der Befreiung, dem 11. August, wurden die Reliquien des Heiligen Spyridîon durch die Gassen der Stadt getragen. Das Volk dankte seinem Patron, weil er die Insel vor den ungläubigen Mohammedanern gerettet hatte, und kniete, wenn die Prozession mit psalmodierenden Lobgesang vorüberzog. Bald danach errichtete der Hohe Senat von Venedig seinem ›Feldmarschall und General in capite‹, dem Grafen von der Schulenburg, eine Statue, »adhoc viventes« – eine ungewöhnliche Ehrung. Die Herren der Serenissima Repubblica di San Marco wußten, wem sie Dank schuldeten.

An jenem 11. August 1716 hatte Johannita Paramythiótis ihrem Gatten, dem Lehrer Petros Boúlgaris, einen Sohn geboren, der zur Erinnerung an den Tag der Befreiung auf den Namen Eleuthérios getauft worden war. Seine ersten Jahre verbrachte der Knabe bei seinen Eltern auf der Insel Zante – sein Vater stand dort im Schuldienst – und las gern, las, was ihm zur Hand kam. Er war begabt, Lernen fiel ihm nicht schwer. Kaum erwachsen, brach Eleuthérios auf, um auf dem Festland, im epirotischen Arta, Schüler des gelehrten Athanásios von Kreta zu werden. Bald ging er ins Innere des Landes, nach Joánnina, der Stadt am stillen See, und trat in die kleine Akademie ein, an der Methódios Athrákites lehrte. Methódios war geistlichen Standes und hatte in der griechischen Gemeinde in Venedig gewirkt, kannte auch die Universität Padua und las in Joánnina über Cartesius und Malebranche: »Alles geschieht durch Gott!« Das war sein Grund- und sein Lehrsatz. Durch ihn hörte Eleuthérios, wie seine anderen Mitschüler, erstmals von den neuen Philosophien des Westens. Nach wenigen Jahren hatte er ebenso seine geistliche Bildung erlangt und wurde schon im Alter von 21 Jahren zum Diakon geweiht. Er wählte den Namen Eugénios. Nun war er berechtigt, Kinder zu taufen, die Litanei, das Fürbittgebet zu sprechen und das Abendmahl auszuteilen. Das Opfer blieb ihm versagt, das zu vollziehen Recht und Pflicht des geweihten Priesters war. Eugénios durfte mit der Erlaubnis des Metropoliten predigen, und wortgewandt war er. Seine Eltern vermittelten ihm eine Pfarrstelle auf der Insel Zante, Eugénios lehnte sie ab. Er kehrte nach Joánnina zurück, wo er durch seine vielseitige Bildung auffiel. Zwei reiche Kaufleute boten ihm an, auf ihre Kosten seine Studien in Italien fortzusetzen. Eugénios reiste über Venedig, das mit strahlendem Barock ihn umgab, nach Padua und schrieb sich an der Universität ein, um philosophische und mathematische Vorlesungen zu hören.

Die Professoren in Padua lehrten noch im Sinne des längst verstorbenen Cesare Cremonini, den seine Zeitgenossen den wiedergekehrten Aristoteles genannt hatten. Ihr Vorbild war Pietro Pomponazzi, der im sechzehnten Jahrhundert als überzeugter Aristoteliker in Padua gewirkt hatte. Mit den naturwissenschaftlichen Erkenntnissen, die das vorangegangene Jahrhundert durch Galileo Galilei und Isaac Newton gewonnen hatte, war aus dem überlieferten Aristotelismus ein einfacher Materialismus geworden: die Materie ist die Grundlage und die Voraussetzung aller Dinge, und das Denken muß auf Erfahrung beruhen. Hatte Gott die Welt etwa nicht geschaffen? Ja, aber Gott greift nicht in die Ordnung der Welt und der Dinge ein. Er ist allwissend, in der Hierarchie der Ursachen ist Er die letzte, ist Er auch die erste, die causa causarum, und – im Sinne des Aristoteles – der erste Beweger. Er *war* es, jetzt aber nicht mehr. Denn die Natur hat ihre eigenen Gesetze, Gesetze, unabhängig von Gott, und besitzt eine eigene ›Seele‹, und diese ist das ewige Prinzip ihres Bestehens, ihre Materie. Damit waren Glauben und Wissen getrennt, auch Gott und die Welt, sie konnte Gott los sein . . . Eugénios begann, auf dem Weg der neuen Erkenntnis die ersten Schritte zu wagen, erste Zweifel begegneten ihm: gab es eine doppelte Wahrheit, eine philosophische, der Natur zugewandte, *und* eine theologische, für die Gott da ist und die für Gott ist? Wo hat der Glaube dann seine Heimstatt? Und was ist der Mensch von Natur, ist Gott von Natur aus? Gott hat keine Zeit, der Glaube hat keine Geschichte, er ist ›außer sich‹, beweisen läßt er sich nicht. Der Verstand hat darauf kein Recht.

Eugénios lernte – um alles von Grund auf zu wissen – in kurzer Zeit Italienisch, Französisch und Latein, dann auch Hebräisch, um die Bibel, die Kirchenväter und die Philosophen der alten Zeit mit den neuen Gedanken in Beziehung zu setzen und abzuwägen. Auch von den deutschen Philosophen war in Padua schon die Rede, von Gottfried Wilhelm Leibniz und dessen Systematiker Christian Wolff. Sie hätten, so wurde gesagt, die Welt auf die wahre Weise erklärt. Leibniz hätte sogar eine ›*Theodizee*‹ geschrieben, in der die Güte Gottes, die Willensfreiheit, aber auch der Ursprung des Bösen erörtert worden wären. Vorab müßten die religiösen Verhaltensweisen des Menschen mit Verstand und Liebe zusammengehen, denn mit dem Erkennen der Welt würde die Liebe zum Schöpfer aller Dinge gestärkt. Allerdings schlösse der Begriff dieser endlichen Welt die Unvollkommenheit ein. Trotzdem könnten Vernunft und Glaube im Einklang stehen, und beide seien ein Geschenk Gottes! Drei Arten des Übels gäbe es nämlich, weil dem Menschen die Vollkommenheit fehle, die Gott allein und für sich besitze. Das wäre der Grund für das zweite Übel, für die körperlichen Leiden, für Elend, Krankheit und Tod. Der Mensch – und das sei das dritte allgemeine Übel – könne von seinem freien Willen falschen Gebrauch machen: und das wäre das moralisch Böse. Gott habe es unter das Gute gemischt, er aber habe das Beste geschaffen, was es gäbe, eine bessere Welt wäre nicht denkbar, zumal Gott in diese Welt nicht eingreifen könne. Eugénios zweifelte wieder: Christus hat in geschichtlicher Zeit gelebt, er, Gottes Sohn, erlitt vor siebzehnhundert Jahren unter dem römischen Statthalter Pontius Pilatus – wie es im Glaubensbekenntnis bezeugt wird – seinen Tod am Kreuz, um über das Böse zu triumphieren. Hatte Gott *nicht* in das Geschick dieser Welt eingegriffen? Wenn man den Philosophen glauben wollte, würde es keine Erlösung, keine Liebe Gottes und keine Gnade mehr geben. Die Welt wäre auf sich gestellt, Gott bliebe allein – mußte das Wissen vom Glauben abgetrennt werden?

Als Diakon ergriff Eugénios Boúlgaris in der griechischen Gemeinde zum Heiligen Georgios in Venedig – die Kirche mit ihrem etwas geneigten Turm stand an einem schmalen Kanal – häufig das Wort und erregte durch seine Deutung des Evangeliums Aufsehen. Griechische Kaufleute, die nach Venedig kamen, hörten ihn und sprachen über ihn in Joánnina. Man trug ihm die Leitung einer von ihnen gegründeten höheren Schule an. Eugénios folgte dem Ruf und kam 1742 nach Joánnina, wo bald zahlreiche Schüler sich um seine Lehrkanzel drängten. Er meinte das Licht des Westens in das Dunkel griechischen Landes zu tragen, in dem der kalte Halbmond der Türken keinen Glanz verbreiten konnte. Das Wissen des Westens sollte dieser Gesellschaft von verlorenen Freiheitslosen zur Fackel werden, deren Flamme die Bande der Knechtschaft verbrennen sollte! Eugénios lehrte Rhetorik, Philosophie und Astronomie, um seinen Hörern den Geist einer künftigen Zeit zu vermitteln, in der sie zu sich selbst kommen würden. Sein Erfolg weckte die Eifersucht eines Kollegen, des Mathematikers Bálanos Basilópoulos, der als Erzpriester der Kirche in Joánnina zugleich Direktor des Gymnasiums war und bereitwillig die Klagen entgegennahm, die sich gegen den Unterricht, den Eugénios hielt, empörten: dieser Boúlgaris wäre ein ›Westler‹! Um weiteren Unannehmlichkeiten aus dem Weg zu gehen, verzichtete Eugénios auf sein Amt. Handelsherren luden ihn nach Kozáni in Makedonien ein und vertrauten ihm die Erziehung ihrer Kinder an. Wie ihre Geschäftspartner in der Hauptstadt Konstantinopel waren sie entschlossen, ihren gesellschaftlichen Rang durch westliche Bildung zu sichern. Hier wie schon in Joánnina betrieb Eugénios mit Eifer die Erklärung des Evangeliums. Man bewunderte seine Beredsamkeit und die Strenge des klassischen Stils, den er in den Predigten offenbarte.

Eugénios' Ruhm verbreitete sich unter den reichen Griechen des Phanar in Konstantinopel. Phanarioten nannte man sie, weil sie rings um den Sitz ihres Patriarchen am Tor des Phanar – des ›Leuchtturms‹ – ihre Paläste bewohnten und im Interesse des Osmanischen Reiches die wirtschaftlichen Beziehungen zum Westen und nach Rußland aufrechterhielten. So kam es, daß der Patriarch Kyrillos V. seine Aufmerksamkeit dem Eugénios Boúlgaris zuwandte und ihm 1753 die Leitung der Akademie auf dem Heiligen Berg übertrug.

Der Athos war die Heimat der Orthodoxie und die geistige Mitte des griechischen Volkes. In der Großen Lawra wurden religiöse Schriften gedruckt und herausgegeben, um das Leben in dieser Welt aus dem Geiste des wahren Glaubens zu erneuern. »Unser Sein ist unser orthodoxer Glaube«, hatte noch vor dem Untergang des Reichs der Rhomaier Josephos Briénnios gesagt, »er ist unser Reichtum, unser Genos« – das Volk. Die Menschen draußen in den abgelegenen Dörfern und den kleinen Städten im Tal und am Meer lebten aber nicht allein aus dem Glauben, sie waren in ihrer Armut zu unausgesetzter Arbeit genötigt. Die wenigen Feste im Jahres- und Lebenslauf und die Tänze am Sommerabend füllten ihr Leben nicht aus. Die Pappas in ihren Kuppelkirchen mußten mehr sein als nur Liturgen, ihnen waren die Sorgen der Seelen anvertraut und die Kinder, die bei ihnen den Psalter lernten und vielleicht ein frommes Büchlein lasen. Nur eine Hoffnung war den Griechen geblieben: der Glaube an ein ewiges Leben, aber auch die Gewißheit, ›dereinst‹ frei von türkischer Unterdrückung zu sein. Am Athos beteten ihre Mönche. Glaube und Hoffnung verbanden sie um der Liebe willen, die Gott ihnen schenkte. Dem Glauben verband sich hellenisches Denken, das die Wiedergeburt aus dem Erbe der Alten versprach – aus heidnischem Geiste? Nur in der Abwehr des verhaßten Lateinertums war die Besinnung auf das eigene Volk denkbar, nur in der Bewahrung des rechten Glaubens sollten Zukunft und Freiheit verbürgt sein.

Und wie Glauben und Wissen schienen auch Reichtum und Armut nicht miteinander vereinbar, darum sollte ein neuer Geist die weltabgewandten Bewohner des Athos beseelen und die Akademie ihnen helfen, den Glauben mit einer sich wandelnden Welt zu versöhnen. Patriarch Kyrillos und der Abt Melétios wollten in ihr eine Forschungsstätte entwickeln, in der das göttliche Wort und die Wissenschaften eine Herberge finden sollten, um zur Vollendung der Tugend, der ›arete‹, anzuleiten. Der Mönch Neóphytos, ein getaufter Jude aus Patras, sollte Melétios bei der Gründung der Hohen Schule unterstützen. Er hatte seine Bildung an der Akademie des Patriarchats in Konstantinopel und in Joánnina erhalten und lebte schon viele Jahre in selbstvergessener Askese am Südhang des Athos-Berges in Kavsokalýwia. Nun wurde er der erste Lehrer, der Scholarch der Akademie, die im Jahre 1749 ihren Lehrbetrieb aufnahm.

Auf einem Hügel, landeinwärts vom Kloster Vatopédi, war ein langgestrecktes, zweigeschossiges Gebäude errichtet worden, das als Hort der Wissenschaften ausersehen war. Von hier oben bot sich ein weiter Blick über Gottes herrliche Schöpfung, den Garten der Jungfrau Maria, eine Welt, die wahrlich dem Vollkommenen offen war. Unten am sonnenspiegelnden Meer lag das geräumige Geviert des Klosters mit seinen Zellentrakten und Kuppeln und dem Katholikon, das erst kürzlich ausgemalt worden war. Neubauten waren erforderlich gewesen: über dreihundert Mönche bildeten die freie Gemeinschaft. In der Akademie wurde 1751 eine Kapelle hergerichtet, auch war ein doppelstöckiger Aquädukt vollendet worden, der über ein bewaldetes Tal hinweg Wasser für die Bewohner der Akademie her von den Bergen leitete.

»Die weite Fernsicht über das Meer, die gesunde Höhenluft, die entzückende Szene des grünen Laubwalds und die Abgeschiedenheit von weltlicher Ärgernis und Zerstreuung mußte die Empfänglichkeit junger Gemüter für besseres Wissen wundervoll erhöhen.« – »Aber die Mönche fürchteten für den Glauben an das unerschaffene Taborlicht, für die Pilgerkarawanen, für den geistlichen Kredit und die jährlichen Opfergaben nicht weniger als für die Bande ihrer eigenen Disziplin.«

So beschreibt Fallmerayer den Widerspruch, in dem sich die Akademie auf dem Athos befand, als Eugénios Boúlgaris die Stätte seines Wirkens betrat. Zwei Vorlesungen täglich sollte er halten, doch er bestieg – weil schon bald zweihundert Studenten zu ihm kamen – drei- bis viermal tagtäglich das Katheder, um Logik und Metaphysik zu lehren. Um seine Hörer, Mönche und Laien, auf diese Vorlesungen vorzubereiten, richtete Eugénios ein Lehramt für das Studium der lateinischen Sprache ein und berief außerdem einen Professor, einen Gymnasiarchen, für die Probleme der Erkenntnistheorie. Was an der Akademie gelernt werden sollte, teilte er Kyprianós mit, den er für dieses Fach zu gewinnen hoffte. Der Lehrstoff umfaßte demnach die Reden des Demosthenes gegen die Makedonen, wegen der Rhetorik, die Epen Homers, dann die Geschichte der Hellenen nach Thukydides und die der Ioner, sowie deren Altertümer und Siegeszeichen – man könnte es für die Anfänge archäologischer Betrachtungen halten. Vor allem enthielt der Lehrplan Platons Götterlehre und die Naturgeschichte des Aristoteles, dazu die »vortrefflichen Systeme« der Franzosen, der Engländer und der Deutschen – das waren Descartes, John Locke und Gottfried Wilhelm Leibniz, nicht zuletzt auch Christian Wolff.

Eugénios Boúlgaris las also über Leibniz und Wolff, und das war auf dem Athos in jeder Hinsicht unerhört! Das reizte zum Widerspruch. Wie hätte denn auch die Lehre des Reichsgrafen Christian Wolff in ihrer scholastischen Art, die Begriffe abzuleiten, damit die Welt ihnen entspricht, auf dem Heilgen Berg heimisch werden können? Diese Welt war der Jungfrau Maria geweiht, hier bestimmte die Liebe Christi das Leben der Anachoreten und Mönche. Über Begriffe lohnte das Nachdenken nicht, es ging um den Glauben – wer wollte ihn denn beweisen, und warum? Christus vergegenwärtigte sich in der Eucharistie und im Gebet, was sollten da noch Begriffe? Um die Welt zu verstehen? Die Mönche hatten die Welt verlassen. Dann sollten auch noch Glauben und Offenbarung auf Vernunft beruhen – die Kerze der Sonne Licht verleihen? Schlimmer war es, daß Leibniz den Allmächtigen eine Ur-Monade genannt hatte, die alles in vorherbestimmter Harmonie erhält und alles ordnet, was in der Welt der Monaden, diesen kleinen denkenden Geistern der Nichtigkeit, geschieht: das Gute, das Leiden, das Böse und auch die Sünde ... Nein! Der Mensch bleibt Träger und Täter der Sünde, weil er sich von Gott abgewandt hat, aber die Liebe Christi hat ihm die Gnade Gottes vermittelt, um ihn und alle Sünder, wenn sie sich Ihm zuwenden wollen, aus Leid und Tod zu erlösen. Gott ist die unendliche Güte, hätte Leibniz erklärt? Ja! Aber die Güte Gottes lenkt doch nicht etwa die Sünde? Nein! Dann bleibt ein Widerspruch. Also Nein zu dieser undeutlichen Klügelei mit absurden Begriffen und der Mathematik, mit der alles erklärt werden soll, und dieser Logik, die vorgibt, zu wissen, was Gott tut. Gott offenbart sich, er rechnet nicht, aber er richtet. Was Eugénios vortrug, war nichts als Lateinertum und gottlose Ketzerei.

Eugénios Boúlgaris glaubte dennoch an den Sieg der Vernunft über seine – wie er meinte: unwissenden – Kritiker. Um so schärfer wandte er sich in dieser Zeit, die er auf dem Athos verbrachte, gegen den Katholizismus. In Konstantinopel war es zu theologischen Auseinandersetzungen gekommen: Kyrillos hatte sich für die zweite Taufe der Konvertiten eingesetzt, um eine Waffe gegen die missionierenden Jesuiten zu haben und die Orthodoxie entschiedener als bisher gegen die römische Kirche zu verteidigen. Das Volk stand auf der Seite des Patriarchen Kyrillos, obgleich ihn die Metropoliten bekämpften und sich dem Vorwurf ausgesetzt sahen, im Bunde mit den päpstlichen Lateinern zu stehen. Da erhob Eugénios seine Stimme und veröffentlichte 1756 ein kleines Buch gegen die Katholiken, darin heißt es:

»Wenn die lateinischen Priester mit ihrem Wissen prahlen, so vergessen wir doch nicht, daß das Wissen die Fehler hervorgebracht hat – bei Arius, bei Makedonios und Apollinaris. Unter den lateinischen Theologen ist die Wahrheit zwischen den verschiedenen Meinungen hin und her geschüttelt worden. Die unterschiedlichsten Systeme vereinen sich recht bequem in der katholischen Theologie. Tot capita, tot sententia – wie viele Köpfe, so viele Meinungen.«

Eugénios sah sich unversehens im Bunde mit den aufklärenden und den aufgeklärten Philosophen, die gegen die Kirchen aufgetreten waren, um den Glauben ihrem Weltverstand zu unterwerfen. Ihm aber ging es um die Wahrung der orthodoxen Kultur, die sein Glaube umfaßte. Er mußte annehmen, mißverstanden zu werden. Das war der Streitpunkt: Eugénios wollte mit westlichem Denken die Orthodoxie beweisen.

Sein Gegner war – wie schon in Joánnina – Bálanos Basilópoulos. Er fand einen Gleichgesinnten in Kyrillos, der seinen Patriarchenthron wegen der Taufstreitigkeiten hatte verlassen müssen und jetzt in Vatopédi lebte. Kyrillos änderte nun seine Meinung über Eugénios und rief Uneinigkeit unter den Schülern der Akademie hervor: sie sollten die Vorlesungen des Eugénios meiden, die westlichen Denksysteme entsprächen den Dogmen der morgenländischen Kirche nicht. Es gab Verleumdung und Mißgunst. Die Kollegen des Eugénios wollten sich der neuen Lehrmethode nicht unterwerfen, die Schüler nicht seiner Lehrdisziplin und die an der Akademie Dienenden nicht seinen Befehlen. Da drohte Kyrillos dem Eugénios mit körperlicher Strafe ... Eugénios verließ die Akademie und suchte Zuflucht im Kloster Iwiron, das seit den Tagen des Euthýmios, des Georgiers, ein Hort der geistlichen Besinnung geblieben war. An seinen Nachfolger richtete er einen Brief, mit dem er sich rechtfertigen wollte und in dem er die Verleumdungen aufzählte, die ihm widerfahren waren – er schrieb:

»Für die Akademie des Athos habe ich mein Leben gegeben, habe ihr meine Gesundheit gewidmet und mein Vermögen daran verschwendet. Ich habe aber ausreichend Geduld, um die Früchte meiner Arbeit abzuwarten und die Anerkennung, die ich verdiene. Zu meinem Unglück habe ich nur die Dornen der Undankbarkeit geerntet. Möge Gott der Herr zwischen mir und meinem Werk richten und Seine Heiligkeit in Zukunft wohlwollender mir gegenüber sein.«

Eugénios schrieb nicht, daß man ihm ketzerische Irrlehre zum Vorwurf gemacht hätte. Seine Gesundheit war aber tatsächlich zerrüttet, kein Medikament wollte helfen. Rettung erhoffte Eugénios von der wundertätigen Muttergottes-Ikone, der *›nach Myrrhen Duftenden‹*, die der Heilige Lukas gemalt haben sollte. Aber das war eine Legende. Wunder vollbrachte das Bild der Allheiligen schon seit Jahrhunderten. Einst, als die Awaren im Jahre 626 Konstantinopel belagerten, rettete dies Bild die Stadt und das Reich. Das Volk hatte sich in der Hagia Sophia versammelt, um die Hilfe der Gottesgebärerin zu erflehen, und sang die Akathistische Hymne. Danach trug der Patriarch Sergios die Ikone über die hohen Mauern – Blitz und Donner schossen aus dem Bild heraus: ›griechisches Feuer‹ . . . Da flohen die Feinde. Die Allheilige hatte ein Wunder vollbracht. Seitdem wurde ihr Bild in der Hagia Sophia an würdiger Stätte verehrt, gelangte dann 1204, als die Lateiner Konstantinopel erobert hatten, nach Trapezunt. Kaiser Alexios Komnenos schenkte sie 1374 dem von ihm gegründeten Kloster Dionysîou auf dem Heiligen Berg. Die Mönche stellten sie in der Akathistos-Kapelle zur Verehrung aus.

Dorthin begab sich Eugénios: »Mit Tränen in den Augen, und auf den Knien liegend, bat er die Gottesmutter um seine Rettung. Plötzlich verspürte er Linderung seiner Schmerzen, und bald darauf empfand er Besserung. Und einige Tage danach war Eugénios von seinem Geschwulst geheilt.« Er glaubte wieder an Wunder und verkündete seine Freude in zwei formvollendeten Distichen. Gewissenhaft wurde das Ereignis in die Chronik des Klosters eingetragen und später, als ihre Wundertätigkeit abermals erwiesen war, die Ikone mit einem goldenen Rahmen versehen, auf dem in Bildern die Verse der Akathistischen Hymne dargestellt wurden.

Trotz dieses Wunders, das hätte anzeigen können, daß die Gnade Christi sich ihm zugeneigt hatte, wurde Eugénios Boúlgaris vom Athos vertrieben, zumal er kein Mönch, sondern nur ein Weltpriester niederen Ranges war. Die mit ihm lehrenden Gymnasiarchen verließen den Athos. Neóphytos, der Gründer der Akademie, war schon nach Chios übergesiedelt und ging jetzt in die Walachei. Athanásios Parîos zog sich in die Nea Moni auf Chios zurück, wo eine höhere Schule bestand, und schrieb 1781 über das Leben des Heiligen Clemens und über Rhetorik. Nikólaos Zertzoúlis hatte, wie Boúlgaris, seine Studien in Joánnina begonnen, war in Venedig gewesen und durch viele Länder Europas gekommen, dann durch die Synode Lehrer an der Akademie auf dem Athos geworden. Er wechselte auf die Akademie in Jassy über, wo er, ein überzeugter Wolffianer, ein Jahrzehnt lang lehrte und 1773 starb. Der Geist des Westens wurde in alle Winde getrieben und legte die Keime der neuen Gedanken in die fruchtbare Erde der griechisch-orthodoxen Welt. Auf dem Athos hatte er keine Heimstatt gefunden. Die Seele des Athos begriff den Eugénios nicht, den Geist des Athos hatte Eugénios nicht verstanden, denn Seele und Geist des Heiligen Berges sind keine Begriffe, sondern das Leben betender Mönche.

Aber die Akademie blieb bestehen. Nachfolger des Eugénios Boúlgaris wurde Kyprianós, den schon Eugénios zur Mitarbeit hatte gewinnen wollen. Unter Patriarch Theodósios war die finanzielle Lage der Hohen Schule einigermaßen gesichert, doch die derzeit lehrenden Professoren hatten ihre Bildung nicht mehr im Ausland erworben. Bald war kein Leben mehr auf dem umwaldeten Hügel oberhalb von Vatopédi, kein Geist, der die Orthodoxie durch die westliche Wissenschaft hätte erneuern können. In den neunziger Jahren wurden die Gebäude der Akademie notdürftig ausgebessert. Als aber 1799 Patriarch Neóphytos von den Klöstern verlangte, mit ihrem Geld die Lehrer zu bezahlen, brach der Zorn aus: Mönche rissen die Mauern ein, das Dach stürzte in das verlassene Haus. »Durch das offene Portal dringt heute« – beschrieb Fallmerayer die Ruine vierzig Jahre danach – »in üppiggedrängtem Pflanzentrieb der Wald, und statt blühender Jugendgesichter schaut immergrünes Gestrüpp und Lianengewächs zu den leeren Fenstern heraus.« Die Schatten des Westens waren verflogen, die Sonne spiegelte sich im Meer. Der Berg schwieg.

Eugénios Boúlgaris war nach Thessalonike gewandert und arbeitete dort in aller Stille. 1761 berief ihn Patriarch Samuel Khanzéris auf den Lehrstuhl für Mathematik und Philosophie an die Akademie nach Konstantinopel. Der Patriarch hatte die Erzbistümer der Serben und Bulgaren wieder seiner kirchlichen Gewalt unterworfen: es sollten die Völker des Balkans durch die griechische Kultur ein einziges Volk Gottes werden. Denn die Kirche ist mehr als eine und die andere Nation, mehr als Serben, Griechen, Bulgaren und Russen. Gemeinsam bilden sie erst die Ökumene. Die Akademie sollte die künftigen Bischöfe, die unter den Völkern der Orthodoxie tätig sein würden, im Geiste der neuen Wissenschaften und der Theologie unterweisen und bilden, zumal auch Naturwissenschaft, Medizin und Chemie gelehrt wurden. Die bürgerlichen Kreise im griechischen Konstantinopel nahmen diese Neuerungen begeistert auf. Sie fühlten die Überlegenheit, die sie dadurch über die Mohammedaner erlangten: eines Tages mußte das Joch der Türken abzuschütteln sein. Ihre Ziele setzten sie weit: Europa sollte nicht nur das Abendland sein, sondern die neue griechische Kultur, die aus dem hellenischen Altertum überliefert war, jetzt, in Verbindung mit der Orthodoxie, den Westen aus seiner

›Verständigkeit‹ und seiner ›aufgeklärten Vernunft‹ befreien. Dann könnten die Gegensätze überwunden werden, die jahrhundertelang nur Krieg und Verfolgung verursacht hätten. Die Gemeinschaft der Völker sollte sich aus dem Geiste der Religion erneuern, um die Menschen wieder auf den Weg zu Gott zu lenken. In diesem weiten Raum des Geistes hätte Eugénios Boúlgaris wirken können. Bald beanstandete jedoch der Patriarch die Methode des Unterrichts, den Eugénios gab, und die mathematische Art der Begriffsableitung, mit der er die Beweise für Gott – als wenn es sie geben müßte! – aufgestellt hatte. 1765 verzichtete Boúlgaris auf sein Lehramt. Er reiste nach Leipzig, in das Land und die Stadt, aus dem die Gedanken des aufklärenden Geistes gekommen war. Er hätte sie als einen Unstern seines Lebens ansehen müssen, wenn sie ihm nicht als Wahrheit erschienen wären – wie sein Glaube und seine Orthodoxie. Er wollte zwischen beiden eine Brücke schlagen: eine doppelte Wahrheit durfte es für ihn und die Welt nicht geben.

Die Jahre in Leipzig brachten Eugénios Boúlgaris mit den politischen Ereignissen in Berührung. Preußen war nach dem Siebenjährigen Krieg in Europa eine Großmacht geworden. Und die Kaiserin Katharina, Herrscherin über das große orthodoxe russische Reich, setzte 1763 ihren Günstling Stanislaus Poniatowski bei der Königswahl in Polen durch. 1768 schloß sie mit Preußen ein Bündnis und begann einen Krieg gegen das Osmanische Reich. Im gleichen Jahr reiste Eugénios Boúlgaris nach Berlin, um Beziehungen zu Rußland anzuknüpfen. Friedrich der Große, dessen Freundschaft mit Voltaire in Europa bekannt war, bat den ehemaligen Scholarch der Athos-Akademie an seine Tafelrunde nach Sanssouci. Gesprächsweise erwähnte er vielleicht, was Voltaire über die Türken gesagt hatte: sie hätten »die schönen Künste verdunkelt und das Leben des wunderschönen Griechenland aufgelöst« – sie müßten nach Asien zurückgetrieben werden. Er aber, der König habe seinem Freunde zur Antwort gegeben: »Die Griechen, für die Sie sich, Monsieur Voltaire, so lebhaft interessieren, meint man, sind so herabgewürdigt, daß sie nicht verdienen, frei zu sein.« Boúlgaris, der orthodoxe Christ, wird ihm widersprochen haben. Gleichwohl empfahl Friedrich ihn der russischen Kaiserin, die ihm alsbald den Auftrag erteilte, ihre Instruktionen an die Rechtsgelehrten, die im neuen Zivilgesetzbuch alles das ausschließen mußten, was zur Orthodoxie im Gegensatz stünde, zu übersetzen, ins Griechische, seine Muttersprache.

Nach der Seeschlacht bei Tschesme, dem großen Sieg der russischen über die türkische Flotte, kam General Fjodor Graf Orlow von Griechenland aus 1770 durch Deutschland. In Leipzig lernte er Eugénios Boúlgaris kennen und machte seinerseits der Kaiserin gegenüber Elogen über den großen Gelehrten. Er veranlaßte ihn, den Essay eines aufgeklärten Franzosen namens Bourdillon zu übersetzen, der sich kritisch mit der Lage der Kirche in Polen auseinandersetzte, vor allem aber gegen die katholische Kirche gerichtet war. Eugénios Boúlgaris, der in dem Pseudonym ›Bourdillon‹ den von ihm bewunderten Voltaire erkannte, fügte dem Text eine Abhandlung hinzu: der Staat könne, war seine Ansicht, gegen Andersgläubige seine Macht anwenden, um der Staatsreligion die ihr allein gebührende Anerkennung zu verschaffen. Und in Rußland stand der Heilige Synod in Abwehr gegen die Raskolniki, die Altgläubigen, von denen Tausende nach Polen geflohen waren. Dort aber wurden die Dissidenten, die Orthodoxen und die Protestanten, von der katholischen Oberschicht unterdrückt. So ließ sich der Eingriff Rußlands in die inneren Angelegenheiten der polnischen Adelsrepublik rechtfertigen. 1771 waren sich Rußland und Österreich aus unterschiedlichen politischen Interessen einig: Polen mußte geteilt werden,. Preußen wurde beteiligt.

Nun fuhr der jetzt heimatlose Eugénios nach Sankt Petersburg und wurde 1771 zum Leiter der Kaiserlichen Hofbibliothek ernannt. Er verstand es, sich in das Vertrauen der allmächtigen Herrscherin einzuschmeicheln, und unterstützte die Politik der ›Vielgeliebten‹ gegen das Osmanische Reich mit philosophischen Argumenten. Katharina hätte Voltaire, den sie ihren ›Lehrer‹ nannte, gern an ihrem Hof gesehen, nun war Boúlgaris ihr ›Voltaire‹, der auf seine Gönnerin eine Ode dichtete. Die Kaiserliche Akademie wählte ihn zum Mitglied. Boúlgaris war am Ziel seines Lebens. Obgleich bisher nur Diakon, wurde er 1773, einen Monat nach seiner Weihe zum Priester, durch den Metropoliten von Moskau und Allrußland, Platon, als Erzbischof von Chersson und Slawonien inthronisiert. Er rief Griechen als Bürger in die neue Stadt.

Jahre später bereiste Katharina zwischen Hofbällen, Potemkinschen Dörfern, Kosaken und Höflingen aus ganz Europa den Süden Rußlands und die von den Türken befreiten Gebiete. Eugénios dichtete für einen Triumphbogen aus Holz eine Inschrift, um seiner Herrin zu huldigen: »Kommt sie, erschauern die Kaukasischen Berge vor Ehrfurcht, aber Byzanz auf seinen sieben Hügeln zittert vor Furcht.« Das war mißverständlich gesprochen! War vielleicht mit ›Byzanz‹ der Patriarch gemeint und nicht der Sultan, für den es Byzanz nicht mehr gab? Noch im gleichen Jahr, 1787, bat Eugénios seine Kaiserin, ihn, da er die Siebzig überschritten hätte, seiner Würde zu entledigen, sie möge seinen Freund, den Theodoros Theotákos, der gelehrt wie kein Zweiter und vor allem ein Feind des Islam, aber auch des katholischen Westens sei, zu seinem Nachfolger ernennen, habe er doch Tausende von Altgläubigen für die wahre Orthodoxie zurückgewonnen. Die Kaiserin gewährte die Bitte.

Danach lebte Eugénios Boúlgaris in Chersson. Er übersetzte die ›*Aeneide*‹ des Vergil ins alte Griechisch und widmete das Werk dem Fürsten Grigorij Alexandrowitsch Potemkin, dem Freunde der Kaiserin, die es, ihrem Günstling zur Freude, in vier Pracht-Folianten in Petersburg drucken ließ. Die ›*Georgica*‹ desselben altrömischen Dichters übertrug Eugénios ebenfalls in seine Muttersprache. Sie bot ihm Gelegenheit, im Kommentar zum Vers 1, 332, in dem der Athos erwähnt wird, die Sätze hinzuzufügen:

»Ich habe den Berg Athos nur zu gut kennengelernt. Dort habe ich mich, nachdem ich ein Kollegium gegründet hatte, fünf Jahre lang in unaufhörlichen Kämpfen und durch vielen Verdruß erschöpft. Ich habe diese Athoniade erlebt. Ich mußte aber erkennen, daß alle meine Anstrengungen vergeblich waren.«

Die Erinnerung an den Athos ließ den alternden Geistlichen nicht mehr los. In Petersburg nahm Eugénios wieder an der Arbeit der Akademie teil, nachdem er seinen Wohnsitz in der Reichshauptstadt genommen hatte. Er verfaßte unablässig theologische und polemische Schriften gegen die römische Kirche und veröffentlichte noch 1804 seine Ratschläge für ein gutes Sterben, die ›*Euthanasie*‹. Die letzten Jahre verbrachte er im Kloster des Alexander Newskij, der Großen Lawra, nicht weit von der strahlenden Palaststadt Sankt Petersburg. Sein Vermögen vermachte er testamentarisch der Schule auf dem Athos, ferner der Kirche des Heiligen Spiridîon und der noch zu gründenden Akademie auf Korfu, sowie dem Heiligen Grab in Jerusalem und dem Katharinen-Kloster auf dem Sinai. Im Alter von 89 Jahren starb er am 12. Juni 1806.

Seiner Zeit galt er als einer der gelehrtesten Männer Griechenlands, weil er durch die Weite seines Geistes die Wiedergeburt seiner Nation vorbereitet und, als ein neuer Artistoteles, mit der Redegabe eines Demosthenes das Übernatürliche der Evangelien erklärt und gedeutet hätte. Der Athos vergaß ihn, doch an das Legat von tausend Rubeln zugunsten der Akademie erinnerten sich die Mönche von Vatopédi noch viele Jahre nach seinem Tode im Gespräch mit Philipp Meyer,

der sich Notizen über die Tätigkeit des Eugénios Boúlgaris machte. Daß aber Jakob Philipp Fallmerayer auf seiner Fahrt von Konstantinopel nach Saloniki im Jahre 1837 dem eben erst ernannten Erzbischof von Thessalonike als einen »Zögling des berühmten Eugénios Boúlgaris« traf, ist wenig wahrscheinlich – es sei denn, der Geistliche wäre fast hundert Jahre alt.

A.-F. Didot: *Nouvelle biographie générale* Bd. 13, 1856, Spalte 704 ff. – Fallmerayer, Bd. 2, 83 und 133 – Huber (→ Lit.-Verz. 3 a), 313 f. – R. Janin: *Dictionaire d'histoire et de géographie ecclésiastique,* Bd. 10, 1938, Spalte 1196 ff. – Martin Knapp: *Evgenios Vulgaris im Einfluß der Aufklärung, der Begriff der Toleranz bei Vulgaris und Voltaire* (=Bochumer Studien zur neugriechischen und byzantinischen Philologie, 6), Bochum 1984 – Meyer: *Beiträge,* 554 ff. – A. Palmieri: *Dictionaire des théologie catholique,* Bd. 2, 1905, Spalte 1236 – P. Papaderos: *Metakenosis, Griechenlands kulturelle Herausforderung durch die Aufklärung in der Sicht des Korais und des Oikunomenos* (=Archiv für vergleichende Kulturwissenschaft, Bd. 6), München 1970 – Theodor B. Papadopoulos: *Studies and Documents Relating to the History of the Greek Church and People under Turkish Domination,* Brüssel 1952 – Runciman (→ Lit.-Verz. 3 b), 376 – Sherrad (→ Lit.-Verz. 3 b)

Parfenij – der weit Gewanderte

Mönche leben allein, leben von der Welt abgeschieden. Die Mühe des Mönch-Seins können die kleinen Unzuträglichkeiten nicht sein, die ihnen das asketische Leben auferlegt, sondern die Mühe, die Last des eigenen Selbst abzuwerfen. Deshalb sei ihnen, wie Pseudo-Dionýsios Areopagîta sagte, »vieles, was vom mittleren Stande ohne Tadel betrieben wird, auf alle Weise verboten, weil sie sich dem Einswerden mit dem ›Einen in ihnen‹ widmen und sich dem priesterlichen Leben nach Möglichkeit angleichen müssen«. Als die Alleinigen (monachoi) sind sie auf dem Weg zum All-Einigen (monas), zu Gott, und haben hier nur ihre Bleibe (monè) als Rastort, das Kloster.

»Die einen haben sie Gottesdiener (therapeutai) genannt, die anderen Einzige, teils nach ihrem reinen Gottesdienst und ihrer Gottesverehrung, teils nach ihrem ungeteilten, einheitlichen Leben, das sie, wie sie sagen, zu einer Einheit durch die Zusammenfassung des Auseinandergenommenen macht – mit dem Ziel gottähnlicher Einzigkeit.«

Mönche sehen die Einheit hinter der Vielheit, in der wir als im »mittleren Stande« leben. Wir wissen nicht aus und ein, sie kennen ihr Ziel, sie sind die Träger des Lichts, in dem sich alles zu einem Sein, dessen ›ikon‹ sie sind, vereint – als wäre es eine Idee – und von ihnen erinnert wird, während Schatten unseren glücklosen Weg verdunkeln: unsere Mühen führen zu nichts. Wir kennen nur Vielerlei, bleiben Vereinzelte.

Jassy, die Stadt, in der 1807 der spätere Mönch Parfenij zur Welt kam, lag in einer schönen Gegend und war – wie es in einer Beschreibung heißt – weit, aber unregelmäßig gebaut, weil die Häuser, einstöckig aus Lehmziegeln errichtet, von Gärten und Feldern umgeben waren. Nur die bescheidenen Paläste des Adels aus Stein hatten ein oberes Stockwerk. Ein Sumpffluß durchzog die Stadt, oft roch es nicht gut. Auf den Straßen lagen Bohlen und Balken, darunter waren Abflußgräben angelegt. Regnete es, bedeckte Schlamm die Wege, war es trocken, wirbelte Wind schwarzen Staub auf – für Augen und Lungen unerträglich. Dies war die Residenz der Fürsten von Moldavien, das sich von den Karpathen bis zum Pruth erstreckte und zu dem die Landschaft Bessarabien gehörte: der Dnjestr bildete die Grenze zum Russischen Reich. Die Fürsten der Moldau und der südlich gelegenen Walachei nannte man Hospodare. Sie stammten aus den ersten griechischen Familien in Konstantinopel, den Phanarioten, und waren seit Jahrhunderten dem Sultan des Osmanischen Reiches Tribut schuldig, aber entschiedene Förderer der Klöster auf dem Heiligen Berg: der Großwoiwode der Walachei, Johann Peter IV. Raresch, hatte im sechzehnten Jahrhundert das Kloster Karakállou wiederhergestellt, nachdem es von Seeräubern geplündert und zerstört worden war.

Am Ende des achtzehnten Jahrhunderts residierten in Jassy die Ypsilanti. Konstantin, der Sohn des älteren Alexander, mußte 1802 jedoch in die Walachei gehen, wo er, der Parteinahme für den russischen Zaren Alexander verdächtigt, 1806 von Sultan Selim III. als Hospodar abgesetzt wurde. Er floh nach Siebenbürgen, das unter habsburgischer Herrschaft stand. Dafür ließ dann der Sultan seinen achtzigjährigen Vater verhaften und 1807 enthaupten, nachdem im Jahre zuvor Konstantin an der Spitze russischer Truppen in die Moldau eingedrungen war. Die Türken besiegten seine kleine Armee und zwangen ihn zur Flucht nach Kiew.

Parfenij war als Sohn eines Kaufmanns geboren worden und hieß mit bürgerlichem Namen Peter Aggeev. Als Kind las er in der Bibliothek seines Vaters mit Vorliebe Andachtsbücher und religiöse Schriften, wie es auch seine Eltern taten. Sie gehörten der altgläubigen Gemeinde in Jassy an. Diese Raskolniki hatten sich im siebzehnten Jahrhundert von den Orthodoxen getrennt, als Patriarch Nikon mit seiner Reform der Liturgie die Einheit der Kirche unter dem ökumenischen Patriarchen von Konstantinopel wiederherstellen wollte. Schutzherr der Kirche sollte der Zar sein, wie es einst, weit über die Grenzen des Byzantinischen Reiches hinaus, der Kaiser der Rhomaier gewesen war. Und Nikon wollte der Großherr dieses Heiligen Reiches sein. Die Raskolniki lehnten den Zaren und alles ab, was Staat, Heer und Verwaltung war, und eine ihrer Sekten, in die sie sich spalteten, sogar die Priester. Einen Aufstand entfesselte Stenka Rasin. Doch er verlor die entscheidende Schlacht und wurde 1671 stückweise hingerichtet. Emiljan Pugatschow, der sich als Zar Peter III. ausgab und den die Raskolniki anerkannten, erlitt das gleiche Schicksal durch Katharina der Großen. Trotzdem breitete sich die ›Kirche‹ der Altgläubigen in den Provinzen des Reiches und in den Nachbargebieten – wie in der Moldau – aus.

Hier kam es 1812 zu einem Aufstand gegen die vom Sultan eingesetzten Hospodare, allerdings auch zur Annektion Bessarabiens durch Rußland. 1822 wurde der letzte griechische Hospodar, Skálatos

Kallimáchis, aus der Moldau vertrieben: die Fürsten sollten nur noch aus den einheimischen rumänischen Familien hervorgehen. Inzwischen war der junge Alexander Ypsilanti, russischer Gardeoffizier, als Führer der griechischen Geheimbündler, der Hetäristen, in die Moldau gekommen, um von hier aus den Aufstand der Griechen gegen die Herrschaft der Türken zu entfesseln. Das südliche Griechenland rang schon mit Erfolg um seine Freiheit, aber Alexander Ypsilanti siegte gegen die Janitscharen des Sultans Mahmud nicht. Er mußte nach Österreich fliehen. Fürst Metternich ließ ihn internieren, die ›Heilige Allianz‹ unterdrückte die Freiheit. 1827 wieder frei, starb er schon im Jahre darauf.

Das waren die religiösen und politischen Verhältnisse, unter denen Peter Aggeev aufwuchs. Als Zwölfjähriger entfloh er dem Elternhaus und blieb drei Monate in einem Kloster der Altgläubigen. Die Mönche gaben ihn seiner Mutter zurück. Der Vater ließ ihn zum Kaufmann ausbilden. Peter hielt es zu Hause nicht aus, wanderte abermals fort und fand Aufnahme in einem russischen Kloster. Ihn enttäuschte bald das Sektentum der Raskolniki, und nachdem er noch mehrere Klöster besucht hatte, kehrte er endlich in einem orthodoxen Kloster ein und begegnete dem Mystiker Seraphim, der im Kloster Sarow lebte. Von ihm wurde erzählt:

Als Seraphim einmal beim Holzsammeln im Herbstwald von Räubern überrascht wurde, die Geld von ihm haben wollten, sagte er ihnen, er hätte nichts. Daraufhin schlugen sie ihn zu Boden und verletzten ihn schwer. In seinem Kloster, in das er sich blutüberströmt schleppte, wollte Seraphim sich von den Ärzten nicht helfen lassen, sondern vertraute sich allein Gottes Barmherzigkeit an und bat, seine Feinde nicht zu verfolgen. Seraphim erinnerte seine Brüder an das evangelische Wort aus dem zehnten Kapitel Matthaei: »Und fürchtet euch nicht vor denen, die den Leib töten, und die Seele nicht können töten; fürchtet euch aber vielmehr vor dem, der Leib und Seele verderben kann in der Hölle!«

Von diesem Asketen Seraphim lernte Peter, was es heißt, ununterbrochen zu beten. Er blieb aber noch auf der Suche nach seinem geistlichen Vater, seinem Starez, und kehrte, mit seinen Erfahrungen unzufrieden, wieder nach Hause zurück. Hier fanden Freunde zu ihm, mit denen er, bald dreißig Jahre alt, nach Rußland aufbrach. Als Novizen traten sie in ein Kloster im Gouvernement Kostroma an der Wolga ein, das, obgleich altgläubig, sich der Staatskirche und dem Heiligen Synod unterworfen hatte, seinen herkömmlichen Ritus aber beibehielt. So schien ein Mittelweg gefunden zu sein, den Peter Aggeev zur allgemeinen Wahrheit hätte gehen können, um die sektiererische Haltung der Raskolniki zu überwinden. Die Einheit der Ökumene und mit ihr der Orthodoxie mußte erreicht und bewahrt werden. Peter begann, in sich selbst seine Berufung zu erfahren. Darum veranlaßte Timon, der einem nahegelegenen Kloster als Abt vorstand und ein Freund des Seraphim war, den Novizen Peter, in die Moldau zurückzukehren. Ein orthodoxes Kloster in Vorona nahm den betenden Wanderer auf. Peter Aggeev erhielt die erste Weihe und nahm den Namen Paisij an, um nach dem Vorbild des Starez Paisij Welitschkowskij in geistlicher Zucht zu leben.

Der Starez Paisij Welitschkowskij war 1794 als Abt des Klosters Neamt in der Moldau gestorben. Aus Poltawa in der Ukraine gebürtig, hatte er die Theologische Akademie in Kiew besucht und nach 1782 die ›*Philokalîa*‹ des Nikódemos in die slawonische Sprache übersetzt. Dieser Nikódemos stammte von der Insel Naxos, hatte in Smyrna studiert und war Mönch im Kloster Dionysîou auf dem Athos gewesen. Alles, was sich auf die Hesychîa bezog, hatte er aus den Schriften der Kirchenväter und aus Gregórios Pálamas und dessen Schülern Kallistos und Ignatios gesammelt und sein Werk ›*Philokalîa*‹ – Liebe zur Tugendschönheit – genannt. Geistiges Erkennen war für ihn dem sinnlichen Wahrnehmen ähnlich, aber in einem tieferen Sinne ungleich, obwohl er Geist und Leib als eine Einheit verstand, die durch den mystischen Aufschwung der Seele vergöttlicht wird. Mit diesem Buch konnte der junge Paisij nach dem Vorbild seines Namenspatrons ein Hesychast werden und hoffen, aus athonitischem Geiste die Spaltung der Orthodoxie in Rußland zu überwinden. Und Paisij las:

»Die Tätigkeit der Sinne zieht den Geist mit sich und zu den sinnlichen Schönheiten hin. Aber die geistige Kraft erlahmt, weil der Geist sich dem Leibe gepaart hat. Denn das Verhältnis des Geistes zur geistigen Wirklichkeit ist nicht gleich dem des Sehens zum Gegenstande der Sicht oder, allgemeiner ausgedrückt, dem der Sinne zum sinnlich Wahrnehmbaren. Ich spreche aber vom Geist der Seele, die noch im Leibe wohnt. Denn unstoffliche Geister sind bei ihrem Erfassen der geistigen Dinge tätiger als das Sehen im Erfassen der sichtbaren Dinge. Doch so wie das Auge, wenn es getrübt ist, nicht klar und genau, sondern verschwommen sieht, so erfaßt auch unser Geist die geistigen Dinge, ohne sie genau wahrzunehmen, ja ohne wirklich danach zu verlangen, denn das Maß des Verlangens hängt ab von dem der Erkenntnis; so wird der Geist gleich wieder zu den sinnlichen Schönheiten herabgezogen, die sich ihm deutlicher einprägen, da er notwendiger von dem, was ihm als gut vorkommt, angezogen wird, ob es nun wirklich gut sei oder nicht.«

Gekettet an diese Welt, gebannt an den Schein alles Wesenlosen, sei es nicht möglich, zur Erkenntnis des geistigen Seins und der Wirklichkeit Gottes aufzusteigen. Die Fesseln zu lösen, wäre jedoch die Mühe des Mönch-Seins wert. Wer die Freiheit suche, das erkannte Paisij, müßte einen Lehrer finden, der den Suchenden leitet. Und weiter und wieder las er:

»Der muß vollkommen sein und ohne Irrtum. Und hast du ihn dann gefunden, so hange ihm an mit Leib und Seele wie ein ergebener Sohn seinem Vater, und von nun an gehorche all seinen Befehlen sinngemäß, sei gleichen Sinnes mit ihm in allen Dingen und betrachte ihn nicht als einen bloßen Menschen, sondern als Christus selber. Wirf weg allen Zweifel und allen Unglauben, wie auch alle eigenen Gedanken und Wünsche und folge deinem Meister Schritt für Schritt, als wärest du ein Spiegel. Folg' ihm wie deinem eignen Gewissen und bewahre einen völligen und stillschweigenden Gehorsam.«

Und ein drittes wurde ihm, dem suchenden Paisij, abverlangt, wenn er das Kreuz dieses heiligenden Gehorsams auf sich nehmen würde:

»Nur harter Kampf und Furcht vermögen die Seele im Zaum zu halten. Deshalb sollst du dich von der Welt absondern, die Seele des Leibes entwöhnen und sollst stadtlos sein, heimatlos, besitzlos werden, unbekümmert um Geld, unbelastet, ohne Verkehr, unwissend in menschlichen Geschäften, demütig, mitleidig, gut, freundlich, ruhig, vor allem aber bereit, die Eindrücke göttlicher Erkenntnis, so wie sie erscheinen, in dein Herz aufzunehmen. Denn durch immerwährendes Gebet und das Lesen der göttlichen Schriften werden die geistlichen Augen der Seele geöffnet, so daß sie den Herrn der Mächte schauen. Dann ist die große Freude da, und heftig brennendes Verlangen erfüllt die Seele: der Körper selbst wird im Geist verzückt, und der ganze Mensch wird geistig. Da werden jene, die das gesegnete Schweigen erlangen und das strenge Leben führen und auf alle menschliche Tröstung verzichten, sich allein – als Alleinige in der Einsamkeit, und nur dort – mit Gott im Himmel unmißverständlich und klar unterhalten.«

Dem Paisij war damit der Weg in die Freiheit, der Weg in das Schweigen zur Ein-Sicht in den All-Einigen gewiesen. Und er, der einmal Peter Aggeev hieß, jetzt aber ein anderer war, mußte ihn gehen, um für seine Seele eine ›Bleibe‹ zu haben, damit Christus in ihm lebe und bleibe als der, der in sich selbst bleibt. Das verlangte die Kraft, das eigene Selbst abzuwerfen. Als Paisij endlich seinen geistlichen Vater in Raphael, dem Archimandriten, gefunden hatte, bat er ihn bald, auf den Athos gehen zu dürfen, in die Skite des Propheten Elias, die Paisij Welitschkowskij gegründet hatte, um dort zu bleiben und Hesychast zu sein, stadtlos, heimatlos, unbekümmert um Geld ... Doch sein Vater und Seelenlenker, der Starez Raphael, weil nur Gehorsam die Freiheit gibt, erlaubte es ihm noch nicht: der Heilige Berg würde den, der ihn einmal gesehen und zu seinen Füßen gelebt hätte, nicht wieder hergeben, so unerschüttert sei seine Gewalt – und das sei schon Besitz, von dem sich die Seele lossagen müsse. Erst 1837 konnte Paisij mit dem Segen Raphaels den Weg auf sich nehmen. Einige Brüder begleiteten ihn. Der kleine Trupp wanderte durch die Walachei, besuchte in Bulgarien das ehrwürdige Kloster Rila, zog weiter an Saloniki vorbei – die Stadt bedeutete den Wandernden nichts – und durch das waldreiche Bergland der Chalkidike. An der Küste des Strymonischen Golfs ging es entlang und bald in die Tiefe des hügeligen Landes, der Heimat der Schwarzen Engel. Den gleichen Weg ging damals der junge Arzt Grisebach und bemerkte in der Gegend von Chilandár »... zum ersten Mal auf der Halbinsel Platanen im Walde. Diese Platanen bilden sodann einige selbständige Forsten zwischen dem Kloster und seinem Strande. Chilandár liegt übrigens schon in der immergrünen Region und diese nimmt bald einen von der Küstenflora der südlichen Halbinsel ganz verschiedenen Charakter an.«

Durch Pinien und Seestrandfichten, die sich zu einer hochstämmigen Waldung zusammenstellten, erreichten der Reisende und die Pilger das Kloster. Paisij und seine Wandergefährten machten Rast in Chilandár und teilten Gebet und Andacht, Brot und Wein mit den serbischen Brüdern, brachen jedoch bald wieder auf, kamen nach Esphigménou, das nahe dem Meere lag, und nach Vatopédi, das sich durch die Stiftung des Kyprianos aus Verfall und Verarmung erneuerte. Hier lebten fast dreihundert Mönche und ließen sich von zahllosen Laienarbeitern, den kosmikoi, bedienen. Vor Jahren hatte dieses idiorrhythmische Kloster einen Rechtsstreit mit dem Kloster Zográphou gehabt und ihn – wie William Leake berichtet – durch Zahlung von zweihundert Beuteln Silber, also etwa 20 000 Goldmark, gewonnen, aber dafür Bücher und andere Schätze verkaufen müssen. Daß es auch auf dem Heiligen Berg Streit gab, betrübte Paisij. Er und die anderen wanderten weiter und wurden endlich in der Skite des Propheten Elias freundlich begrüßt. Unten auf seinem vorspringenden Felsen, burgartig mit einem Turm bewehrt, lag Pantokrátoros – wie ein Vorposten am Strand der Unendlichkeit. Aber mit den Epitropen dieses griechischen Klosters hatte es Mißhelligkeiten gegeben, weil ihnen die Skite unterstand und die Ländereien Pantokrátoros gehörten. Darüber wollten sich die russischen Mönche mit dem Reisenden Wladimir Davydov unterhalten, den Pater Prokofij gebeten hatte, mit seinen Landsleuten zu sprechen. Und diese beklagten sich bitter über die Griechen, die ihnen das Ackerland weggenommen hatten und in kein Kloster einließen: Wladimir möge sich doch für sie einsetzen, war ihre inständige Bitte. Aber er sah keine Möglichkeit, ihnen in ihrer Not zu helfen, konnte sie auch nicht trösten und setzte seinen Ritt nach Stavronikîta fort. So fanden die walachischen Brüder in der Skite des Propheten Elias den Frieden nicht, den sie suchten.

Paisij, der Mönch, war tief enttäuscht: das war die Skite, die Paisij Welitschkowskij gegründet hatte? Das konnte die Wahrheit der Mönche, der Alleinigen, nicht sein. Schlimmer noch: es war zum Bruch zwischen Ukrainern, unter ihnen viele Kosaken, und den Russen gekommen. Es gab keine Gemeinschaft mehr. Die russischen Brüder hatten mit ihrem Beicht- und Seelenvater Paul die Skite verlassen und waren, so gut es ging, in und bei Karyès untergekommen. Das alles erzählte der Archontaris den Hergewanderten und sorgte für ihr leibliches Wohl.

Übrigens hörte Paisij durch ihn, daß auf dem Heiligen Berge der russische Starez Arsenij in seiner weltabgeschiedenen Hesychasteria lebte. Von allen Slawen, aber auch von den Griechen, würde er wegen seines heiligmäßigen Wirkens verehrt. Paisij entschloß sich, zu ihm zu gehen, wollte er doch mehr als nur ein Mönch unter anderen sein: er wollte sich dem Willen eines anderen unterwerfen, um frei von der Welt, frei von sich selbst zu sein.

*

Arsenijs weltlicher Name war Alexij gewesen, er kam aus der Gegend von Nishnij-Nowgorod, weit östlich von Moskau, und hatte schon mit zwanzig Jahren sein Noviziat begonnen, um dann, nach einem Aufenthalt in der Moldau, das für seine Klöster berühmt war, am Athos sich einzusiedeln. Mit seinem Freund, dem Bruder Nikólaos, war er in die Wirren des griechischen Befreiungskampfes geraten – viele Mönche verließen den Athos –, er blieb. Seitdem widmete er sich mit Nikólaos, wenn auch in äußerster Armut, in der meisten Zeit dem Gebet. Beide waren unzertrennliche Brüder in der Liebe zu Gott.

»Sie feierten gewöhnlich die Liturgie selbst. Ich hatte oft«, berichtet Parfenij in seinem ›*Wanderungen*‹, »Gelegenheit, während der Liturgie im Narthex dabei zu sein. Sie sangen volltönend, und Kummer begleitete ihren Gesang. Noch heute sehe ich die beiden alten Mönche, schwach und wie zusammengeschrumpft durch das Fasten. Einer stand weinend im Heiligtum vor dem Thron des Herrn. Sein Schluchzen hinderte ihn, laut zu sprechen. Er wisperte – mit Zerknirschung im Herzen. Der andere Mönch stand, auch er in Tränen, vor dem Lesepult, seine Stimme war durch Trauer und Schwäche gebrochen. Obgleich wenig für menschliche Ohren zu hören war: Gott hört viel. Die beiden alten Mönche waren so in der Liebe zu Gott entbrannt, daß sie sich nicht einen Augenblick von Ihm trennen mochten, und in ihren Gedanken, mit ihrer Seele und ihren Lippen unterhielten sie sich fortwährend mit Ihm. Der einzige Gegenstand ihres Gespräches war das Gebet und die Liebe Gottes, aber auch ihrer Schüler, die sich ihnen unvertraut hatten. Sollte irgend jemand etwas anderes in ihrer Gegenwart meinen, unterbrachen sie sofort die Unterhaltung. Sie liebten ihren Nächsten mehr als sich selbst.«

In diese Einsiedelei des Starez Arsenij trat nun der Mönch Paisij, nach mehr als zehnjähriger Wanderschaft, ein, grüßte ehrerbietig den würdigen Greis und sprach zu ihm:

Ich wähle dich als meinen Starez und Beichtvater und gebe meine Seele und meinen Körper deiner Sorge anheim. Du bist mein Starez, mein Beichtiger, wiederholte Paisij, *und mein Lenker zur ewigen Glückseligkeit. Es ist deine Pflicht, meinen Willen zu leiten und über ihn zu bestimmen – bis zum Tode. Ich werde leben, wo immer du es befiehlst, und wenn du es wünschst, werde ich niemals deine Einsiedelei verlassen, für immer hier bleiben und dir in deinem Alter dienen.*

Das war die vollständige Unterwerfung, wie sie der Mönch seinem Starez schuldet und von der Paisij in der ›*Philokalîa*‹ gelesen hatte. Ohne dies unzerreißbare Band des Gehorsams, ohne die Pflicht, im Namen Gottes zu führen, konnte mönchisches Leben sich nicht vollenden. Aber Arsenij erwiderte:

Du versprichst viel, aber wenn du beharrlich bist, wirst du glückliche Tage sehen. Du mußt bereit sein, zu dulden, denn du wirst viele Verwirrungen und Versuchungen ertragen müssen. Meine Befehle können weder mit deinem

Verlangen übereinstimmen noch mit meinen Wünschen, aber sie werden dem Willen Gottes entsprechen. Der Herr unser Gott will nicht, daß seine Diener in leiblicher Annehmlichkeit und in welthafter Wohlhabenheit leben. Du bist zum Heiligen Berge gekommen, um hier für immer zu bleiben, aber der Wille Gottes möchte dich vielleicht dorthin schicken, wohin du nicht willst. Du könntest es als zu schmerzlich empfinden, gehorchen zu müssen. Du könntest unwillig sein. Binde dich nicht an mich, gehe weiter und suche dir einen anderen geistlichen Vater. Da sind viele hier auf dem Athos zu finden.

Paisij blieb, und nach mancherlei Prüfung nahm Arsenij ihn als seinen Zögling an. Auch andere Landsleute kamen mit der Bitte um Beistand und Rat zu ihm. Es waren die Brüder, die aus der Skite des Propheten Elias hatten weichen müssen. Gerásimos, der Abt des Klosters Panteleîmonos, das, erst vor gut fünfzig Jahren errichtet, an der Westküste der Halbinsel lag, war bereit, die Vertriebenen aufzunehmen, obgleich er ein Grieche war. Abt Paul hatte Bedenken und teilte ihm mit, daß das Kloster jetzt wohl bereit sei, ihn und seinen Brüdern eine Heimat zu geben. . ., was aber würde in einigen Jahren sein? Was könnte er von den Griechen erwarten, wenn schon seine eigenen Landsleute sie nicht geduldet hätten? Denn die Mönche von Pantokrátoros, auch sie hätten ihnen Leid zugefügt. *Wir sind wehrlos,* endete seine Erwiderung, *und sind in einem fremden Land und die Beute jener, die uns zu verfolgen trachten.*

Dabei wird Abt Paul an den Fürsten Sergej Alexandrowitsch Schirmanskij-Schichmatow gedacht haben, der als Mönch Anîkita zum Athos gekommen war. Auch er hatte mit seinen Brüdern die Skite des Propheten Elias verlassen müssen und war mit ihnen in das Kloster Panteleîmonos eingetreten. Bevor er als Pilger bald in das Heilige Land aufbrach, stiftete er Geld für den Bau einer Kirche. Angesichts der wirtschaftlichen Lage des Klosters war es erklärlich, daß das Geld nicht dafür verwendet wurde. Zwar hatten die Brüder von Panteleîmonos auf Grund einer Stiftung des Hospodars Skálatos Kallimáchis und durch den Verkauf der Güter des alten russischen Klosters – Palaiomonastir – ein Katholikon errichten können, aber seit dem Befreiungskampf der Griechen war das Kloster arm. Als Anîkita zurückkam, sah er sich in seiner Hoffnung getäuscht, Griechen und Russen in der Wahrheit der Orthodoxie und in der Liebe der allheiligen Gottesmutter, die allen gilt, zu versöhnen. . ., und kehrte wieder in die Skite des Propheten Elias heim.

Daher hatten sich Griechen und Russen darüber verständigt, den Starez Arsemij um seine Entscheidung zu bitten. Arsenij empfahl

Das Kloster des Heiligen Panteleîmon; oben der Heilige zwischen dem Stifter Skálatos Kallimachis und dem Heiligen Sabas

seinen russischen Brüdern, in das Kloster Panteleîmonos einzutreten, obgleich es, ausschließlich von Griechen bewohnt, als ein strenges Koinobion das freiere Leben in einer Skite, wie es die Russen führten, nicht dulden konnte. Die russischen Mönche waren bereit, sich dem gemeinschaftlichen Leben zu fügen, dem Abt unbedingten Gehorsam zu leisten, wenn sie auch ihrem Beichtvater Paul die Treue nicht brechen wollten und konnten. Gérasimos stimmte zu und nahm im

November 1839 die Brüder in Panteleîmonos auf. Für ihre Liturgien in russischer Sprache und für ihren Gesang, der anders war und sein mußte als der der Griechen, überließ er ihnen eine kleine Kirche als Eigentum.

Seinem Zögling Paisij, dem er den Namen Panva, der ›Weitreisende‹, gegeben hatte, befahl der Starez Arsenij, sich einer kleinen russischen Gemeinschaft zuzugesellen, die in einem Kellion bei der Skite des Propheten Elias ein einfaches Leben führte. Die Brüder arbeiteten als Bauern und Handwerker. Ihr Ältester war Joánniki Solomentschow. Er stammte aus dem Gouvernement Kursk und war ein wohlhabender Kaufmann gewesen. Paisij war nicht lange bei ihm. Als Abt Paul gestorben war, wurde Joánniki auf Anraten Arsenijs der Beichtvater der russischen Brüder in Panteleîmonos. Mit ihm zusammen empfing Paisij das ›megalon schema‹, das Große Habit, und erhielt den Namen Parfenij, Joánniki den Namen Hierónymus. Mit ihm, dem geistlichen Vater im ›Róssikon‹, wie Panteleîmonos schon immer genannt worden war, begann eine Entwicklung, die für Jahrzehnte das Schicksal des Athos bestimmen sollte, denn sein Beichtkind Makários wurde dreißig Jahre danach der erste russische Hegoúmenos von Panteleîmonos: Rußland erhielt eine heilige Oase im Osmanischen Reich.

Doch als Parfenij ins Kloster eintrat, bedrängten noch Armut und Not die Brüder. Hundert Mönche mußten ernährt werden, Geld gab es nicht, aber Schulden: hunderttausend Rubel waren es, und wohl noch mehr. Darum wurde Parfenij nach Rußland entsandt, um Almosen zu sammeln. Dieses Recht hatte Zar Nikolaus I. dem Kloster für drei Jahre eingeräumt. Unglück traf den Parfenij auf seiner Wanderschaft – hatten doch einst auch den Seraphim Räuber im Wald überfallen. Im Reich wurden die Altgläubigen hart verfolgt. Die ›Dritte Abteilung der Höchsteigenen Kanzlei Seiner Majestät des Zaren‹, Nikolaus I., hielt den wandernden Bettelmönch für einen verkleideten Popen der Altgläubigen, verhaftete ihn und verbannte ihn nach Sibirien. Sein Mönchs-Vater Arsenij hatte es vorausgesagt: Parfenij mußte gehen, wohin er nicht wollte. Vierzehn Monate verbrachte Parfenij in sibirischer Kälte und Öde, Hunger war sein Begleiter des Tages, Kummer der Wächter des Nachts . . . Dann wurde der Irrtum erkannt, und Parfenij durfte wieder zum Athos pilgern. Unterwegs war er in Jassy, besuchte die Eltern und bekehrte sie zur Orthodoxie. Das war sein schönster Erfolg, aber in Panteleîmonos kam er ohne Geld an. Inzwischen besserte sich die Lage des Klosters,

Beichtvater Hierónymus hatte eine weit größere Geldsumme erhalten, als Parfenij sie je auf seiner Wanderschaft durch Rußland hätte einsammeln können. Neue Klosterbauten wurden in Angriff genommen, die Zahl der Mönche nahm zu. Und noch in der Zeit, in der Parfenij Mönch in Panteleîmonos war, kamen Pilger von weit her aus dem russischen Reich – als wären sie fast auf der Flucht, weil sie im Reich des Zaren unter den politischen und sozialen Verhältnissen zu leiden hatten und den Frieden ihrer Seele nicht fanden. Aus Sankt Petersburg und ganz Rußland kam mit den Pilgern das Geld, das so nötig war wie das Gebet. Und viele blieben, nicht immer aus religiösen Gründen, und wurden Mönche in den Klöstern und Skiten am Heiligen Berge, in denen ihre Landsleute lebten.

Seinem Schüler Parfenij sandte der Starez Arsenij nun zu dem alternden Pater Timothij. Er wollte die Beharrlichkeit seines Beichtkindes prüfen, ob er in der Einsiedelei des Greises lange Tage ohne Nacht und Ruhe ertragen würde. Timothij stammte aus dem nördlichen Rußland und war im Kloster Valaam am Ladoga-See ein Hesychast geworden, einer, der das Gebet um Christi Erbarmen tief in seine Seele eingesenkt hatte.

»So groß war die Liebe zu Gott und sein Eifer, zu Ihm zu beten, daß er nicht einen einzigen Augenblick von Gott getrennt sein wollte. Davon überzeugt, daß Gespräch und Unterhaltung meist nutzlose Beschäftigungen sind und die Seele von Gott entfernen, lebte er schon vierzehn Jahre lang in der Stille des Gemüts und des Herzens allein in seiner Hesychasteria. Prüfungen und Leiden lud er auf sich und gab seinen Augen keinerlei Ruhe, schlief so wenig wie möglich, arbeitete alle Tage und betete derweil in seinem Herzen zu Gott. Timothij unterbrach sein Gebet auch während der Nacht nicht. Er ging niemals zu Bett, sondern schlief ein wenig im Stehen und, sehr selten, sitzend. Aus diesem Grunde fiel er bei der Liturgie, der er an hohen Feiertagen beiwohnte, oft in die Ohnmacht. Häufig ging er allein in den Wald, wo er fastend für drei oder vier Tage an ein und derselben Stelle ausharrte – verloren in die Kontemplation.«

Lange konnte Parfenij nicht in der Einsiedelei bei Pater Timothij bleiben. Starez Arsenij überzeugte sich, daß sein Zögling missionierend für die Orthodoxie in Rußland wirken müsse. Dies wäre seine Berufung, sagte er zu ihm, nicht das beschauliche Leben im Kloster oder in einem Asketerion. Nicht der einzelne solle sich dem Gebet weihen, sondern Rußland solle sich aus dem Gebet erneuern. Boten brauchte sein Vaterland! Sendbote zu sein, war vor Jahren der

Wunsch und der Wille Parfenijs gewesen. Also mußte er auch vom Athos Abschied nehmen? – Zuvor allerdings sollte Parfenij eine Wallfahrt ins Heilige Land unternehmen und dann nach Sibirien wandern, zum Athos aber niemals zurückkehren dürfen. Parfenij war bedrückt durch den unumstößlichen Willen seines geistlichen Vaters, aber er mußte gehorchen. Ehe er aufbrach, besuchte er den Einsiedler Seraphim, der seit mehr als fünfzig Jahren in einer Höhle unweit des Klosters Dochiarîou lebte. Um Leib und Nahrung kümmerte sich dieser Asket nicht, seine Zeit und seine Gedanken weihte er dem Gebet und der Meditation. Essen schickten ihm die Mönche aus dem Kloster Dochiarîou, wenn Gott sie an diesen Liebesdienst erinnerte. Wenn niemand vorbeikam, um ihm etwas in seine Höhle zu reichen, blieb Seraphim ruhig in seiner Einsamkeit und ertrug Hunger und Kälte. Gott tröstete ihn. Parfenij, von ihm gesegnet, nahm Abschied von diesem Dulder und vom Heiligen Berge. Und sein Starez sprach zu ihm:

Mein liebes Kind, ich sende dich als ein Schaf unter die Wölfe. Obgleich sie dich beißen und quälen mögen: sie werden dich nicht vernichten können. Gott wird dein Helfer sein, er wird dich schützen. Dulde alles mit Dankbarkeit und ohne Murren. Setze dein Vertrauen niemals in vergängliche und flüchtige Dinge, weder in Geld noch in Menschen, in diese Leute der Welt. Vertrauen schenke Gott allein. Er wird dich leiten und deine Mission vollenden. Gehe an deinen vorgesehenen Platz, ohne zurückzuschauen, sonst wirst du von einer großen Versuchung überwältigt werden. Ich lege ein schweres Kreuz auf dich, aber du wirst es mit Freuden tragen. Deinem Schöpfer sei dankbar. Mein Kind, meide weltliches Vergnügen, gehe den Ärgernissen und der Schwelgerei aus dem Wege. Lasse dich nicht von ihren Netzen einfangen. Rufe dir alles, was ich dir gesagt habe, in die Erinnerung und bete für mich, deinen sündigen Starez.

Im Herbst 1846 verließ Parfenij den Athos und trat die Wallfahrt zu den heiligen Stätten in Jerusalem, Bethlehem und zum Berge Tabor an, der jedem Mönch des Berges Athos besonders vertraut und heilig war: hier war der Ort der Verklärung Christi, dessen Licht der betende Hesychast in seiner Seele erschauen konnte. Denn er ist der Träger des Lichts. Nach einem halben Jahr kam Parfenij wieder zum Athos zurück: des Berges steinernes Schweigen bedeutete für ihn, Heimat unter dem Himmel gefunden zu haben – Heimat, die er verlassen sollte. Er hoffte, sein Starez Arsenij werde ihn von dem Befehl, nach Sibirien zu gehen, befreien. Doch sein heiliger Vater war inzwischen verstorben. Nun gab es niemanden mehr, der ihn aus dieser Verpflichtung entlassen könnte: er mußte den ihm gewiesenen Kreuzweg gehen, »mußte den Athos verlassen, den er als ein Heiligtum, als stillen Zufluchtsort bis in die Tiefe seiner Seele liebgewonnen hatte«. So schreibt Fjodor Dostojewskij, der die ›*Wanderungen*‹ des Mönchs Parfenij gelesen hatte und dadurch von dem Konflikt erfahren mußte, in dem sich der Vaterlose damals befand. Und er fährt fort:

»Der tief erschütterte und vor Leid zu Tode betrübte Mönch erschien in Konstantinopel beim Ökumenischen Patriarchen und flehte ihn an, ihn vom Gehorsam zu entbinden, und da antwortete der höchste geistliche Würdenträger der Ökumene: Nicht nur er, der Ökumenische Patriarch, könne ihn nicht entbinden, sondern in der ganzen Welt gebe es keine Macht und könne es keine geben, die ihn vom Gehorsam gegen seinen Starez zu entbinden vermöchte, außer allein die Macht seines Starez selber. Die Starzen sind also mit einer Gewalt ausgestattet, die in gewissen Fällen grenzenlos und unfaßlich ist. Das ist es auch, warum das Starzentum bei uns in vielen Klöstern fast einer Verfolgung ausgesetzt war. Indessen begegnete das Volk den Starzen sofort mit hoher Verehrung.«

Parfenij ging. Sein Weg führte ihn ein letztes Mal durch die Moldau und in seine irdische Heimat, dann wandte er sich ab und wanderte, wanderte die endlose Straße nach Tomsk in Sibirien. Er erreichte das Kloster, das ihm sein Starez zugewiesen hatte, im September 1847, zwölf Rubel hatte er in der Tasche seines schwarzen Habits. Das Kloster Berlukow nahm ihn auf, dort wurde er einige Jahre später zum Abt erwählt. 1855 erschienen die vier Bände seines ›*Berichts über die Wanderungen und Reisen durch Rußland, die Moldau, die Türkei und das Heilige Land*‹ – das Hauptwerk des Weitgewanderten. 1878 starb Parfenij in der Lawra der Heiligen Dreifaltigkeit zu Sagorsk bei Moskau. Es war das Jahr, in dem Dostojewskij seinen letzten Roman, ›*Die Brüder Karamasow*‹ – das Gegenbild aller heiligen Dreibrüderschaft – zu schreiben begann, darin er dem Starzentum in der Gestalt des Mönches Zósima ein unvergängliches Denkmal setzte.

Sergij N. Bolshakoff: *Parfenij Aggeev hegoumenos of Guslitsij (1807–1878), and some other Russian Athonik Monks of his time,* in: Millenaire (→ Lit.-Verz. 3 a), Bd. 2, 97 ff. – Davydov, Bd. 2, 213 f. – Grisebach, 340 – Leake, Bd. 3, 131 f. – A. E. Tachiaos: *Controverse entre Grecs et Russes à l'Athos,* in: Millenaire, Bd. 2, 139 ff. – Pseudo-Dionysius Areopagita: *Über die kirchliche Hierarchie,* hrsg. von Günter Heil (= Bibliothek der griechischen Literatur, Bd. 22), Stuttgart 1986, 142 f. – Igor Smolitsch: *Russisches Mönchtum, Entstehung, Entwicklung und Wesen* 988–1917 (= Das östliche Christentum, N. F., Heft 10/11), Würzburg 1953, 486 ff. über Paisij Welitschkowskij

DRITTER TEIL

Klosterszenen

Das Kloster des Heiligen Panteleîmon

Das Róssikon, wie dieses Koinobion auf dem Heiligen Berg genannt wird, schmiegt sich wie eine schlafende Stadt in das waldreiche Hügelland, das sich zum westlichen Ufer neigt. Es scheint seine Geschichte überstanden zu haben, aber seine Leidenszeit nicht.

»Das Katholikon«, Edouard Roditi beklagt es, »ist mit großem Prunk ausgestattet, doch meint man, den Geist eines säkularisierten Repräsentationswillens zu spüren . . . Wer ein wenig von der neueren Geschichte des Róssikon kennt, der wird die Empfindung nicht los, daß hier der Antrieb der Wohltätigkeit mehr politisch als religiös gefärbt ist.«

Die Wände des Gotteshauses sind von verwaschenem Rosa, und die grünlichen Kuppeln mit ihren goldenen Kreuzen haben die Zwiebelform der slawischen Kirchen. Gegenüber diesem Katholikon, der allgemeinen Kirche der Mönchsgemeinschaft, reckt sich der Glockenturm auf, hinter ihm lagert sich die Trápeza, der Speiseraum. Den Hof umstellen in weitem Viereck die Zellentrakte, und im Norden erhebt sich, mehrere Stockwerke hoch, der Hauptbau, in dem die Kirche des Siegers über die Schweden, des Heiligen Alexander Newskij, das oberste Geschoß einnimmt. Die endlosen Fensterreihen gleichen erloschenen Augen. Der Hof ist verlassen. Beängstigende Stille ringsum. Da kommt der fast hundertjährige Abt Elias, auf seinen Stock gestützt, eine schmale Treppe herunter. Emanuele Grassi geht ihm entgegen und stellt sich vor. Abt Elias hat von ihm schon gehört: Grassi, der italienische Maler, kann Ikonen wieder zum Leuchten bringen! Abt Elias bittet ihn, mit ihm in das Haus der Gäste zu kommen, das außerhalb des engeren Klosterbezirks liegt, und spricht zu ihm über sein Kloster:

Vor der bolschewistischen Revolution waren wir hier in Panteleîmonos wohl an die Tausend, die in den verschiedenen Kirchen und Kapellen die heilige Liturgie zur gleichen Zeit begingen. Unser Gesang in der Nacht und am Morgen ließ das Kloster widerhallen und ging bis zu den Waldhöhen hinauf und zu den Fischern draußen auf unserem Meer, die mit ihren Booten vorüberfuhren und von ihrer Arbeit ruhten, um uns zu hören . . . Die Mönche sind nun fast alle gestorben. Novizen sind nicht mehr gekommen, sie zu ersetzen. Die Verfolgung der Christen hält an – in Rußland. Einer oder der andere ist wohl gekommen, vielleicht ist die Verfolgung jetzt weniger hart, und haben die Grenzen Rußlands voller Hoffnung überschritten und sind hier geblieben, verzaubert von dem ewigen Frühling am Heiligen Berg. Sie waren atheistisch erzogen worden, aber der Geist Gottes hat sie durch die Taufe mit allen seinen Gaben erfüllt.

Emanuele Grassi ist beeindruckt von dem vertraulichen Ton des Abtes Elias, der, während er spricht, ihm im Gästehaus Kräuterlikör, kandierte Früchte und ein Glas Wasser bringen läßt – wie es üblich ist, einen Gast zu begrüßen. Abt Elias gebietet nur noch über kaum dreißig Mönche. Ein kleines Hügelland am Heiligen Berge ist zum Symbol des vergänglichen Russischen Reiches geworden, und die Mönche beten für den letzten Zaren wie ihre griechischen Brüder für den letzten Kaiser des Reichs von Byzanz, Konstantin. Ihre Heimat vergessen sie nicht, keiner von ihnen jammert, auch wenn sie, durch körperliche Schwäche ans Lager gefesselt oder im Lehnstuhl, ein Gebet auf den Lippen, den Tod erwarten, der die Wunden der Seele heilt, wenn alle Tage enden und keine Nacht beginnt.

*

Vor hundertfünfzig Jahren leitete hier Abt Gerásimos seine griechischen Brüder auf dem Wege des Heils. Er sorgte dafür, daß die Bauten, die während der türkischen Besetzung beschädigt waren, wiederhergestellt wurden. Um die Not seiner Brüder zu lindern und ihnen Brot zu verschaffen, verkaufte er reisenden Engländern, wie er Robert Curzon später gestand, gelegentlich eine Pergamenthandschrift mit den Epen Homers, die seine Mönche nicht lasen. Aber Engländer, meinte Lord Curzon, könnten es wohl nicht gewesen sein, denn Mr. Hunt und Dr. Carlyle wären vor mehr als dreißig Jahren auf dem Athos gewesen . . . Das Kloster konnte seine Armut erst überwinden und seine Schulden bezahlen, nachdem Abt Gerásimos auf Anraten des Starez Arsenij russische Mönche aufgenommen hatte – unter ihnen den weitgewanderten Parfenij. Bald kamen Pilger in Scharen an und opferten ihre Gabe. Novizen traten in das Kloster ein. Es war nicht mehr nötig, alte Handschriften an vorüberreisende West- und Weltleute zu verkaufen.

Abt Gerásimos hatte den russischen Archimandriten Makários zu seinem Nachfolger ausersehen: die Griechen waren schon in der Minderzahl. Die Hiera Koinotis setzte eine Kommission ein, die den Anspruch der Russen auf einen Abtsthron für nicht rechtens erklärte. Die russischen Mönche wandten sich an den Patriarchen von Konstantinopel, und Joakim II. entschied: Christus ist für alle Menschen gestorben, und alle Menschen sind gleich vor Gott. Nationen sind weltliche Trennungen, ihre Absichten können Gottes Wille nicht sein. Er begünstigte damit die Russen, und die Griechen in Konstantinopel und die Metropoliten verargten es ihm. Das war 1875: ein Krieg Rußlands gegen das Osmanische Reich stand bevor! Joakim wurde gestürzt, Makários aber zum Abt gewählt. Der Zar wurde der Wohltäter des russischen Klosters und der Skite des Heiligen Andreas, in die sich, wie ein Verbannter, Patriarch Joakim zurückzog. Die griechischen Mönche verließen nach und nach das Róssikon, gingen in die Einsiedelei, andere starben dahin. Mönch Daniel wurde vom Abt Makários aus dem Kloster gewiesen, weil er die Rechte der Griechen verteidigt hatte. Er lebte danach drei Jahre in der Wüste bei Karmel und schrieb über die Vorgänge im Kloster Panteleîmos seine ›*Etude historique*‹.

Aufregung in Europa verursachte ein Telegramm, das die Zeitschrift ›*Le Monde*‹ 1877 veröffentlichte und das im Jahre 1872 aus Sankt Petersburg an den russischen Konsul in Saloniki geschickt worden sein sollte:

»Das Generalkomitee gibt sich die Ehre, Ihnen anzukündigen, daß auf Befehl Seiner Kaiserlichen Hoheit, unsres erhabenen Präsidenten, unsere Agentur auf dem Berg Athos in ein Organisationskomitee umgewandelt wird. Dieses Komitee hat die Aufgabe: 1) in dem Kloster Róssikon ein Depot von Waffen und Kriegsmunition einzurichten; 2) nach Makedonien, Thrakien, Bulgarien und Alt-Serbien Emissäre zu entsenden, die beauftragt werden, Bücher und Geld zu verteilen und Freiwillige für die nationale Bewegung anzuwerben; 3) auf der Halbinsel des Athos russische und bulgarische Kolonien anzulegen, mit dem Ziel, die Landschaft in eine wirklich slawische zu verwandeln. Zu diesem Zweck lassen Sie kein Mittel außer acht, die Griechen im Verlauf weniger Jahre ihrer Klöster und Ländereien zu enteignen, die noch in ihrem Besitz verblieben sind. – Das Organisationskomitee wird die jährliche Summe von 50 000 Rubeln zu seiner Disposition haben, deren Verwendung von der kaiserlichen Botschaft in Konstantinopel überwacht wird. Die Direktion des Komitees wird dem kaiserlichen Konsul in Saloniki übertragen, und dieser wird sich die Hälfte des Jahres auf dem Athos aufhalten. In seiner Abwesenheit geht der Vorsitz an Pater Hierónymus über, dem drei Mönche zugeteilt sind, die Sie dem Schutze des Klosters empfohlen haben, nämlich Abt Makários vom Róssikon, Benjamin und Stephanos aus der Lawra.«

Über die Tätigkeit des Komitees ist nichts bekannt, und es war wohl auch nur ein Gerücht, daß, mitten im Osmanischen Reich, auf dem Athos eine russische Flottenbasis geplant, womöglich schon im Entstehen sei. Die umfangreichen, kasernenartigen Bauten, angeblich nur für Pilger, und die Anlage eines Hafens schienen es zu beweisen. Wöchentlich kam ein Dampfer aus Odessa und brachte Stückgut und Pilger. Und diese Pilger bezeichnete die ›*Revue d'Orient*‹ als »stramme Burschen« und behauptete auch, daß Pater Minos nur dem Scheine nach ein bärtiger Mönch sei, stünde er doch als ehemaliger Generalstabsoffizier mit dem General Assimos in engster Verbindung, der die militärischen Einrichtungen des Klosters vervollständigt hätte. Als im Frühjahr 1888 ein russischer Kreuzer von Saloniki her dem Athos entgegenfuhr, war dies dem deutschen Konsul Karl Mordtmann in Saloniki ein Anlaß, Seiner Exzellenz dem Reichskanzler Otto von Bismarck in einem Promemoria die Lage zu schildern:

»Das Leben der Athosmönche ist keineswegs ein rein beschauliches und müßiges, ausschließlich Andachtsübungen oder gelehrten Studien gewidmetes: jeder Mönch, der dazu imstande ist, übt eine rein praktische Beschäftigung als Handwerker, Fischer, Landmann etc. aus. In dieser Hinsicht sind gerade die russischen Ansiedlungen die rührigsten und am besten organisiert. Das Panteleîmonos-Kloster besitzt große Magazine, eine kleine Flotille, bestehend aus einem Remorqueur« – einem Schleppdampfer – »und mehreren Schonern, und eine Werft zum Bauen kleinerer Segelschiffe, ein von Mönchen bemannter Dreimaster fährt alljährlich einmal nach Taganrog« – am Asow'schen Meer – »um Proviant für das Kloster einzunehmen. Dahingegen ist es eine Fabel, wenn das Panteleîmonos-Kloster und die angeführten Skiten ›Festungen‹ im eigentlichen Sinne des Wortes genannt werden. Ebenso sind die russischen Dampfer, welche wöchentlich den Athos anlaufen, um Waffen einzuschmuggeln, eine müßige Erfindung des Wiener ›*Standard*‹-Korrespondenten, und wenn gar der bekannte Kosakenhetman Aschenow als Organisator dieser Festungen genannt wird, so ist zu bemerken, daß derselbe, soweit ich habe feststellen können, den Athos überhaupt nicht betreten hat. Reisende, welche den Athos besuchten, haben schon öfter geäußert, daß der Anblick der dortigen Klöster mit ihren Umfassungsmauern und Wachttürmen lebhaft an mittelalterliche Burgen und Zitadellen erinnert, und in der Tat haben dieselben bis in die neueren Zeiten den Zweck gehabt, die Mönche vor plötzlichen Überfällen von Piraten, Räubern und marodierenden Soldaten zu schützen. Ob sie aber den Anforderungen der modernen Befestigungskunst entsprechen, dürfte sehr zu bezweifeln sein. Von den zur Verteidigung nötigen Geschützen und Anlagen haben glaubwürdige Reisende bis jetzt nicht das Geringste bemerkt. Im übrigen«, schließt der Bericht, »läßt sich nicht in Abrede stellen, daß, wenn nicht der russischen Einwanderung ein Damm gesetzt wird, die Athos-Klöster in absehbarer Zeit russifiziert sein werden.«

*

Glaubwürdige Reisende gibt es derzeit nicht wenige. Nachts kommen sie von Saloniki mit dem Dampfer an, der rasselnd den Anker wirft, und klettern über das Fallreep in die schwankenden Boote. Dann beginnt, wie Melchior de Vogüé es erlebt hat, eine geradezu danteske Vision und der Streit der Vernunft mit der Wirklichkeit, die über alle Träume hinaus eine Chimäre zu sein scheint: wortlos die Menschen, lautlos das Dunkel, in dem aufschimmernd das Grau-Weiß des Klosters den Eindruck des Unheimlichen steigert. Die Boote werden von schwarzen Schatten gerudert, als sei es die Fahrt in die Unterwelt, andere ›Schatten‹ warten am Ufer. Fackeln geistern in der Nacht, man erkennt die schwarzen Gestalten kaum, die sie tragen. Der Torweg ist einer Festung ähnlich, Ikonen lächeln mysteriös hinter Gittern, umstellt von Kerzen. Der Hof ist weit und unübersehbar. Von fern hört man das Psalmodieren der Mönche in einer schwach erleuchteten Kapelle. Treppen geht es hinauf, dann über Gänge und durch Galerien und Korridore, schwarze Gestalten huschen vorüber, Wesen aus einer anderen Welt. Die Gäste folgen dem Kerzenträger, Laienbrüder bringen das Gepäck durch dies Labyrinth und weisen ihnen ein Gastzimmer an. Eine Kerze wird angezündet, karg ist der Raum, die Nacht steht wie eine undurchdringliche Wand um das Kloster und greift in den engen Raum, in dem nur ein Bett, ein Tisch und ein Stuhl steht. An der Wand hängt eine gedruckte Ikone.

Mit eiligen Schritten kommt der Gästepater vorbei, klopft an die Tür

1

2

3

4

5

6

7

8

9

10

11

und holt die Gäste in den Salon. Das ist ein großer Raum, hell erleuchtet, mit Sofa und Sesseln, orientalischen Teppichen und einem großen Tisch. An den Wänden sieht man patriotische Gemälde von 1812, als Napoleon nach Frankreich zurückfloh, und von Sewastopol, das Napoleons Neffe mit Engländern und Türken eroberte und so zum Symbol russischen Nationalismus wurde, aber auch Bilder von Zaren und einer Zarin. Mönche kommen und verneigen sich vor den Ikonen, die auch hier nicht fehlen, und nicken den Gästen freundlich zu. Der Abt tritt ein, es ist Makários! Mit seinem hohen Barett, seinem langen Bart, seiner faltenreichen Soutane erscheint er den Angekommenen wie ein Heiliger Antonius. Aber er bietet mehr als Wasser aus dem Felsen und Weizenbrötchen: dienende Brüder tragen mit vollendeter Würde den Raki zum Willkomm herein und bald auch den Tee. Und weil ein polnischer Dolmetscher mit dem französischen Gästen und dem Dominikaner-Pater Didon gekommen ist, wechselt man höfliche Redensarten, unterhält sich über das Frauenverbot, auch über Ungeziefer, das es in Panteleîmonos natürlich (nicht) gibt. Man spricht über die Versorgung des Klosters, woher kommt die Milch, woher kommen die Eier?

Man verabschiedet sich bald, die Gäste, begleitet von einem kerzentragenden Mönch, gehen wieder durch das düstere Labyrinth der Korridore. In einer Ecke steht eine Kanne mit Wasser, die den Gästen als Waschgelegenheit dienen kann, soweit es der Umstand und der Anstand erlaubt.

»Wir richteten uns eben ein«, erzählt Wilhelm Roßmann, nachdem er wie die anderen mit dem Dampfer gekommen war, »als eine Delegation von Geistlichen, mit schwarzen Tuchschleiern über der Priestermütze, erschien, um nach unserem Stand und Herkommen zu fragen. Als sie von unseren Umständen Einsicht genommen« – und festgestellt hatten, daß Seine Hoheit Prinz Bernhard von Sachsen-Meiningen unter den Angekommenen waren –, »namentlich ein Empfehlungsschreiben des Patriarchen von Konstantinopel rekognosziert hatten, veranlaßten sie uns sofort, ihnen in ein anderes Haus dieser ausgedehnten Anlage zu einem besseren Quartier zu folgen. Es war ein malerischer Zug, der sich nun über den weitläufigen, von stark profilierten Gebäuden umgebenen Klosterhof einer oberen Terrasse zu bewegte. Voran einige schwarzgekleidete dienende Mönche mit Windlichtern, dann einige Geistliche mit ihren langen Haaren, langen Bärten und schwarzen Schleiern, dann wir selbst in einer Tracht, die in der Eile des Umzugs auch etwas Bußfertiges angenommen hatte,

Der Abt

nämlich in Hemd und Beinkleidern, und zum Schluß eine lange schwarze Schar hinter uns. Aus einer kerzenerleuchteten Kirche, an der wir vorüberwallten, erscholl eine feierliche Hore. Einem dritten hätte es scheinen können, als habe man eine Anzahl Ketzer, die einer geistlichen Inquisition verfallen, in ihren Betten aufgegriffen und führe sie nächtlicher Weile zum Köpfen; was uns betraf, so war unsere Stimmung die heiterste und angenehmste von der Welt und Herz und Sinn für die Aufnahme des Märchenhaften und Fremden, das sich hier anzukündigen schien, weit geöffnet. Wir wurden nun in drei freundliche Zimmer verteilt und schickten uns eben an, uns zur Ruhe zu legen, als eine Deputation niederen Ranges erschien, um uns auf einem geräumigen Präsentierteller das andere Symbol griechischer Gastfreundschaft, nämlich Mastix-Likör, Gelee und Wasser, darzubieten. Man nahm davon zu allseitiger Befriedigung und legte sich zu Bette. Aber der Begrüßung war noch kein Ende. Wiederum erschien einer der schwarzen Geister und präsentierte vortrefflichen Kaffee, den wir nunmehr im Bette einzunehmen geruhten.«

Endlich kommt alles im Kloster zur Ruhe, die Reisenden und die Glocken, die Mönche und ihr Abt Makários, die Kerzen in den Kirchen werden gelöscht. Nur in der einen oder der anderen kleinen Kapelle sitzt einer der Schwarzen Engel und liest die Doxologie mit halblauter Stimme. Die Nacht ist kurz. Vor Sonnenaufgang hämmert das Semantron rings um das Katholikon, der Gästepater geht eilig von Tür zu Tür, weckt die Gäste, führt sie zum Hof. Und die Mönche gehen die Treppen hinauf zur Kirche des Heiligen Alexander Newskij und lobsingen in vielstimmigem Chor dem Herrn, ihrem Gospodar. Zwei Diakone gehen mit silbernen Weihrauchgefäßen umher und beweihräuchern im Takt ihrer Schritte die Ikonen und jeden, der zur Andacht gekommen ist. Das klirrend sanfte Geräusch ist die Musik im Raum, und die Wolken des Weihrauchs sind das Sinnbild des Gebets zu Gott dem Allmächtigen. Dicht neben Athelstane Riley steht in seinem Chorstuhl ein Mann im dunklen, langen Rock, angetan mit den Stiefeln, wie Russen sie tragen. Er ist ein reicher Kaufmann, doch sein Rock ist bäuerlich und seine Kleidung fadenscheinig. Er hat seine Wallfahrt zum Heiligen Berg gemacht, um zu fasten, zu beten und Almosen zu geben, denn die Schrift warnt den Reichen, wie schwer die Erlösung für ihn ist. Er bekreuzigt sich ständig und erlaubt sich nicht eine halbe Minute, das Verbeugen, das Knien und das Sichbekreuzen zu unterbrechen, so daß ihm, der etwas beleibt ist, der Schweiß von der Stirn tropft.

Die Griechen, meint Athelstane Riley, sind in Panteleîmonos in der Minderheit, und die Russen, glaubt er, betrachten die griechische Zivilisation als ein Überbleibsel orientalischer Barbarei. Die Erbitterung, die zwischen den beiden Nationen entstanden sei, könne man der Tatsache entnehmen, daß die Griechen die zahlreichen Brände, die in den letzten fünfzig Jahren ihre Klöster betroffen hätten, russischen Brandstiftern zuschrieben. Doch der Urheber solcher Anschläge, so wurde dem englischen Reisenden zugeraunt, wäre nicht etwa der Abt Makários, sondern ein gewisser ›pneumatikos‹, der im Róssikon wie ein Einsiedler lebt.

Athelstane Riley ist sich ziemlich sicher, daß die Russen auf dem Athos politische Ziele verfolgen. Daß in Panteleîmonos Kriegsmunition gestapelt werde, wie man behaupte, sei allerdings unwahrscheinlich.

Vormittags hält Abt Makários Audienz: Gäste, Mönche und Pilger sitzen auf Stühlen, die rings an den Wänden des großen bildergeschmückten Salons stehen. Erwartungsvolles Schweigen herrscht. Dann tritt Makários ein, er ist mittleren Alters, trägt einen langen Bart, der grau zu werden beginnt, und ist in seinem Verhalten einem westlichen Abte vergleichbar. Der Ausdruck seines Gesichts zeugt von Klugheit, seine Erscheinung – wie er so auf seinen thronartigen Lehnstuhl zugeht – ist würdig und imponierend. Von einem monarchisch regierenden Oberhaupt über eintausendsechshundert Mönche kann man es nicht anders erwarten. Herzlich drückt er seine Freude aus, Gäste aus England zu sehen. Glyko und Tee werden gebracht, und mit Hilfe des Dolmetschers kommt eine Unterhaltung zustande: es geht um die Unterschiede zwischen den Anglikanischen und der griechisch-orientalischen Kirche. Bald verläßt Makários, die Rechte zum Segen etwas erhoben, eilig den Saal.

Nach der Liturgie wird im Refektorium, der Trápeza, das Mittagessen serviert. Abt Makários präsidiert im Halbrund der Apsisnische, zu seiner Rechten sitzt Père Didon, der Dominikaner, zu seiner Linken ein russischer Gelehrter, wahrscheinlich Theodor Uspenskij, der ein Buch über die Bibliotheken des Athos vorbereitet und sich deshalb während des Tages bei den alten Archivalien einschließen läßt. Ihm zur Seite sitzt der polnische Dolmetscher, der zum Mittelpunkt des Gespräches wird: gestern noch ein einfacher Mittelsmann, um die französischen Gäste einzuführen, ist er heute ein ausgezeichneter Übersetzer der Höflichkeiten, die zwischen Russen und Franzosen ausgetauscht werden. Hier und da sitzen an der langen Tafel zwischen den Gästen aus aller Welt Mönche verteilt, die durch freundliche Worte und eigenes Beispiel den Appetit anregen sollen – und das scheint nötig zu sein.

Zwar der ›schreibende Schatten‹ des Dominikaner-Paters Didon nennt dieses Essen ein homerisches Mahl, aber das trifft die Sache nicht recht. Als Aperitif gibt's einen Raki, dann Suppe, die den Vergleich mit der Bouillabaisse von Marseille herausfordert. Bald darauf kommt für jeden ein gewaltiges Stück Fisch, das in eigenem Saft schmort. Messer und Gabel rücken den Seeungeheuern zuleibe, die mit allen Raffinessen der russischen Kochkunst zubereitet sind. Kaviar gibt es im Überfluß. Kwaß, eine Art Bier aus gegorenem Brot, glänzt an der Seite des Athos-Weins. Der Abt läßt durch den Dolmet-

Heimkehr der Mönche vom Ostermahl

scher sein Bedauern ausdrücken, seine Gäste so schlecht bewirten zu müssen, aber jetzt sei Fasten, das auf dem Heiligen Berg streng eingehalten werde. Das Essen dauert nahezu zwei Stunden. Danach gehen die Gäste ins Atelier des Photographen und stellen sich zum Erinnerungsphoto auf. Der Gästepater gibt das Signal: eins, zwei, drei – und schon ist es fertig. Alle werden auf dem Bilde zu sehen sein, im Hintergrund das Róssikon, das auf einem Wandschirm aufgemalt ist.

*

Zwischen den Mönchen des Róssikon lebt der ehemalige Bischof der Pentapolis in der Cyrenaika. Er bewohnt ein Appartement in dem Trakt, in dem die Ehrenzimmer – übrigens europäisch möbliert – für Gäste von hohem Rang bereitgehalten werden. Er empfängt den Besuch des Abbé Neyrat aus Lyon, der hier für die letzten Tage auf dem Athos sein Unterkommen gefunden hat.

»Wenn man ihn hört,« schreibt der Abbé in seinem Reisebericht, »fühlt man sogleich den Mann von Ansehn und Geltung, den Diplomaten, aber auch das tiefe Gemüt, das sich nicht in einen beschränkten Kreis eingrenzen läßt, ferner die offene, weltläufige Intelligenz, die beachtlich entwickelt ist. Sein Äußeres entspricht diesen Eigenschaften des Geistes, und obgleich die Natur ihm den Bart der Mönche versagt hat, ist seine Gestalt voll herrscherlichen Charakters, der durch Anmut gemildert ist.«

Ausführlich erfährt der Abbé, übrigens in korrektem Französisch, was für den Bischof längst Vergangenheit ist: Fürst Cousa hatte die Moldau und die Walachei zum rumänischen Staate vereint und 1862 die Besitzungen der athonitischen Klöster – wie jedes Kirchengut – enteignet, um die Staatskasse zu füllen. Danach fuhren Hochwürden als Metropolit von Rumänien zu den wichtigsten Höfen Europas, um die Restitution zu erreichen – ohne Erfolg. Denn König Carol (aus dem Hause Hohenzollern) bestätigte die Enteignung, nachdem der Patriarch eine Entschädigung brüsk abgelehnt hatte. Böse Zungen behaupteten allerdings, daß Hochwürden vor Jahren gehofft hätten, den Thron des Patriarchen von Alexandrien zu besteigen – nun, ja, durch Geld, was im Osmanischen Reich nicht unmöglich schien. Nilon konnte von Glück sagen, daß die Synode in Konstantinopel ihm den Bischofsrang ließ, ihn aber für unfähig erklärte, ein kirchliches Amt zu bekleiden. Er sei ein Mann von Bildung, bemerkte auch Athelstane Riley, und wäre fest überzeugt, alles über die Anglikanische Kirche zu wissen: er sagte es auf Französisch, um seinen fabelhaften Ansichten den Schein des Wahren zu geben.

Als einen Sonderling eigener Art beschreibt Athelstane Riley den Bruder Magistrion aus Bulgarien, ehemals Kaufmann, der in das Kloster eintrat, nachdem er das letzte seiner elf Kinder verheiratet hatte. Dazu mußte er die Erlaubnis seiner Frau beibringen, weil das Sakrament der Ehe nicht durch die Mönchsweihe aufgelöst werden konnte. Magistrion sprach fließend Französisch und beschäftigte sich damit, russische Predigten ins Griechische zu übersetzen, und Blumen zu züchten: er war ein zufriedener Mensch.

Boris Amphionowitsch war ein unterhaltsamer, sogar offenherziger Gesellschafter. Er erzählte Oskar Wulff, einem jungen Byzantinisten aus Sankt Petersburg, von den Rivalitäten unter der mehr als tausendköpfigen Mönchsgemeinschaft, vor allem zwischen Groß- und Kleinrussen, wie sie seit langem im weiten Russischen Reich bestand. Nicht etwa der Strohmann von Abt leite das Kloster, war seine Meinung, sondern Pater Pawel, ein Mönch aus Kleinrußland, der seinen Gegner, den Moskowiter Agathodor, in den großen Rat der Athos-Köster nach Karyès zu entfernen gewußt hätte. Nein, eine kleine Gruppe übergeordneter Würdenträger, die Hieromonachoi, verwalte und regiere das Kloster.

Panteleîmonos: das sei der moderne Athos, stellte Charles Diehl bald darauf fest, sehr neu und im ganzen ziemlich banal. Aber er merkte auch an, daß es hier eine Macht gäbe, mit der man rechnen müßte. Zwar besäßen die Russen nur eins von den zwanzig Klöstern, aus denen die Mönchsrepublik bestünde, sie hätten ohne Zweifel die größere Energie, dazu Geld und vielleicht gegenüber den Griechen die intellektuelle Überlegenheit. Gegen die russische Usurpation verteidigten sich die Griechen, aber daß die Russen eines Tages triumphieren würden, ließe sich leicht voraussehen. Und mögen auch, ergänzte Carl Fredrich, die Russen in der Überzahl sein: die Griechen blickten mit dem stolzen Bewußtsein älteren Rechts auf die Eindringlinge aus dem Osten herab. Der ›Nationalitätenstreit‹ war entbrannt.

*

Von all dem wissen die Pilger nichts, die auf dem Athos von einem zum anderen Kloster wallfahren, die Reliquien verehren und ihre Gebete in ergreifender Frömmigkeit sprechen. Ihr Stolz ist, wenn sie schon stolz auf etwas sein können, dem großen Russischen Reich anzugehören und der Orthodoxie, die ihnen in der Not ihres Lebens Zuversicht gibt. Ihre Liebe gilt dem mächtigen Zaren, der für sie kaum weniger weit entfernt im goldenen Sankt Petersburg wohnt als ihr Gott im Himmel. Und Nikolaus II., dessen Not sie nicht kennen, hat seinen barmherzigen Gott nötiger noch als sie.

Am Tor des Klosters bettelt ein Pope die Gäste, die kommen, um Geld an, um Fahrgeld: er hat das Leben in diesem Kloster satt und will heim ins heilige Rußland, hier hat er keine Heimat gefunden. Der deutsche Lehrer Fritz Ganske wird ihm etwas gegeben haben. Oben im Empfangssaal hat er Zeit, während er mit anderen Besuchern wartet, sich umzusehen: Teppiche, keine Möbel, an den Wänden Porträts des Zaren Nikolaus I., und selbst Kaiser Wilhelm II. hat sich die Ehre gegeben, sein Antlitz dem Kloster der Russen zu widmen. Dazwischen hängen Bilder von Eremiten mit Leichengesichtern. Pater Cyprian tritt ein, ehedem ein russischer Fürst, der in jungen Jahren die rauschenden Feste in den Palästen von Sankt Petersburg mitgemacht hat, und begrüßt die Besucher mit elegantem Französisch, geht aber, als er merkt, daß Deutsche in sein Kloster gekommen sind, in ein fast akzentfreies Deutsch über. Zum Willkommen nimmt er die Glykosmata mit seinen Gästen ein und dann den Kaffee. Bald werden die gastfreundlich Aufgenommenen in ihre Zimmer geführt, und Pater Paisij kommt und holt sie zu einem Rundgang durch das Kloster ab. Er ist sehr liebenswürdig, trägt einen schon ergrauenden Vollbart und unterhält sich mit den Besuchern in bestem Deutsch. Außerdem ist er ein welterfahrender Mann, der zuerst in München, dann in Berlin als Geistlicher bei dem Botschafter Graf von Osten-Sacken gewirkt hat, spricht mit Liebe von Deutschland und beherrscht sogar Münchener und Berliner Redensarten. Aber:

»Am Kohlenschuppen hockt ein tiefgebräunter Mann, halb Sonderling, halb Geisteskranker. Wie man uns erzählt«, schreibt Fritz Ganske, »verläßt er den Platz nie, auch im strengsten Winter nicht. Sein Essen bringt man ihm dort hin, dort verbringt er die Zeit mit dunklem Hinbrüten und Beten. Wahrlich ein eigenartiger Versuch, ein Gott wohlgefälliges Leben zu führen.«

*

Die Zeiten blieben nicht ruhig. Als 1913 während des Balkankriegs im Róssikon revolutionäre Unruhen ausbrachen, schickte der gottähnliche Zar hundertzwanzig Kosaken und stellte mit ihnen die Ruhe wieder her. Während des Ersten Weltkrieges verbrüderten sich die orthodoxen Väter vom Róssikon mit dem katholischen Frankreich und den anglikanischen Engländern und beteten für den Sieg über das Deutsche Reich und das katholische Österreich. Verwirrung zerstritt die Nationen. Im Frühjahr 1916 landete beim Russenkloster ein kleines Detachement von Zouaven und russischen Soldaten. Äbte und Würdenträger empfingen sie mit dem Gesang der Hymnen. Fünfzehn Albaner, die gesamte Streitmacht der Heiligen Republik, schnauzbärtig sie alle und angetan mit ihren Fustanellen, erschienen zum Begrüßungstanz. Man trank beim Festmahl mit den Offizieren Wein aus den Klosterfarmen der Chalkidike und rauchte Zigaretten aus Kavalla und Stambul – und die ›*Wartburg*‹ erklärte den Athos zu einem russischen Gibraltar.

Aber die Macht des Zaren war mit der Februar-Revolution von 1917 zu Ende. Im Oktober siegte Lenin mit seiner Revolution, und der Bolschewismus verbreitete seine gottlose ›Heilslehre‹ über das alte, das heilige Rußland. Die orthodoxe Kirche war frei vom Staat, aber fast rechtlos, die Mönche in ihren Klöstern stadtlos, heimatlos und besitzlos – allerdings nicht aus freiem Willen. Auf dem Heiligen Berg reichte eine Hand der anderen ein politisches Flugblatt, auf dem der Bolschewismus als Machenschaft jüdischer Intellektueller verteufelt wurde. Dem Schriftsteller Franz Spunda gegenüber leugneten die Mönche, an antibolschewistischer Propaganda beteiligt zu sein. Sie vermieden es, über politische Angelegenheiten zu sprechen, waren jedoch über die Zustände unter Stalin gut unterrichtet. Panteleîmonos hatte seinen Besitz in Rußland, aber auch die Metochien in Griechenland verloren, die Not des Klosters hatte begonnen, noch lebten fast fünfhundert Mönche hier, es starben die Alten, und für die anderen fing der Hunger an, sie zu quälen. Freiwillige Askese war es nicht.

»Eine Anzahl von Mönchen war schon buchstäblich verhungert, fast alle siechten vor Entkräftung wie blutleere Schatten dahin. Da entschloß sich der Abt«, berichtet Franz Spunda, »die heiligen Bilder zu verkaufen, um die entkräfteten Brüder zu retten.«

Abt war damals der Archimandrit Misail, der sich in äußerster Not im Herbst 1924 an das Sekretariat des Völkerbundes in Genf wandte und sich darüber beschwerte, daß die Gebäude, die nahe am Meer lägen, von der griechischen Regierung beschlagnahmt worden seien, um darin ein Lazarett der zweiten Kategorie einzurichten. Die Soldaten störten durch ihren Lärm, ihr dauerndes Pfeifen und Singen das mönchische Leben. Was dies beträfe, erwiderte der griechische

Geschäftsträger beim Völkerbund, Wassili Dendromis, so habe sich das Außenministerium an das Kriegsdepartment gewandt und dagegen Einspruch erhoben, so daß in Kürze die Gebäude dem Kloster wieder zur Verfügung ständen. Hingegen könne die griechische Regierung dem Ansinnen des Archimandriten Misail, die Enteignung der Metochien rückgängig zu machen, auf gar keine Weise entsprechen, da diese gesetzmäßig vor sich gegangen sei. In dieser Angelegenheit blieb die Regierung in Athen unnachgiebig, obgleich die fünfhundert Mönche Hunger litten – Grund genug für den Archimandriten Misail, wertvolle Ikonen zu verkaufen.

Für die Gäste besteht das Essen aus Borstsch und Tee, und was an Gehalt fehlt, ersetzt Pater Mitrophan durch seine geistvolle Unterhaltung. Er spricht fließend Französisch, sein alter Stoffhut ist über das eine Ohr in Falten zusammengequetscht, aber er lächelt, ja in seinen Äußerungen ist er so temperamentvoll und lebensfroh, daß man an seiner Berufung als Mönch zweifeln könnte. Und lange erzählt er von

Das Kloster des Heiligen Panteleîmon, im Vordergrund die Pilgerkaserne

Rasputin, von der Armut und von den Briefen und Zeitungen, die aus Rußland ins Kloster kommen.

Im Jahr darauf, 1927, kommt Robert Byron noch einmal zum Róssikon, diesmal mit seinem Freund David Talbot Rice, dem künftigen Byzantinisten. Er freut sich, Pater Mitrophan wiederzusehen, der die jungen Leute noch beim Frühstück antrifft. Aber bald geht er, sich nach allen Seiten höflich verneigend, und schickt Pater Valentinos, um die Gäste durchs Kloster führen zu lassen. Für diesen Pater, der ein ganz anderer ist als der liebenswürdige Mitrophan, sind die gewöhnlichen Höflichkeiten bedeutungslos. Und Pater Mitrophan hat ihn wohl nur geschickt, weil er ein fehlerfreies Englisch spricht, weich und melodisch. Man weiß auch, daß er an den letzten Kämpfen der Wrangel-Armee auf der Krim teilgenommen hat und mit ihr nach Konstantinopel fliehen mußte. Die Studenten bewundern seine Erscheinung, sein makelloses, fast perikleisch schönes Gesicht, ein merkwürdig unirdisches Antlitz, das von kastanienfarbenem seidigem Haar und dem lockigen Bart gerahmt wird. Pater Valentinos geht mit den Gästen die Treppe zur Kirche des Heiligen Alexander Newskij hinauf, dann in die Seitenkapelle, wo sich eine alte griechische Allheiligen-Gottesmutter-Ikone befindet. Dort begegnet ihnen der stellvertretende Abt. Fast zwei Meter ist er groß und hat das verkniffene Gesicht eines Sergeanten, dessen Wangen breiter sind als die Stirn. Diesem Riesen wirft sich Valentinos zu Füßen, so daß sein Gesicht fast den Boden berührt: er vollzieht die ehrerbietende Proskynese. Als er wieder aufgestanden ist, bittet er: die Studenten möchten die Ikone photographieren. Der ›Riese‹ verschwindet in einem Raum, und durch den Türspalt sieht Robert Byron seinen freundlichen Beschützer, den Pater Mitrophan. Der Abt erteilt die Erlaubnis. Valentinos ist ein zufriedener Mönch.

*

In den zwanziger Jahren unseres Jahrhunderts lebt im Róssikon noch das alte Rußland. Wie könnten die Mönche auch ihre Heimat, die ihnen die Welt war, vergessen? Nachdem er ihm einen Teller Borstsch hingestellt hat, bittet der Gästepater einen jungen Mönch, den Fremden durch das Kloster zu führen. Und dieser Mönch spricht Deutsch, aber seinen Namen verschweigt er Franz Spunda.

»Sein blasses Gesicht umrahmt ein pechschwarzer Bart, aus seinen Augen glüht der Eifer eines Fanatikers . . . Er vermeidet es, über sich und sein Schicksal zu sprechen ... Eine heilige Ruhe geht von ihm aus; der etwa fünfundzwanzigjährige Mann hat die Ruhe eines Greises, so abgerundet, so vollkommen ist jedes seiner Worte und jede seiner Bewegungen. Verschüchtert und gedrückt antwortet er auf meine Fragen«, erzählt Franz Spunda, der annimmt, das er Furchtbares erlebt hat, »daß es mir fast peinlich wird, weiter in ihn zu dringen. Er dankt mir für mein Verstummen mit einem warmen Blick. So trifft sich unser Gespräch nach langem Schweigen im Zeitlosen wieder, und ich lausche ergriffen seinen einfachen Worten, mit denen er mir das tägliche Leben der Mönche schildert.«

Im Hof erlebte Franz Spunda am Nachmittag jedoch eine erschütternde Szene, die einen düsteren Schatten auf unsere Welt wirft, die so leicht und so viel vergißt:

»Steinalte Männchen mit zusammengeschrumpftem Körper, mit schlottrichten Knien, humpeln zu mir heran. Sie würden betteln, wenn jeder allein mit mir wäre. So schämen sie sich und wissen nicht, was sie sagen sollen. Es ist ein fürchterlicher Anblick, ihre glanzlosen, bittenden Augen zu ertragen. Ich verteile alle Zigaretten, die ich bei mir habe, unter sie, Schokolade und Trockenmilch. Sie freuen sich über die kleinen Geschenke wie Kinder und lärmen mit Entzücken. Ein Alter mit kahlem Schädel teilt die Gaben aus und will mir die Hände küssen. Die kindlich schmatzenden Greise gleichen mehr Schatten als Menschen, wie sie sich beglückt davonschleichen und an den winzigen Schokoladen-Stückchen lecken. Ich weiß nicht, wie das Gerücht bei den Alten auftauchen konnte, aber auf einmal war es da: der Fremde ist ein Bote des Zaren, obwohl er schlecht Russisch spricht. Ich hatte Mühe, die Unsinnigkeit dieser Vermutung zu entkräften, alles half aber nichts, ich war und blieb bei ihnen ein Kurier des großmächtigen Zaren. Man zeigte mir eine Unzahl von abgegriffenen Zarenbildnissen, viele trugen Bilder von ihm in den Taschen, und alle versicherten, daß sie für den Imperator und seine Familie täglich beteten.«

Franz Spunda ging durch die endlosen Korridore wie durch ein verzaubertes Schloß. Ganze Stockwerke lagen wie ausgestorben. Auch Emanuele Grassi kam durch diesen Trakt, in dem nicht einmal die Schritte zu hören waren, und blickte in eine Zelle: der große Ast eines Feigenbaums war durch das Fenster gedrungen, hatte das Gitter verbogen, die Mauer durchbrochen und lebte in dieser Zelle jetzt wie ein Mönch ... Selbst die Natur führte ein Einsiedlerleben. Die Welt hörte hier auf: Türen, die sich nicht öffneten, die das Unbekannte,

Nicht-zu-Betretende lautlos verbargen – Einsamkeit, als stünde die Stunde des Todes bevor.

*

Der Archimandrit Misail erhält den Brief eines französischen Reisenden und schickt einen Bruder, den Gast, Theodor Belpaire, zu ihm zu führen. Der Russe, der geläufig Französisch spricht – Pater Mitrophan kann es sein – sucht den Fremden auf und geht mit ihm in den Salon im oberen Stockwerk, in einen Saal mit zahlreichen Fenstern, geschmückt mit Palmen und Pflanzen, an den Wänden die Porträts der kaiserlich-russischen Familie und der Wohltäter des Klosters.

»Kaum waren die Gäste angekommen, trat Archimandrit Misail ein, gefolgt von einem guten Dutzend Mönchen, den ersten Würdenträgern des Hauses. Sie alle trugen den runden Hut und den Mantel der Mönche, der Abt war geschmückt mit einem silbernen Pektorale, einem Kreuz, und der große schwarze Stab war das Zeichen seiner Würde: er war klein und schon alt, mit weißem Bart und Haupthaar, die Augen lebhaft und sehr munter. Ich stellte mich vor«, schreibt Theodor Belpaire und erlebt das Róssikon anders, als es gleichzeitig Franz Spunda tat. »Der Archimandrit bat mich, neben ihm Platz zu nehmen. Mit seinen Mönchen plauderte er sehr vertraut, und diese waren ihm gegenüber sehr ungezwungen. Nachdem Kaffee und Konfitüre, wie üblich, gebracht worden waren, zog sich der Archimandrit in seine Zimmer zurück. Es war kaum fünf Uhr am Nachmittag, und da es ein Festtag war – also kein Fasten uns zwang – soupierten die Würdenträger in einem besonderen Refektorium. Ich wurde eingeladen und saß dem Archimandriten gegenüber. Wir waren etwa zwanzig Personen am Tisch, alle, mit Ausnahme zweier, hatten über der Kopfbedeckung ein schwarzes Tuch, als würden sie an der Vesper teilnehmen oder an einem Empfang. Nur die Mönche, die uns bedienten, hatten Umhang und Mantel abgelegt . . . Die Priester und der Diakon, die an diesem Abend hier zusammengekommen waren, schienen die kultiviertesten unter den dreihundertfünfzig Bewohnern des Klosters zu sein.«

Aber weder Pater Mitrophan, den Sekretär des Abtes, noch den Bruder Valentinos finden wir in dieser Gesellschaft wieder.

»Und selbst zwischen den zwanzig Teilnehmern war es nicht schwierig, festzustellen, daß es unter ihnen sehr verschiedene Einstellungen gab. Mehrere von ihnen hatten an der Tafel noch nicht jene

Vornehmheit abgelegt, die ihnen früher gewohnt gewesen war. Oben an der Tafel saß der Stellvertreter, die ›rechte Hand‹ des Abtes, gegenwärtig schon ausersehen, eines Tages sein Nachfolger zu werden.« Es muß der von Robert Byron beschriebene ›Sergeant‹ sein. »Aber der Archidiakon saß noch höher als er, denn er war der Doyen der Gemeinschaft und der beste Unterhalter der Gesellschaft: er hörte nicht auf, amüsante Anekdoten zu erzählen, von denen ich, ach! die Feinheiten nicht verstehen konnte, über die ich dennoch lachte, so sehr brachte mich die Mimik seiner Augen zum Lachen, auch die Lippen, die einen zahnlosen Mund enthüllten, und die Physiognomie – eingerahmt von den Löckchen des Haares, die aus der Kopfbedekkung entschlüpften. Und während er ununterbrochen erzählte, aß er den Fisch mit den Fingern und spuckte die Gräten neben seinen Teller auf den Tisch.«

Am anderen Morgen aber, bei der Liturgie, spielte er die Rolle des Diakons in einer byzantinischen Messe, und dies mit einer Würde und Hoheit, die Belpaire einen ungewöhnlichen Eindruck machte. Mit seiner schönen und starken Stimme modulierte er das Evangelium und je nach dem Grad der Modulation hob er die Stimme, um mit zwei oder drei Tönen von großer Wirkung zu schließen, so daß der Raum durch den Klang seiner Stimme zu zittern schien.

*

»Es ist eine eigentümliche, schmerzliche Erfahrung und doch wieder versöhnende Doppelerfahrung, die der Besucher machen muß: auf der einen Seite diese abstoßenden Prunkbauten und andererseits eine Schar von Mönchen, die in großer Armut in ihren viel zu weiträumigen Häusern leben, mit innerer Hingabe und Innigkeit Liturgie und Horen in ihrer Muttersprache feiern und dabei deutlich das Bewußtsein haben, daß ihrer Gemeinschaft das Aussterben droht . . . Doch die Mönche hoffen immer noch, daß ihr Vaterland einst wieder das ›heilige Rußland‹ werde.»

Und Reinhold Pabel spricht es getrost aus, daß es ein schwerer Verlust für die Orthodoxie sein würde, wenn eines Tages auch auf dem Athos, wie in Rußland, die Flamme jener eigenartigen mystischtiefen und hingebenden Frömmigkeit erlöschen sollte, die von jeher ein Kennzeichen des russischen Volkes gewesen sei. Aber ein Athonit wie Pater Geórgios ist überzeugt, daß die ganze Welt zur orthodoxen Wahrheit bekehrt werden wird, und sagt es dem englischen Journalisten Ralph Brewster, und Deutschland wird das erste Land sein, die Zeit der Bekehrung steht nahe bevor!

Dieser Pater Geórgios wird von seinen Brüdern der ›Mechaniker‹ genannt, weil es so viele dieses Mönchsnamens gibt. Er stammt aus dem baltischen Rußland, hat Ingenieurwissenschaft studiert, danach mehrere Jahre in den Opelwerken in Berlin gearbeitet, sich später in Sewastopol niedergelassen und dort geheiratet. Eines Tages erklärt ihm sein Arzt, daß er an Schwindsucht leide und nur noch wenige Wochen zu leben habe. Geórgios bekehrt sich zur Orthodoxie und wartet auf seinen Tod, aber er lebt. Sein Heilmittel muß die Einstimmung mit sich selbst und seinem Schicksal sein. Er betrachtet es als ein Wunder, will Mönch werden. Da bricht der Krieg aus, er wird Offizier in einem Pionierregiment. Vor der Revolution von 1917 flieht er und kommt endlich zum Athos. Seitdem hat er niemals seiner Frau einen Brief geschrieben, und keiner weiß von ihm.

Abtssekretär ist Pater Basilios, wahrscheinlich derselbe Mönch, der Franz Spunda seinen Namen verschwieg, seine Herkunft als Sohn eines zaristischen Staatsministers Ralph Brewster jedoch verriet. Er, der »aus einer sehr guten, alten russischen Adelsfamilie stammte«, unterhielt sich mit Giovanni Stepanow und Herzog Alba, die dem Kloster einen kurzen Besuch abstatteten. »Er war hochgebildet und sprach ausgezeichnet verschiedene Sprachen. Nach dem üblichen Empfang führte er uns zum Abt des Klosters« – Iliàn wird es gewesen sein. »Wie erinnerte der mich an den ›Starez Sossima‹, in Dostojewskys ›*Brüder Karamasow*‹! Ein Greis schon, sicher einfacher Herkunft, ohne höhere Bildung, aber mit jener Weisheit, die dem ganz in der Welt des Geistes und Glaubens Lebenden machmal gegeben ist! Unter dem Verfall ›seines‹ Klosters schien er stark zu leiden. Trug aber auch das gelassen, als Willen Gottes und als Prüfung.« Er war zugleich Gästepater und Fremdenführer durch das Kloster, dieser Pater Basilios, der nach dem Krieg als russisch-orthodoxer Metropolit in Brüssel lebte.

Der Zweite Weltkrieg berührte das Kloster kaum. Pater Basilios und Pater Protojoánnis unterschrieben als Abgesandte von Panteleîmonos den Brief an Adolf Hitler, den die Epistasie nach Berlin bringen ließ und den der ›Führer und Reichskanzler‹ wohl nie gelesen hat. Die Mönche des Róssikon beteten für Hitlers Sieg über den Bolschewismus, der ihre Glaubensbrüder schon seit mehr als zwanzig Jahren unterdrückte. Doch ein Glaubenskampf war dieser Krieg nicht. Aus Deutschland war Franz Dölger hier und fand die russische Liturgie schöner als die der Griechen. Das Amt Rosenberg wollte sehr genau über den Athos unterrichtet werden. Und die NSDAP schickte die Propaganda-Zeitschrift ›SIGNALE‹, die Edouard Roditi noch Jahre später an einem abgelegenen Ort weggeworfen sah. Der Bürgerkrieg griff über auf den Heiligen Berg. Kommunisten drangen in den Garten der Gottesmutter ein . . . Die Schrecken der Zeit verschonten auch Mönche nicht. »Sie haben Zwangsarbeit verrichtet, die Konzentrationslager kennengelernt, die Gottverlassenheit der modernen Schwarzkünstler, der Terroristen, miterlebt.« Ein Schicksal steht für das andere.

Im Jahre 1949 ist Pater Hypathios Abtssekretär, doch an dem gemeinschaftlichen Leben der Brüder kann er nur wenigen Anteil nehmen. Im Ersten Weltkrieg hat er als Offizier des Zaren beide Füße verloren und fährt nun durch die endlosen Korridore und am Nachmittag manchmal durch die baumbestandene Esplanade vor dem Tor – im Rollstuhl. Die Revolution Lenins – zehn Tage, die die Welt erschütterten – hat ihn aus Rußland vertrieben. Und dieser eine unter den Schwarzen Engeln, den deutsche Granaten verwundeten und als Krüppel am Leben ließen und der als Flüchtling vor dem roten Terror im Róssikon blieb, das Gottes Segen für den deutschen Sieg über die Rote Armee erflehte – ein Mönch wie Hypathios ist ein Opfer des Hasses, aber auch das Gegenbild unserer zutiefst zerrissenen Welt, die Gott losgeworden zu sein scheint. Mit dem belgischen Theologen Amand de Mendieta unterhält sich Pater Hypathios in französischer Sprache: ihn beunruhigt das Schicksal des Róssikon, das für ihn zum Symbol seiner Heimat geworden war.

*

Weithin hallend schlägt noch die große Glocke die Stunden, die in die Ewigkeit fallen. Zeit gibt es in Panteleîmonos genug. Man wartet auf nichts oder nur auf den Tod. Und dieses Warten im Róssikon hat das Zeitlose an sich, in das jenseitiges Leben einkehrt. Ungeduld gibt es hier nicht, man glaubt in unendlichen Räumen verloren zu sein. Nur einer der Alten kommt über den Hof, geht zum Brunnen, betet, trinkt einen Becher Wasser, geht langsam zum Tor. Er hat Wanderer auf der Terrasse sprechen hören, kommt auf sie zu, grüßt:

»Er lispelt ein fremdartiges Französisch von klassischer Genauigkeit: Racine am Zarenhof. Unter seiner behutsamen Führung – ›Attention!‹ bei jedem Treppenabsatz, jeder dunklen Ecke, jeder Delle im

Fußboden – erreichen wir einen geräumigen Flur, vor einer weit geöffneten Tür stehen in Gruppen vierzig Mönche. Sie singen im Chor nach einer Führungsstimme in der Stube – unsichtbar, aber unüberhörbar in ihrer vollkommenen Reinheit. Der höflich lispelnde ›Racine‹ bittet uns in das Zimmer. Neben einem Tisch steht der Hegoúmenos des Róssikon, ein Siebziger von überzeugender Schlichtkeit, mit dem goldenen Kreuz auf dem schwarzen Mönchsgewand . . . Schüchtern segnend nimmt der geistliche Stellvertreter des neunten Konstantin Palaiologos und des zweiten Nikolaus Alexandrowitsch aus einem Körbchen je zwei rote Ostereier und schenkt sie uns.« Sie sind das Symbol der Auferstehung Christi, der Anástasis, und des Blutes, das er am Kreuz vergoß.

Gerhart Pohl schildert die zweite Klosterszene, in der sich unsere Zeitwelt auf erschütternde Weise spiegelt: »In der Dunkelheit des Abends, da wir sinnend auf dem Altan sitzen – vor uns die blauschwarze Platte des Meeres und darüber der Riesenbogen blinkender Gestirne – tritt ein Mönch in den Türrahmen. Er prüft uns lange schweigend. Auch wir schweigen. Dann spricht er – deutsch.« Er stammt aus der Herzegowina, wollte Priester werden, flüchtete aus dem Jugoslawien Titos und gesellte sich zu den Russen.

»Auch er ist von der Aufgabe der Deutschen in der geistigen Weltschlacht des Jahrhunderts überzeugt. Trotz seiner Jugend ohne die reale Erfahrung hält er Deutschland für die gottgewollte Kraft der Ordnung in der Mitte Europas . . .*Todsünder!* ruft er heftig in die sternendurchsetzte Nacht. Damit meint er nicht etwa die Menschen des deutschen Sprachraums, sondern Hitler, dessen Namen er geflissentlich verhehlt – wohl aus der magischen Überzeugung, daß das Namenlose machtlos ist. Reglos im Türrahmen stehend, flüstert er leidenschaftlich den Monolog des von Gesichten Überwältigten: daß die westliche Welt im Überfluß der Stoffe ertrinke, daß sich Deutschland, durch die Niederlage aus seiner Überlieferung gedrängt, sich dem Verhängnis der Verflachung und Entleerung auszuliefern beginne, daß die Völker von Byzanz hingegen die ihnen wesenhafte Seelenkraft im Zeichen dessen, der das Naturgesetz des Todes aufgehoben hat, vor den abgefallenen Gewalttätigkeiten ihres Reichs verhehlend bewahrt haben und daß die Ketzerherrschaft der Lenin – Stalin – Chruschtschow nichts weiter als eine Art Krätze am Geistleib der davon befallenen Völker sei – zeitbegrenzt, leicht heilbar, im Grunde keiner Sorge wert. Ein neues Zeitalter menschlichen Zusammenlebens beginnt sich einzuschwingen in die ewige Welt des Pantokrators . . . Die Seifenblase der närrischen Gottesfeinde wird zerspringen. Aber die alten reichen und gereiften Völker von Byzanz werden bleiben – gewandelt auch sie, aber kernhaft unverändert in Gottesfurcht und Anspruchslosigkeit.«

Das sagte Ostern 1959 ein Mönch im Róssikon, und dem Dichter Gerhart Pohl wurde es zu untrüglicher Gewißheit: solange noch einer die Kerze vor der Ikonostase entzündet und glühenden Herzens die Liturgie vollzieht, im Namen dessen, der am Kreuz gestorben, am dritten Tage wieder auferstanden ist von den Toten, wird der Agion Oros fortbestehen. Und die Mönche, die von ihrer irdischen Heimat unüberbrückbar getrennt sind, wissen sich für ihr Miteinander verantwortlich. Ihr Hiersein ist nur ein Vorübergang: das Kloster der Russen lebt seiner Auferstehung entgegen.

*

Am Abend meines Tages in Panteleímonos saß ich lange beim Portatoris, der ein Grieche war und das Sterben erlebt hatte. Ich höre noch seine Stimme: . . . *and they died and they died, they died and died.* In gebrochenem Englisch erklärte er mir die Weissagung des Propheten Amos und war überzeugt, daß sie in Erfüllung gehen werde:

»Siehe, es kommt die Zeit, spricht der Herr, daß ich einen Hunger ins Land schicken werde, nicht einen Hunger nach Brot oder Durst nach Wasser, sondern nach dem Wort des Herrn, zu hören; daß sie hin und her von einem Meer zum anderen, von Mitternacht gegen Morgen umlaufen und des Herrn Wort suchen, und doch nicht finden werden.«

Das Strafgericht werde kommen, sagte der Pater, ... über die Gottlosen, deutete ich seine Worte. Und haben die nach Freiheit Hungernden nicht die Macht überwunden, als sie von Nord nach Osten, vom Meer bis wieder zur Mitte Menschenketten bildeten und der gestiefelten Gewalt Kerzen vor die Füße stellten, weil sie in ihr das Wort Gottes nicht fanden – das Recht und die Gerechtigkeit? Wir haben es erlebt, damals war es nicht einmal denkbar. Das Wort Gottes war dem Alten vom Róssikon unumstößliche Wahrheit. Das Kreuz wird siegen: stavro nikà! Dessen war sich der Mönch gewiß.

»Zur selben Zeit will ich die zerfallene Hütte Davids wieder aufrichten und ihre Lücken verzäunen, und was abgebrochen ist, wieder aufrichten und sie bauen, wie sie vor Zeiten gewesen ist.«

Die Sonne war untergegangen, die Dämmerung legte ihre Schatten auf den Wald und das Meer, das Kloster verstummte. Das Tor wurde geschlossen.

Amand de Mendieta, 284 – Amos, 8, 11. 12; 9, 11 – Belpaire, 180 ff. – Brewster, 86 ff. – Robert Byron, 147 – Curzon, 323 – Daniel: *Etude historique,* Patras 1927 (griech.), franz. Ausgabe Athen 1927 – Didon, 112 und 117 f. – Dölger, *Mönchsland,* 57 und 172 – Fredrich, 19 – Ganske, 15 f. – Grassi, 71 f.; der Abt ›Elias‹ ist der 1958 zum Hegoúmenos gewählte Pater Iliàn, der, 1883 geboren, 1971 starb: »Diejenigen, die ihn gekannt haben, werden kaum diesen so milden und demütigen Starez und diesen vorbildlichen Mönch vergessen« (Irénikon, 44, 1971, 401). – Irénikon, 37 (1964), 253 f. – Misail an das Sekretariat des Völkerbundes in Genf, 26. 10./8. 11. 1924 (ungedruckt) – Le Monde, 11. Februar 1877, nach Nolhac, 522 f. – Karl Mordtmann 1888 an Bismarck (ungedruckt) – Neyrat, 23 f. und 280 – Pabel, 82 ff. – Pohl, 106 f. – Rasputin: Irénikon, 43 (1970), 262 – Riley, 241 ff. und 318 ff. – Roditi, 64 – Rossmann, 85 ff. – Spunda: *Landschaft und Legenden,* 143 ff. – Stepanow, 361 – Valentinos; vgl. Gernot Seide: *Geschichte der Russischen Orthodoxen Kirche im Ausland von der Gründung bis zur Gegenwart,* Wiesbaden 1983, 13: »Am 6. November (alten Stils) 1920 trafen das Oberkommando der Weißrussischen Armee des Generals Wrangel, die Oberste Kirchenverwaltung und weitere 150 000 russische Flüchtlinge auf mehr als 125 Schiffen in Konstantinopel ein.« – Vogüé, 283 ff. – Die Wartburg, 16. März 1917, 85 f. – Wulff, 36 f.

Wandertage

Man wird nirgend Schaden tun noch verderben auf meinem ganzen heiligen Berge; denn das Land ist voll der Erkenntnis des Herrn, wie Wasser das Meer bedeckt.
(Jesaja, 11.9)

Am zweiten Tag meines Aufenthalts auf dem Heiligen Berge wanderte ich mit einigen Studenten von Karyès aus zum Kloster Stavronikîta. Wir kamen auf schmalem Weg im Hochwald an einer ausgebrannten Skite, einer Mönchssiedlung, vorbei, so daß uns die Feuersgefahr für Behausung und Wald unmittelbar anschaulich wurde. Stavronikîta ist das kleinste unter den zwanzig Großklöstern des Athos. Seinen Namen hat es von dem Gründer eines Kellions, das an dieser Stelle schon lange bestand, dem Pratizier Nikétas, der das Kreuz Christi – stavros – auf sich nahm. Dieses Kellion erhob der Patriarch Jeremias I. für seinen Freund Gregóras im sechzehnten Jahrhundert zu einem Kloster. Wir sahen die Kirche mit ihren Fresken, die der Maler Theophánes aus Kreta und sein Sohn Symeon 1546 geschaffen hatten, und die Mosaik-Ikone des Heiligen Nikólaos und dann, dem kleinen Tor gegenüber, als wir auf den Willkommenstrank warteten, die Mönche bei ihrer Arbeit in einer Obstplantage . . . Von der Terrasse über dem Meer schaute man auf den fernen Berg. Wären die Mönche nicht, könnte man glauben, auf einem mittelgroßen Bauernhof eingekehrt zu sein.

*

Als Amand de Mendieta 1949 nach den Schrecken des Partisanen- und Bürgerkriegs das Kloster besuchte, schien es dem Verfall preisgegeben. Einer der Epitropen, unheilbar augenkrank, vertraute dem Gast aus Belgien seine Sorge an: *Wir sind arm und alt. Wir haben keine Novizen. Vier von uns sind noch gesund. Was soll aus uns werden?* Der Archontaris, ein Mann von fünfzig Jahren, hatte mehrere Ämter auf sich nehmen müssen, weil er einer der Jüngsten unter den Brüdern war. Er kam mit einem großen Reisigbündel durchs Tor, um seinen Backofen damit zu beheizen. Er war Klosterbäcker und Sakristan, aber auch Gästepater. Die liebenswürdige Gastfreundschaft entsprach der Armut. Das Zimmer, in dem der Besucher untergebracht wurde, war zwar für einen Bischof vorgesehen, aber auch unbeschreiblich, so miserabel war es. Im August 1968 sollte das Kloster geschlossen werden. Um es zu retten, bot der Gouverneur Papadatos dem Kellioten Basilios die Leitung des Klosters an. Zwei Bedingungen stellte der Asket: das Kloster müsse ein Koinobion werden und er der Abt. Die Hiera Koinotis war damit einverstanden, und der Patriarch Athenagóras genehmigte diesen Beschluß. Basilios, ein gelehrter Theologe, der in Athen und in Lyon studiert hatte, hoffte, aus Stavronikîta das Muster eines strengen Klosters zu machen. Der Erfolg hat ihm rechtgegeben: junge Mönche sind zu ihm gekommen und haben Garten- und Feldwirtschaft wieder ertragreich gemacht.

Wir konnten in Stavronikîta nicht bleiben. Das Kloster hat Betten nur für zwölf Gäste. Wir gingen an dem Aquaedukt entlang und fanden den Pfad zum Kloster Pantokrátoros. Es war bald kein Pfad mehr, sondern nur Gebüsch und Geröll, Wald und trotz des späten Nachmittags noch heiß. Die Aussicht über das Ägäische Meer entschädigte für die Strapazen. Schon sahen wir das Kloster Pantokrátoros wie eine Fata Morgana durch Dickicht und Buschwerk vor uns, doch noch zweimal mußten wir in Schluchten hinunter- und steinige

Im Kloster Stavronikîta

Hänge hinaufklettern, ehe wir endlich über den gepflasterten Eselspfad das Tor des Klosters erreichten.

»Um den Hunger zu befriedigen, erhielt ich von dem wenig freundlichen Pförtner nur einen Teller Kichererbsen, die in einer wenig angenehmen Sauce schwammen. Glücklicherweise fand ich in meinem Gepäck noch etwas zu essen . . . Nachdem man die heute nicht mehr benötigte Zugbrücke überschritten hat, befindet man sich vor dem ersten, befestigten Turm, mit einer Pforte, für den Menschen ein Nadelöhr, die es erlaubt, einzutreten oder hinauszugehen, ohne die großen Türflügel zu öffnen. Ein dunkler, verwinkelter Gang führt vor ein zweites Portal, ebenso massiv, das mit Nägeln bespickt ist.«

Wie Fred Boissonnas gingen auch wir in den Klosterhof, wo uns Pater Dionýsios, der Archontaris, in allen Sprachen Europas begrüßte und uns im Gästezimmer mit Raki und Kaffee erfreute. Bald gab es einen Teller Kichererbsen, die im Klostergarten geerntet werden. So war alles beim alten geblieben, auch das Kloster, das der Strateg Alexios Stratogopoulos stiftete, nachdem er 1261 den letzten lateinischen Kaiser, Balduin II., aus Konstantinopel vertrieben hatte. Sein Kaiser, Michael VIII. Palaiologos, gab ihm die Ehre eines Triumphzugs: angetan mit caesarischem Gewand fuhr er in einem Prachtwagen durch die Straßen der wiedergewonnenen Hauptstadt, das Volk jubelte ihm zu. Aber Ruhm und Ehren hinderten den Gottesmann Alexios – wie Athelstane Riley schreibt – nicht, Schätze im Himmel zu sammeln. Er widmete einen Teil seines Reichtums dem Ruhme Gottes und gründete das Kloster des Allmächtigen, des Pantokrators. Alexios wurde der erste Mönch dieser Gemeinschaft. Das Kloster war eine Burg, um Seeräubern widerstehen zu können, es sollte aber auch ein Bollwerk des Glaubens sein, ein Bollwerk gegen die Union, die sein Kaiser mit dem Papst in Rom zu schließen geneigt war.

Als der Athos schon einige Jahre dem türkischen Sultan Tribut zahlte, kam Cyriakus von Ancona, der Kaufmann und Gelegenheitsdiplomat, im Jahre 1444 zum Kloster Pantokrátoros, um hier, wie überall, altgriechische Inschriften aufzuzeichnen und Codices antiker Autoren aufzuspüren. Abt Nykander zeigte ihm in der Bibliothek eine Handschrift des Dionýsios Areopagîta, in dem die wichtigsten Werke dieses mystischen Theologen enthalten waren. Sonst gab es für den Humanisten aus Italien nichts, was ihn an der Weiterreise hätte hindern können. Gefahren hat er nicht bestehen müssen. Friede lag über dem Heiligen Berg. Alle Rechte und alles Eigentum waren vom Großtürken, dem

Herrn des Osmanischen Reiches, bestätigt worden. In Karyès residierte zwar ein Bostandschi, der alle Jahre einmal zu den Klöstern ritt, sonst war aber alles beim alten geblieben. Und 1512 besuchte der Sultan und Padischah Selim I. die Mönchsrepublik.

»Nach dem siebenfachen Schlachtopfer der fünf Neffen und zwei Brüder ging der Sultan über Gallipoli, und nachdem er das europäische Schloß der Dardanellen, welches der Schlüssel des Meeres (Kilidul-Bahr) beigenannt ist, besichtigt, über den Berg Athos, wo er festlich bewirtet, reiche Geschenke von seinen Wesiren erhielt, nach der ersten und nach der zweiten Hauptstadt des Reiches, nach Konstantinopel und Adrianopel.«

Mehr weiß man nicht von diesem einzigen Besuch eines Sultans auf dem Heiligen Berg. Das Paradies der Jungfrau Maria war, wie sie selbst und ihr Sohn Isa, den Mohammedanern heilig. Nur durften sie nicht in ein Kloster aufgenommen werden: Renegaten Schutz zu gewähren, war unter Strafe verboten. Doch Piraten fanden Asyl, das auch den griechischen Klephten zugute kam oder ihnen stillschweigend gewährt wurde. So blieb es lange Zeit. Als William Hunt und Joseph Dacre Carlyle 1801 den Athos bereisten, durchquerten bewaffnete Albaner und Bulgaren die Wälder und Schluchten der Halbinsel an der Chalkidike. Grenzen kannten sie nicht. Es war eine gefährliche Welt. Palikaren begleiteten darum die Engländer vom Kloster Koutloumousîou aus, ein Mönch führte den Trupp, um sichere Wege zu zeigen, die nach Pantokrátoros führten. Hier fanden die Engländer nach der Hast der ersten Woche auf dem Heiligen Berg Ruhe und Zurückgezogenheit, wie sie sie suchten. Als sie sich nach wenigen Tagen vor dem Portal der Kirche von ihren liebenswürdigen Gastgebern verabschieden wollten, kam eine wilde Bande durch das Tor auf den Klosterhof, feuerte Musketen und Pistolen ab und jauchzte vor Vergnügen. Sie waren, wie sie berichteten, von den Bergen des thrakischen Haemos auf ihrer ›Pilgerfahrt‹ zum Athos gekommen. Die Reisenden blieben noch, um die Messe mitzuerleben, obgleich sie die Sprache, in der die Liturgie gehalten wurde, nicht verstanden. Die pilgernden Räuber, die Klephten und Freiheitskämpfer, legten als Dank goldene Münzen in der Kirche nieder. Der Epitrop trug als Verwalter des klösterlichen Besitzes ihre Gabe und die Zahl der Messen, die gelesen werden sollten, in ein Buch ein, dazu die Namen derjenigen, derer gedacht werden sollte. Dann brachen die Engländer auf.

Im Jahre 1867 war Pater Daniel einer der Epitropen des Klosters, den Mr. Beamont aus Oxford wegen seiner Gastfreundschaft besonders lobte. Er stand einer Gemeinschaft von vierzig bis fünfzig Mönchen vor, die ihn als einen ihrer alljährlich wechselnden Vorsteher gewählt hatten. Das Kloster lebte – und lebt noch heute – nach idiorrhythmischer Ordnung, in der jeder für sich sorgt und eine kleine Wohnung hat. Dem Pater Daniel stand Pater Agathos zur Seite, ein freundlicher älterer Mann, der den englischen Gast zu sich einlud und ihn abends mit Eiern, Fischen und Früchten bewirtete. Er zeigte ihm seine Bibliothek, die aus mehreren Werken zur griechischen Theologie bestand. Stolz war er, daß sich unter seinen Büchern eine Ausgabe des griechischen Neuen Testaments aus Cambridge befand. *Dies ist,* erklärte der gute Mann, *das Buch, das ich höher schätze als alle übrigen, und das ich beständig lese. Und wenn Sie wünschen, mir, wie Sie sagen, ein Geschenk zu machen, dann schicken Sie mir aus England zwei Exemplare dieses griechischen Testaments.* Wegen der vielen Gottesdienste käme Pater Agathos, meinte William Beamont, wohl nicht viel zum Lesen, sicherlich weniger als ein Professor in Cambridge.

Als Athelstane Riley und sein Freund, Reverend Owen, 1884 das Kloster besuchten, leitete der Epitrop Theókritos mit dem Archiman-

Franz Marc: Blick vom Kloster Pantokrátoros auf den Athos-Berg

driten Athanásios die Mönche von Pantokrátoros. Die Engländer fanden den Hof sehr malerisch, das Essen aber so schlecht, daß sie die vorbereiteten Suppen, Thunfisch und holländischen Käse, die sie aus Konstantinopel mitgebracht hatten, zu sich nehmen mußten. Danach gab es allerdings eine lebhafte Unterhaltung mit den beiden Epitropen und den Mönchen, an der sich auch der Erzbischof von Kavalla beteiligte. Ein junger intelligenter Grieche war gegenwärtig, er war ein Mitarbeiter der Zeitschrift ›*Ekklesiastike Aletheia*‹, die im Auftrag des Patriarchats von Konstantinopel herausgegeben wurde. Es ging um die Einheit des Christentums und die Anglikanische Kirche, vor allem, wie nicht anders zu erwarten war, um das seit Jahrhunderten umstrittene ›filioque‹, das im römischen Text des Glaubensbekenntnisses erklärt, daß der Heilige Geist vom Vater und vom Sohne ausgeht. Kein orthodoxer Christ kann es gelten lassen, denn es widerspricht den Beschlüssen der ersten Konzilien. »Vater Sohn Heiliger Geist Gott« heißt die Dreieinigkeit der Orthodoxen, der Bewahrer des rechten Glaubens. Und die Union, die auf dem Konzil von Florenz 1438 erreicht schien, scheiterte an dem Widerstand der Mönche in Konstantinopel und auf dem Heiligen Berge, die in ihrem Glauben nicht wankten. Das Byzantinische Reich fiel 1453 Mehmed dem Eroberer

zum Opfer, aber der Glaube der Orthodoxen lebte und lebt. In diesem Streit um eine Silbe ist keine Übereinstimmung zwischen Ost und West, zwischen Griechen und Lateinern möglich. An diesem Abend in Pantokrátoros wurde das Religionsgespräch temperamentvoll geführt. Um die Stärke eines einheitlichen Christentums zu allegorisieren, nahm Mr. Riley Stöcke und Schirme und bündelte sie in seiner Hand. Ein einzelner Stab, das wollte er sagen, sei schwach, viel zu schwach, um dem Unglauben Widerstand zu leisten. In der Hitze der geistlich-geistigen Auseinandersetzung hatte er nicht bemerkt, daß ein Mönch mit einem Tablett, kleine Täßchen Kaffee den Diskutanten zu reichen, hereinkam. Als er sich umwandte, um die Gegenstände seiner Demonstration wieder in die Ecke zu stellen, stieß er unversehens an das Tablett, das mit allen Tassen zu Boden fiel. Der Mönch stand sprachlos, und stammelnd beendete Athelstane Riley seine Apologie der Union aller christlichen Kirchen. Der Metropolit von Kavalla und die Epitropen nahmen die Katastrophe mit Belustigung auf: *Polykala!* sagten sie. *Gott hat uns ein Zeichen gesendet. Vergossener Kaffee ist die glücklichste Sache der Welt. Alle zusammen sind wir stärker. Gott wird uns die Union geben.* Sie hatten die Einheit des christlichen Glaubens anschaulich erfahren.

So lebhaft waren die Unterhaltungen nicht, die wir in Pantokrátoros nach dem Abendbrot hatten. Bald war es im Kloster still. Wir saßen noch lange am Fenster des Gästeraumes, ein unwahrscheinlicher Vollmond ließ bei ruhiger See seinen Widerschein wie einen goldenen Pfad auf dem Wasser glitzern, während er sich langsam dem schweigenden Berg näherte. Das Nachbarkloster Stavronikîta stand wie ein kleines Juwel im Licht dieser noch nie erlebten Nacht. Wir gingen noch in den Klosterhof, in dem sich der Mondschein sammelte. Die Orangenbäume blühten und trugen zu gleicher Zeit Frucht. Man hätte nicht wagen können, eine Orange zu pflücken und an sich zu nehmen. Unwillkürlich wird Paradies gegenwärtig – Garten der Jungfrau. Wie ein Schatten huschte einer der Schwarzen Engel unter den Arkaden entlang, verschwand im Dunkel. Ein Mönch saß auf einer Steinbank und spielte mit seiner Uhrkette aus Gold. Er betete.

Der Vollmond brachte uns schlechtes Wetter . . . Gegen Morgen kommt Sturm auf, Brandung schlägt an die Felsen, auf denen das Kloster steht. Bald wird es zweifelhaft, schließlich unmöglich, daß ein Kaik kommt, uns zur Lawra, dem Kloster des Heiligen Athanásios, zu bringen. Der Himmel ist wolkenverhangen, kalt geht der Wind. Ich schreibe am Tagebuch. Gegen Mittag kommt die Sonne zwischen den

Wolken wieder. Wir sitzen in der Pergola vor dem Klostertor. Schweigend blicken wir auf den fernen Berg, dieses Wunder im Garten der Gottesmutter: seine blasse Silhouette hebt sich nur wenig vom mattblauen Himmel ab. Der Alte kommt wieder und spielt mit seiner goldenen Kette, er betet. Pater Dionýsios ruft uns herein, er hat einen Teller Suppe für seine Gäste, auch etwas Brot. *Kann ich bleiben, Pater, bis der Sturm vorüber ist, um zur Lawra zu fahren, morgen geht das Boot doch sicher? – Nein, nein, spazzieren, spazzieren!* antwortet er, *auf dem Athos nix Merzedes, nix Obbel!* Und mit bemerkenswerter Deutlichkeit schlägt er zweimal auf seine schwarzgewandeten Waden. Unerwartet setzt er hinzu: *Übermorgen Jubilee in Iwiron, ich helfen auf dem Weg, wir gehen zur Skite Profiti Ilias und . . . dann, haben wir ein Glück, mit Esel nach Iwiron.* So konnte ich bleiben.

Am anderen Morgen brachen wir auf. Die Skite des Propheten Elias liegt eine gute Stunde oberhalb des Klosters Pantokrátoros. Ein junger Russe, noch in abgetragenem Anzug, führt uns in das Kyriakon, und in diesem kaum achtzig Jahre alten Kirchengebäude steht eine riesige Ikonostase mit Heiligenbildern in Devotionalienstil. Die Skite wäre zwar eine walachische Gründung, aber Wohltäter sei der letzte Zar gewesen. Und einen Zaren werde es wieder geben, versichert unser Begleiter. Zweifel sind unangebracht.

Im Kloster Pantokrátoros

Drei Mönche leben hier, ein Russe, ein Grieche und ein Amerikaner, der als Dikaios die beiden anderen und den Novizen leitet. In schönem Englisch gibt er uns einen abschlägigen Bescheid: bleiben könnten wir nicht, sie seien zu arm, zu essen gäbe es nichts. Einen Esel? Die drei mageren Tiere im Hof könnten sie nicht entbehren. In einem Nebenraum der Küche wird uns Kaffee und Zuckerbrot angeboten. Das Leben in dieser Skite ist nicht einmal ein Abglanz der Zeit vor sechzig oder siebzig Jahren, in der noch alljährlich die große Agrypnia stattfand.

»Zu Mittag sind wir am Ziel«, beginnt Franz Spunda das Erlebnis dieser heiligenden Feier. »Der ganze Klosterhof wimmelt bereits von schwarzen Kuttenträgern, die in Gruppen beisammenstehen. Auf allen Gesichtern glänzt Festesfreude. Freunde, die sich jahrelang nicht gesehen haben, treffen sich wieder und tauschen Neuigkeiten aus. Trotz ihrer freudigen Stimmung sprechen sie nur leise, so daß ihr schwaches Gesumme im Winde verweht und die ganze Menschenmenge stumm zu sein scheint. Russen radebrechen mit Griechen, diese mit Rumänen und Bulgaren, und alle verstehen einander. Ist ja die Sprache des Herzens überall die gleiche. Da gibt es prächtige Gestalten, hochgewachsene Erzpriester und Diakone mit gepflegten, grau schimmernden Bärten, edle Gesichtszüge welterfahrener Würdenträger mit scharf blickenden Augen oder durch Kasteiungen entfleischte Anachoreten mit Fanatikerblicken. Mitten unter ihnen die Scharen demütiger Asketen mit schon überirdischen Gesichtszügen, verklärt schwimmenden Rundungen und ellenlangen Bärten, die im Winde wie Wasserfälle wehen. Daß ihre Kutten zerrissen und zehnmal geflickt sind, darauf achtet niemand.«

»Da tönt das Zeichen zum gemeinsamen Mahl, mit dem die Panegîris beginnt« – die Festversammlung. »Da gibt es Gerichte, die allerdings für einen Asketengaumen Leckereien sind, Stockfisch mit Krautsalat, Bohnen, Brot und Früchte. Alle essen schweigend und ernst, obwohl der Vorsitzende zur Heiterkeit ermuntert . . . Neben mir sitzt ein greises Väterchen, das die Stockfischbrühe mit Inbrunst löffelt, ein Asket, der – wie er mir sagt – seit zwanzig Jahren zur Agrypnia kommt. Ich kann die Speise nicht essen, der Geruch widert mich an, und ich schiebe meine Schüssel dem Nachbarn zur Rechten zu: *Willst du, Vater?* frage ich ihn. *O gern! Das ist ja Fisch! Seit einem Jahr habe ich nichts so Gutes gegessen,* sagt er, und seine Augen leuchten . . . Entsetzliche Stockfischgerüche hängen wie ein Nebel im hohen Saal . . .«

»Langsam setzt sich der Zug in Bewegung zur Kirche: Die Agrypnia beginnt ... Die Glocken beginnen zu brausen und dröhnen, daß die stille Bergluft erzittert. Mit tönenden Schwingen fliegen die Klänge über Hügel und Täler, das hohe Fest und den Ruhm des großen Propheten verkündend. Aber man zögert noch. Wohl summt schon aus der Kirche ein heiliger Vorklang von Stimmen, die das Fest nicht erwarten können. Man wartet, bis sich die Sonne gegen den Horizont senkt. Noch trappeln eilige Hufe, noch immer kommen Nachzügler zu Fuß an.«

»Die Pforte schließt sich dröhnend – wer jetzt noch kommt, wird nicht mehr eingelassen ... Der Abt und seine Archimandriten schreiten, mit prachtvollen goldenen Ornaten angetan, zur Kirche. Die Priester und Diakone folgen, zum Schluß kommen die Mönche und Asketen ... Alle Kronleuchter flammen im Lichterglanz, der Ikonostas brennt in einem Meer entzündeter Goldtöne. Ein Himmel von Licht überflimmert die Beter. Zu Hunderten liegen sie auf dem Boden, die Stirn auf den Lorbeerblättern. Einige beten verzückt mit ausgebreiteten Armen und stöhnen leise in heiliger Entzückung. Alle anderen folgen mit Inbrunst der heiligen Handlung: bald verschwinden die Zelebrierenden hinter der Bilderwand, und man hört nur das Rasseln der Weihrauchpfannen, leise Gebete, das Rauschen starrer Seide – dann öffnet sich die Mitteltür, der Erzbischof tritt mit einem großen griechischen Kreuz hervor und segnet alle Anwesenden, die wie entseelt zu Boden stürzen. Und ein Doppelchor von zweimal vier Stimmen stimmt den Sehnsuchtsschrei nach Erlösung an, dumpfdröhnend in den Bässen, erschütternd wie der Schrei eines Menschen in Todesnot: Gospodin pomilu, das griechische Kyrie eleison. Der zweite Chor antwortet, besänftigend auf den Erlöser hinweisend, und wieder tönt der erste unerbittlich, als ob das Heil der Welt davon abhinge, sein Gospodin pomilu, Herr, erbarme dich unser! ... Das ist zu gewaltig, als daß ich es ertragen kann ... Ich muß ins Freie, das Herz klopft zum Zerspringen. Ich steige über hingestreckte zitternde Leiber zur Tür hinaus in die süßduftende Sternennacht. Aus den hohen Fenstern der Kirche fällt das Licht in lang hingestreckten Kegeln talabwärts über den schlafenden Berghang ... Die Luft ist kühl und duftet auch hier nach Lorbeerblättern, und durch die offene Kirchentür entweicht Weihrauchgewölk wie wogende Schemen. Im Oleandergebüsch schluchzt eine Nachtigall auf. Immer tönt der Viergesang aus der hallenden Kirche ...«

»Einzelne Schattengestalten schleichen aus der Kirche und legen sich auf die Stufen. Die Würdenträger entfernen sich zu kurzer Ruhe. Alle anderen aber harren aus. Ich trete ein in den nun dämmrig dunklen Raum, der nur von den brennenden Ampeln durchglimmt wird. In der Mitte des Schiffes ist ein Lesepult mit einer Lampe, deren Licht durch einen Schirm abgeblendet wird. Ein alter Starez sitzt davor und liest die Geschichte des großen Propheten Elias vor. Im Kreise rings um ihn herum kauern auf dem Boden Hunderte von Mönchen und lauschen den heiligen Worten, die ernst und wohlklingend aus dem Munde des Vorlesers tönen. Es ist ein Bild aus der Urzeit des Christentums.«

Und der Starez las die Geschichte vom Propheten Elia, der wie die Priester des Baal des Opfer zurichtete: Elia einen Farren und die Baalspriester einen Farren, damit das Volk sehen sollte, welcher Gott, Baal oder Jahwe, Feuer vom Himmel sendete, wenn die Zeit des Speiseopfers käme. Elia aber war allein übrig geblieben als Prophet des Herrn, während vierhundert und fünfzig Mann Baal anbeteten. Baal aber half seinen Priestern nicht. Und da nun alles gerichtet war, das Farren und der Altar und das Volk Wasser auf das Holz in die Grube beim Altar gegossen hatte, betete Elia zum Gott Abrahams, Isaaks und Israels; »Erhöre mich, Herr, erhöre mich, daß dies Volk wisse, daß du, Herr, Gott bist, daß du ihr Herz danach bekehrest.« Und das Feuer des Herrn fiel auf den Altar herab und fraß Brandopfer, Holz und Erde, Steine und Wasser. Das Volk aber rief: »Der Herr ist Gott, der Herr ist Gott!« Solche Geschichten verstehen die Mönche, die Asketen und Anachoreten als Gegenwart: wer wird der Eine sein, der noch Gott glaubt und die anderen zum Bekenntnis Gottes zu fordern weiß, daß sie beten: Der Herr ist Gott. Baal ist der Gott der Vielen und Allzuvielen, der ›Gott‹ der gottfernen Welt, der sein ›Volk‹ ohne Hoffnung läßt. Der Gott Israels wird sein Volk retten, solange noch einer Ihm mit seinem Opfer dankt.

»Sechzehn Stunden hat die Agrypnia gedauert, aber kein einziger ist übernächtig oder zermürbt. Mit freudigem Gesicht holt ein jeder aus seinem Ränzel ein Stück Brot, zu dem er in der Küche einige Überreste von gestern erhält. Zahllose Gestalten lagern sich in den Schatten der kühlenden Mauern. Die großen Goldkreuze auf den Kuppeln flammen im Sonnenglanz, die eingelegten roten und grünen Gläser sprühen wie bengalische Lichter. Bald klappert der Hof von den Hufen der Maultiere, die aus den Ställen hervorgezogen werden, und tönt vom Schreien der Esel. Alles rüstet sich zur Heimreise. In einigen Stunden sind alle davon, und im Skiti des Propheten Elias bleiben nur wenige Mönche übrig, die das Lorbeerlaub aus der Kirche kehren. Nun beginnt wieder das Einerlei für das ganze Jahr, Arbeit, Plage und Gebet.«

Erlebnisse sind das, als wären es Visionen aus einer anderen Welt. Jetzt ist die Skite des israelitischen Propheten stumm, aber einer wird immer noch da sein, der das Opfer am Altare vollzieht, wenn auch die Vielen der Welt verhaftet bleiben – wie wir. Wir lassen den amerikanischen Dikaios mit seinem russischen Novizen allein. Weiter geht es, der Tag wird noch lang sein. Im herrlichen Hochwald begegnet uns auf einsamer Straße ein Mönch in abgerissener Arbeitskutte, der so aussieht, als käme er eben von der Agrypnia, die vor Jahrzehnten der österreichische Dichter beschrieb. Pater Dionýsios verwickelt ihn sogleich in eine lebhafte Unterhaltung, die keine freundliche Begegnung von Gottgeweihten zu sein scheint – oder doch? *Pater, war es ein Streit? – Nein, nein, wir hatten uns lange nicht mehr gesehn . . .* Es ist das in seinem Grunde bäuerliche Temperament der Griechen. Wir gehen weiter nach Karyès. Es ist Mittagszeit, *Time for Lunch,* sagt mein Pater, aber auch Fastenzeit. Wir setzen uns auf eine schmale Bank vor einem etwas tiefer gelegenen ländlichen Anwesen – einem Kellion. Brot liegt in einem Korb, daneben einige Äpfel: die Erinnerung an den Korb mit Brot und Fischen, die Christus vermehrte, um sein Volk zu speisen, gibt diesem Augenblick weiteren Sinn als Wanderstunden auf dem Heiligen Berg. Hier ist noch Gegenwart, was damals war und darum keine Geschichte, sondern ein Wunder ist. Glaubt denn ein Mönch nicht an Wunder? Daß Geschichte Vergangenheit ist, ist eine oberflächliche Annahme. *Essen, my friend!* Und der Pater bricht ein kräftiges Stück von dem Brot ab, dankt, gibt's mir und ißt.

Stimmen von Wanderern kommen näher. Wir hören Deutsch, Gruß und Gegengruß, Hin-und-Her der Fragen: Freiburg in der Schweiz, Berlin, Saloniki, griechischer Student, Arzt und Architekt, belgischer Ingenieur. So beginnen auf dem Athos die Begegnungen der Sich-Findenden und Nicht-Suchenden. Und der Freiburger Arzt will seinen Einsiedler wieder besuchen, hier muß er wohnen, er kennt ihn vom letzten Jahr her. Eine Steintreppe führt hinter dem niedrigen Zaun hinab. Und unten sitzt der Eremit in seinem Kellion. Man könnte seine Behausung eine Bauernkate nennen. Wir sehen umherstehendes Gerät, Stangen und Hölzer – gewiß pflanzt und erntet er Bohnen – und einen kleinen Tisch. Der Eremit winkt uns hinunter, wohl sechs oder acht, Mönch und Wanderer zusammen, holt aus seiner Hütte einen vorzüglichen, selbstgebrannten Rakilikör und erzählt mit seinen 93 Jahren lebhaft und dankbar, was für ein Mittel ihm der Arzt geschickt hat. Ob er es genommen, um seinem Rheuma Linderung zu verschaffen, wird nicht recht deutlich. Raki und händevoll ausgeteilte Bonbons geben der Szene eine heitere Laune. Eine schön gedruckte Visitenkarte erhalten wir noch: Polykarp Klemadianos, Monachos auf Agia Barbara. Der Heiligen Barbara ist sein Kellion

ΠΟΛΥΚΑΡΠΟC ΚΛΗΜΑΤΙΑΝΟC
ΜΟΝΑΧΟC

ΚΟΥΤΛΟΥΜΟΥCΙΑΝΑ ΚΕΛΛΙΑ
(ΑΓΙΑ ΒΑΡΒΑΡΑ)

ΚΑΡΥΑΙ
ΑΓΙΟΥ ΟΡΟΥC

geweiht, das zum Kloster Koutloumousîou gehört. Pater Polykarp bittet, ihm Briefmarken zu schicken, aus Deutschland vor allem, denn er sammelt sie seit achtzig Jahren, warum aus Deutschland? Deutschland ist ein großes und mächtiges Land. Was in all den Jahren geschehen ist, hat für ihn keine Bedeutung.

Später sind wir im Kloster Koutloumousîou, das ein Türke, namens Koutloumous, gegründet haben soll, und Koutloumous bedeutet soviel wie ein »Heiliger, der aus Äthiopien kam«. Er nannte sich Konstantin. Man bezeichnet das Kloster auch als die Lawra des Landes Rumänien, weil der walachische Fürst Johann Wladislaw im vierzehnten Jahrhundert, nachdem es die katalanische Soldateska vernichtet hatte, großmütig erneuerte. Griechen und Rumänen lebten zusammen, die Rumänen nach idiorrhythmischer, die Griechen nach koinobitischer Ordnung. Doch der Abt wurde stets aus den Reihen der griechischen Mönche erwählt. Wiederholt brannte das Kloster ab, stets wurde es in seiner alten Weise wieder aufgebaut. So blieben die herkömmlichen Arkadengänge rings um den Hof erhalten. Vierstökkig übereinander umstellen sie mit ihrer Ziegelmauerung das Katholikon. Wir gehen unter den Arkaden, die schattende Kühle spenden, entlang, unter denen altes Gerät, Holz, Werkzeug zuhauf liegt. Die kleine Phiale, erst hundertfünfzig Jahre alt, wird von Holzbalken gestützt. Ein paar Stufen geht es gegenüber dem Katholikon zur Trápeza hinauf. Es gibt für die Wanderer etwas zu essen, trotz der Fasten, die Pater Dionýsios einhält.

»Der Tisch im Gastzimmer ist für uns mit ersichtlicher Liebe gedeckt. Wir bekommen eine Suppe, Salat aus Tomaten und Zwiebeln und ein fremdartiges in Öl schwimmendes Gemüse: die Mönche nennen diese langen, kolbenähnlichen und fleischigen Früchte ›Melistanen‹. Zum Schluß erscheint neben dem verharzten, aber vorzüglichen Klosterwein ein bläulich-schwarzer Tintenfisch. Er riecht nach Teer, dieser achtfüßige Wurm des Meeres mit seinen unappetitlichen Saugnäpfen. Der Schrecken fährt uns in die Glieder . . . Aber wie sollen wir das dem Gästepater, der die Leckerbissen soeben mit leisem Zungenschnalzen präsentiert, verständlich machen, ohne daß der Gute Ärgernis nimmt? . . . Wir offenbaren ihm schließlich, was sich nicht länger verheimlichen läßt. Gelassen hört er uns an und fragt hilfsbereit, ob wir dafür ›afga‹ haben wollten . . . *Ich will es euch zeigen,* sagt er und rauscht hinaus in die Küche. Zurückgekehrt, hält er zwischen Daumen und Zeigefinger – ein richtiges Hühnerei in die Höhe. Begeistert rufen wir: *poli kalòn!*«

*

So gut wie Reinhold Pabel und seine kleine Wandergemeinschaft haben wir's nicht: es gibt kalte Linsensuppe und ein Glas Wasser. Ob wir bleiben möchten? Nein, wir wollen noch nach Philothéou, das zwei Stunden entfernt ist. Es sind dann mehr als vier geworden. Wir ließen uns Zeit. Zeit? Wer rechnet auf dem Athos nach Stunden? Nichtigkeiten angesichts dieser herrlichen Wälder. Der Weg führt uns durch ein weites Tal. Plötzlich Motorengeräusch: ein Traktor, von einem Mönch in wehender Kutte, mit wehendem Haar gesteuert, kommt aus dem Gatter eines Kellions und fährt die sandige Piste nach Karyès. *Pater, es gibt keinen Mercedes – hier auf dem Athos? Die meisten Fahrzeuge kommen ja aus Untertürkheim!* Mein Pater schweigt. Ich photographiere die Gruppe auf ihrem Weg, Pater Dionýsios dazwischen. Und wie wir so wandern, beginnt er vom Schwarzwald zu schwärmen. Athos: griechischer Schwarzwald, Schwarzwald: deutscher Athos. Er kennt ihn, und mit spöttelnder Ironie erzählt er seine schwierige Suche nach einer Unterkunft in einem Schwarzwaldstädtchen und schildert seine Übernachtung in einem Raddaus – Rathaus! Wir verstehen es nicht gleich. Man hatte ihn, den Schwarzen Engel vom Heiligen Berge, offensichtlich für einen wandernden land- und heimatlosen Sektenprediger gehalten, den ein braver schwäbischer Gastwirt nicht so gern aufnimmt.

Der Athos lebt von seinem Wilden Wald, der seine Mönche ernähren muß und den sie schonen müssen, damit die Brüder, die nach ihnen ihre Heimat am Heiligen Berge suchen, ihr Klosterbrot haben.

Doch die Natur, der Wald schützt sich nicht selbst: er selbst ist es, der sich gefährdet, sogar vernichtet und den Mönchen ihren irdischen Besitz streitig macht. Im Februar 1990 stand der Wald beim Kloster Kouloumousîou in Flammen, das schon 1981 einen Zellentrakt dem Feuer preisgeben mußte. Seinen Ofen hatte ein Klosterbruder vor der nächtlichen Liturgie nicht sorgsam gelöscht, seine Zelle fing Feuer – unlöschbar für das wenige Wasser. Das war noch menschliche Schuld. Diesmal verlor das Kloster seinen Waldbestand. Im August 1990 kehrte das Unheil viel schlimmer zurück. Nach regenloser Dürre von Monaten brach zwischen Karakállou, Grigourîou und Dionysîou ein höllischer Orkan von Feuer und Rauch aus – unbemerkt noch für Stunden – und drohte, den Wald zu verschlingen, durch den die heilige Gemeinschaft lebte. Sîmonos Pétras war in Gefahr, die Balkone des stolzen Baues hatten schon knisternde Flammen gefangen. Die Mönche flohen mit ihren Ikonen und brachten die ›*Galaktotrophoúsa*‹ in Sicherheit – ist diese ›*Milchnährende*‹ doch eines der heiligsten Bilder der Gottesmutter auf dem Heiligen Berg. Als ›rettende Engel‹ erschienen deutsche Löschhubschrauber, sogen das Wasser des Meeres in ihre dickleibigen Tonnen und schütteten es über dem brennenden Wald aus. Und am Tage des Entschlafens der Gottesmutter, dem 15. August, war nach vierzehn Tagen zwischen Furcht und Hoffnung, Angst und Gebet der Waldbrand bezwungen – unermeßlicher Schaden blieb. Nur die Natur, Gottes eigene Schöpfung, kann die selbst verursachten Wunden heilen. Sie ist Gottes Barmherzigkeit anheimgegeben.

Wie sie beten und arbeiten, sorgen die Mönche auch für den Wald, haben aber stets Bau- und Brennholz zusammengetragen oder hoch oben am Berghang Boote gebaut, wo William Leake die Schiffszimmerleute im Mönchsgewand antraf, und die Aufforstung mehr oder weniger sich selbst überlassen. Hatte Athanásios ihnen nicht den Waldabbau vorgelebt, gegen den der Teufel die Sorglosen, die Waldbewohner und einsiedelnden Asketen aufgestachelt hatte, damit der Wald geschont würde? Aber:

»Wenn keine Zukunft mehr ist, kein Vertrauen in die Zukunft der Kinder, wer soll hegen? Wald ist Sorge; so eben sieht Sorge aus. Entwaldung ist Ohnmacht, Fremdherrschaft, aufgegebene Hoffnung, aufgegebenes Spiel . . .«

Und Erhart Kästner fürchtete, daß die Kunst der Hege verlorengeht, wie schon Fallmerayer die Gefährdung des Waldes durch die moderne Technik erkannte und recht behielt. Er liebte diesen Walddom der anatolischen Christenheit, den wir, getrennt in die Wirrnis der Gedanken, der Sprachen und der Interessen, verlassen und verloren haben, wohl gar vergessen wollen und den wir so leicht, so nah und benachbart, wieder betreten können.

*

Anfangs haben Wanderer uns noch begleitet. Bald bin ich mit Pater Dionýsios im unendlichen Bergwald allein. Über das Tal hinweg, durch das wir an einem Waldrand entlanggehen, liegen verstreut die Kellien und die kleinen Mönchsbauernhöfe mit ihren Kuppeln und schindelgedeckten Dächern. In einem der Kellien, von unserem Weg gar nicht erreichbar, wohnt ein Freund meines Paters. Mit kräftiger Stimme ruft er: *Andreas!* Das Paradies gibt keine Antwort, kein Ruf kommt herüber, ganz fern und leise kehrt, wie geflüstert, das Echo zu uns zurück. Bruder Andreas ist nicht zu Hause. Nach beschwerlichem Weg über Stein und Geröll, umschwärmt von Wespen und Fliegen, erreichen wir das Kloster Philothéou – noch vor Sonnenuntergang.

Ich bin erschöpft . . . In der dunklen Trápeza wird uns bei matter Petroleumlampe ein Teller Suppe und Brot auf den langen Holztisch gestellt, dazu ein Becher köstlichen Wassers. Wein gibt es nicht, erst morgen ist die Zeit der Fasten zu Ende. Das Eßgeschirr aus Zinn ist in bestem Zustand, Waschraum und sanitäre Anlagen einwandfrei, das Zimmer mit seinen zwei Betten und dem Blick auf den nachtdunklen Klosterhof sauber: ein Stuhl mit Tisch genügt für zwei. Man merkt, daß Philothéou ein Kloster der strengen Ordnung ist, der koinobitischen, in der die Mönche nur in Gemeinschaft leben und gemeinschaftlich Arbeit und Liturgie auf sich nehmen. Ihr Abt, der Hegoúmenos, ist ihr geistlicher Vater, ihr Seelenführer, auf Lebenszeit, ihm schulden sie unbedingten Gehorsam. Und dieser junge Abt weiß, wie eine Gemeinschaft, in der einer dem anderen ein Bruder ist, zu ihrem

Das Kloster Philothéou

Besten gelenkt werden muß – weil er selbst das dienende Vorbild der Kommunität ist. Und weil die Mönche selbst- und besitzlos sind und sich als Wächter im Garten der Gottesmutter dem Allmächtigen verantwortlich wissen, ist mit ihnen das Ideal des Wächterstandes in Platons Utopie überliefert, angefangen von vegetarischer Kost bis zur Verachtung weltlichen Wertes, nicht aber der Welt, für die sie beten.

»Vor allen Dingen«, heißt es bei Platon, »soll keiner von ihnen Eigentum besitzen, soweit es irgend zu vermeiden ist, sie dürfen auch kein eigenes Haus haben mit Schloß und Riegel, das jedem, der die Absicht hätte, einzutreten, den Eintritt verwehren würde. Sie sollen nur soviel empfangen, wie von abgehärteten Kriegern benötigt wird, die gemäßigte Männer sind. Sie werden gemeinsame Mahlzeiten einnehmen und beisammen wohnen, wie Soldaten im Lager.«

Angesichts der platonischen Forderung ist das Kloster eine liturgisch überhöhte bäuerliche Kommune, in der der Mönch durch seine

Besitzlosigkeit ein Glied der Gemeinschaft wird und die jedem Kommenden Gastrecht gewährt. Gott hat die Mönche in die Gemeinschaft berufen und ihnen die Askese auferlegt. Es ist die ›Einübung‹ in das Auserwählt-Sein, die Tugend, die sie auf sich nehmen, um sich von sich selbst zu befreien. Durch diese Tugend sind die Mönche frei von unserer Welt, gleich vor Gott und brüderlich untereinander, wie es Eustátios von Thessaloniki schrieb:

»O ihr echten Mönche ... Ihr Einsiedler! Ihr, die ihr das Gewühl und den Kampf des Lebens verlassen und um des Herren willen euch in einen Winkel zurückgezogen habt; ihr, die ihr der Welt den Abschied gabt und Gott euch zugewandt; ihr, die ihr in der Stille der Einsamkeit durch gottgefällige Werke euch für die Vollendung übt und in der Beschauung zur Nähe Gottes, zur Gleichheit mit den Engeln emporsteigt; ihr, die ihr der Knechtschaft hienieden abgesagt und dem Herrscher des Bösen als gebenedeite Flüchtlinge entronnen, dem Gebieter aber, der wahrhaft frei macht, zulieft und um die Güter der Erde die Schätze des Himmels eintauschtet – ja, ihr Gottgeweihten, ihr Himmelsbürger, nicht mehr Erdenbürger ...«

Freiheit, Gleichheit, Brüderlichkeit ... In der Welt sind die Mönche eine Revolution, die Umkehr – die Buße. Sie leben in untrüglicher Einfachheit. Dem Gast begegnen sie mit unaufdringlicher Freundlichkeit und bringen ihm, so im Vorübergehen, aus der Plantage des Klosters drei herrliche Pfirsiche – und eine leuchtende Rose! Mittagessen gibt es an den Tagen der Fasten nicht: erst morgen ist der Tag der Aufnahme Mariens in den Himmel, das große Fest in Iwiron.

Nachmittags hört man die Stundentrommel: Sie symbolisiert den Ruf Noahs an alle Kreatur, die Arche zu besteigen, um sich vor der Sintflut zu retten. Und die Arche ist das Symbol der Kirche, die den Glaubenden aufnimmt. Gott gibt das Gebet. Dreimal umschreitet der Mönch, der Kambanaris, mit seinem Semantron, das er rhythmisch mit einem Hammer schlägt, das Katholikon, das im glühenden Rot, dem Sinnbild des Blutes Christi, den Ort der Eucharistie bezeichnet. Bald darauf gehen die Mönche zur Liturgie. Der Gast muß im Narthex bleiben, doch in diesem Vorraum erlebt er die Bilder der Apokalypse, die im achtzehnten Jahrhundert gemalt worden sind. Zuerst, wohl nach der Akathistischen Hymne des siebenten Jahrhunderts zu deuten, die Anbetung der Gottesmutter als Sinnbild der Gemeinschaft aller Orthodoxen, daneben der Engel mit dem Schlüssel, der den Drachen in den Abgrund stößt, Hinweis auf den endgültigen Sieg über das Böse, über Gottferne und Gottlosigkeit, dann die Engel mit den Posaunen und dem Rauchfaß, das Blutmeer und das Feuer, das ein fallender Stern entfacht und ein Drittel der Welt vernichtet. Und weithin hallt der Wehe-Ruf des Engels über die Erde. Oben aber, in der flachen Wölbung, wird die Anbetung des siebenfach gehörnten Lammes gezeigt, Symbol Christi und seines Opfers und der Sieben Sakramente, mit denen die Menschen geheiligt werden.

In den Symbolen verdichtet sich die Unendlichkeit in einem Augen-Blick. Die Mönche leben noch in der Wahrheit solcher Symbole, die mehr sind als die Schatten des Täglichen und der Vergänglichkeit. Fragwürdig wird unsere Welt, die von der Wirklichkeit und der Wirkung dieser Symbole nichts mehr wissen will und darum auch nicht mehr glaubt, weil sie meint, nicht mehr glauben zu können: der Glaube sei eine Gegenwart vergangener Zeit, und wir könnten in Gott nicht mehr leben. An solchen Abenden vergißt man, daß es Gegenwart gibt, vor allem aber das Urteil, das selbstüberheblich nach dem Sinn mönchischen Daseins fragt. Der Mönch fragt *uns* nach dem Sinn unseres Lebens, und wir wissen die Antwort nicht, weil wir in diesem Leben kaum einen Sinn erkennen und die Sinnbilder zerschlagen haben. Wir können sie nur noch aus-wendig lernen, unsere ›Erinnerung‹ erreichen sie nicht. Doch diese Namenlosen, die der Welt entflohen, lobpreisen in Gesängen den Schöpfer, Gott den Allmächtigen, und bitten ihn um Barmherzigkeit. Die Nacht verrinnt ins Unendliche.

Am nächsten Morgen ist der Weg frei nach Iwiron, schon nach einer guten Stunde sehen wir das Großkloster, unser Ziel: sein Geviert mit den Kuppeln und dem wehrhaften Turm. Wir machen Rast, um seine herrliche Lage zwischen dem Grün der bewaldeten Hügel und dem Blau des Meeres nicht nur im Bilde, sondern auch in unserem Gedächtnis festzuhalten – ein Blick, der sich einprägt und nicht mehr vergessen wird. Wir gehen durch die weinlaubumrankte Pergola, und als wir, der Pater und ich, näherkommen, hören wir die Glocken von Iwiron, ihr Klang hallt fern von den Bergen wider. Es ist das Geläut zur Begrüßung eines Metropoliten. Das Fest des Todes der Gottesmutter, der Aufnahme Mariens in den Himmel, beginnt.

Amand de Mendieta, 175 – Basilios; siehe Irénikon, 42 (1969), 72 – Beamont, 81 f. – Boissonas, 82 – Cyriacus von Ancona, 50 – Elia, 1. Kön. 18 – Eustathios von Thessalonike: *Betrachtungen über den Stand der Mönche,* zit. bei Hunger (→ Lit.-Verz. 3 b), 131 – Grisebach, 272 – Kästner, 60 f. und 147 f. – Leake, Bd. 3, 130 – Platon: *Res publica,* Steph. 416 – Riley, 107 ff. – Selim, siehe Joseph von Hammer-Purgstall: *Geschichte des Osmanischen Reiches,* 2. Aufl., Bd. 1, 1834, 700 – Spunda: *Landschaft und Legenden,* 150 ff.

Iwiron – das Kloster der Georgier

»Was sind wir Mönche auf diesem Berg mit seinen reichen Bibliotheken und seiner langen Geschichte anderes als blinde Fische über dem Meeresgrund, die zwischen Seewundern schwimmen.« *(Ein Mönch zu Sydney Loch)*

Auf dem Heiligen Berg spürte Erhart Kästner, einem Wünschelrutengänger vergleichbar, den Lebensadern mönchischen Daseins nach:

»Hier weiß man nichts, hier will man von vielem nichts wissen. Hier ist der beste Ort von der Welt, um den Hochmut der beweisbaren Wissenschaft zu verlernen. Wenn die Gelehrten aus dem Abendland kommen und wollen die Geschichte des Athos, seine Urkunden, seine Kunstgeschichte, seine Baugeschichte, seine Verfassung erforschen, so muß das den Mönchen verwunderlich oder lächerlich sein. Geschichte erforschen? Glaubt man, daß das, was man da aufschreibt, etwas zu tun hat mit dem, was einmal ernstgenommene Gegenwart war? Geschichte erforschen, weil man sich der Entstehungen bemächtigen will?«

Die Geschichte des Athos hat nur Bedeutung für den, der fern von hier lebt – dort, wo die Geschichte nach Jahren gezählt, die Welt berechnet und nach Ursachen befragt, der Mensch aber nach Charakter und Motiven beurteilt wird. Das Leben am Heiligen Berg ist mehr als Geschichte, ist Leben auf Ewigkeit hin, die keine Ursache und keine Zeit hat. Das Gebet hat keine Geschichte, jederzeit findet es Gott, Gott hört es jederzeit. Die Mönche sind Zeugen dieser andauernden Gegenwart, und mit ihnen verlieren wir die Zeit aus unserem Bewußtsein und erleben den Tag, welche Zeit auch immer es sein mag.

Deshalb sind auch die Tage einander gleich und mit nichts zu vergleichen. Nachmittags trifft der Metropolit von Kavalla ein, in seiner Begleitung zwei englische Herren, Athelstane Riley und Reverend Owen, dazu ihr Diener und der Dolmetscher Angelos. Ein Priester, in feierlichem Ornat, geht ihnen entgegen, sie zu begrüßen. Mönche mit großen Kerzen begleiten sie, andere beweihräuchern den hochwürdigen Gast, schmücken ihn mit einem purpurnen Umhang und gehen mit ihm in die Kirche. Glocken läuten durch hämmernden Schlag. Bei der zeremoniellen Begrüßung im Katholikon wird die Apostelkrone mit ihren unzähligen Kerzen, die aus der Kuppel mit dem Bilde des Pantokrators herabhängt, geschwungen – Zeichen, daß die Kirche die Arche Noah ist, die auf dem Meere der Welt, von Sturm und Wellen bedroht, schwimmt, dem Tag der Erlösung nach der alles verheerenden Flut entgegen. Der Metropolit empfängt den Handkuß der schwarzgewandeten Brüder und segnet sie. Die Engländer sind von dem Empfang beeindruckt. Erst dann wird den Gästen im Archontarikion Glyko und Kaffee geboten.

Andere Reisende kommen nach beschwerlichem Ritt in das Kloster. Der begleitende Albanese fordert sie auf, vor der Säulenhalle des Eingangs von ihren Maultieren abzusteigen: in den Klosterhof einzureiten, ist aus Ehrfurcht vor den heiligen Bildern verpönt. Der Pförtner begrüßt den Gelehrten Philipp Meyer aus Deutschland und die mit ihm Reisenden und führt sie über den Hof zwischen Kirche und

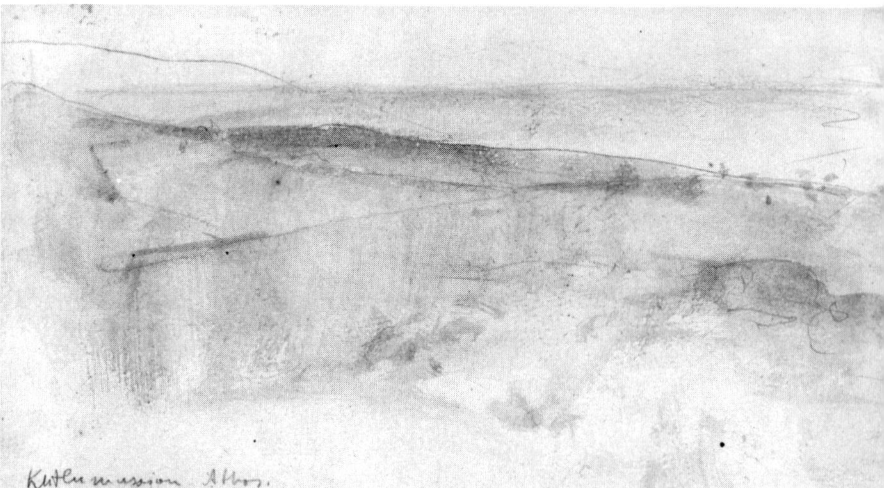

Franz Marc: Blick vom Kloster Koutloumousîou über die von Zypressen umstandenen Mönchsbauernhöfe, den Kellien, auf das Ägäische Meer

Trápeza in das Gästehaus, in das eine breite Holztreppe führt. Der Archontaris weist ihnen ein helles Zimmer an, das für Gäste der ersten Klasse bereitsteht – es ist ziemlich groß: rings an den Wänden der Diwan, in der Mitte des Raumes ein Tisch, mehrere Stühle. An den Wänden die Bilder von Monarchen und Fürsten: Wilhelm I., der deutsche Kaiser, mit seinen Heerführern von 1870, Zar Alexander II. von Rußland mit seiner Gemahlin und der König Georg von Griechenland, von Haus aus ein dänischer Prinz. Zar und König werden die Opfer von Attentätern sein, und des deutschen Kaisers Enkel wird ins Exil gehen. Gut, daß niemand die Zukunft kennt. Für den Athos hat die Zukunft der Welt keine Bedeutung. Die Fenster bieten die Aussicht auf das brandende Meer, das zu den Füßen des Klosters den

Strand bespült und sich bis zu den Inseln Lemnos und Samothrake hin breitet. Die Epitropen betreten den Raum. Mönche begleiten sie, um die Gäste willkommen zu heißen.

»Sehr gewandt fangen die Herren die Konversation an. Reise, Herkunft, Deutschlands heutige Stellung, die Nähe eines Krieges sind die Themata, die mit Urteil und Takt erörtert werden. Indessen bringt ein Diener der Fremdenwohnung, deren es in den großen Klöstern mehrere gibt, die übliche Erfrischung, die wie überall im griechischen Orient in eingemachten Früchten und frischem Wasser besteht, dem gleich ein meist sehr gut selbstgebrauter Likör und Kaffee folgt.«

»Das Kloster hat den Ruf«, überzeugte sich William Leake, »das bestgeordnete des Berges zu sein. Wie alle Klöster, und nicht zuletzt das große Iwiron, hat es ein Hospital für die Kranken, Weinpressen und Ölpressen und unter den Mönchen einige Schneider und Schuhmacher, die alle Kleidung für ihre Mitbewohner anfertigen. Oft ist es die Residenz von Griechen, die sich hierher zurückgezogen haben.«

Die Schatten des Abends fallen über das Kloster: bei Sonnenuntergang wird das Tor geschlossen. Bald hüllt die Dämmerung das gewaltige Viereck des tausendjährigen Klosters ein. Mit seinen Zellentrakten und den aufragenden Festungstürmen nennt Antonin Proust es ein »Babel der Architektur«. Einige Mönche sitzen, schwarz gegen den blaß-hellen Marmor erkennbar, an der Phiale, dem Brunnen des geweihten Wassers. Ihr Gespräch mit den wechselnden Stimmen klingt wie verhaltene Melodie. Kaum glimmt ein Lichtstrahl aus einer Zelle her. Das Katholikon mit seinen Kuppeln steht wie die verkörperte Nacht.

*

Jetzt trägt der Pförtner den Schlüssel des hohen Tores, den er in einem Beutel verwahrt hat, hinauf zum Archimandriten Daniel, der nach dem Abendessen mit seinen Gästen im kleinen Salon sitzt. Wie schon die Tage zuvor erkennt Konstantin, so der Name des Pförtners, den vornehmen französischen Gast wieder, den Emmanuel Miller, der im Auftrag Kaiser Napoleon III. den Athos bereist. Neben ihm sitzt der Pater Gregórios, der Arzt, der im Kloster als Freigeist gilt, und ein paar Mönche. Sie plaudern, verstummen jedoch, als Konstantin vor dem Archimandriten den Kniefall, die Proskynese, vollzieht, ihm die Hand küßt und den Beutel ihm in die andere Hand gibt, sich abermals verneigt und wieder geht. Emmanuel Miller fragt den Archimandriten, wer dieser Mönch sei und was er ihm so zeremoniell überreicht habe. Der Beutel enthalte den Schlüssel vom Tor, erwidert der Archimandrit. Ob er sicher sei, möchte der Gast noch wissen, daß Konstantin das Tor auch verschlossen hätte.

Was sagen Sie da? Der Archimandrit ist erstaunt. *Ich habe niemals einen solchen Gedanken gehabt. Ich weiß genau, daß es so ist, weil Konstantin sehr ehrenvoll ist, aber Sie bringen mich auf einen eigentümlichen Verdacht.*

Als sich am nächsten Abend die Zeremonie wiederholt, gibt der Archimandrit dem Bruder Konstantin den Beutel zurück: *Öffne ihn und zeige mir, was darin ist!* – Konstantin, verwirrt, bleibt, schon im Weggehen, stehen, glaubt, ja was? – und zieht den Schlüssel aus dem Beutel heraus. Auf die Frage, was das für ein Schlüssel sei, sagt er fast tonlos: *Um das Tor am Abend zuzuschließen – bei Sonnenuntergang. – Und sind die Tore geschlossen?* will der Archimandrit noch wissen. – *Zweifellos. – Wer hat es nachgeprüft?* Und Konstantin sieht sich mit einem so eigenartigen Ausdruck im Zimmer um, daß die Gäste Mühe haben, ernst zu bleiben. Konstantin geht, überzeugt, daß der Archimandrit heute abend etwas wahnsinnig geworden sein muß: wer hätte je auf den Gedanken kommen können, daß der Beutel etwas anderes als den Schlüssel zum Klostertor enthalten könnte? Die Saat des Mißtrauens fiel in Iwiron auf steinigen Boden.

Vielleicht ist es seitdem üblich, den Schlüssel zum Klostertor dem Vorsteher der Epitropen uneingesackt zu überbringen. Denn als eines anderen Abends der Pförtner den Schlüssel überreicht, sitzen englische Gäste und der Metropolit von Kavalla mit dem Epitropen bei einer gastlichen Mahlzeit zusammen. Mr. Riley ist von der Größe des Schlüssels beeindruckt. Aber das Gespräch wird nicht unterbrochen.

Über den in schwachem Mondlicht liegenden Hof geht ein alter Mönch, auf seinen Stock gestützt, hat einen großen Sack auf dem Rücken und schlurft an der Kirche vorbei in seine Zelle. Sicher ist er einer der Armen des Klosters, beugt sich wie ein Büßender und zieht die Stille hinter sich her. Aber von der Veranda nahe dem großen Tor hört man lebhafte Unterhaltung. Ein hier im Exil lebender Erzbischof hat einige Vertreter des Klosters und den deutschen Altertumskundigen Otto Kern zum Essen geladen und sich mit ihnen danach in die kühlende Nacht auf die Veranda gesetzt. Wein wird gereicht. Der Erzbischof hält mehrere kleine Reden, unter anderem zum Lobe der deutschen Frauen, was den Gast überrascht.

»Sonst ist der Name Deutschland gerade kein beliebter. Wie könnten die Athosmönche jemals das Kanzlerwort vergessen, daß die ganze orientalische Frage nicht die Knochen eines einzigen pommerschen Grenadiers wert sei!«

*

Bald nach Mitternacht geht der Kambanaris mit seinem Semantron würdigen Schritts dreimal um das Katholikon, hämmert auf das Holz mit scharfem, sich beschleunigenden Rhythmus und ruft die Mönche zur Andacht. Bald wird in der Kapelle der allheiligen Portaitîssa die Weihe eines jungen Dókimos, der die Prüfungen bestand, beginnen: die feierliche Schur und die Überreichung des Mönchsgewands. Die schwarzen Gestalten kommen aus ihren Zellen, gehen über den nächtlichen Hof, und Philipp Meyer, der trotz seines guten Quartiers keine Ruhe gefunden hat, folgt ihnen in die kleine Kapelle, in der die wundertätige Ikone zur Verehrung ausgesetzt ist.

»Der Priester stand in der mittleren Tür der Bilderwand, rechts von ihm an dieser das Panagîabild. Der Dókimos, Awirkios war sein Name, der geschoren werden sollte, kam unter mehreren Fußfällen auf den Knieen durch die Kirche gerutscht, nur mit seinem Unterkleid angetan, denn die Kleider der Welt soll der Mönch draußen lassen. Ernster monotoner Gesang der Brüder empfing ihn. Sie sprachen in des Neulings Namen die Worte aus dem Gleichnis vom verlorenen Sohne, dessen Grundgedanken die ganze Zeremonie beherrschten: *Öffne eilend Deine Vaterarme, denn ohne Heil verbrachte ich mein Leben. In dem unergründlichen Reichtum Deiner Gnade übersieh nicht mein armes Herz, denn in Zerknirschung rufe ich zu Dir: Ich habe gesündigt, Vater, in dem Himmel und vor Dir.* Dann folgen die schwerwiegenden Fragen der Gelübde, deren jede der Neuling mit den Worten beantwortet: *Ja, mit Gottes Hilfe, ehrwürdiger Vater!* und nach längeren Ermahnungen die Schur. Bei dieser wird aus dem Haupthaar des Mönches an vier Stellen, vorn, hinten und an den beiden Seiten über den Ohren eine Locke abgeschnitten, so daß die Verbindungslinien der Schnittstellen ein Kreuz bilden. Die gefallenen Haarbüschel bindet der Priester zusammen und tut sie an einen heiligen Ort, in Iwiron hinter das Panagîabild. Das Gelübde gilt ja der Panagîa im besonderen. Endlich folgte die Anlegung der Gewänder und der Neubekleidete erhielt ein Kreuz in die Hand, das alle anwesenden Brüder, ihm gratulierend, küßten.« Sie verlassen nach und nach die kleine Kapelle.

Nur der zum Mönch, zum Rasophor Geweihte, bleibt bei dem Bild seiner Allheiligen. Awirkios wird bis zum Sonnenaufgang beten, daß ihm der Erlöser hilft, die Leiter der mönchischen Tugenden, die ihm Johannes Klimakos geschildert hat, Sprosse für Sprosse hinaufzusteigen. Wenn im Katholikon die morgendliche Liturgie beginnt, wird er hinübergehen und einer unter den anderen sein, den Lobpreis Gottes zu singen.

Zur Liturgie haben sich ausländische Gäste eingefunden, was sie hören, bleibt ihnen fremd. Sie kennen die täglich wechselnden Psalmen nicht, verstehen die Sprache kaum. Und doch geben ihnen die Gehilfen des Typikaris, der für die Ordnung der Gesänge zu sorgen hat, einen guten Platz, um alles aus nächster Nähe erleben zu können:

»Die Gewänder waren schön, die Zeremonie würdig, die Gehilfen« – die Diakone – »ernst und gesammelt. Durchaus herrschte Ordnung, und nichts ließ Übereilung oder bloßes Laisser-aller erkennen, die nur zu oft die Gottesdienste der griechischen Kirche entstellen. Nur die Psalmodien gefielen uns nicht. Diese bizarren Rhythmen, diese unerwarteten Kadenzen, dieser plötzliche Wechsel im Verlauf ein und derselben melodischen Phrase riefen eine sehr ungewöhnliche und ziemlich mißfällige Wirkung in den Ohren hervor; und der unangenehme Eindruck, den man erlitt, rührte durchaus von der abscheulichen Art her, welche die Griechen beim Singen durch die Nase haben. Diese Abweichung vom Geschmack«, fand Stanislas de Nolhac, »ist der Ruin jeder Kunst, und es gibt keine noch so derbe Musik, die einer solchen Behandlung widersteht . . . Die ärmlichen, kreischend durch die Nase gesungenen Hymnen haben nicht einmal die Großartigkeit der Lieder der rakitrunkenen oder Haschisch rauchenden Männer, die in den berüchtigten Cafés in Tunesien oder Ägypten aus vollem Halse singen. Überlassen wir also unsere Mönche ihren Übungen in vokaler Gymnastik.«

Nach der morgendlichen Liturgie läßt sich Antonin Proust, der Freund Edouard Manets, des Impressionisten, die Fresken im Katholikon zeigen, die seit zwanzig Jahren aufgefrischt werden. Er kann dieser Malerei ebensowenig Geschmack abgewinnen wie Stanislas de Nolhac dem liturgischen Gesang und bezeichnet den Künstler als einen grobanstreichenden Troßbubenmaler. Bei ihm in Paris ist Gustave Courbet für Künstler und junge Literaten tonangebend. Die Mönche sind höflich, der Epitrop kennt dieses Urteil noch nicht. Er bittet Pater Gregórios, den Gast aus Frankreich zu den Sehenswürdigkeiten des Klosters zu führen. Und Gregórios ist wirklich ein Mann von Welt und spricht auch etwas Französisch.

Gregórios war 1803 in Magnesia in Thessalien geboren worden. Mit elf Jahren fing er an, in Bukarest zu studieren. Als die Revolution in Griechenland ausbrach, kämpfte er im Batallion des Alexander Ypsilanti, das von den Türken vernichtend geschlagen wurde, flüchtete dann nach Österreich, ging nach Italien und studierte in Bologna Medizin. Als Arzt versuchte er in Rom, die Seuchen, die von den Pontinischen Sümpfen ausgingen, zu bekämpfen, verließ aber die Ewige Stadt, weil er in die Achtundvierziger Revolution verwickelt worden war, und ließ sich in Smyrna nieder. Zwei Jahre praktizierte er

Der Archimandrit

noch in Konstantinopel, dann rief man ihn 1860 als Arzt nach Iwiron. Bezaubert von der Ruhe, die ihn auf dem Heiligen Berg umgab, blieb er und legte das Mönchsgewand an.

Beim Archimandriten lernte er eines Abends Emmanuel Miller kennen. Man unterhielt sich nach dem Essen im kleinen Salon, nachdem Bruder Konstantin den Schlüssel zum Tor überreicht hatte, über die wissenschaftlichen Tendenzen im westlichen Europa. Doch Pater Daniel, gewohnt sich sorgfältig, fast elegant zu kleiden, mochte es nicht, wenn in seiner Gegenwart Französisch gesprochen wurde. Als Gregórios sogar lateinische Autoren zitierte und mit Begeisterung von der ›Natur‹ sprach, verspottete ihn der Archimandrit und ahmte – ein Schalk, der er war – den Ausdruck nach und »la na-tu-uu-re« ging spitz durch den Raum. Und Daniel lachte. Mit Sympathie schildert Emmanuel Miller seinen Partner abendlicher Gespräche:

»Der Doktor ist jetzt 63 Jahre alt . . . Seine Haare und sein Bart sind ganz weiß und rahmen das Gesicht vollständig ein, das Klugheit und Güte ausstrahlt. Er ist sehr kenntnisreich und spricht sehr gut Italienisch und einigermaßen Französisch. Seine ausgeprägten Neigungen zur Wissenschaft und Philosophie, seine Freimütigkeit und seine Einfachheit geben ihm bei den Mönchen nicht den Ruf der Heiligkeit . . . Doch sprach er stets mit passenden Worten über sein Kloster, und er sagte mehrfach, daß, wenn er noch einmal anfangen müßte, er das Kloster Iwiron jedem anderen vorziehen würde.«

Umständlich erzählte Pater Gregórios seine Lebensgeschichte auch Melchior de Vogüé, dem Attaché bei der französischen Gesandtschaft in Konstantinopel, ohne allerdings seinen Namen zu nennen. Der Franzose wunderte sich, welch großer Unterschied zwischen diesem europäisch gebildeten Mann und seinen Landsleuten bestand, die Orientalen geblieben waren.

Gregórios, schon Mitte Siebzig, führt nun Monsieur de Nolhac durch das Kloster, die Welt hat er in dieser Abgeschiedenheit noch nicht vergessen. In ihm verbindet sich orientalische Askese mit der Sympathie für moderne Ideen – mit einem Anflug von Rationalismus. Er bekennt sich offen zur Liberalität, auch in Hinsicht auf seine Religion. Das rührt daher, daß er schon seit vielen Jahren die *›Revue des Deux Mondes‹* liest. Während des Rundgangs richtet er tausend Fragen an den Besucher aus Frankreich, will wissen, was gegenwärtig in Europa vorgeht und welche Zustände in den Staaten des Okzidents herrschen. Er haßt besonders die Jesuiten und behauptet, sie wären die Ursache allen Übels, das Europa befallen hätte. Er möchte sie unterdrücken und vernichten, bis ihre Spuren überall in der Welt getilgt wären. Stanislas de Nolhac schien es, als sollte ihn eine Flut von Exorzismus wegschwemmen, ihm war die fade Rhetorik bald leid. Er zögerte nicht, sobald wie möglich Abschied zu nehmen und Iwiron zu verlassen.

Schon nach neun Uhr europäischer Zeit, also zu ungewohnter Stunde, hat Patriarch Gregórios, der hier im Exil lebt, Mr. Carlyle und Dr. Hunt zum Diner geladen.

»Wir fanden seine Tafel in einem ganz und gar unklösterlichen Stil gedeckt, mit Lammbraten, Würsten, Schinken und französischen Weinen. Seine Macht und sein Reichtum schienen ihm geblieben zu sein, obgleich er entthront war: und die sieben oder acht Mönche, die mit uns speisten und sonst nur Salat essen, schienen sehr erfreut über den Wechsel ihrer Diät zu sein. Seine Unterhaltung schien anzudeuten, daß er begründete Aussicht hatte, seinen patriarchalischen Thron wieder zu besteigen. Man erzählte uns, daß er wegen der Intrigen wohlhabender Bischöfe verbannt worden wäre, denen er befohlen hätte, das luxuriöse Leben in Konstantinopel zu meiden und in ihren Metropolen zu residieren. Aber ihr Einfluß bei den Familien des Phanar und bei dem Dragoman der Hohen Pforte hätten sein Exil veranlaßt. Ein weniger strenges Oberhaupt der Kirche war danach erwählt worden. Der Patriarch erzählte uns, daß er in Arkadien geboren worden sei. Er schien wenig Fortschritte in der alten griechischen Literatur oder gar in der modernen Wissenschaft gemacht zu haben.«

Der Eindruck täuschte: Gregórios hatte, was für ihn eher ein Nachteil war, die Akademie auf dem Athos besucht, als Eugénios Boúlgaris dort über die Philosophie des Leibniz lehrte: in seinem Exil widmete er sich sogar wissenschaftlichen Studien. Seinen Gästen verschwieg er allerdings, daß er in seiner *›Väterlichen Ermahnung‹* den Griechen empfohlen hatte, sich unter der Herrschaft des osmanischen Sultans geborgen zu fühlen. Die Freiheit, die sie forderten, wäre ein tödliches Gift, dazu bestimmt, sie in Unordnung zu stürzen und das Volk der Vernichtung auszuliefern. Keiner seiner Gäste wußte, daß er es abgelehnt hatte, einen Eid auf die Geheime Gesellschaft, die Hetärie, zu leisten, die von Odessa bis Patras, von Smyrna bis Athen die Freiheit den Griechen zu erkämpfen entschlossen war. Und Gregórios konnte sein Ende nicht ahnen: nachdem er den Thron des Patriarchen wieder bestiegen hatte und der Freiheitskampf in der Peloponnes ausbrach, wurde er mit dem Kopf nach unten am Portal seines Palastes aufgehängt.

*

Unter den etwa zweihundert Mönchen, die zu diesem idiorrhythmischen Kloster gehören, leben die ältesten und wohlhabenden als ›Aristokraten‹. Einer von ihnen ist der Archimandrit Athanásios, dem Athelstane Riley und Reverend Owen eine förmliche Visite machen. Er hatte nach dem verheerenden Brand im Jahre 1863 die Wiederherstellung des Klosters aus eigenem Vermögen bestritten. Die Brüder überließen ihm aus Dankbarkeit eine hübsche Folge von Räumen zum persönlichen Gebrauch. Athanásios lebt nicht viel anders, als er es draußen in der Welt gewohnt war. Er bezahlt einen dienenden Bruder.

Und dieser Diener, meint Riley, ist ein Kauz, ein Narr, er ist närrisch auf Uhren, von denen er mehrere hat. Darum schließt er gleich Freundschaft mit Owen, weil dies zufällig auch dessen besonderes Hobby ist ... Uhren messen die Zeit, aber genau muß es nicht sein. Zeit gibt's genug. Im Gespräch stellt sich heraus, daß die Uhr am Turm, der so klotzig neben dem Katholikon aufragt, die Stunden ungenau anzeigt. Ihre Mechanik ist eine alte venezianische Konstruktion, ohne Pendel. Weil einmal die Hemmung abbrach, hat man sie an einem Waagebalken mit zwei Gewichten befestigt. Nun geht sie jede Woche um eine Stunde zu spät. Riley macht den ›Narren‹ darauf aufmerksam. *O ja,* ist die Antwort, *ganz recht. Die Zeit holt sie in zwölf Wochen doch wieder ein!* Oder die Uhr die Zeit? Dann geht die Uhr wieder richtig. Warum soll sie immer genau gehen? Die Uhren müssen sich nach der Sonne richten. Die Sonne geht zu der Stunde auf, die Gott ihr gesetzt hat, denn Er sprach: »Es werde Licht, und es ward Licht.« Da ist es nicht nötig, daß diese alte Uhr, dies hilflose Menschenwerk, die richtige Stunde anzeigt. Gott zeigt jedem die Stunde an.

Manch einer von den hohen ›Aristokraten‹ des Klosters lebt ein beschauliches Dasein für sich. Seine Wohnung liegt nahe dem Zitadellenturm und besteht aus einem Vorraum, dem Wohnzimmer und – wie Fallmerayer es nennt – einem Museum mit Büchern und Karten für die geistige Praxis.

»Vor den Fenstern des Museums und der Winterresidenz hat der Pater einen Balkon gebaut und Blumen aufgestellt, den Boden unterhalb mit Pomeranzen angepflanzt, damit die milden Zephirlüfte den Blütenduft durch die Fenster wehen. Links schließt ein Segment des Meeres, in der Front ein Bergvorsprung des immergrünen Buschwaldes, rechts die laubbeschattete Bergseite den Horizont, im Pomeranzenbusche aber rinnt über weiße Kieselsteine ein Arm des hellen

Klosterbaches und nistet – sicher vor Knabenmutwill und Jägerlist – ein Heer von Nachtigallen. . . Auf einer Terrasse am Turm hat der Pater Feigenbäume gepflanzt und einen Laubgang aus Reben angelegt, die man im Orient Jediverenia nennt, weil auf ihren Ranken wie auf dem Zitronenbaum Knospen, Blüte und Frucht in jedem Grade des Wachstums und der Reife zu gleicher Zeit zu sehen sind.«

»Zum Zimmerdienst hat der Pater zwei Aufwärter, den ältern, im Mönchsgewand, für die schwere, den jüngern, einen zufällig noch unbärtigen, schlanken, vorteilhaft und schön gebildeten Jungen voll Demut und guter Zucht, für die leichtere Arbeit. Die Jungen, man heißt sie im Orient Seelenkinder, flüchten sich häufig aus der sündhaften Welt in den Schirm eines frommen Kalogeren, ehren ihn wie den Vater und lernen von ihm Gehorsam, Kochkunst, Gebet und Kirchenpraxis mit allem, was ihr Patron an Wissenschaft besitzt. Gewöhnlich erben sie das Gut des sterbenden Beschützers und treten, wenn die Jahre sind, selbst in den Verband . . . Der Pater« – Fallmerayer gibt seinen Namen nicht preis – »ist auch ein Mann von bedeutender Konversation und für einen Athosmönch nicht ohne Belesenheit. Aber statt Bücher durchzusehen, über die er als Mitvorstand die Aufsicht führt, wollte er im Bibliothekturm lieber von der Wüste Sahara, von den Nilkatarakten, vom Krokodil und vom Hippopotamos hören und erfahren, wie es in der heißen Zone sei. Zwei Tage blieb ich bei diesem gastlichen Weltüberwinder von Iwiron, und er sandte mir Jediverenia-Trauben als Xenium.«

In Iwiron gibt es einen heilkundigen Mönchen, der mit Domenique Papéty, einem französischen Reisenden, ins Gespräch kommt und sich wundert, daß jener so weit hergereist ist, um nach alten Bildern zu zeichnen. Von Frankreich weiß er nicht allzuviel. »Er stellt dennoch eine Menge Fragen über Frankreich, auf die ich«, berichtete Domenique Papéty, »auf meine Weise antworte. Die Bewohner dieses äußersten Zipfels des europäischen Kontinents haben nicht vergessen, daß wir den Griechen in ihrem Unabhängigkeitskampf geholfen haben, und sie hoffen, wie alle anderen Griechen auch, das Joch der Türken abschütteln zu können. Der Mönch geht so weit, mich zu bitten, durch meine Beziehungen den ›König der Gallier‹ zu veranlassen, hierher zu kommen und die Türken zu pulverisieren.«

Das ist derzeit der Bürgerkönig Louis Philippe. An die Wand seiner Zelle hat der Mönch allerdings ein Bild befestigt, auf dem der Kaiser Napoleon zu sehen ist: »Fliehend wie ein Feigling vor der Elite der Nationen Europas« – wie in russischer und in französischer Sprache darunter zu lesen ist. Bald wird dieser heilkundige, aber nichts lesende Mönch mit Papéty vertraut und fragt ihn, ob er katholisch sei. Er will wissen, wie der ›Gallier‹ das Kreuz schlägt. Papéty zeigt's ihm und löst ein schallendes Gelächter aus. Der Mönch macht es ihm vor, wie es richtig ist: Daumen und Ringfinger führt er zusammen, um die Einheit der Drei, Vater Sohn Heiliger Geist, die mit den anderen Fingern angedeutet werden, zu bekennen. Nur dies sei richtig, versichert er ernst. Die Hand muß dabei von rechts nach links geführt werden, weil die rechte Hand Christi zuerst an das Kreuz genagelt worden sei. Papéty meint, das sei theologische Spitzfindigkeit.

Der Archontaris ist ein sympathischer alter Mönch – voll gutmütiger Einfalt. Er läßt sich Agathángelos nennen, und ein guter Engel ist er für seine Gäste, unter denen Amand de Mendieta, ein belgischer Gast, bei ihm sein Abendessen verzehrt.

»Das Gesicht völlig von Falten durchfurcht, die Haut wie aus Pergament, die Augen, wie bei fast allen Athoniten, erloschen und ohne Glanz, reichlich bärtig und behaart: ein Mensch mit geringer Bildung, aber nicht ohne Scharfsinn . . . Sein Geschwätz begleitet die Teller, die er und Savas für mich zubereitet haben. Er rechnet mir meinen Widerwillen gegen Gurken und Kürbis nicht an, die ich schonend behandele. Der Klosterwein, den er mir in mein Glas gießt, ist edel und sehr weich. Seine Hand zittert, während er mich bedient, und das Tischtuch ist mit violetten Flecken besät. In den koinobitischen Klöstern – vertraut er mir an – wird die gemeine Regel nicht mehr beachtet, und die Mönche gleiten in manchen Mißbrauch ab. Er beklagt sich bitter über die Scheinheiligkeit in manchen Klöstern, sein eigenes nicht ausgenommen.«

Agathángelos will nicht, daß auf dem Athos der neue Kalender eingeführt wird, wie er in Vatopédi in Gebrauch ist: das käme einem Religionswechsel gleich. Er verachtet die Kellioten, die sich Hühner halten, das sei ›Lathrophagie‹, und heimlich zu essen sei verboten und eine Schande vor Gott. Sein Gehilfe – der junge Sava – ist eines der ›Seelenkinder‹ im Kloster, niemand hat sich bisher um ihn gekümmert, keiner der hohen ›Aristokraten‹ ihn adoptiert. Savas hat drei Jahre auf einem Gymnasium zugebracht und liebt seitdem Bücher. Das ist auf dem Athos keine Empfehlung: der Blick eines solchen jungen Mannes geht dann zu häufig noch in die Welt. Die einzige Abwechslung, über die Sava sich freut, ist die Unterhaltung mit den fremden Gelehrten, die sich über die alten Handschriften beugen – die mit den prächtigen Buchstaben aus Gold und Purpur so herrlich geschmückt sind – und Aufnahmen machen, wie dieser Gast. Jeden Morgen bringt Sava ihm ein Frühstück: eine erfrischende Pastete oder eine Schale mit Obst, stets ein Glas Milch – woher er die hat, sagt er aber nicht.

*

Die Mönche, die keine Vergangenheit kennen, leiden an dieser neuen Zeit und, obgleich sie in der »Mitte der Machtlosigkeit« leben, an diesem Staat, der sie land- und besitzlos gemacht hat, wie es Mönche doch sein sollen: »stadtlos, heimatlos, besitzlos, unbekümmert um Geld . . .« Wenn aber der Gouverneur, der Vertreter der griechischen Staatsgewalt bei ihnen zu Gast ist, bieten sie alles auf, was ihnen das Meer schenkt. Wer bei diesem Bankett mit zu Tische sitzt, wie Fred Boissonas, dem dreht sich der Magen um: achtarmige Tintenfische in schwarzer Suppe, wie die Spartaner sie gegessen haben, dann weiße Fischeier in roter Sauce, Schaltiere und ›frutti di mare‹, mit Kopf und Flossen zerhackte Fische, eine Art Magma aus Kiemen und – oh! eine wahrhaftige ›Kapilotade‹! Für einen Franzosen das Letzte.

»Indessen machte dieses Festmahl allen Würdenträgern und den Proëstamenen, den hohen Vertretern der Gemeinschaft, allerdings Freude. Alle bedeckt mit dem hohen Zylinder, der einer Tiara ähnelt, großartige Erscheinungen sind sie alle, und ich stellte sie mir, um mich von meiner Enttäuschung abzulenken, als merowingische Könige vor, die mit richtigen Kronen bedeckt wären. Sie hatten die Majestät und das Ansehen überlegener Autorität, hatten lebhafte Augen und hochrote Gesichtshaut – und dazu welche Munterkeit, welche Freude am Essen, welche Wildheit! Sie machten einen ergreifenden Gegensatz zu uns aus, die erbärmlich, klein und hungrig waren.«

*

Aber sie alle, die Idiorrhythmiker von Iwiron, verehren die allheilige Gottesmutter, die ›*Panagîa Portaitîssa*‹, wie vor tausend Jahren und seit Jahrhunderten. Einst hatte an diesen Strand, an dem das Kloster zum Meere hinausblickt, die Mutter Jesu ihren Fuß gesetzt und den Garten bezeichnet, der ihr Paradies sein sollte. Und wie sie von Ephesos herübergekommen war, kam auch das Bild, die wundertätige Ikone von Nikaia herüber, aufrecht auf den Wogen schwimmend und von einem Lichtglanz umgeben. Ein Mönch sah das Bild vor dem Strand von Iwiron, ging hinunter, schwamm zur Ikone und brachte das Bild ins Kloster. Seine Brüder stellten es vor dem Allerheiligsten auf. Sie beteten zur Jungfrau Maria. Aber am nächsten Morgen war die Ikone von der Stelle verschwunden, lehnte draußen am Tor, als Bruder Pförtner bei Sonnenaufgang das Tor mit dem großen Schlüssel aufschloß und öffnete. Die Mönchen trugen sie wieder zurück. Am anderen Morgen war das Bild wieder draußen, stand wieder am Tor. Das mußte ein Wunder sein. Die Allheilige sprach: »Ich will eure Torhüterin sein, nicht ihr bewacht mich, sondern ich behüte euch!« Da bauten die Mönche eine Kapelle nahe dem Klostertor und gaben dem Bild seinen Namen: Torwächterin – ›*Portaitîssa*‹.

»Freilich muß diese Art von Malerei«, erklärte Reinhold Pabel »gewiß allen, die nicht aus der Tiefe des Glaubens leben, als finstere Weltverachtung, Torheit und verachtenswerte Askese erscheinen. Sie sind nicht fähig, etwas von der fast überirdischen Hoheit des Bildes zu spüren. Aus der Ikone der Portaitîssa aber leuchtet das Antlitz des von Gott selbst umgewandelten Menschen. Eine verhaltene Feierlichkeit liegt auf den strengen, unendlich ruhigen Zügen der Gottesmutter. Das Sprechendste aber und Eindrucksvollste sind die Augen . . . Diese Ikone ist ein wunderbares Gleichnis für die Situation des Menschen zwischen der verhüllten und der unverhüllten Verklärung.«

Der Mönch, der die wundertätige Ikone dem protestantischen Pfarrer Reinhold Pabel zeigt, ist der Prosmonarios, dem die Sorge für das heilige Bild anvertraut ist: er singt die erforderlichen Gebete und nimmt die Opfergaben der Pilger entgegen. Dem Theologen Amand de Mendieta erzählt Athanásios, der Bibliothekar, der mit ihm in die Kapelle gekommen ist, jedoch eine Wundergeschichte:

Ein Zar in Moskau – ja, ganz recht, Alexis war sein Name, es ist mehr als dreihundert Jahre her –, der Zar Alexis Michailowitsch war sehr krank . . . Nein, nicht doch, es war seine Tochter, die an beiden Beinen gelähmt war. Und dieser Tochter erschien die Jungfrau Maria im Traum: *Sag' deinem Vater, er soll meine Ikone, die Portaitîssa, aus dem Kloster Iwiron am Heiligen Berge bringen lassen, – zu dir, und du wirst gesund sein.* Der Zar sandte Boten zum Patriarchen, Joannikion, und der Patriarch schickte Mönche zum Kloster Iwiron, aber die Brüder weigerten sich: sie wagten es nicht, die Hüterin ihres Klosters herzugeben. Sie wußten Rat: der Hagiograph Jamblichos Romanos malte nach feierlichem Zeremoniell die Ikone ab, denn die Kraft des Urbildes geht in das Nachbild ein, wie das Urbild die Kraft der Allheiligen selber besitzt. Vier Mönche gingen mit dem neuen Bild auf die Wanderschaft: ganz Moskau wartete auf ihre Ankunft. Die Menschen versammelten sich auf den Straßen. . . Da hört die Zarentochter von ihrem Zimmermädchen, daß die Portaitíssa von allen, auch von den Eltern, in Empfang genommen und angebetet wird. Sie springt von ihrem Lager auf, läuft . . ., läuft die Treppe hinunter, kommt auf die Straße, trifft die Eltern – und ist gesund. Alle Moskowiter loben die Allheilige, die ein Wunder vollbracht hat, und singen eine Hymne zu Ehren der Gottesmutter. Der dankbare Zar schenkte bald darauf den Mönchen des georgischen Klosters vier Metochien in Rußland und in Georgien und das Kloster des Heiligen Nikolaus in Moskau. Das Bild ist geblieben, aber – fügt Athanásios bekümmert hinzu – die Güter haben die gottlosen Bolschewisten an sich gerissen. Die Allheilige schützt die Seelen, nicht den irdischen Besitz. Armut ist ein Gebot, das allen Mönchen gilt.

*

Athanásios hütet, wie die Allheilige das Kloster, die wahren Schätze, die Bücher. Aber wo Bücher sind, ist auch Geschichte – Bücher ziehen Gelehrsamkeit an. Was sie berichten, ist Wissen, was sie enthalten, ist der Glaube der Welt. Das alles ist von unschätzbarem Wert. Athanásios ist nicht wenig stolz, daß seine Bibliothek den weitgereisten Gelehrten Amand de Mendieta so lange beschäftigt, denn er ist einer in der lange Reihe der Bibliothekare des Klosters Iwiron.

Vor mehr als fünfhundert Jahren war sein Vorgänger der Ekklesiarch Jakobus Strymonios, der für die liturgischen Bücher verantwortlich war, damit der richtige Psalm am richten Tage zur rechten Stunde gesungen wurde. Er zeigte dem Cyriakus von Ancona, dem reisenden Antiquar, die Sehenswürdigkeiten des Klosters und dann mehrere Bücher kirchlichen Inhalts. Aber der Italiener, Katholik und ›Lateiner‹, suchte nur nach Werken heidnischer Autoren und entdeckte dabei die ›*Moralia*‹ des Plutarch, deren vierzehn Bücher mit anderen Schriften des Philosophen zu einem Bande vereinigt waren. Cyriakus freute sich, diesen Band von dem frommen Pater erwerben zu können, denn es war kein liturgisches Buch. Er las das Werk, schrieb auch auf der letzten Seite gewissenhaft ein, daß er es 1444 in Iwiron gekauft hätte, und machte hie und da eine Notiz am Rande, die ihm für seinen Kommentar dienlich sein sollte. Der umfangreiche Band gelangte in den Besitz des Fulvio Orsini, der dem Kreis der römischen Accademia des Angelo Colocci nahestand, und durch ihn später in die Vatikanische Bibliothek zu Rom.

Am Anfang des vorigen Jahrhunderts waren die Bücher ziemlich durcheinander geraten, so daß Dr. Hunt und Mr. Carlyle zwei Tage brauchten, um einen Katalog zu erstellen. Zwischen den theologischen Handschriften fanden sich Fragmente des Aischylos und des Euripides, von Aristophanes sogar, den die Mönche sicher nicht lasen, und von Aristoteles, den die Mönche doch ehren sollten: zusammen mit Solon, Sophokles, Thukydides, Platon und Plutarch war der Philosoph, der nicht weit vom Athos in Stageira das Licht dieser Welt erblickte, noch im achtzehnten Jahrhundert im Narthex der Kapelle der Portaitîssa dargestellt worden. Von den Schriften der Bibliothek trug allerdings keine ein Zeichen höheren Alters, und die lateinischen Bücher, die ein Bischof von Arta dem Kloster übereignet hatte, waren jedoch unbenutzt: niemand hatte sie lesen können. Einfalt und Frömmigkeit, verbunden mit Unwissenheit, erschienen dem Besucher aus dem Westen als verurteilungswürdig, als ob alle katholischen Mönche Griechisch läsen.

Dann kam die schwere Zeit des griechischen Befreiungskampfes. Die Mönche erzählten noch nach hundert Jahren von der unersättlichen Habgier ihrer albanesischen Peiniger, so daß auch Franz Spunda die Legende notiert:

»Vieles vernichteten Feuersbrünste, vieles wurde in früheren Jahrhunderten von unwissenden Mönchen verbrannt, und über tausend Pergamenthandschriften gingen in den griechischen Freiheitskämpfen zugrunde: die Aufständischen hatten wohl genug Pulver und Blei, aber kein Papier für die Patronen. So wurden denn aus den Folianten Hülsen gedreht, und die unbekannten Werke des Sophokles und des Aristoteles wanderten in die Büchsen der Klephten. Diese Autoren waren ja nur Heiden, um die es nicht schade war. Nur die heiligen Bücher wurden geschont.«

Ganz so schlimm kann es nicht gewesen sein, meint Eduard Zachariae, denn »die Räume, welche die Bibliotheken einnehmen, sind noch jetzt überfüllt, so daß wohl niemals Bücher und Handschriften in größerer Anzahl darin vorhanden sein konnten; wo sich alte Bibliothekskataloge finden, stimmt der jetzige Bestand im ganzen mit dem alten Inventare zusammen«.

*

Als es in Moskau noch eine Russische Bibelgesellschaft gab und der Zar in Sankt Petersburg in seinem Winterpalais residierte, mußte der Bibliothekar Nikephóros eine wichtige Anfrage bearbeiten, für die er sich Monate Zeit ließ. Fürst Galitzin hatte ihm geschrieben, als ein englischer Theologe ihn gefragt hatte, ob die georgische Bibelübersetzung des Heiligen Euthýmios noch im Kloster Iwiron vorhanden wäre. In seinem Brief führte Nikephóros umständlich aus, daß vor einigen Jahren ein georgischer Mönch, genannt Laurentius, das Kloster besucht und einen Katalog der georgischen Handschriften angefertigt hätte, und fügte hinzu:

»Es ist für uns gegenwärtig unmöglich, diese Bücher zu transkribieren, da keiner von uns die georgische Sprache versteht; und ebenso unmöglich ist es für uns, sie mit den Originalen, die im Katalog aufgeführt werden, zu vergleichen, da das schreckliche Anathema und die Exkommunikation droht, aus einer Zeit, der wir uns nicht mehr erinnern, und die von dem Heiligen Synod und dem Patriarchen gegen jene verkündet wurden, die es wagen sollten, irgendeinen Band dieser Bibliothek wegzubringen oder in irgendeiner Weise darüber zu verfügen.«

Es müßte demnach, schloß Nikephóros sein ausführliches Schreiben, der Band wohl noch vorhanden sein. Am besten wäre es, wenn einige gelehrte Personen aus Moskau kommen würden, um den besagten Gegenstand zu untersuchen. Man würde sie brüderlich willkommen heißen.

Athelstane Riley, dem eine Abschrift des Briefes, den Nikephóros geschrieben hatte, vorgelegt wurde, fand die georgische Bibel denn auch unversehrt vor:

»Wir hatten keine Zeit, irgend etwas außer der oberflächlichen Untersuchung dieses Bücherschatzes zu machen. Da gibt es ein Evangeliar, datiert 1386, das einige vortrefflich schöne Illustrationen enthält, acht oder neun inch im Quadrat; ein Großfolio Evangeliar von 312 Blättern; einen Band patristischer Schriften, schön gebunden und von Dionýsios, dem Patriarchen von Konstantinopel, gestiftet; einen schönen Psalter und eine große Anzahl von Klassikern, die man selten in den Bibliotheken des Athos antrifft. Aber der größte Schatz ist zweifellos die georgische Bibel in zwei sehr großen und dicken Foliobänden in schwarzem Leder. Dies ist das Original-Manuskript mit der Handschrift des Heiligen Euthýmios.«

*

Athanásios hat als Bibliothekar von Iwiron ein System entwickelt, damit seine Schätze nicht allen zugänglich sind. Er weiht Erhart Kästner, der selbst Direktor einer Bibliothek ist, in sein Geheimnis ein, als er nach ›*Iwiron 5*‹ gefragt wird. Wahrscheinlich wegen dieses athanasischen Systems hatte Marcel Richard, der sich mit dem Bibliothekar Französisch unterhielt, diese Handschrift nicht gefunden. Er war auch in Eile gewesen, und Unruhe paßt nicht zum Athos. Doch Kästner gegenüber ist Athanásios rückhaltlos offen und erklärt ihm sein System, nachdem er seinen Besucher gefragt hat, ob bei ihm zu Hause in Wolfenbüttel die Nummern des Katalogs mit den Signaturen auf den Handschriften übereinstimmen würden:

Niemals dürfen die Nummern übereinstimmen. Im Katalog kann jedermann sehen, welche Handschrift er will. Wenn er dann hier im Raum steht, braucht er bloß nach der Nummer auf dem Schildchen zu sehen und schon wird er sie stehlen. Bei mir stimmen die Nummern nie überein, es ist ein geheimer Schlüssel dazwischen, den nur ich kenne. Also, wer nach dem Katalog stiehlt, stiehlt falsch. Das macht ein guter Bibliothekar.

Und dann zeigt Pater Athanásios seinem deutschen Bibliothekskollegen die Handschrift ›*Iwiron 5*‹:

»Er ließ uns an einen kleinen Tisch setzen, setzte sich selbst gegenüber, wandte von rückwärts Blatt für Blatt um und ließ uns die perlenhaft schimmernden Miniaturen in aller Ruhe anschaun. Das war eine gute Art, eine solche Handschrift zu zeigen, die ja in keine Vitrine gehört, die man aber auch keinem Fremden in die Hand geben kann. – Es war eine Handschrift der vier Evangelien, griechisch, also in der schönsten Schrift aller Schriften, und dazwischen waren Bildstreifen gesetzt, einmal rechts, einmal links, und von solcher Klarheit und Reinheit, daß man wie in Quellbecken starrte. – Der Pater schlug die Hochzeit von Kana auf. Man sah ein hochfeines Brautpaar, das ehrenvoll unter einem Säulendach saß, antikes Gastmahl, auftragende Knaben, und Jesus war auf dem Bilde gleich zweimal, in zwei verschiedenen Zeiten zu sehen: bei Tisch der Verweis der Mutter und dann noch einmal rechts bei den Krügen. Die Krüge waren als große Tonfässer gemalt; sie sollen ja nach der Schrift eine ziemliche Menge verwandelten Weines enthalten, sechshundert Liter. Das müßte auch für ein Hochzeitsfest langen. Die tausend Jahre seit ihrer Entstehung hatten diesen blanken Bildchen nichts abziehen können, frisch wie am ersten Tag lag noch der Tau des Fertigwerdens darauf. Jung blickten sie beim Umwenden aus ihren Blättchen hervor. Morgenblicke, und wie sie sich freuten, wenn ihnen Überraschung gelang. Da

Die Hochzeit zu Kana

sah man die Treue, mit welcher ein Buch solche Juwelen über die Zeiten erhält. Was zur gleichen Zeit an die Wand gemalt worden war, war lang schon abgeblickt worden. Sie aber hatten immer noch glänzende Augen.«

Und Pater Athanásios läßt seine Gäste die Bilder bewundern, lange Zeit, Zeit genug, daß das Zeitlose in seiner bildeigenen Wirklichkeit erfahren wird. Erhart Kästner, der hier zum Schauenden solcher Bilder wird und sie nicht nur betrachtet, findet von hier aus den Satz:

»... wo ›Wissenschaft‹ zugreift mit ihren Begriffen, ist immer geheimer Entzug von dem, wonach sie greift ... Ist nicht Natur abhanden gekommen, je mehr und mehr wir Naturwissenschaft haben? So ist es. Fern, fern ist sie gerückt, und was wir statt ihrer begreifen, ist ein Gespenst, ein blutloser Schemen, aber die warme Natur nicht. Wich nicht auch, was Geschichte eigentlich ist, ein Leben unter als gültig empfundenen Mächten zurück, je mehr und mehr wir Geschichtswissenschaft haben? Je mehr Historie uns penetrierte, desto ungeglaubter wurden die überkommenen Mächte, und am Ende wird an höchst Unglaubwürdiges geglaubt. Wich nicht auch,

Die Fußwaschung

was Kunst eigentlich ist, zurück, je mehr wir Kunstwissenschaft haben? Und wer hat mehr Sprache, der Älpler oder der Mann der Sprachwissenschaft? Traurige Summe vierhundertjähriger Wissenschaftsübung. Trauriges, undankbares Geschäft, so eine Summe zu ziehen, da Wissenschaft so vergötzt ist, daß man alle gegen sich hat, wenn man es wagt, gegen den Abgott einen Zweifel auch nur für möglich zu halten.«

Ein mutiges Wort zu einer Zeit, in der der Geist der Zeiten alles gilt und jeder der Zeit, die er haben will, nachläuft und sie doch nicht hat, weil sie verloren ist – vergangene Gegenwarten, die keiner mehr einholt. Daß Kästners Wort auf dem Heiligen Berge die Welt erblickte, gibt den Mut, sich ihm anzuvertrauen. Das wahre Verhältnis zu den Dingen der hiesigen und der jenseitigen Welt, die eine höhere Wirklichkeit hat, haben die Mönche, die orthodoxen, uns lang schon voraus: schauen und glauben, nicht klügeln und wissen, sondern erleben und leben, denn Leben ist mehr als Geschichte, die in der Wissenschaft, auch in der Kunst, erstarrt – es sei denn, das Bild ist ein Fenster zum Himmel. Auf dem Athos ist Gott gegenwärtig.

Nachmittags geht Pater Athanásios hinauf in ein Kellion, das hoch über Iwiron im Nußbaumwald liegt. Er hat seinen belgischen Freund gebeten, ihn dort zu besuchen. Und Amand de Mendieta und sein Wanderfreund Bikas erreichen nach einer dreiviertel Stunde über den anstrengenden, steinigen Weg das Haus mit seiner bescheidenen Kuppel, das zwar aus Steinen erbaut ist, aber unbequem zu sein scheint. Pater Athanásios sitzt mit seinen Mönchsbauern zusammen.

»Wir überraschten ihn, als er auf der wurmstichigen Terrasse damit beschäftigt war, Nüsse auszulesen und einzusacken, deren Ernte, wie es schien, dieses Jahr besonders gut war. Er empfing uns mit der ihm eigenen Liebenswürdigkeit. Einer der Brüder bot uns, in seinem Namen, Salzfisch, Gurken, schwarzes Brot, gut eßbaren Ziegenkäse, ziemlich reife Pflaumen und, um das Ganze abzurunden, einen wunderbaren Rosé an, sicherlich einer der besten Lagen des Athos, der geeignet war, mit dem fülligen Rosé von Anjou zu wetteifern.«

Ein athonitisches Symposion nennt Amand de Mendieta die Unterhaltung, bei der Athanásios mit dem belgischen Gelehrten Französisch sprach, in Dimotiki jedoch, dem umgangssprachlichen Griechisch, wenn er mit seinen Brüdern plauderte. Bald wandte er sich einem jungen Mönch zu und las ihm die ›Leviten‹. Streng und herb war Athanásios, der doch sonst so gütig war. Mit entschiedenem Ernst bezeugte er das asketische Ideal des Agion Oros, nach dem er und seine Brüder in all ihrer Einfachheit strebten. Der junge Mann schien sich in dem ihn bedrängenden Zustand seiner Skite nicht gut geführt zu haben, womöglich hatte er die Gemeinschaft, die er suchte, noch nicht gefunden: ihn plagte die Versuchung, der Last nicht gewachsen zu sein, sich ihrer zu entledigen oder zusammenzubrechen. Ohne Hoffnung, Gott genugtun zu können, siechte seine Seele dahin. Athanásios' Mahnung an den sympathischen und intelligenten Mönch war ein Diskurs, der Zerknirschung zurücklassen mußte. Und der arme, schwarz gekleidete Jüngling mit dem zylinderartigen Hut schien niedergedrückt und ließ unter der Lawine von asketischen Argumenten und biblischen Zitaten den Kopf immer tiefer sinken. Aber Mendieta bezweifelte, ob er durch diesen leidenschaftlichen Verweis, den der geistliche Vater ihm erteilte, überzeugt werden könnte. Er war eher der Meinung, der junge Mönch würde von einem Tage zum andern lieber als ein unbelehrbares Schaf, freiwillig und doch einem fremden Willen gehorchend, entfliehen. Der Wille zur Welt muß überwunden werden. Verneinung des Willens ist das Gebot, Gottes Wille geschehe! Erst dann gibt es Freiheit.

Mit diesem Gespräch offenbarte Athanásios, was es heißt, ein Glied in der ununterbrochenen Kette zu sein, die durch die Jahrhunderte von den Mönchen gebildet wird und darum das Gewicht dieser Fessel nicht mehr empfinden läßt: sonst wäre der Athos die Hölle.

Amand de Mendieta, 162 ff., 172 und 203 – Boissonnas, 83 f. – Carlyle, 209 – Cyriakus von Ancona, 51 – Fallmerayer, Bd. 2, 117 f. – Gregórios, Patriarch, vgl. Runciman (→ Lit.-Verz. 3 b), 379 ff. – Grisebach, 273 – Irmler, 64 – Kästner, 113 ff. und 117 f. – Karajanopoulos, 953 f. – Kern, 113 und 122 – Leake, 125 – Meyer, 1046 und 1059 f. – Miller, 32 f. und 38 ff. – de Nolhac, 504 f. – Pabel, 52 f. – Papéty, 780 f. – Proust, 116 f. – Richard, 61 – Riley, 130 ff. – Spunda, *Landschaft und Legenden*, 31 ff. – de Vogüé, 307 f. – Zachariae, 274

Jahrtausendfeier in Iwiron

Erst wenige Wochen vor diesem 15. August 1980, dem 28. unseres Kalenders, hatte sich die Versammlung der Klostervertreter in Karyès, die aus diesem Anlaß doppelt besetzte Synaxis, gegen die ökumenische Bewegung gewandt, die im westlichen Europa an Boden gewonnen hatte. Sie verurteilte den Dialog mit den Heterodoxen nicht, sollte er dazu dienen, den Katholiken die Augen für den wahren Glauben zu öffnen. Mit großer Unruhe stellte sie fest, daß die Orthodoxen – und gemeint war der ökumenische Patriarch Demetrios von Konstantinopel – Zugeständnisse machen, welche die katholische Kirche in ihren Irrtümern bestätigen. Diese aber wären die Ursache für ihren Bruch mit der orthodoxen Kirche gewesen und hätten in der Folge zur Abtrennung der Protestanten geführt. Unter diesen Umständen den Dialog zu beschleunigen, käme einem geistlichen Selbstmord der Orthodoxen gleich. Zu ihr bekannte sich die Versammlung als der wahren Kirche Christi, die einig, heilig, katholisch sei, die apostolische Tradition besäße und mit ihr die vollkommene Gnade.

Doch diese Kirche, die nicht eine unter den anderen, sondern *die* Kirche sei, werde sich niemals vom Athos noch von sich selbst trennen – denn ein Mönchtum ohne oder außerhalb der Kirche wäre nicht denkbar. Das hatte der Metropolit Maximos von Stavroupolis als Abgesandter des Patriarchen schon im Oktober 1979 der Synaxis erklärt, um den Streit zwischen den Mönchen und dem Patriarchen zu beenden. Die Synaxis hatte ihm widersprochen.

Vor diesem Hintergrund beging das Kloster sein Jubelfest. Die orthodoxe Kirche ist eine betende Kirche, die sich nicht rechtfertigen muß. Darum ist an diesen Tagen über einen Dissens nichts zu merken, geschweige denn zu erfahren.

*

Wir betreten das Kloster, linker Hand steht das Parekklesion der allheiligen Gottesmutter, der Portaitîssa, in der die wundertätige Ikone das Tor des Klosters bewacht. Im geräumigen Hof erhebt sich das Katholikon mit seinen verandaartigen Vorbauten und seinen Kuppeln, daneben der kantige Turm. Die blutrote Farbe ist das Symbol des Blutes, das Christus am Kreuz vergoß. Die Phiale, der Brunnen des geweihten Wassers, ist gleich einem Nabel des Klosters. Gegenüber ragt der Turm der Trápeza, in dem alle Glocken hängen, auf, über dem Eingang steht das vierfache »Phi«, zu deutsch: »Bete, arbeite, iß und gehe!« Mönche weisen uns ein, an langen Tischen nehmen Pilger die Mahlzeit ein, man verzehrt Fisch, ißt etwas Brot, trinkt einen Becher Wein . . . Wir werden in den Gästetrakt geführt, den die Ruine eines Wehrturms überragt, und gehen die Holztreppe hinauf. Auf dem breiten Korridor stehen verwahrloste Möbel, an den Wänden sieht man Lithographien aus einer Kunstanstalt in Berlin, biblische

Iwiron

Szenen wie aus dem Bilderbuch, um 1900 gedruckt. In den anschließenden Räumen, die bessere Tage erlebt haben müssen, sitzen auf Sofas und morschen Sesseln, hocken oder liegen auf dem Boden Mönche und Pilger. Ein Transistor-Radio läßt liturgisches Singen hören. In einem Saal mit Betten ist für uns noch Platz. Ich mag nicht bleiben. Warum soll man auch schlafen, wenn das Kloster auf sein Jubelfest wartet? Gegenüber dem Gästetrakt bereiten Arbeitermönche die nächste Mahlzeit vor. Sie haben um die grauen Kutten schwarze Schürzen gebunden. Einer raucht. In der Küche neben der Trápeza steht ein riesiges Ziegelquadrat, in ihm der kupferne Kessel: es wird wieder Fisch gekocht. Man fühlt sich verlassen, ein wenig verloren. Der Hof liegt zur Mittagsstunde fast menschenleer. Festlichen Schmuck sieht man nicht. Am Brunnen warten wir auf die Liturgie, die um vier Uhr beginnen soll. Bald versammeln sich Pilger, Gäste, Besucher und ein Fernsehteam vor dem Katholikon. Ein Mönch mit der Stundentrommel umschreitet dreimal die Kirche. Die Jahrtausendfeier beginnt.

An diesem Tage, dem 15. August, hat Christus seine Mutter, die im Kreis der Apostel starb, zu sich in den Himmel geholt. So wird auch jetzt das Bild in die Kirche kommen, als wäre es die Allheilige selbst, um am Thron des künftigen Richters, der als Bild Gottes in der Kuppel erscheint, für die Lebenden und die Toten zu bitten. Sie nimmt teil an der Göttlichen Liturgie. Mönchspriester verlassen nun das Katholikon, wo sie im Gebet zum Dienste Gottes sich vorbereitet, hinter ihnen vier Diakone. Sie tragen reichgestickte Gewänder und gehen zum Parekklesion, um die ›*Portaitîssa*‹ zu holen und sie zum Jahresfest des Entschlafens der Gottesmutter, der ihr Kloster geweiht ist, im Katholikon zur Verehrung auszusetzen . . . Mönche tragen das schwere, im goldenen Rahmen prangende Bild aufrecht, so wie es einst auf dem Meere dem Ufer des Heiligen Berges zutrieb, als der Bilderfeind, Kaiser Leon der Isaurier, in Konstantinopel herrschte und alle Bilder Gottes, Mariens und der Heiligen verbot.

Der Metropolit Nikolaus folgt der Ikone, als trüge er selbst die Jungfrau Maria zum Himmel. Am Vormittag war er aus Tiflis gekommen und mit großem Geläut empfangen worden. Als Metropolit ist er ein Bürger der Republik Georgien, die zur Union der sozialistischen Sowjetrepubliken gehört und die Heimat des großmächtigen Bolschewisten Stalin war. Nun nimmt er an der Jahrtausendfeier seines Klosters teil, das seine Landsleute Johannes Tornik und Euthýmios vor tausend Jahren gegründet haben . . . Geschichte wechselt: Personen und Ereignisse gehen vorüber, das Kloster hat sein Leben unangefochten bewahrt.

Noch vor Beginn der ersten Liturgie wird der Metropolit von Lesbos, der einem Teil der Klöster am Heiligen Berge als geistlicher Vater vorsteht, in alt-feierlichem Zeremoniell begrüßt. Diakone haben sich am säulengetragenen Tor mit großen Kerzen aufgestellt, gleich wird für den hohen Gast das weithin hallende, rhythmische Geläut erklingen. In Prozession wird er in das Katholikon geleitet. Aus der Kirche hört man den Wechselgesang der Göttlichen Liturgie. Der Portaitîssa gilt der Lobpreis, den Johannes Chrysóstomos schrieb:

Wahrhaftig und würdig ist es,
dich seligzupreisen,
Gottesgebärerin,
Ewigselige und ganz Unbefleckte
und Mutter unseres Gottes.
Dich, die du geehrter bist
als die Cherubim,
und unvergleichlich herrlicher
als die Seraphim,
die du unversehrt das Wort Gottes geboren
dich, die Gottesgebärerin,
lobpreisen wir.

Plötzlich – man traut seinen Ohren nicht – rattert lautes Motorengeräusch heran. Unten am Strand ist schon ein Helikopter gelandet. Ein zweiter kreist über den Dächern und den Kuppeln des Klosters. Wer kann, läuft hinaus, um das seltene Fluggefährt zu bestaunen. Der Minister von Nordgriechenland, der seine Amtsgeschäfte in Thessalonike für eine kleine Zeit unterbrochen hat, und der Außenminister der griechischen Regierung, Mitsodakis, er ist der weltliche Protektor des Heiligen Berges, werden begrüßt. Kyrios Mitsodakis hält im Katholikon eine kurze Rede, in der er, wie die ›*Athens News*‹ am nächsten Tage berichten wird, das Interesse seiner Regierung an diesem Gebiet zum Ausdruck bringt und den Mönchen jegliche Unterstützung verspricht. Er bezeichnet die Mönche als Soldaten des Glaubens und der Nation, die an der Grenze Griechenlands und der Orthodoxie ihren Dienst versehen. Mit Genugtuung stellt er fest: die Rückkehr zur Orthodoxie hätte eine beträchtliche Zahl junger Männer veranlaßt, ihrer Berufung und dem Rufe der Orthodoxie zu folgen. Sie hätten die noch vor wenigen Jahren bestehende Furcht zerstreut, die Klöster des Athos müßten wegen mangelndem Nachwuchs geschlossen werden.

Der Außenminister äußerte sich diplomatisch unverbindlich, der Metropolit Maximos von Stavroupolis hatte im voraufgegangenen Jahr der in Karyès versammelten Synaxis seine geistliche Mahnung an die Mönche gerichtet:

»Haltet euch rechtschaffen zum ökumenischen Thron! Schöpft Kraft aus der Quelle der Kirche der Märtyrer, des Streites und des Todeskampfes, der Opfergaben des Blutes und des Geistes. Vor allem wacht zuversichtlich für sie. Ihr seid eingewurzelt am Rande des lebendigen Wassers der großen Kirche, in diesem Ackerfeld der Märtyrer. Schöpft aus der Quelle das notwendige Naß, um zu blühen und Früchte zu tragen. Der ökumenische Patriarch ist der Abt des Heiligen Berges, für den die große Kirche die Verantwortung trägt. Die Schwächung des ökumenischen Patriarchen, die mancher vielleicht gern sieht, und der Versuch, seine Autorität zu mindern, haben böswillige Meinungen hervorgerufen, aber auch einen gerechten Zorn ... Unsere Verantwortung für alle fordert uns auf, den Verneinern keine Waffen in die Hand zu geben und dem Gewissen kein Ärgernis, damit der Glaube unerschüttert bleibe, wir aber – bis zum Tode – den Lehren des Herrn treu bleiben, um für ihn an den Mauern unseres Glaubens zu kämpfen, damit seine Wahrheit siegt ... Gehen wir an unser Werk mit Liebe, im Namen dessen, der uns liebt und uns durch die Fürbitte seiner Mutter und der heiligen Väter gerufen hat, treu auch dem Gelöbnis des ökumenischen Patriarchen und des Heiligen Synods der großen Kirche. Die aufrichtige Zusammenarbeit, die sorgfältige Prüfung der Probleme dieser Heiligen Republik und Unser Wunsch, zu erfahren, was vorgefallen ist, tragen gewiß ihre Früchte. Schon die Verjüngung einzelner Klöster durch zahlreiche Novizen ist ein Zeichen der Hoffnung. Die Aufrechterhaltung der Überlieferung und der gesunde Enthusiasmus der Jungen können den Maßstab abgeben, diese historische Begegnung zwischen kluger Erfahrung und neuem Geist zu bewerten. Die Mutterkirche begrüßt diese Begegnung mit Freuden und betet für ihren Erfolg, betet auf dem Wege zum Besten dieses Heiligen Berges und seiner Mönchsrepublik.«

Das war aus geistlicher Sorge gesprochen. Und wer von den Mönchen an den Liturgien teilnahm und die Rede des Außenministers hörte, wird sich der Worte des Metropoliten Maximos erinnert haben.

Die zweite Liturgie beginnt, und der Schatten des Glockenturmes gleitet wie ein Uhrzeiger über den Narthex und das Katholikon. Die Zypressen stehen schweigend zur Seite, als wollten sie Ruhe gebieten: Hesychîa, die Stille des Herzens. Wer aber nicht zur Liturgie gegangen ist, verbringt sein Plauderstündchen an der Phiale. Zum Fest sind viele Mönche aus den anderen Klöstern hergewandert, sie haben sich vielleicht ein Jahr nicht gesehen und freuen sich im Gespräch freundlicher Erinnerungen. Ihre Unterhaltung ist ungezwungen, nicht ohne Anflug von Scherz und Humor. In den Pausen zwischen den Liturgien geht der Besucher, der ich ja war, ins Katholikon. Auf den steinernen Bänken im Narthex schlafen ein paar Pilger, alte Mönche sitzen in stummer Versunkenheit. Im Naos ist die goldstrahlende ›*Portaitîssa*‹ zu sehen. Majestätisch blickt der Pantokrator auf den Besucher herab: »Ich bin, der ich bin.« Er ist der Seiende, für alle und mich. Pilger küssen die Ikonen. Links steht ein merkwürdiges Gebilde: ein silberner Leuchter in Form eines Zitronenbaums. Moskauer Bürger haben ihn 1818 nach dem Sieg über Napoleon dem Archimandriten Kyrillos vom Kloster Iwiron geschenkt. Georgien, die Heimat der iberischen Klostergründer, war seit 1801 ein Bestandteil des Russischen Reiches, und ein russisches Kloster gab es damals noch nicht auf dem Athos.

Die nächtliche Liturgie, die Agrypnia, hatte in dieser Nacht bald nach zehn Uhr begonnen, also zwei Stunden nach der Mitte des Tages, dem Sonnenuntergang. Iwiron rechnet nach chaldäischer Zeit: mit Sonnenaufgang beginnt der neue Tag. Jede Nacht ist das Abbild des Leidens und Sterbens des Gottessohnes, die in der nächtlichen Liturgie nacherlebt werden. Und der Morgen ist die Gewißheit, daß Christus auferstanden ist. Bei Sonnenaufgang hat die Liturgie in dieser festlichen Nacht schon nahezu zehn Stunden gedauert. Am Klostertor, das einen Spalt breit geöffnet blieb, gißt Bruder Pförtner ein Täßchen Kaffee auf, an der Rampe im dunklen Torweg sitzen zwei Alte und warten den Morgen ab, dessen Dämmerung Kirche und Kloster größer erscheinen läßt. In einem langen Korridor hinter dem Gästetrakt sind zwei Mönche seit Stunden mit aller Geduld an der Arbeit, oder ist es doch ein Gebet? Sie haben ihr seltsames Werk fast vollendet: eine Zuckerikone des Marientodes. Auf dem Grund einer kuchenartigen Teigmasse malen sie mit gefärbtem Zucker, den sie zwischen Daumen und Zeigefinger zerkrümeln, ihr Bild, das Christus am Sterbelager seiner Mutter zeigt. Apostel umgeben die Sterbende, Mandeln und Nüsse umrahmen das kostbare, zuckerköstliche Rundbild, das dann am Vormittag in die Kirche getragen und gesegnet wird, um beim Festmahl der Orthodoxen löffelweise verteilt zu werden.

Am Mittag des hohen Festtags wird unter dem hämmernden Rhythmus des Semantrons der Metropolit von Georgien aus seiner klösterlichen Residenz zur Trápeza geleitet. Vom Festmahl sind Pilger und Gäste ausgeschlossen. Nach einer langen Stunde kommen Metropolit, Äbte und Würdenträger wieder heraus. Die Arbeitermönche haben sich, um ihn zu sehen, von ihrer ununterbrochenen Tätigkeit abgewandt. Sie finden bei der hohen Geistlichkeit wenig Beachtung. Erst wenn auch die Mönche die Trápeza verlassen haben, dürfen Pilger und Gäste und auch der letzte Besucher auf den schmalen Bänken an langen Tischen sitzen und essen. Es gibt kalten Fisch in Öl und einen Pfirsich, einen Becher Wein und weißes Brot dazu. Dutzende von Ikonen, zum Teil hohen Alters und unschätzbaren Wertes, hängen an den gekalkten Wänden. Da es nur kaltes Essen gibt, kann es nicht schaden: fetthaltige Dämpfe wären zur Gemäldekonservierung nicht recht geeignet. Nach dem Mittagessen brechen die meisten Pilger auf, so daß der Nachmittag Ruhe und mit dem Schlaf etwas Erholung bringt.

Gegen Abend wird vor der Phiale ein kleiner Tisch aufgestellt, ein Doppeladler-Zuckerkuchen wird herangetragen und auf das Tischchen gelegt. Zwei Mönche behüten ihn, bis die Vesper-Andacht beendet ist. Der Doppeladler war das Zeichen der Palaiologen, des letzten byzantinischen Kaisergeschlechts. Das Reich zwar besteht nicht mehr, aber die Orthodoxie lebt. Sie war das Herz des Reichs der Rhomaier gewesen, also ist der Doppeladler das Symbol der Orthodoxie geblieben, Symbol eines metaphysischen Reiches der Glaubenden. Und in Erinnerung an den letzten Kaiser, Konstantin XII. Palaiologos, der auf den Mauern von Konstantinopel den Heldentod starb, dürfen wir dieses Symbol verzehren. Papierservietten werden verteilt, und jedem wird mit einem Löffelchen ein Stück vom Doppeladler gegeben, der als unscheinbares Häuflein Krümel mit der hohlen Hand zum Munde geführt wird.

Am Abend dieses Tages findet das letzte Festmahl statt. Bevor es beginnt, müssen Pilger und Laien auf die geistlichen Würdenträger einige Zeit warten. Dann halten sie, gefolgt von den vielen Mönchen in ihren schwarzen Engelsgewändern, ihren Einzug in die Trápeza. Am Eingang gibt es einen kleinen Tumult, die Wartenden wollen hinein. Erst werden sie abgewehrt, einige dann noch hineingelassen, die Tür wird verschlossen. Sie wird noch einmal geöffnet: *Orthodox?*

wird gefragt. Es bleiben noch drei, einer geht noch hinein. Endlich dürfen auch noch die Letzten zum Essen. Nun faßt die Trápeza, die von drei großen elektrischen Lampen erhellt wird, Metropoliten, Äbte, Mönche, Pilger und Gäste, Orthodoxe und Heterodoxe, Griechen und Nichtgriechen zu einer großen Tischgemeinschaft zusammen. Schweigend verzehren die vielen hundert Menschen das Mahl: einen Teller Reisnudelsuppe, Fisch, Wein, Brot und einen Pfirsich, Tomatensalat. Nach kaum einer Viertelstunde erklingt die Glocke des Abtes: keiner darf danach noch etwas zu sich nehmen. Die Mönche singen ein fast heiter gestimmtes Danklied, dem strophenweise eigenartiger Beifall folgt: mit dem Messer wird an das Trinkglas geschlagen, so daß von Hunderten von Gläsern ein seltsam klirrendes, schrilles Geräusch zu einem rasselnden Klappern verschmilzt. Dann spricht Metropolit Nikolaus von Georgien. Weit ausholend bedenkt er die Geschichte des Alten Reiches und der Orthodoxie. Er beschwört die Einheit der christlichen Glaubensgemeinschaft und grenzt sie mit Entschiedenheit gegen den westlichen und den östlichen Materialismus ab. Ein einziges Mal erwähnt er Rußland – ein Verachtungsgemurmel geht durch den Raum. Er spricht von vier Patriarchen, den von Moskau erwähnt er nicht. Seine Rede hat er in georgischer Sprache gehalten, sein Dolmetscher hat sie ins Griechische übersetzt. Man schenkt ihm lebhaften Beifall. Die Messer schlagen an aberhundert Gläser. Die Geistlichkeit und die Mönche ziehen in Prozessionen wieder hinaus. Alle übrigen folgen, so schnell es geht, die Tür der Trápeza wird verschlossen. Auf dem nächtlichen Hof geht es zu wie bei einem Spaziergang auf der nächtlichen Promenade eines Erholungsorts. Kein Licht brennt, hie und da glimmt ein Streichholz für eine Zigarette auf. Gespräche verkürzen die Zeit, bis gegen Mitternacht die Niktorinos-Liturgie beginnt. Und alle, die hier in dem nächtlich-düsteren Kloster sind, bewacht die allheilige Portaitîssa an der verschlossenen Klosterpforte, und alle Klöster hütet die Mutterkirche, wie es der Metropolit Maximos den Mönchen des Heiligen Berges gesagt hat:

»Die Mutterkirche hat immer den Beweis großer Liebe und Geduld während der letzten Jahre hinsichtlich der Irrtümer und der Abtrünnigkeit gewisser Mönche erbracht. Sie hat mit großer Toleranz, aber auch mit Schmerz darauf gewartet, daß die Mönche wieder zu ihr zurückkehren und ihre Fehler einsehen. Die Toleranz der Kirche gegenüber den Schuldigen findet ihre Grenze, wenn das Mißverstehen erreicht ist und einige von ihnen die Fähigkeit der Mutterkirche, streng und zielbewußt einzugreifen, bezweifeln. Wir erklären feierlich und mit der vollen Autorität Unserer Verantwortlichkeit, daß diejenigen, die es geglaubt haben, sich auf beklagenswerte und tragische Weise täuschten.«

Nachdem Patriarch Athenagóras mit dem Bischof von Rom, Papst Paul VI., 1964 den Kuß der Versöhnung in der Grabeskirche zu Jerusalem ausgetauscht hatte, war zwischen den Klöstern ein erbitterter Streit ausgebrochen. Um den Athos für seine Gespräche mit der katholischen Kirche zu gewinnen, ergriff Athenagóras die Initiative und entsandte den Metropoliten von Heliopolis zum Heiligen Berg. Am Palmsonntag 1966 weihte er eine wertvolle Lampe in dem altehrwürdigen Gotteshaus des Protâton, die amerikanische Orthodoxe dem Patriarchen geschenkt und für die Ikone ›*Axion estin*‹ bestimmt hatten. Ihre Inschrift hat symbolische Bedeutung:

»Für den Frieden der ganzen Welt, die Beständigkeit der Heiligen Kirche Gottes und die Einheit aller. Stiftung des Patriarchen Athenagóras 3. April 1966. Alle meine Hoffnung bringe ich zu Dir, Mutter des Herrn, bewahre mir Deinen Schutz.«

Seine Bitte galt der Union aller christlichen Kirchen. Aber einige Klöster weigerten sich, das Oberhaupt ihrer Kirche, den Abt des Heiligen Berges, in ihr Gebet einzuschließen. Die Mönche von Esphigménou rebellierten. Im April 1974 verbarrikadierten sich einige Brüder in ihrem Koinobion, weil Patriarch Demetrios, der Nachfolger des Athenagóras, den sie als ›Papisten‹ verleumdeten, ihren Abt Athanásios und mehrere Mönche verbannt hatte. Sie brachten ein Transparent über dem Klosterportal an: »Orthodoxie oder Tod«. Sie weigerten sich, den Anordnungen des Gouverneurs zu folgen, der das Kloster von einem Polizeitrupp umstellen ließ, und erklärten, lieber sich mit dem Kloster in die Luft zu sprengen, als der Staatsgewalt sich zu beugen. Das schien den politischen Moden des Westens zu entsprechen. Der Metropolit Maximos deutete es 1979 anders:

»Die Mutter bezweckt nicht, ihre Kräfte mit ihren streitenden Kindern zu messen, im Gegenteil, sie gebraucht ihre Macht für das Wohlsein und die moralische und geistliche Besserung ihrer Kinder . . . Die Mutterkirche fühlt eine grenzenlose Liebe für euch, die ihr für eure geistliche Vervollkommnung auf diesem Heiligen Berge kämpft.«

Das erinnert an die Worte des Apostel Paulus, die er in seinem Brief an die Thessaloniker schrieb:

»Wir haben auch nicht Ehre gesucht von den Leuten, weder von euch noch von anderen, wir hätten auch können schwer sein als Christi Apostel. Aber wir sind mütterlich gewesen bei euch, gleichwie eine Amme ihre Kinder pflegt.«

»Diese Liebe und die Geduld«, predigte Metropolit Maximos der Synaxis ins Gewissen, »sind aber nicht immer nach ihrem rechten Wert gewürdigt worden. Rebellion und Abtrünnigkeit haben verschiedene Wunden und Verletzungen auf dem Körper dieser Heiligen Republik hervorgerufen, die schwierig, aber nicht unmöglich zu heilen sind. Ein Kloster« – gemeint war Esphigménou – »und einige Mönche weichen der Erwähnung des ökumenischen Patriarchen in ihren Gebeten aus, ungeachtet der kanonischen Ordnung und der jahrhundertealten Überlieferung. Sie schränken den Sinn der geistlichen Rechtsprechung ein und begrenzen das patriarchalische Recht, das die Teilhabe der Kirche an allen Äußerungen des Lebens beachtet und die Entwicklung der Klöster auf dem Heiligen Berge einbezieht . . .«

Die priesterliche Ermahnung hatte Erfolg: Im Jahre 1980, dem Jubelfest von Iwiron, war der Friede zwischen dem Patriarchen und den Klöstern auf dem Agion Oros wiederhergestellt.

Am Morgen nach der Jahrtausendfeier beginnt wieder der Alltag. Metropolit Nikolaus aus Georgien plaudert noch eine Viertelstunde mit Mönchen an der Phiale, während vor dem Klostertor der Mechaniker einem jungen Pater die Bedienung des Traktors erklärt. Die Geistlichen besteigen ein Automobil, um nach Philothéou zu fahren. In seiner Wohnung, die mit einem abgesessenen Sofa, mit Tisch und Stuhl kärglich genug möbliert ist, kocht ein Mönch dem Besucher etwas Wasser für ein Glas Tee. Sein Herd mit der Propangasflamme steht in einem alten Kamin. Ich bedanke mich und grüße den Alten, der wortlos nickt. Der sonnenbeschienene Hof liegt still und verlassen. Nach Karakállou bricht ein kleiner Wandertrupp auf. Ich gehe mit und bleibe dabei.

Athanásios von Esphigménou: Frankfurter Allgemeine, 25. April 1974, und Der Spiegel, 15. April 1975 – Irénikon, 39 (1966), 243. f.: Stiftung des Patriarchen Athenagóras; 45 (1972) S. 114 f.: Synaxis vom 13./26. November 1971; 53 (1980), 253 ff.: Metropolit Maximos vor der Synaxis im Oktober 1979, und 353 ff.: Erklärung der Synaxis vom 8./22. April 1980.

Karakállou

Auch das Kloster Karakállou war im Westen einmal eine ›schlagende Zeile‹ wert: im Jahre 1981 ließ sich Stephanos Lachenis von dreizehn Mönchen zum Abt wählen, obgleich der alte Hegoúmenos noch lebte. Er hatte schon als Kidnapper vor Gericht gestanden, wurde jedoch freigesprochen. Trotzdem nannte man ihn einen »diebischen Strolch, Kriminellen und Pirat« – so stand's in der ›WELT‹, die in der Überschrift den Athos als einen ›Berg der Skandale‹ bezeichnete. Die Hiera Koinotis erkannte die Wahl nicht an. Stephanos hielt mit seinen Getreuen das Kloster ›besetzt‹ und drohte, es in die Luft zu sprengen, wenn der Gouverneur es wagen sollte, ihn zu verhaften. Er verglich seinen Kampf gegen die Staatsgewalt mit dem des Abtes Gabriel vom Kloster Arkadion auf Kreta: Gabriel hatte 1866 sein von den Türken belagertes Kloster gesprengt, um sich, seine Brüder und die Freiheitskämpfer, aber auch Hunderte von Flüchtlingen nicht den Türken ausgeliefert zu sehen. Die Explosion erschütterte damals die Welt. Nach sieben Monaten gaben die Rebellen von Karakállou auf, ihre Ausdauer hatte Erfolg. Stephanos durfte auf dem Athos bleiben. Das war nur zwei Jahre nach der ›mütterlichen‹ Ermahnung des Metropoliten Maximos von Stravroupolis.

Karakállou gehört zu den ältesten Klöstern auf dem Heiligen Berg, aber Kaiser Caracalla hat es nicht, wie die Mönche glaubten, gegründet. Im elften Jahrhundert wird es in Urkunden mehrfach erwähnt, war aber später verwüstet. Johannes Komnenos berichtet 1701, daß der Hospodar Peter von Moldavien und sein tapferer Kriegsmann Peter das Kloster im sechzehnten Jahrhundert wieder aufgebaut hätten. Sultan Suleyman der Prächtige hatte es ihnen ausdrücklich erlaubt. Nach mancherlei Zerwürfnis über den neuen Bau vertrugen sich beide wieder und beschlossen, zum Heiligen Berg zu wandern und gemeinsam das mönchische Leben auf sich zu nehmen. Und da sie in der Welt den gleichen Namen getragen hatten, wollten sie auch als Mönche denselben Namen führen, und beide Peters wurden mit einem Namen geweiht: Pachómios.

Geschichte, die zu Legenden gerinnt, und Sensationen, die nichts enthüllen – allenfalls ein Gespenst –, lassen nur einen flüchtigen Schatten zurück. Das Kloster hat seine eigene Wirklichkeit. Spät in der Nacht kamen Athelstane Riley und seine kleine Wandergemeinschaft

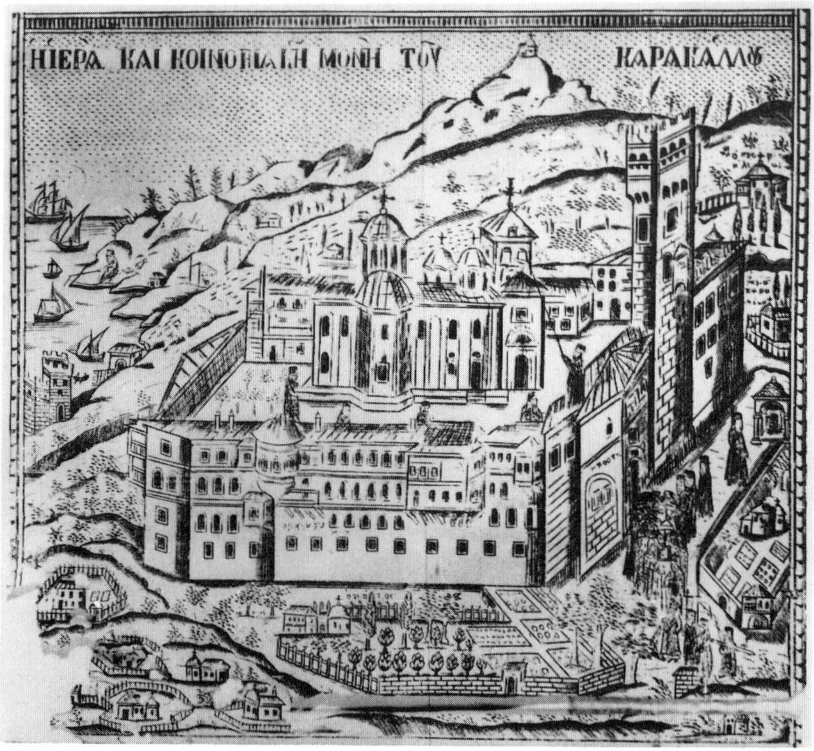

vor dem Kloster an. Offensichtlich waren alle Mönche zu Bett gegangen. Mit einem schweren Stein hämmerte er gegen die eisernen Türbeschläge. Endlich ging ein Licht innerhalb des Turmes entlang, und tatsächlich erschien – ganz oben und äußerst vorsichtig – ein Kopf am Fenster.

Wer seid ihr? fragte der Kopf. – *Engländer,* sagten alle zusammen. – *Engländer?* antwortete der Kopf mit einem ungläubigen Ton, als wollte er sagen: Denkt ihr, ihr könnt mir Unsinn erzählen. *Ja, zwei Engländer,* erwiderten sie. Und nach einer längeren Pause: *Aber ich sehe vier,* sagte der Kopf. *Oh, das sind unsere Diener, unser Dolmetscher aus Athen und der Treiber vom Serail, beides gute und treue Männer.* – *Ja,* fügte Angelos, der Diener hinzu, *wir sind die Diener dieser beiden vornehmen Engländer.* – *Wo kommt ihr her, sagt ihr?* fragte der Kopf. – *Vom Serail,* riefen sie. Der Kopf prüfte die Fremden und Wartenden noch für ein oder zwei

Minuten und verschwand mit dem Licht, Stille und Dunkelheit blieben. Und als Athelstane Riley abermals einen Stein aufhob, um seinen Angriff auf das Tor zu erneuern, erschien an einem anderen Fenster, diesmal nicht oben am Turm, sondern auf der Mauer, eine Laterne, zwei Männer hängten sie heraus, gegen die sie sich, um nicht geblendet zu werden, die Augen bedeckten. Mit besorgtem Blick schauten sie auf die Gäste, die noch keine waren. *Macht das Tor auf!* schrie Reverend Owen. Und Riley berichtet weiter:

»*Nein,* erwiderten sie, niemals würde das Tor zu dieser nächtlichen Stunde geöffnet, und außerdem hätte der Abt den Schlüssel, und der sei zu Bett gegangen. *Dann müßt ihr ihn wecken,* sagten wir, *wir können hier nicht die ganze Nacht draußen bleiben.* Aber wer wir denn wären, fragten sie wieder, und woher wir kämen und wo wir hin wollten und warum wir so spät an ihre Tür klopften? So mußten wir all diese

Fragen noch einmal beantworten und fügten hinzu, daß wir keine Räuber wären, wohl aber zwei friedliche Reisende mit ihren beiden Dienern, vier im ganzen, daß wir ihnen aber zu besonderem Dank verpflichtet wären, wenn sie das Tor, sobald wie möglich, öffnen würden.

Aber ich sehe fünf Pferde, sagte einer der Mönche, der seinen Kopf, so weit es nur gehen wollte, aus dem Fenster beugte und mit Hilfe seiner Laterne uns in Augenschein nahm. So mußten wir erklären, daß eines der Pferde unser Gepäck trug und daß wir keine Freunde im Hinterhalt hätten. Dann ging das Licht mit den Mönchen weg, und nach ein paar Augenblicken hörten wir – ein höchst erwünschtes Geräusch –, wie der Riegel gelöst wurde und die Ketten rasselten, und endlich: in seinen Angeln knarrte das Tor. Wir wurden eingelassen, volle zwanzig Minuten nach unserer Ankunft vor dem Kloster.«

*

Lord Curzon blickte eines anderen Tages von dem erhöhten Platz über das tiefblaue Meer bis zu den Inselbergen von Samothrake und zu den Höhen Rumeliens. Die Aussicht war für ihn ein Gemälde, das einer idealen Landschaft des siebzehnten Jahrhunderts entsprach. Das Kloster schien ihm in seiner Lage auf einem Vorgebirge nicht weit vom Meer ein gotisches Schloß zu sein. Der hochgereckte Turm mit seinen Zinnen und vorkragenden Wehrgängen – einer der schönsten Türme des Athos – erinnerte ihn sicher an seine Heimat. Lord Curzon schickte seinen Diener zum Kloster voraus, um den Brief des ökumenischen Patriarchen vorzuweisen und seinen Besuch anzukündigen. Seine Begrüßung erforderte Vorbereitung. Dann wurde Seine Lordschaft am Tor vom Abt willkommen geheißen, eine Reihe bärtiger Brüder starrte ihn an. Der fromme Abt führte seinen Besucher über den weiten, unregelmäßigen Hof, der von Gebäudetrakten aus Holz umgeben war und in dessen Mitte die Kirche stand. Dabei erzählte er die Legenden des Klosters von der Gründung durch den Kaiser Caracalla und auch von den Woiwoden Petros und dem Protospatarios, die beide, wie er sagte, im Geruche der Heiligkeit gestorben wären. Aber der gutmütige Mann hatte die glücklose Gewohnheit, seine Legenden immer an den zugigsten Stellen, am Ende einer Treppe oder auf der Brustwehr des Turmes, langatmig zu erklären, so daß die Neugier Seiner Lordschaft bis zum Gefrierpunkt abgekühlt wurde.

Die Bibliothek befand sich in einem dämmerigen Raum nahe der Kirche und war seit vielen Jahre nicht mehr geöffnet worden. Nun ließ der Abt das verrostete Schloß aufbrechen. Lord Curzon erblickte in der verstaubten Unordnung auf dem Boden verstreut oder auf zusammengebrochenen Regalen vier- bis fünfhundert Bände, meist gedruckte Bücher, aber auch etwa fünfzig auf Pergament und wohl sechzig auf Papier geschriebene Codices. Ein loses Blatt mit einer sehr alten Unzialschrift gehörte zu einem Evangelium des Matthäus, doch der Band, aus dem es herausgeschnitten sein mußte, ließ sich nicht finden. Lord Curzon wagte die Frage, ob er ein solches Blatt kaufen könnte.

Gewiß, erwiderte der Hegoúmenos, *was wünschen Sie dafür zu geben?* Der Diener Lord Curzons meinte, daß man damit Marmeladengläser oder Vasen etikettieren könnte, die der Lord besäße. *Oh,* meinte der Abt, *nehmen Sie mehr!* Und ohne viel Wenn und Aber griff er nach einem umfangreichen Quartmanuskript mit der Apostelgeschichte und den Briefen, zog ein Messer hervor und schnitt ein Bündel von Blättern heraus. Der Lord hätte ihn für diesen ›Büchermord‹ totschlagen können, unterließ es aber und fragte nur, ob er eines der Bücher kaufen könnte, auf die der Abt offensichtlich keinen besonderen Wert zu legen schien. *Malista, gewiß,* antwortete der gute Mann, *wieviele wollen Sie haben? Die Bücher haben für mich keinen Nutzen, und weil ich Geld brauche, um meine Bauten zu errichten, wäre ich sehr froh, sie mit Gewinn zu veräußern.*

1837, als Lord Curzon hier war, waren die Zerstörungen durch den griechischen Freiheitskampf noch nicht behoben. Und weil das Kloster so arm war, waren Wiederherstellungsarbeiten noch immer im Gange. Am Ende der Besichtigung der Bibliothek packte Lord Curzon alles, was er bekommen hatte, in eine große Satteltasche und brach auf. Der Abt war so freundlich, ihm Maulesel für den Ritt nach Philothéou satteln zu lassen. Seine Lordschaft ritten davon, sein Diener hinter ihm her.

Mehr als ein Jahrhundert später hat Marcel Richard, der als ein eifriger Forscher nach alten Handschriften auf dem Athos war, in seinem Inventar der griechischen Manuskripte des Britischen Museums verzeichnet, was aus dem Kloster Karakállou durch Lord Curzon nach England gelangt war. Er hat die Notizen Curzons mitgeteilt. So steht in einer Handschrift des syrischen heiligen Ephraëm, dem ›*Logos katanyktikos*‹, einer Sammlung von Predigten über Buße und Reue, die aus dem elften Jahrhundert stammt: »Found in the binding of a manuscript of more recent date in the library of the monastery of Caracallou on Mount Athos.« Curzon fand dieses Fragment also als Teil eines Einbands jüngeren Datums. Und was Seine Lordschaft sonst noch ›fand‹ und in seiner Satteltasche davon trug, gelangte später ins Britische Museum.* Die Liste zeigt aber auch, wie man auf dem Athos mit alten Handschriften umgegangen zu sein scheint. Auch Spyridon Lambros fand, als er 1880 den Athos bereiste, die Bibliotheken in einem beklagenswerten Zustand vor. Er war – wie Petros Karajanopoulos – der Ansicht, daß die Bestände während des griechischen Befreiungskampfes verschleudert worden wären. Später hätte man die Pergamentblätter als Hüllen für Gefäße verwendet, welche die Konserven enthielten, oder mit ihnen zerbrochene Fensterscheiben geflickt, wohl gar als Sonnendach über den Hütten der Mönche angebracht.

Der Bibliothekar wäre fortgegangen, erklärten die Mönche von Karakállou dem Athelstane Riley, der einzusehen begann, daß solch ein Amtsträger – es war der Bibliophylax – ein Phantom sein müsse: er war stets nicht da. Die Engländer mußten sich auf eigene Faust durch die Regale stöbern. Doch sie freuten sich über ein illustriertes Evangeliarium und ein herrliches Blatt aus einem Evangelium des siebenten

* Psalter und Hoheslied, eine Pergamenthandschrift aus dem 10. oder 11. Jahrhundert. – Evangelien, Apostelgeschichten, Briefe des Paulus und die katholischen Briefe, aus dem 12. Jahrhundert, auf dem Einbandblatt ein Fragment der Predigten des Johannes Chrysóstomos, mit dem Eintrag Curzons, daß er den Band 1837 im Kloster Karakállou gekauft hat. – Evangelien, mit einer Einleitung des bulgarischen Erzbischofs Theophylaktos aus dem 12. oder 13. Jahrhundert, mit einer Notiz, daß diese Handschrift im Jahre 1609 Gerásimos aus Tophani (wohl das Kloster auf Kreta) besessen und Lord Curzon sie 1837 gekauft hat. – Evangelien mit einer Synaxaria späterer Hand aus dem 14. oder 15. Jahrhundert auf Pergament, ebenfalls von Curzon gekauft. – Eine Sammelhandschrift unbekannter Gespräche, vielleicht des Gregórios von Mithylene in Cherson, der von Kaiser Leon V. verbannt war, mit Kommentaren zu einzelnen Versen des Evangeliums des Johannes, die sich gegen die Manichäer, gegen Apollinaris und gegen die Unwissenheit der Bischöfe wenden. – Ein Kommentar des Johannes Chrysóstomos zum ersten Brief des Paulus an die Korinther, auf Pergament, aus dem 11. Jahrhundert. – Predigten des Johannes Chrysóstomos über Genesis, Kapitel I bis XXXIII, aus dem 13. Jahrhundert. – Gebet des Abtes Esaia, zusammengebunden mit den Konstitutionen des Heiligen Basilios über die Askese, ein Fragment auf Pergament, aus dem 11. Jahrhundert, dessen Lücken im 17. oder 18. Jahrhundert auf Papier ergänzt worden waren. – Die Apokalypse, mit Anmerkungen, eine Handschrift auf Papier aus dem 14. Jahrhundert. – Fragment eines großen Codex, das vielleicht zum Cod. Caracallou N° 1034 gehört und auf Blatt 22 verso Angaben über die Vorbesitzer aus dem 16. und 17. Jahrhundert enthält. – Reden des Demosthenes, mit Vorreden des Libanius. – Die letzten Seiten eines Evangeliars, auf Papier, 14. Jahrhundert.

Jahrhunderts in Unzialschrift, aber auch über eine feine byzantinische Stickerei, mit der ein Epitrachelion ausgestattet war und das neben den Büchern an einem rostigen Nagel hing.

Lord Curzon war noch einmal nach Karakállou zurückgekommen. Der Abt nahm ihn gastfreundlich auf, erzählte wieder ununterbrochen Legenden von Heiligen und war so freundlich, seinem Gast weitere Handschriften zu überlassen. Diesmal wollte Lord Curzon aber noch mehr: ein holzgeschnitztes Kruzifix, das mit Silberblech beschlagen war, schien ihm allerdings nicht alt genug, um es mitzunehmen. Nach einigem Zögern erlaubte ihm der Abt, es gegen ein Kruzifix auszutauschen, das an einem Reliquiar angebracht war und wohl aus dem zehnten Jahrhundert stammte. Es befindet sich jetzt im South-Kensington-Museum.

*

Zum Abendessen wurde ein großer Fisch gekocht. Pater Joasaph hatte den Auftrag, alles Nötige für das Bankett vorzubereiten. Ein Laienbruder bereitete im Zimmer Lord Curzons in einer Ecke ein Tischtuch aus, drehte den Tisch mit den Beinen nach oben und stellte ihn auf das Tuch. Dann brachte er zwei gewaltige Flaschen, die eine mit Wein, die andere mit Wasser, und stellte sie auf einen kleinen Teppich neben dem Tisch, um den er Kissen für den Abt, Pater Joasaph und den Lord legte und wieder ging. Bald kam er zurück und brachte, mit Hilfe eines stämmigen Katachoumenen, das Abendessen auf einem kreisrunden Präsentierteller aus poliertem Messing, der so geformt war, daß er auf den vier Beinen des plattunten stehenden Tisches festgemacht werden konnte.

»In der Mitte lag der große Fisch in einem Teich von Sauce, umgeben von einer monumentalen Küste von Reis, rund um diese luxuriöse Mitte stand ein Kreis von kleineren Schüsseln: Oliven und Kaviar, Salat (keine Eier, weil es hier keine Hennen gab), pasta Yaknesi« – türkischer Honigkuchen – »und andere Süßigkeiten ... Der Fisch sah hervorragend aus und verbreitete einen milden Duft. Ich hatte meine Hände gewaschen und war bereit, mich hinzusetzen, als der Abt, ohne an das Essen zu denken, diesen ungünstigen Augenblick benutzte, um eine seiner nicht endenwollenden Geschichten zu erzählen.

Wir haben vorhin von den vielen Königen, Fürsten und Patriarchen gesprochen, welche die Welt verlassen hatten, um ihre Tage in Frieden zu beenden. Eines der wichtigsten Ereignisse in der Geschichte des Heiligen Berges begab sich um das Jahr 1336, als ein Mönch aus Kalabrien, übrigens ein Mann von großer Gelehrsamkeit, wenn auch von kleiner Statur – sein Name war Barlaam – auf einer Pilgerfahrt hierherkam, um die heiligen Reliquien zu verehren. Er fand hier viele heilige Männer, die in völliger Zurückgezogenheit lebten, von der Welt abgeschieden, und miteinander in ihren Kellien die Eucharistie feierten und den Zustand ruhiger Glückseligkeit und himmlischer Kontemplation erreichten, so daß das ewige Licht vom Berge Tabor von ihnen wahrgenommen wurde. – Berg Tabor? sagte ich.«

Der Lord schien an der Geschichte nicht sonderlich interessiert zu sein.

»*Ja,* erwiderte Hegoúmenos, *das Licht, das während der Zeit gesehen wurde, in der die Transfiguration unseres Herrn geschah, ja, das von den Aposteln gesehen wurde und das immer noch dort besteht: es wurde von denjenigen wahrgenommen, die nach Jahren der Einsamkeit, der Buße und der Kasteiung des Fleisches den Zustand völliger Ablösung von allen irdischen Dingen erlangten. Und sie sahen in ihrem Körper das göttliche Licht. In der Zeit dieses hohen Erlebens wollten sie in ihren Asketerien allein sein und sitzen, mit den Augen auf die Region des Nabels gerichtet. Dies war anfangs sehr schmerzlich, sowohl wegen der Beharrlichkeit der erstrebten körperlichen Haltung, mit dem Kopf ganz auf die Brust gesenkt, als auch wegen der geistigen Anstrengung, mit der die Seele in die Tiefen der Dunkelheit und des unendlichen Raumes wanderte. Zuletzt, wenn sie sich an Fastentagen und in den Nächten in ihren Meditationen und in ihrem Verhalten nicht änderten, fingen diese Asketen an, eine wunderbare Genugtuung zu empfinden: ein Strahl der Freude erleuchtete ihr Bewußtsein und auf ungewöhnliche Weise: bald hatte die Seele den Platz ihres Herzens entdeckt, das von einem mystischen und ewigen Licht erfüllt war. – Ah,* sagte ich, *wahrhaftig! Aber, was ist nun mit diesem Fisch?*

Nun, dieser Barlaam, der ein sinnlicher und weltlich gesonnener Mensch war, zweifelte an dem Ergebnis dieser körperlichen und geistlichen Übung, man erzählt, daß er es sogar lächerlich gemacht hätte.«

Auf diese Weise erzählte der Abt von Barlaam und Pálamas und von der Geschichte des Heiligen Berges. Aber wir verlassen die kleine Abendgesellschaft in Karakállou, die auf den kalt gewordenen Fisch blickt und sich über den Hesychasmus langatmig unterhält. Die Nacht wird sie trennen, die Liturgie wartet auf Abt und Mönch. Aber von den heiligen Handlungen im Katholikon spricht der Lord kein Wort.

*

An einem andern Morgen, nachdem sie gefrühstückt hatten, besuchten Athelstane Riley und sein Freund Owen mit ihrem Dolmetscher Angelos den Abt, um von ihm etwas über das Kloster und seine Mönche zu erfahren.

»Aber der alte Herr hatte anscheinend die größte Mühe, auf unsere Fragen zu antworten oder auf irgendeine Weise, sein Gedächtnis anzustrengen, und buchstäblich krümmte er sich bei diesem Verhör. Bei jeder Frage blickte er mal hierhin, mal dorthin, aber nicht auf uns, als wollte er eine Ausflucht finden, drehte sich auf seinem Sitz hin und her, bis ich dachte, er würde von seinem Diwan fallen, wiederholte danach unsere Fragen und erklärte auf eine ärgerliche Weise seine Unfähigkeit, sie zu beantworten. Gefragt, wieviele Mönche in dem Kloster wären, antwortete er, nachdem er sich wie ein Aal am Spieß gewunden und einige erfolglose Versuche gemacht hatte, der Frage auszuweichen, schließlich, daß er keine Ahnung hätte.

Sind es hundert?, fragte Owen. – *Nein, nicht so viele,* antwortete unser Opfer. – *Sind es zwanzig?* sagte ich. – *Ja. – Dreißig? – Ja. – Sind Sie sich sicher, daß es nicht siebzig sind? – Ja, ganz sicher.*

Und endlich brachten wir es, mit Hilfe von zwei etwas intelligenteren Mönchen, dahin, im Verlauf des Verhörs die Zahl auf fünfzig festzulegen. Vielleicht waren wir wirklich etwas aufdringlich. Angelos stellte die Fragen, und wir, die beiden ausländischen Burschen, jeder mit seinem Notizbuch und dem Bleistift in der Hand, warteten auf die Antwort. Es bedurfte unsererseits der größten Ausdauer, aber wir waren entschlossen, ihn nicht gehen zu lassen, bevor wir nicht von allen Einzelheiten etwas erfahren hätten. Und obgleich wir zuletzt erfolgreich waren, verbürge ich mich dafür, daß unser bedauernswerter Abt niemals in seinem Leben einen so elenden Morgen verbracht hat.«

Über die Gründung des Klosters konnte keiner der Mönche Auskunft geben, aber über ihren Landbesitz wußten sie Bescheid und gaben an, daß ihre Metochien auf der Insel Thasos und in Moldavien gelegen seien. Auch den Brand von 1874 hatten sie nicht vergessen.

»Mittlerweile hatten wir alle unsere Fragen gestellt und eine ausreichende Antwort erhalten, da waren auch schon die Maultiere gesattelt, so daß wir zum Torweg hinuntergingen und uns in den Sattel schwangen. Wir ritten schon los, da kam der gute Abt und gab jedem von uns eine große Weintraube als Gastgeschenk. Ich glaube fast, daß er traurig war, uns zu verlieren, obgleich wir ihn so gequält hatten.«

Wir lassen Athelstane Riley und seine kleine Karawane zur Lawra reiten . . . Costa de Loverdo kommt uns entgegen, ein Mönch, von dem nicht ausgemacht ist, was ihn so ruhelos auf dem Heiligen Berg umtreibt. Ist es die Lust des Wissens, die Freude, allen Geheimnissen auf der Spur zu sein oder die Fähigkeit, seinen Glauben in dieser Gegend, die fern seiner Heimat liegt, als eine Wirklichkeit zu erleben? Vielleicht ist er nur im Geiste und in seinem Herzen ein Wanderer auf dem Athos. Aber er hört jetzt den hämmernden Ruf des Semantrons, diesen fordernden Rhythmus des Holzklangs. Und das Klopfen hallt wider und wird als ein Echo von den Bergen zurückgeworfen, als wäre es eine unheimliche Grille, die den Buchfink weckt und die Amsel, die bald ihr Konzert zum Lobe Gottes beginnen. Er hört schon den Gesang der morgendlichen Liturgie aus dem ›schwarzen Schloß‹, wie Karakállou wegen seiner dunklen Mauern genannt wird, und kommt dem Kloster näher. An der Biegung des Pfades geht er an der großen Gartenlaube vorbei, die unter der Last der Trauben zusammenzubrechen droht. Der gewaltige zinnengekrönte Turm beherrscht die einfache Architektur des Klosters, und die Archontarîkia ragt über den Rand der Mauer heraus, beugt sich wie ein Belveder zu den welligen Hügeln hin, um sie besser beschützen zu können. Costa de Loverdo geht durch das Tor, Bruder Konstantin, wie wir ihn nennen, geht zum Portatoris, den er gut kennt: Pachómios ist es, der einmal ein Goldschmied in einer Stadt in Anatolien war und zu den Menschen gehört, die trotz aller Reichtümer der Welt Gott nah zu sein wünschen, um seinen ›Inneren Menschen‹ zu retten. Unser wandernder Bruder Konstantin geht auf ihn zu:

Gott sei mit dir, Pachómios, begrüßt er ihn. Und Pachómios erwidert: *Gott sei mit dir, komm herein, und sei der Willkommene!* In der Trápeza stärkt sich Bruder Konstantin mit einem Stück Brot und einem Schluck Wein und nimmt dann den Pfad zur Küste, um über die Mühle am Fluß, Milopótamos, zum Kloster Philothéou zu gehen.

Carlyle, 210 – Curzon, 301 ff. und 338 f. – Komnenos, 495 – Lambros, 16 f. – de Loverdo, 99 f. – de Nolhac, 509 – Proust, 123 – Marcel Richard: *Inventaire des Manuscrits du British Museum,* 1952, 51 f. – Riley, 290 ff.; Epitrachelion: ein knielanger, mit Kreuzen bestickter Stoffstreifen, den der Priester vor der liturgischen Handlung über die Schultern legt. – Die Welt, 23. Februar und 16. Juli 1981

Die Große Lawra

Des Heiligen Berges Akropole

Es ist aber der Glaube eine gewisse Zuversicht des, das man hofft, und ein Nichtzweifeln an dem, das man nicht sieht.

Durch den Glauben ward gehorsam Abraham, da er berufen ward, auszugehen in das Land, das er erwerben sollte, und ging aus und wußte nicht, wo er hinkäme.

Durch den Glauben ist er ein Fremdling gewesen in dem verheißenen Land als in einem fremden und wohnte in Hütten mit Isaak und Jakob, dem Miterben derselben Verheißung;

denn er wartete auf eine Stadt, die einen Grund hat, dessen Baumeister und Schöpfer Gott ist. *(Hebr. 11,1 und 8–10)*

Athanásios hatte bei der Taufe den Namen Abraham erhalten, als ein Fremdling, der sich selbst erniedrigte, war er auf den Heiligen Berg gekommen. Er gründete die Große Lawra, die sich bescheiden »die breite Gasse zwischen den Hütten« nennt, aber eine erhabene, ehrwürdige Stadt, eine Hochstadt des Glaubens ist. Überragt von dem gewaltigen Massiv des Athos-Berges, scheint sie auf ihrem Hügel vom Himmel herabgelassen zu sein – wie das neue Jerusalem der Apokalypse, deren Baumeister Gott sein wird. Keine Pracht zeichnet sie aus, und Edelsteine prangen an ihren Toren nicht, ihre herbe Schönheit kleidet sich in das Gewand der Askese.

An einer Ecke des großen Mauergevierts, das die Lawra umspannt, steht der Turm des Kaisers Tzimiskès. Er bewacht die Gemeinschaft des Klosters. Von ihm blickt man über die Vielfalt, der wahrhaft vielen Falten und Runzeln der Dächer und Kuppeln, als wären sie nicht ein Schutz für die unter ihnen lebenden Mönche, sondern die hüllende Decke einer Seele, die atmet – atmet unter der Last dieser Welt. Und um jeden Stein und jedes Bild, um Brunnen und Platz hat sich eine Legende gebildet, die sich – wie der Efeu die Mauern umrankt – zeitlos über alles breitet, was hier seit mehr als tausend Jahren gelebt, gebetet und erlebt worden ist – Geschichten, ohne Geschichte zu sein.

*

Einige ältere Mönche empfangen Wladimir Petrowitsch Davydov am Tor, das mit den Bildern der kaiserlichen Stifter Nikephóros Phokàs und Johannes Tzimiskès geschmückt ist, und führen ihn in den

In der Großen Lawra, Treppe zum Archontarikion, rechts die Koukouzélissa

prächtigen Hof mit seinen Kirchen und seinem grünen Schmuck, dem türkischen Brunnen und den kleinen Gärten mit Blumen und Früchten. An den Seiten des Hofes ziehen sich Korridore hin, und unter diesen Gewölben und über ihnen befinden sich die Zellen der Mönche, dazwischen eine Vielzahl von hölzernen Anbauten, halb zerstörten Treppen unter Ziegeldächern verschiedener Höhe. Alle Wände sind mit Moos und Weinlaub bedeckt. Der Gast wird in das Archontarikion geleitet, in ein geräumiges Zimmer, das in türkischem Geschmack eingerichtet ist. Die niederen Diwane, die sich an drei Seiten des Raumes befinden, werden tagsüber als Sitze benutzt und können nachts als Bettstatt hergerichtet werden. Aus den Fenstern sieht man zum Meere hin das mit Oliven und anderen Bäumen bepflanzte Ufer und in der Ferne die Inseln des Archipels. An der Decke sind Bilder der Gottesmutter angebracht, und die Mönche machen den Gast darauf aufmerksam, daß die Türken vor einigen Jahren die Augen der Allheiligen ausgestochen haben. Dann bereiten sie dem Angekommenen ein einfaches, fleischloses, aber gutes Essen, die Älteren umringen ihn und bezeigen ihre Freude, den russischen Reisenden bei sich zu haben. Und Davydov findet es nach seiner Fahrt in dem kleinen Boot recht angenehm, unter dem Dach dieses

Terrasse des Archontarikion

Klosters zu schlafen, nicht nur wegen der vorangegangenen Nacht auf dem offenen Meer, sondern auch wegen des Ortes und seines ungewöhnlichen Charakters selbst.

Dem neuen Archontarikion gegenüber steht die Koukouzélissa, eine Kuppelkirche, die den Namen des Hofsängers Koukouzélis trägt, den Kaiser Alexios zum Lohne für seinen schönen Gesang mit einer Prinzessin verheiraten wollte. Aber der Sänger verließ den Palast und die Hagia Sophia von Konstaninopel und entfloh auf den Athos. Als Schafhirt verdingte er sich beim Abt der Lawra und sang seine Lieder bei seiner Herde. Da erkannten ihn die Mönche. Von nun an sang er allwöchentlich die vierundzwanzig Strophen der Akathistischen Hymne zu Ehren der Gottesmutter. Einmal überfiel ihn der Schlaf, da legte die Allheilige eine Münze ihm in die Hand und bat ihn, weiter ihr Lob zu singen. Sie versprach ihm himmlischen Lohn. Als Koukouzélis erwachte, hatte er das Goldstück noch in der Hand. Er weihte es der Ikone, für die nahe dem Tor die kleine Kuppelkirche errichtet wurde.

Zum Archontarikion, dem Gästehaus, führt eine Treppe auf die schmale Terrasse. Auf den Bänken sitzen ein paar Wanderer, an einem kleinen Tisch zwei alte Mönche und bieten Ouzo, Kaffee und

Loukumi an, den üblichen Willkommensgruß. Ein Mönch hängt Wäsche auf, die Leine ist zwischen die Arkaden gespannt. Man trägt sich in das Gästebuch ein. Das Archontarikion war einmal das klösterliche Krankenhaus, so daß sich die Kapelle der Heiligen Cosmas und Damian, der beiden Ärzte, die kein Geld von ihren Patienten nahmen, noch dort befindet. Heinrich Gelzer war es vergönnt, an einer Liturgie zum Gedächtnis der Heiligen teilzunehmen:

»Beim Ausgang empfing jeder Besucher die sogenannten Kolywa, eine sehr appetitlich aussehende Mischung von gekochten Weizenkörnern, Nußkernen, Mandeln usf., alles stark mit Zucker und Gewürzen bestreut. Doch mit ein und demselben Löffel wird sämtlichen Kirchenbesuchern die fromme Gabe in den Mund geschoben: ich denke noch mit Schaudern an dieses Totenmahl.«

An der Gasse, die am Weinlagerhaus vorbei zum Katholikon führt, erhebt sich das Glockengerüst, rechts vor dem Katholikon, in der Mitte des kleinen Platzes vor der Trápeza, geht man an der Phiale vorbei, dem Brunnen des geweihten Wassers, bei dem sich einige Mönche versammelt haben. Die Marmorplatten stammen von einer Altarschranke des Katholikons, aus einer Zeit, in der noch keine Ikonostase das Allerheiligste den Blicken der Mönchsgemeinde verbarg. Zierliche Säulen tragen die Kuppel, in der die Taufe Christi zu sehen ist. Am Beginn eines jeden Monats wird das Wasser geweiht.

»Neben dem Brunnen stehen zwei Zypressen, die so mächtig und ehrwürdig aussehen, als wären sie die eigentlichen Repräsentanten des Agion Oros«, erzählt Otto Betz, »aber noch mehr ins Staunen komme ich beim Betreten der Trápeza, des Speisesaals. Es ist ein kreuzförmiger Raum, der vorne eine Apsis hat wie eine Kirche. Die Mönche – und wir Gäste – werden zu den Marmortischen geleitet. Es gibt eine kalte Bohnensuppe und ein ebenso kaltes Mischgericht aus Gemüse und Kartoffeln. Während ich mich etwas überwinden muß, die ungewohnt kalte Speise zu essen, wandern meine Blicke an den Wänden entlang. Bild fügt sich an Bild, der ganze Saal ist lückenlos mit Fresken geschmückt. Der untere Fries besteht aus Heiligengestalten, dann kommt ein mittlerer Abschnitt mit legendären Darstellungen aus den Heiligenviten. Unterhalb der Decke schließlich die biblische Heilsgeschichte. . .«

Diese biblische Heilsgeschichte ist die Akathistische Hymne, die der Mönch Koukouzélis sang und mit ihr die liturgische Modulation erneuerte. Eremiten und Asketen sind eine Mahnung, so zu leben wie sie. Wenn dann unter der Führung des Hegoúmenos die Brüder in

Prozession den Saal verlassen, steht ihnen im Eingangsraum die Wurzel Jesse vor Augen, aber auch das Jüngste Gericht. Die Erzväter Abraham, Isaak und Jakob halten die Seligen in ihrem Schoß. Auch die griechischen Weisen sind hier zu sehen: Philon von Alexandrien, Pythagoras von Samos, Sokrates, Aristoteles, Thales von Milet, Galenos, der Arzt, Platon und Plutarch. Das Philosophieren über Gott und die Welt und die Verkündung des künftigen Erlösers, das Wissen um das Endzeitliche menschlichen Denkens ist angesichts alles Ewigen gegenwärtig und bildhaft lebendig. Noch immer tritt im Bilde der Tod des Athanásios ein, also hoffen die Brüder auf Erlösung durch Christi Tod.

Durch eine kleine Tür verlassen wir den Speisesaal, gehen unter einem Torweg hindurch – darüber steht die Kapelle des Kriegerheiligen Theódoros – und vorbei an den Patriarchengräbern. Die Toten schauen aus ihren Bildern dem Vorübergehenden nach. Was vorübergeht, ist das Vergängliche, Vergängliches wird zur Erinnerung, und die Menschen bleiben Schemen der Welt, werden zu Schatten des Schicksals, das sie ertragen mußten. Sprächen sie, die hier im Grabe liegen, würden sie über die Widrigkeiten ihres geistlichen Lebens klagen – wie Anthimos von Adrianopel, der 1623 nur ein paar Wochen Patriarch von Konstantinopel war:

»Unser Patriarch Timotheos starb so plötzlich, daß wir vermuteten, er wäre vergiftet worden. Kurz zuvor war der Patriarch von Alexandrien zu uns gekommen, Kyrillos Lukaris, der aus Kreta stammte, und ihn wählten wir, die Heilige Synode, einstimmig zum Patriarchen von Konstantinopel. Aber unsere Feinde, die Jesuiten, die sich drüben in Galata eingenistet hatten, veranlaßten den Gregórios von Amasea, als Gegenkandidat aufzutreten. Insgeheim hatte er ihnen versprochen, sich dem Bischof von Rom, dem Papst der Katholiken, zu unterwerfen. Das war Verrat, und Patriarch Kyrillos exkommunizierte ihn – und das mit Recht. Aber die Jesuiten, diese lateinischen Teufel, ließen uns nicht in Ruhe, denn Papst Urban VIII. haßte den Kyrillos, weil er mit den Calvinisten im Bunde war, als einen Sohn der Finsternis und einen Athleten der Hölle. Und die Jesuiten bezichtigten unseren Patriarchen, er hätte Briefe mit dem Zaren in Moskau gewechselt: Rußland war der Feind der Osmanen. Der Großwesir verbannte Kyrillos auf die Insel Rhodos und befahl der Synode, den Gregórios von Amasea zu wählen. Was sollten wir tun? Gregórios versprach dem Großwesir 20 000 Taler, die nötig waren, um vom Großtürken die Bestätigung der Wahl zu erlangen, und hoffte, das Geld durch die

Jesuiten aus Rom zu bekommen. Aber das Geld kam nicht – Gregórios mußte aus Konstantinopel fliehen. Da schlugen die Jesuiten *mich* dem Großwesir vor. Was sollte ich tun? Ich trat meinen Opfergang an. Natürlich hatte ich Geld, zwar nicht genug, aber ich konnte die 20 000 Taler beschaffen. Ich war nun Patriarch, Kyrillos war verbannt, doch er kam wieder. Mich plagte das Gewissen, hatte ich den Thron nicht mit Geld erkauft? Ich schrieb an Kyrillos, bat ihn um seine Verzeihung. . . Mit Hilfe des französischen Gesandten wollte ich Patriarch nicht sein, konnte es nicht. Ich verließ den Thron des ökumenischen Patriarchen und ging auf den Athos, zur Großen Lawra, wo ich blieb – und starb. Nach mir war es nicht anders, zehn Jahre später konnte Kyrillos Contaris nicht die 50 000 Taler aufbringen, die der Großwesir forderte. Schlimmer noch: der französische Gesandte Ludwigs XIV. und der kaiserlich-habsburgische Gesandte – Geschäftsleute in heiligen Sachen – brachten 60 000 Taler auf, um durch Athanásios Pattelaras den Kyrillos loszuwerden, aber der holländische, der calvanistische Gesandte, legte dem Großwesir 70 000 Taler auf den Tisch, so daß Kyrillos Lukaris abermals Patriarch war. Zwei Jahre danach das gleiche Spiel: Kyrillos Contaris hatte 50 000 Taler zusammen, und Kyrillos Lukaris ging wieder nach Rhodos in die Verbannung. Für uns war er ein Ketzer gewesen. Denn seine ›Bekenntnisse‹, die er in Genf und noch dazu in lateinischer Sprache veröffentlicht hatte, verurteilten die Verehrung der Ikonen und das Gebet zu unseren Heiligen, weil dies eine Beleidigung unseres Herrn Jesus Christ sei. Aber war es nicht eine viel größere Sünde, daß Katholiken und Calvinisten Geld hergaben, damit ein orthodoxer Christ von den ungläubigen Mohammedanern das Recht erhielt, Hirt seiner Gläubigen und erster Priester seiner Kirche zu sein? Abermals kam Kyrillos zurück, wurde dann aber von den Schergen des Sultans verhaftet, in einen Turm gesperrt, bald auf einem Boot von Matrosen erdrosselt und im Sand verscharrt. . . Oh, ich glaube, hinter all diesen Machenschaften stand ein Weib, die Mutter Murads, des Sultans und Padischahs, die Anastasîa Kösem, die alles befahl. Sie war die Tochter eines Pappas von der Insel Tinos und eine Frau, die alle Katholiken und Nichtorthodoxen haßte, darum auch den Kyrillos Lukaris. Sie hat später die Heimat des Kyrillos, die Insel Kreta, den Venezianern entrissen, selbst aber einen schrecklichen Tod gefunden – sie wurde im Harem des großherrlichen Serails erwürgt. Ich war ja nur zwei Monate Patriarch – der Herr sei mir gnädig!«

Die schweigende Lawra begräbt mit den Toten den Streit, den Stolz,

In der Großen Lawra, links die Patriarchengräber

den Hochmut und Niedertracht. . ., alles menschliche Wollen. Menschen sind dem Tode anheimgegeben, aber Gott ist auch Irrenden ein gnädiger Richter, wenn sie sich in den Netzen der Welt verfangen haben und von ihnen gefesselt werden. Neben Anthimos von Adrianopel liegt Dionýsios Bardalis begraben, der 1662 für drei Jahre zum Patriarchen gewählt worden war, und Jeremias III., der die Anglikaner zur Orthodoxie zurückführen wollte, aber Peter dem Großen gegenüber die Frage, ob für Konvertiten eine zweite Taufe erforderlich wäre, verneinte. Das war bedenklich, zumal die Mönche darauf bestanden, weil das Besprengen unkanonisch sei. Jeremias III. fand in der Lawra seinen Frieden mit Gott und starb im Jahre 1733.

Damals war die Lawra wieder ein stattliches Kloster geworden, nachdem ihr der Patriarch Dionýsios III. sein Vermögen vermacht hatte. Aber das siebzehnte war ein trauriges Jahrhundert gewesen, weil nur noch wenige Brüder hier ihre Heimat gefunden hatten. Sie boten sogar, vielleicht ihrer Armut wegen, den Jesuiten einen Platz für ein Kirchlein an, dazu etwas Ackerland und einen Garten zum Weinbau, damit sie Brot und Wein genug hätten. Dafür verlangten sie 1000 Taler und 200 Taler für ein wohnliches Haus. Die Jesuiten wollten die Patres belehren, um das Übel der Orthodoxie auszurotten – zum Ruhme Gottes und zum Heil der Griechen. So berichtete es der Jesuiten-Pater Martin aus dem Benediktiner-Kloster in Galata seinem Ordensgeneral. Aber die Jünger des Heiligen Ignatios von Loyola verließen den Athos wieder, wie auch Nikolaus Rossi, der in Karyès eine Lateinschule gegründet hatte, nach Rom zurückkehrte, obgleich Griechenland seine Heimat war.

*

Jenseitig gerichtetes Hoffen und diesseitige Sorge sind in diesem klösterlichen Jerusalem in sich verschränkt und vereint, wie es die zwei Naturen in Christo sind: neben der Bäckerei für das eucharistische Brot steht die Stätte des Handwerks. Doch die Zellen, die sich mit ihren Fenstern zum Hof hin öffnen, sind seit langem schon ohne Bewohner: wer hier lebte, ist fortgegangen in die Heimat aller Seelen. Für sie war das Kloster nur eine Herberge auf der Reise in die Ewigkeit. Den Verweilenden umstellen Wände und Mauern mit tausendfältigen Gesichtern, Arkaden und Türen, Balkone und Rankengewächse, Treppen und Höhlungen, und zwischen den Fenstern Majolika-Teller. . . Werner Köppen beschreibt es:

»Verfallenes, Modriges lehnt sich an Errichtetes, Ausgebessertes, Angebautes. Zwischen diesem, man weiß von außen gar nicht genau, wo alle und überall: die Zellen, die Räume der Väter. Der eine hier, der andere dort. Jener wild für sich lebend, seine Zelle: eine Höhle, eine Kammer; auch eine Fundgrube von Altem, Gesammeltem, nie Weggeworfenem. Brauchen kann man ja alles auf Athos, im Kloster: irgendwann. Der andere Mönch, etwas oder durchaus gepflegt, sauber, ordentlich, seine Räume: eine eingerichtete Wohnung, herrschaftlich. Ein Labyrinth, diese Lawra, diese Klosterstadt; diese Siedlung verschiedener Mönche und Typen. Zwar ummauert, befestigt, geschlossen, aber ganz unverkennbar: eine Idiorrhythmie, eine greifbare Individualität in Gemeinschaft.«

In diesem Labyrinth von Terrassen, Räumen und Treppen wurde einmal die Eucharistie nach anglikanischem Ritus gefeiert. Reverend Owen war der Liturg, Athelstane Riley berichtet. Der Metropolit von Kavalla, der mit ihnen den Athos bereiste, und der Primas der serbischen Orthodoxen Kirche, der in die Lawra verbannt worden war, nahmen daran teil.

»Die Mönche baten dringend, dabei zu sein, und regten an, den Altar auf eine Galerie zu stellen, die rund um die eine Seite des Klosters führte und durch eine Arkade offen zum Klosterhof war. Ich kann nicht sagen, wie viele bei diesem Gottesdienst anwesend waren, es war gewiß eine große Zahl, die sich aus Mönchen, Eremiten und Pilgern zusammensetzte, und hier und da blickte zwischen der dunklen Menge eine weiße Fustanella hervor, die anzeigte, daß ein Maultiertreiber oder andere Laiendiener darunter waren. Die Galerie war bis hinten hin gefüllt, und einige standen auf der Brustwehr, andere auf den Fensterbänken, die sich zum Durchgang öffneten... Die Matutin wurde gesprochen, ohne Gesang, dann die Litanei, der Erzbischof las die Psalmen und die Lektionen aus den großen Folianten vor, und dann, nach einer kleinen Unterbrechung, begann Owen die eucharistische Feier. Am Schluß des Gebets um demütigen Zutritt erhoben sich die Erzbischöfe von ihren Sitzen, dadurch entstand eine leichte Unruhe, weil die Mönche, die weiter hinten saßen, sich auf die Brustwehr stellen mußten. Unter heiterem, östlichem Himmel knieten wir in Gegenwart dieser altwelthaften Gesellschaft vor dem schlichten Altar. Für mich waren der vertraute Ritus und die englischen Worte, aber auch der englische Priester, der das anbetungswürdige Opfer vollzog, in diesem fremden Lande besonders feierlich und von unaussprechlichem Zauber.«

Wir umschreiten das blaßblutrote Katholikon, das dem Tode des Heiligen Athanásios geweiht ist. Die drei Apsiden hüten das Heilige, die Kuppel läßt den Allmächtigen ahnen. Am Chore ist die Quelle, die Athanásios mit einem Stabe aus dem Felsen schlug: ein Moses, der seinem Volk das Gesetz gab.

Wir betreten den Narthex. Zwei Bilder fallen uns auf: Ansichten des Klosters und des Heiligen Berges, mit kindlicher Freude am Außerordentlichen al fresco gemalt. Die Bilder der sieben Konzilien sollen – wie in der Hagia Sophia zu Konstantinopel – jedem Glaubenden den Grund und die Lehre der Kirche vermitteln, als wären es kaiserliche Gesetze. Sie weisen ihm den Weg zur Erkenntnis Gottes. Heinrich Gelzer sah in ihnen nur die cäsareopapistische Richtung der östlichen Kirche – ein Vorwurf, den er mit der wissenschaftlichen Literatur teilte, ohne zu ahnen, daß im Byzantinischen Reich alle Menschen durch Kaiser und Patriarch Christus geweiht sind. Aber die Aufklärung wollte im Streit wider den Absolutismus mit den Königen auch Gott los sein. Wie einfach ist demgegenüber der Glaube! Wir gehen in die Kapelle der Vierzig Märtyrer, in der sich die Ikone der Panagîa Oikonómissa, der Verwalterin des Klosters, befindet. Hier ist aber auch das Grab unseres Vaters Athanásios, erklärt ein Mönch dem Pfarrer Rudolf Irmler und zeigt ihm die Silberplatte mit dem Heiligenbild.

»Der greise Mönch mit dem weißen Bart streicht mit seiner Hand liebevoll über die Decke des Sarkophags, der unter einem von Marmorsäulen getragenen Baldachin steht. Dann zeigt er auf das Bild über dem Grabmal. Hier ist das Begräbnis des Athanásios dargestellt. Die Mönche umlagern klagend den Leichnam des Heiligen. . . Der freundliche Mönch zeigt mir auch im Klosterhof die beiden riesigen Zypressen. Die rechte ist noch von Athanásios gepflanzt, also tausend Jahre alt. Man sieht, wie dann ein Teil des Baumes abgesägt wurde, aber ein neuer Stamm ausgeschlagen ist.«

*

Nachts – wenn die Zypressen in das schweigende Dunkel ragen und die Kirchen und Zellentrakte wie Geister aus Stein sich lichtlos ineinander verschachteln, hört man aus dem Parekklesion der Vierzig Märtyrer den monotonen Gesang der Liturgie. Amand de Mendieta kommt, um daran teilzunehmen.

Wasserweihe an der Phiale, links der Narthex des Katholikons

»Ein verhältnismäßig junger Priester zelebriert sie vor einem Dutzend Mönchen, die meisten alt und im Laufe der Zeit ziemlich rauh geworden. Die sehr schönen, aber düsteren Fresken, die Frango Castellano 1560 gemalt hat, leuchten mysteriös und weich, aber im Halbdunkel erschrecken sie. Zwei Kerzen und zwei Öllampen brennen vor den Ikonen des Templon, der Ikonostase. Nur sie allein erhellen in dem sonst undurchdringlichen Dunkel mit ihren Flammen die goldenen Nimben der Allheiligen und der Heiligen und Eremiten. Vor diesen halb schlafenden oder in das Gebet versunkenen Greisen entfaltet der tausend Jahre alte Ritus, mit dem diese nächtliche Liturgie gehalten wird, eine mystische Stimmung, die nahezu unwirklich ist. Man läßt sich einwiegen in den monotonen Rhythmus der byzantinischen Musik: näselnd ist der Gesang der beiden ergebenen Mönche.«

Der Gottesdienst setzt sich in beinahe gänzlicher Stille fort. Die Mönche führen Wladimir Davydov an seinen Platz, neben ihm steht ein alter Mönch. Zu beiden Seiten des Naos sind hölzerne Chorstühle aufgereiht, in denen man stehen kann und sich mit dem Ellbogen aufstützt. Davydov sieht ganz in der Nähe zwei oder drei patriarchalische Köpfe, die sich auf die Brust neigen, weiter entfernt verliert sich eine Reihe von schwarzen Kutten und Gewändern im Dunkel der Kirche, eine einzige Öllampe an der Ikonostase erhellt den Raum und die Versammlung . . .

Anderntags erleben wir im Naos den für alle athonitischen Katholika vorbildlichen Raum, wie ihn Athanásios geschaffen hat: die überkuppelte Mitte, in der die Apostelkrone, der Choros, hängt, weitet sich zu den seitlichen Sängerapsiden und zum Allerheiligsten, das sich mit der Ikonostase den Blicken entzieht und allein der Allheiligen gehört. Man sieht sie nicht. Dort bringt Christus selbst sich zum Opfer dar.

»Bevor die Gebete über sie ausgesprochen und die Gebetshandlungen vollzogen werden, sind die eucharistischen Gaben, das Brot und der Wein, gewöhnliche Gaben. Doch nachdem die großen und wundersamen Gebete und die heiligen Anrufungen ausgeführt sind, kommt das Wort auf das Brot und auf den Kelch hernieder, und sie werden sein Leib und sein Blut.«

Mit dieser Erklärung des Athanásios von Alexandrien, dem Namensvater des lawriotischen Athanásios, wird die Verwandlung bezeichnet, die der Priester am Altare vollzieht. Denn der Glaube ist ein Nichtzweifeln an dem, das man nicht sieht. Es ist das Mysterium des Opfers, das der Heilige Geist bewirkt. Der Priester vollzieht die Handlung: aus dem heiligen Raum tritt er durch die königliche Tür und zeigt den in Christi Namen unter der Kuppel Versammelten das Evangelium – das Wort verleiblicht sich in der Gemeinde. Abermals tritt er hervor, hält in der linken Hand drei brennende Kerzen, in der rechten Hand zwei, um die Dreieinigkeit und die zwei Naturen in Christo sinnenfällig – symbolisch – darzustellen, weil der Verstand sie nicht begreift. Das ist die Mystik der Orthodoxie. Und wenn der Priester dann mit dem Löffel ein Stück des verwandelten Brotes in den mit geweihtem Wasser gemischten Wein taucht und den Teilnehmenden reicht, ist es der Dank für das Opfer, das Christus gebracht hat: in jedem lebt ein ikon Gottes, des Höchsten. Der Pantokrator unter der Kuppel – Gott, der im Bilde Christi erscheint – blickt auf die Gemeinde herab, die das Wort des Evangeliums als frohe Botschaft empfängt. Der Kuppelraum des Katholikons, aus dem der heilige Athanásios in seinen Tod fiel, ist die Seele des Agion Oros.

*

Zum Grabe des Heiligen Athanásios wallfahren die Pilger, um in dieser Heimat unter dem Himmel eine Zuflucht für ihre Seele zu finden, die ihnen der kalte Halbmond des osmanischen Sultans sonst nicht gewährt. Sie wollen für Augenblicke das eiserne Halskreuz berühren, das Athanásios, wie ein Zugtier das Joch, getragen hat. Für einen reisenden Engländer, wie John Covel es ist, kann diese Reliquie nicht viel bedeuten: wenn ein Mann mit solch einem Joch in England gesehen würde, wüßte jeder, daß er reif sei für das Tollhaus in London: Bedlem. Das wissen die Pilger nicht. Vom griechischen Festland, von den Inseln kommen sie in kleinen Booten herangerudert und singen mit dem Mönch, der sie bringt, Psalmen und fromme Lieder. Eduard Zachariae hat sie gesehen:

»... Männer und Knaben, oft mehr denn fünfzig an der Zahl, die zu Pferd und zu Fuß oder in Booten, zum Teil aus entfernten Gegenden gepilgert kamen. Sie kündigten ihre Ankunft schon von Ferne durch das Abfeuern von Flinten und Pistolen an und wurden unter Glockengeläut von den Mönchen am Tore empfangen, um sofort in die Kirche geführt zu werden, wo die Reliquien zur Schau und zur Verehrung ausgestellt wurden. Hier küßten die Pilger der Reihe nach die heiligen Bilder, indem sie sich vor und nach dem Kusse drei- oder viermal bekreuzigten, und wurden dann in dem Archontariki mit Wein und Brot, Oliven, Käse, Sardellen und Knoblauch bewirtet. Dabei war man fröhlich und guter Dinge: eines der Fenster wurde geschlossen, und man ließ geistliche oder auch weltliche Lieder erschallen. Nach beendigtem Mahle ging es an's Namenschreiben, was von den Pilgern und zum wenigsten von den Mönchen als die Hauptsache betrachtet wird. Der Pilger läßt seinen oder einen fremden Namen in eine Liste eintragen, mit dem Verlangen, daß zu seinem eigenen Seelenheile oder dem seiner Freunde und Verwandten eine Wachskerze in der Kirche angesteckt oder gebetet oder Messe gelesen oder eine Vigilie gehalten werde. Dafür hat er dann eine gewisse Summe zu entrichten, die zugleich die Stelle einer Vergütung für die Bewirtung vertritt. Die Preise der Kerzen, Gebete, Messen und Vigilien sind im ganzen fest bestimmt, aber in dem Kloster, welches das Hauptziel der Wallfahrt ist, pflegen die Pilger noch größere Geschenke hinzuzufügen.«

Aber auch ungebetene Gäste hat Eduard Zachariae beobachten müssen: die Klephten, die heimatlos Raubenden, die überall und nirgends in Griechenland zu Hause waren. Sie kämpften gegen die Türken und holten sich von den Griechen, was sie brauchten. Am

Athos wurden sie derzeit von österreichischen Schiffen verfolgt, weil sie sich mit ihren Booten in einer Bucht, zwei Stunden vom Kloster entfernt, verborgen hatten. Natürlich konnte niemand von den fremden Schiffen herüberkommen und sie an Land verfolgen.

»Wir konnten die Kreuzer auf See erblicken und ihre Signalschüsse hören, während die Klephten, die Räuber, häufig nach dem Kloster kamen, teils um ihre Andacht zu verrichten, teils um den Mönchen den kürzlich von einer österreichischen Brigg geraubten Kaffee, Zukker und Tabak zu verkaufen und gegen Lebensmittel einzutauschen oder wegen des Lösegeldes für einen gefangenen Griechen zu verhandeln. Seitdem den Klöstern ihre Kanonen und sonstigen Waffen genommen worden sind und der Aga in Karyès nur wenige Albaner um sich hat, können die Mönche sich nicht anders vor den Klephten schützen, als indem sie dieselben sich zu Freunden zu machen suchen. Dieses wohl wissend, pflegen die Klephten ganz furchtlos in den Buchten des Athos, und zwar besonders in der Nähe des Lawraklosters zu landen, wo sie vom Meere her nicht leicht zu entdecken sind, ihrerseits aber die Beute wie den Feind auf allen Seiten erspähen können.«

Als solche Piraten eine Zeitlang auf dem Athos in Höhlen und Schluchten gehaust und der Albaner-Miliz sogar ein regelrechtes Gefecht geliefert hatten, bot der Pascha von Saloniki ihnen die Aufnahme in seine Leibgarde an. Einige von ihnen gingen darauf ein: in der Lawra wurden sie wie Krieger, die aus dem Felde siegreich heimkehren, bestens verpflegt und in Karyès durch einen triumphalen Empfang gefeiert, wo sie dann den versammelten Mönchen in rechter Räubermanier von ihren Heldentaten berichteten.

»Welch' ein Land«, urteilt August Grisebach, der dies erzählt, »wo Verbrecher und schimpflichem Tode Geweihte nicht Abscheu, sondern Mitleid, Entfremdung weder in der Gesellschaft noch selbst bei denen erregen, die den Anspruch machen, in sittlichem Wandel als Vorbilder zu glänzen; und wie vereinigt sich diese Gesinnung mit einer strengeren Enthaltsamkeit und Bekämpfung der meisten Leidenschaften, als im westlichen Europa nicht leicht mag gefunden werden?«

*

Manch einer muß diese der Welt verlorene Einsamkeit gegen seinen Willen ertragen: die Große Lawra ist ein Verbannungsort:

»Der Patriarch pflegt nicht selten Geistliche oder Laien, entweder zur Strafe oder um Unheil zu verhüten, nach entlegenen Klöstern und namentlich nach dem Lawrakloster in die Verbannung zu schicken. Hier werden sie dann unter mehr oder weniger strenger Aufsicht gehalten oder gefangen gesetzt. In einem einsamen Turm des Lawraklosters sollte, wie man sich unter der Hand erzählte« – und Eduard Zachariae es mitteilt – »ein Mann aus Adrianopel eingekerkert sein, den man heimlich nach dem Athos gebracht hatte, weil er selbst dem christlichen Glauben abtrünnig werden und auch seine Familie zum Islam überzutreten zwingen wollte.«

In diesem Turm des Kaisers Tzimiskès ein Gefängnis, sogar für Mönche? Wladimir Davydov bestieg während seines Rundgangs den Turm auf einer äußeren Treppe und sah darin ein vollkommen düsteres Verlies, mehrere Sayen tief. Dahinunter würden, versicherte man dem russischen Reisenden, verbrecherische Mönche abgeseilt, um dort zehn Tage ohne Wasser und Brot zu verbringen, nachdem sich die Brüder zuvor davon überzeugt hatten, daß der dieser Strafe anheimgefallene Sünder auch in der Lage war, solange ohne Nahrung zu überleben. Offenbar lag niemand dort unten, und der feuchte Kerker wurde dem Fremden vielleicht nur gezeigt, um die Strenge der mönchischen Sitten vor Augen zu führen.

Und die Verbannten, die in der Lawra unter Aufsicht gehalten werden? Schon Richard Pococke, der 1749 im Kloster war, speiste alle Tage beim Erzbischof von Arta, der seit dreißig Jahren hierher verbannt war. Und bei den Epitropen, die Eduard Zachariae besuchten, befand sich ein konstantinopolitanischer Grieche und Joseph, ehemals Bischof von Dimitrias. Ein Verbannter ist jedoch nicht immer gezwungen, wie ein Gefangener oder wie ein Asket zu leben: als August Grisebach von Karyès zur Lawra herüberkam, begegnete ihm eine Karwanne von Maultieren, die mit Gepäck beladen waren. An ihrer Spitze ritt ein finsterblickender Mann in reichem Priestergewand, den gegen die seltenen Sonnenstrahlen im Dunkel des Hochwaldes ein Schirm beschützte. Zahlreiche Diener und Soldaten begleiteten ihn. Es war der Bischof von Joánnina, den der Patriarch wegen seines Ungehorsams nach dem Agion Oros verbannt hatte. Diesem Prälaten schien es nicht an Mitteln zu fehlen, sein Amt wieder zu erlangen und inzwischen sich so luxuriös wie möglich einzurichten, um durch Prunk und Dienerschaft für anderweitige Entbehrungen entschädigt zu werden. Die Würdenträger ohne Amt und Ehre vermieden es allerdings, miteinander Bekanntschaft zu machen.

Der Metropolit von Rhodos war auf den Athos verbannt worden, als die Synode ihm Krone und Stab geben und Seine Heiligkeit, den Patriarchen Anthimos V., absetzen wollte, der die Usurpation vereitelte. Anthimos verwies ihn zur Lawra. Der rhodische Prälat hatte sich auf seiner Insel an eine gewisse Wohlhabenheit gewöhnt und beklagte sich im Gespräch mit Adolphe Nepoléon Didron darüber, daß man in der heiligen Lawra kein Fleisch äße und es nicht einmal von außerhalb bekommen könnte. Auch gäbe es keinen Gelehrten, keinen einzigen vornehmen Menschen hier: Bauern seien sie alle und arm. Als gebürtiger Kreter bedauerte er es, daß Frankreich 1839 seinem Vaterlande, als es einige Jahre dem Pascha von Ägypten untertan gewesen war, nicht die Freiheit verschafft hätte: ja, wenn Napoleon noch lebte, rief er mit erhobener Stimme aus, dann wäre es nicht so, dann wäre es so nicht gekommen.

*

Die Mönche, die auf die Ewigkeit warten, kann es nicht kümmern, wenn ein Gast etwas warten muß, sobald er das Kloster betreten hat. Sie schlafen, es ist Mittagszeit. Schließlich geht Pater Pachómios hinunter. Er muß aber erst den Schlüssel zum Gästezimmer vom Koch holen, der noch schläft, und der Koch kann ihn nicht finden. Zwei Klostervorsteher, halb noch im Schlaf, kommen und entschuldigen sich, daß sie dem Gast – es ist Emmanuel Miller – das Ehrenzimmer nicht anbieten können: sie erwarten den Despoten, den Pascha von Saloniki, der seine Rundreise durch die Klöster macht, wie jedes Jahr zu dieser Zeit. Ja, der Archimandrit sei abwesend, sein Vertreter wohl in Iwiron. Die Tür zum Zimmer muß gewaltsam geöffnet werden. Der Raum ist groß genug, rings mit Diwanen ausgestattet, die mit schmutzigen Kissen bedeckt sind. Pachómios geht. Später treten die beiden Epitropen ein, um den Gast willkommen zu heißen. Einer von ihnen ist von enormer Beleibtheit und nicht sehr freundlich, obwohl er einen intelligenten Eindruck macht. Wir lernen ihn als Pater Melchisedek kennen.

Er stammte von der Insel Naxos und war, als er 1839 Adolphe Napoléon Didron begrüßte, ein Mann von etwa dreißig Jahren, hatte rote füllige Haare und einen ›Charakterkopf‹, war aber ziemlich stark. Die Fragen seines französischen Gastes ließ er manchmal ohne Erklärung, jedoch nie ohne Antwort. Er galt unter den Idiorrhythmikern der Großen Lawra als ein Gebildeter, denn die »Mönche, die im

Kloster anwesend waren«, schrieb etwa zur gleichen Zeit Eduard Zachariae, »und die kennen zu lernen ich Gelegenheit hatte, standen an Bildung und Leutseligkeit weit hinter den Mönchen von Iwiron zurück. . . Die beiden obersten Vorsteher des Klosters waren selbst des Lesens kaum kundig, und der Grammatikos Melchisedek, fast der einzige gebildete Mann im Kloster, mußte ihnen die überbrachten Briefe lesen und verdolmetschen.«

Nathaniel Pischon, der 1850 die Große Lawra besuchte, sah in ihm den Abt – den es in idiorrhythmischen Klöstern nicht gibt – und beschreibt ihn als einen stattlichen Mann aus vornehmer Familie, der sogar einige schriftstellerische Leistungen versucht hätte. Als Grammatikos hatte er ›alle Fäden in der Hand‹, aber seine Bautätigkeit zerrüttete die Finanzen der Mönchsgemeinschaft. Melchisedek mußte seinen ›brüderlichen‹ Gegnern weichen, ging nach Saloniki und stellte sich unter den Schutz des englischen Konsuls. Die türkische Verwaltung setzte ihn wieder ein.

»Er nahm uns etwas vornehm, aber sehr höflich auf und zeigte wohl absichtlich den Mann von Welt, indem er uns zum Abendessen einen vortrefflich gebratenen Hahn schickte.«

In den sechziger Jahren ist Pater Melchisedek, wie Antonin Proust glaubte, Präsident des Rates der Geronten, der Ältesten, die das Kloster demokratisch verwalten. Präsident kann er, berichtigte Didron, nicht gewesen sein, denn niemand hätte in diesem Gremium den Vorsitz.

»Jeder diskutiert, und man beschließt durch Abstimmung, nicht etwa geheim, weder durch Kugelung noch durch Stimmzettel. Der Sekretär – grammateos oder grammatikos – nimmt an jeder Sitzung teil, stellt die Rechnung auf, wenn sie an der Reihe ist, und überbringt die Beschlüsse den Epitropen, die sie auszuführen haben. Es gibt kein Verzeichnis der Beratungen, kein Protokoll, das alles ist von ganz ursprünglicher Einfacheit. Der Grammatikos, der auf Lebenszeit ernannt wird, ist zu gleicher Zeit Bibliothekar.«

Und als Bibliothekar ließ Pater Melchisedek mit gewissem Stolz Antonin Proust seine Reliquien sehen, wie er früher auch Didron durch die Schatzkammer geführt hatte. Antonin Proust erwähnt ihn in seinem Bericht, den Didron las und glücklich war, daß beider Freund Melchisedek noch unter den Lebenden weilte und mit Vergnügen die Reliquien seinem Landsmann gezeigt hätte. Aber Emmanuel Miller wurde von Pater Melchisedek abgewiesen, als er darum bat, die Goldene Bulle zu sehen. So hat er weder die kaiserlichen

Insignien des Nikephóros Phokàs noch die Mosaik-Ikone des Heiligen Johannes des Theologen gesehen und war froh, das Kloster wieder verlassen zu können, das für ihn von unerträglicher Eintönigkeit war, so daß hoffnungslose Traurigkeit ihn befiel.

»Dann dieses Meer, auf dem niemals das kleinste Schiff zu sehen ist, still und glatt wie ein Spiegel ist es, keine einzige Brise, man sagt, es sei wie Öl. . . Ein Mal fuhr unter unseren Augen der österreichische Dampfer vorbei, der seinen Dienst zwischen Kavalla und Saloniki versieht. Ähnlich wie Robinson auf seiner Insel wollte ich ein Zeichen geben, daß er mich mitnähme.«

*

Das Gefühl des Verlorenseins übertrug Emmanuel Miller auf die Menschen in dieser klösterlichen Gemeinschaft: von ungewöhnlicher Einfältigkeit seien die Mönche der Lawra, meinte er, sie nähmen nicht auf die einfachste Sache Rücksicht und schienen, alles in allem, von einer unerhörten Ignoranz. Antonin Proust sah in ihnen ein trauriges Volk – ein ›gens aeterna‹? Stanislas de Nolhac bemerkte in der Lawra nur Dekadenz und Verödung. Auch Alexandre-Stanislaus Neyrat, der Abbé aus Lyon, fand alles schläfriger als in anderen Klöstern, die Gastfreundschaft weniger herzlich, die Geschäftigkeit weniger lebhaft und die Gleichgültigkeit größer. Ein Hauch von Trübsinn, um nicht zu sagen: von Trauer schien um die alten Zypressen zu wehen. Aber Lawrioten schweigen viel, die Welt verstehen sie nur von der Ewigkeit her.

Dabei hatte Abbé Neyrat einen sehr freundlichen Begleiter, der ihn zu den Sehenswürdigkeiten des Klosters führte, den Grammatikos Matthaios. Er war auf der Insel Kephalonia zur Welt gekommen, hatte einen Teil seiner Ausbildung in Smyrna genossen und konnte daher etwas Französisch. Miteinander gingen sie zu einem kleinen Haus am äußersten Ende des Klosterhofs. Dort wohnte Pater Kosmas, der Elfenbeinschnitzer, der seine Gäste mit Glyko zum Willkomm bediente. Seine Werke waren auf verschiedenen Ausstellungen im Westen zu sehen gewesen und sehr beachtet worden – seltsam genug: der Athos auf einer Weltausstellung! Pater Kosmas zeigte seinen Besuchern ein Werk, an dem er seit zwei Jahren – offensichtlich mit staunenswerter Geduld – arbeitete und das noch eine ebenso lange Zeit bis zur Vollendung erforderte. Die im begrenzten Rahmen zusammengefügten, feinziselierten Figuren waren von Laubwerk

Ein Reliquiar aus der Schatzkammer der Großen Lawra

umgeben, das tief in das Elfenbein eingeschnitten war. Es gab keine Stelle, die nicht ausgehöhlt oder reliefiert zu sein schien. All das zeigte einen künstlerischen Reichtum, der lebhafte Bewunderung hervorrief. Pater Kosmas selbst war von edler und charaktervoller Gestalt, ganz einem der Apostel ähnlich, wie sie Albrecht Dürer geschaffen hatte. Und Pater Matthaios, der mit Athelstane Riley gekommen war, sprach bei solcher Gelegenheit, weil er seine Erfahrungen mit den Freuden der Welt gemacht hatte, über das Paradies der Muttergottes als den besten Platz für mönchische Tugenden. Nur die jüngeren Brüder urteilten zuweilen streng über diese lawriotischen Idiorrhythmiker:

»Einer derselben erklärte mir«, berichtet Heinrich Gelzer, »mit großer Entschiedenheit, frommer christlicher Geist fände sich nur in der Lawra; die gefeierten reichen Klöster Iwiron und Vatopédi dagegen seien ganz dem Kosmos« – der Welt – »verfallen. . . Einmal schüttete ein mir besonders anhänglicher, aus dem westlichen Peloponnes, aus Triphylien, stammender junger Bruder sein Herz aus. Er hatte Gewissensbedenken: *Die Hieromonachen und Klostervorstände essen abends Fleisch und halten morgens die heilige Liturgie. Was sagen Sie dazu?*«

Robert Byron charakterisiert die Mönche mit liebevoller Ironie, doch das Seelenkind des Paters Spyrîdon, des Arztes und Bibliothekars, schildert er als einen ungebildeten Jungen von zwanzig Jahren: zwischen den bärtigen Lippen zwei goldene Vorderzähne, und der Geruch von abgestandenem Knoblauch ging von ihm aus. Dieser Bruder Dorothéos schwärmte noch von den Vergnügungsstätten in Athen, die er als Junge kennengelernt hatte. In bedeutender Pose ließ er sich porträtieren, dann wollte er Medaillen vom britischen Außenministerium haben, die Byron ihm aber nicht geben konnte. Bei einem Streifzug durch die Gänge des ›Armenviertels‹ sah Reinhold Pabel, wie die Mönche sich über primitiver Feuerstelle ein Süppchen brauten oder am Brunnen den Bart wuschen. Edouard Roditi bedauerte die geringe Anziehungskraft der idiorrhythmischen Klöster, wie die Große Lawra es damals noch war:

»Die älteren Mönche auf Athos beklagen sich ständig darüber, daß die junge Generation hauptsächlich aus Kommunisten bestünde. Wenn man sie dann eingehender befragt, was sie damit eigentlich meinen, erklärten sie. . ., daß die jungen Griechen von heute sich nur noch dafür interessieren, Geld zu verdienen, ins Kino zu gehen und Fußball zu spielen – was in ihren Augen dem Kommunismus gleichkäme oder doch ebenso schlimm ist.«

Die Mönche bilden ein Volk, und die Lawra »ist ein Bethaus für Männer«, schrieb Theodore Belpaire und schilderte das Kloster:

». . . das koinobitische Leben ist aufgegeben worden, jeder hat seine Wohnung, seinen Besitz, seine Verpflegung und seinen Kater, um sich gegen die Mäuse zu schützen. Es ist ein idiorrhythmisches Kloster. Es gibt dort sehr wohlhabende Väter und andere, die zerlumpt sind. Das Refektorium dient als Scheune für die Olivenernte, . . . es gibt keinen Abt. Der Vorsteher wird auf drei Jahre gewählt. Der Epitrop, der mich sehr liebenswürdig empfing und mir eine historische Studie verehrte, die er in der *›Revue de l'Athos‹* veröffentlicht hatte, ist einer der Mönche, die noch etwas anderes tun, als die

Verwaltung des Klosters zu leiten. Ich würde noch einen Tag länger geblieben sein, aber der Archontaris war während der Mahlzeiten so düster und die Verpflegung so mäßig, daß ich mich beeilte, meinen Aufenthalt abzubrechen.«

Melancholie breitet sich über diese ungewöhnliche Stadt zukünftigen Heils aus, weil jeder, der hier lebt und betet, das Ende erwartet, aber nichts von der Welt verlangt. Und diese Stimmung überträgt der Besucher auf die Gemeinschaft:

»Ihr Bestand ist tatsächlich sehr schwach, aber sie hat ausreichend Elend kennengelernt . . ., und sie bewahrt«, meint Randoll Coate, »alle Runzeln und Falten, die ihr das strenge und rauhe Leben zugefügt hat. Ihre Mauern verfallen, und die in Unordnung geratenen Balken und Steine sind ein Merkmal des Alterns. . . Es ist ein Licht, das verlöschen wird.«

*

Pater Melchisedek, der Grammatikos und Bibliothekar, hatte die Schatzkammer dem Emmanuele Miller nicht zeigen wollen, ließ ihn aber in die Bibliothek, die im Erdgeschoß eines neuen Gebäudes hinter dem Katholikon untergebracht war.

Sie »besteht aus zwei ziemlich düsteren Räumen. . . Der erste Raum ist den gedruckten Büchern gewidmet, fast alle griechisch. Der zweite ist mit Manuskripten gefüllt, von denen mehrere sehr schön und sehr alt sind. Sie sind an Zahl ungefähr tausend, in Kästen gelegt, die mit Buchstaben des griechischen Alphabets gekennzeichnet sind und mit doppelten Buchstaben, um die Ziffern anzugeben, die über 24 hinausgehen.«

»Daneben befindet sich«, ergänzt Edouard Zachariae, »noch ein Magazin, in welchem mehrere Hundert von halbverwitterten und verstümmelten Handschriften aufgeschichtet liegen. Man gedachte, diese Handschriften demnächst als unbrauchbar zu verbrennen, jedoch bot ich vergeblich eine namhafte Summe als Kaufpreis, und mußte zufrieden sein, daß man mir nicht wehrte, das Bessere auszusuchen und in den Bibliotheksräumen aufzustellen.«

Lord Curzon konnte unter dem Staub vieler Jahre kaum erkennen, um welche Werke es sich handelte, die in Kästen aufbewahrt wurden. Ihn interessierten nur die klassischen Autoren: Homers ›*Ilias*‹ und Hesiod, aber alt schienen ihm diese Handschriften nicht zu sein. Zwei merkwürdige Quartbände sah er sich kurze Zeit an: kunstlos gezeichnete Abbildungen von Kräutern entdeckte er. Es war das Werk des Dioskurides, aber die beiden Bände waren nicht mehr in gutem Zustand, weil sie von den Mönchen eifrig studiert worden waren: auf dem Athos werden Krankheiten nur mit Kräutern geheilt. . . Dioskurides war ein Arzt in Griechenland und lebte zu Kaiser Neros Zeit, schrieb über Gifte und Gegengifte und über die gebräuchlichsten Arzneien, die es seinerzeit gab. Doch die Handschrift ist nicht, wie Franz Spunda glaubte, das einzige Exemplar dieses berühmten Werks. Eine sehr ähnliche Handschrift, ebenfalls aus dem zwölften Jahrhundert, gelangte im Jahre 1761 aus Konstantinopel nach England.

*

Unter den Lawrioten gibt es Gelehrte von hohem Rang. Pater Spyrîdon hat den Katalog der Handschriften schon weit vorangetrieben und ihn 1925 in den ›*Havard Theological Studies*‹ veröffentlicht. Als ihn Robert Byron ein oder zwei Jahre später besucht, sitzt er auf seinem halbüberdachten Balkon, hat sein Hauskleid an, grauweiße Locken fallen über die Schultern . . ., er freut sich, seinen Besucher wiederzusehen, den er vom vorigen Jahr her kennt. Zwischen beiden entspinnt sich eine wahrhaft lawriotische Unterhaltung.

Wissen Sie, Pater, daß wir ein Buch schreiben? – Ein Buch? – Ja, die englische Öffentlichkeit weiß nichts von der byzantinischen Kunst. Wir wollen es ihr zeigen. – Sie wollen es ihr zeigen? – Wir schreiben über die Fresken. Die schönsten Fresken der Welt befinden sich auf dem Athos, und die schönsten Fresken des Athos sind in dem heiligen Kloster der Großen Lawra. Wir möchten sie photographieren. – Ah, photographieren, die im Refektorium? – Ja, aber ebenso die in der Kirche – In der Kirche? Warum nicht die im Refektorium – Die in der Kirche sind besser. Wir möchten England und der übrigen Welt von den Fresken in der Lawra erzählen. Diejenigen im Refektorium sind interessant, aber nicht schön. Wir sind den langen Weg von England gekommen, um die in der Kirche zu photographieren. – Den langen Weg von England, wiederholt der Pater sehr nachdenklich. *– Sagen Sie, mein Vater, wird es dabei Schwierigkeiten geben? – Ich weiß es nicht, ich werde den Epitropen fragen. Kommen Sie morgen früh und haben Sie mit mir früh einen Kaffee. – Früh, um welche Zeit? – Oh, früh, wenn die Sonne aufgeht. – Aber zu welcher Stunde? – Um elf Uhr, nach byzantinischer Zeit. – Das ist sieben nach fränkischer Zeit. – Ja. – Vielen Dank, Pater, wir wollen hoffen, morgen Neues zu erfahren. Gute Nacht, Pater. – Gute Nacht.*

Mit solch byzantinischer Bedächtigkeit wird um die Erlaubnis gebeten und anderntags auch erteilt. Die Arbeit der jungen Byzantinisten, vor allem David Talbot Rice gewinnt durch sie die Grundlage seines Lebenswerks, kann beginnen und durchgeführt werden – manchem Widerstand durch andere Mönche zum Trotz. Wie Pater Spirîdon ist der gelehrte Athanásios einer der Väter, die sich mit den Handschriften der lawriotischen Bibliothek beschäftigen. Er hat die Goldene Bulle untersucht und das Ergebnis seiner langjährigen Arbeit in griechischen Zeitschriften veröffentlicht. Reinhold Pabel besucht ihn:

»In der Fensternische steht ein mäßig großer Tisch, bedeckt mit Briefen, Manuskripten und Büchern. Und mitten in dieser ganzen Wissenschaft hockt – natürlich – ein Kater. Pater Athanásios heißt uns Platz nehmen. Er hat prachtvoll weißes Haupt- und Barthaar und ein Paar kluge Augen. Die Katze klettert auf seine Schulter und läßt sich dort häuslich nieder. Vater Athanásios spricht wenig und nur hellenisch, aber warm und herzlich, ganz nach innen gewandt und mit großer Sicherheit. Er war früher Mediziner, und der ökumenische Patriarch ließ ihn einst zur Ausbildung nach Konstantinopel kommen. Doch ein Telegramm vom Athos rief ihn zurück zu einer Gruppe schwer an der Pest erkrankter Mitbrüder, und so blieb er für immer auf dem Heiligen Berg.«

Zum Abschied schenkt Pater Athanásios seinem Besucher das ›*Proskynetarion*‹, den Pilgerführer zur Lawra, den er geschrieben hat.

In der Bibliothek herrscht übersichtliche Ordnung, die Bücher stehen in ihren Regalen und werden von einem verständigen Bibliothekar betreut: Pater Panteleîmon. Auch er hat der wissenschaftlichen Welt mehrfach seine Erfahrungen im Umgang mit alten Codices mitgeteilt. Sein Amt versieht er streng, aber liebenswürdig, und fragt, wenn jemand den Bibliotheksraum betritt, nach Namen, Heimatort und Beruf: Reinhold Pabel, Pfarrer, trägt sich in das Buch ein. Von ihm und anderen Besuchern wird Pater Panteleîmon als Paläograph und Sprachwissenschaftler gelobt:

»Er versteht wirklich etwas von seinem Fach. Mit vorbildlicher Hilfsbereitschaft erfüllt er unsere zahlreichen Wünsche und gestattet uns gleich, von den Hauptwerken photographische Aufnahmen zu machen . . . Neben den Miniaturmalereien einiger Evangeliare reizt uns vor allem die sog. ›*Botanik des Waldes*‹ von Dioskurides (10. Jahrhundert) mit entzückenden farbigen Illustrationen.«

Und so trat Pater Panteleîmon dem belgischen Theologen Amand de Mendieta entgegen:

»Groß, hager, mit schwarzen Haaren, einem asketischen Gesicht, das manchmal den Schatten eines Lächelns durchzieht, mit lebhaften, sehr schwarzen Augen, stellt er ein großartiges Beispiel des kultivierten athonitischen Mönches dar, treu der tausendjährigen Überlieferung ergeben, aber offenen Geistes, barmherzig und weit ab von jedem Fanatismus ... Als würdiger Nachfolger des Paters Spyrîdon behandelt er seine Manuskripte wie alte Freunde. Er hat die meisten von ihnen bearbeitet und kennt sie aus persönlichem wissenschaftlichem Umgang.« Aber: »... eine große Zahl der alten Manuskripte der Lawra (aus dem neunten, zehnten und elften Jahrhundert) sind nicht gebunden«, stellt Amand de Mendieta mit Bedauern fest, »und befinden sich in einem beklagenswerten Zustand.«

Die Versammlung der Proëstamenen hat dem Bibliophylax bisher jeden Kredit verweigert, mit dem die Einbände der ältesten Codices wiederhergestellt werden könnten. Unter Glasscheiben werden die Blätter einer griechischen Pergamenthandschrift aufbewahrt. Sie gehören zum Codex Euthalianus. Der Diakon Euthaliános schrieb sie im sechsten Jahrhundert und mit ihr das erste Dokument in der Majuskel-Schrift, der sog. Unzial. Die Fragmente der Lawra enthalten zwei Stellen aus dem Brief des Paulus an die Galater und zwei andere Stellen aus dem zweiten Brief des Paulus an die Korinther. Man kennt 21 Blätter dieser seltenen Handschrift, die in mehreren Bibliotheken verstreut sind: Rom, London, Paris ...

Einer der Proëstamenen ist zu der Zeit, in der Pater Panteleîmon mit Amand de Mendieta über seine Sorgen spricht, der Pater Pawlos, der, wenn der Tag langsam zur Neige geht, dem belgischen Forscher einen Teller mit Früchten bringt. Unter den guten, aber wenig gebildeten Mönchen ist er ein Intellektueller: Arzt, Philosoph, Theologe. Er kam nach dem Tod seiner Frau in die Lawra und betreut die Kranken des Klosters, trägt das ›megalon schema‹.

»Er redigiert eine große Arbeit über Religionsphilosophie, die ganz auf der Idee der Buße gegründet ist. Diese Richtung des Denkens ist gut athonitisch. Er erklärte mir«, schreibt Amand de Mendieta, »daß, wenn sein Manuskript vollständig herausgegeben sein wird, sein Werk wohl zwanzig Bände umfassen würde. Er zeigte mir einen großen Schrank, dort waren, wie in einer Schlachtordnung, ungefähr fünfzig Ordner aufgestellt, die diese Summe enthalten, allerdings noch unvollendet. Zu seinem lebhaften Mißvergnügen hatte er noch keinen Verleger gefunden ... Ohne Hoffnung, es jemals gedruckt zu sehen, hat er resigniert und angefangen, einen Auszug zu erarbeiten, in dem er alle seine Erfahrungen des Lebens niedergelegt hat, alle seine philosophischen und monastischen Gedanken, mit einem Wort: seine ganze Weisheit.«

Im Kloster hält man Pater Pawlos für einen Weisen. Auch Willem Theunissen besucht ihn in seiner gut eingerichteten Wohnung und staunt über sein Werk, das inzwischen auf nicht weniger als 168 Bände angewachsen ist. In lawriotischer Kürze erzählt ihm der Pater sein Leben:

Ich habe Medizin studiert, bin mit dem 41. Lebensjahr auf den Athos gekommen, habe mehr als vierzig Jahre lang über die Geschichte der Orthodoxie und ihre wissenschaftlichen Grundlagen gearbeitet. Nun bin ich 81, glaub mir: der Athos wird in der näheren Zukunft bestehen bleiben und einen ansehnlichen Beitrag zur Ökumene leisten. Doch: *Die Orthodoxen müssen viele Zugeständnisse machen,* er sagt es sehr langsam, *was die Form angeht, die Katholiken aber in Bezug auf den Inhalt . . . Menschen werden die Einheit nicht zustande bringen, aber Gott. In unseren Tagen ist es besonders wichtig, daß wir uns kennenlernen und miteinander sprechen – vor allem in gemeinsamem Gebet.*

Ihm, diesem Pater Pawlos Palides, bezeugt Willem Theunissen, wie Amand de Mendieta, in theologischen Fragen einen hohen irenischen Geist: die Ökumene scheint möglich. Es war noch keine Rede von einem Protest der athonitischen Mönche gegen eine Union. Auch beim Abendessen, zu dem Pater Joakim seine Mitbrüder Pawlos und Diomedes und den belgischen Theologen geladen hat, geht es um die gleichen Fragen. Die Herren sitzen auf dem Balkon bei Joakim, von dem aus man eine herrliche Aussicht auf das Meer genießt. Es gibt Krebse, die Pater Joakim gefangen hat. Aber unter den Theologen ist Pater Diomedes nicht recht am Platze, er ist ein ganz anderer Lawriot. Er verwaltet die klösterlichen Forsten und bittet den belgischen Gast, ihn in seinem Haus in der Nähe der Bibliothek zu besuchen:

»Ein wirkliches Puppenhaus, spaßig, artig, schmuck und gefällig. Alles war frisch angestrichen und peinlich sauber. Man suchte vergeblich nach einer Spur von Schmutz – ganz wie ein holländisches Haus. Er bot mir einen köstlichen türkischen Kaffee an, sehr süß und sehr stark, den er in meiner Gegenwart zubereitete. Dann ließ er mich einen Schluck seines Likörs kosten, den er eifersüchtig geheimhält, ein Elixier, das er selbst herstellt, aus gewissen aromatischen Pflanzen des Berges – ein großes Geheimnis! Der liebe Mensch, vorn völlig kahl, aber am Hinterkopf reichlich behaart, war fröhlich wie ein Buchfink. Indem er auf eine entzückende Weise amerikanisches Englisch mit dem modernen Griechisch mischte, schien er alles zu verstehen, selbst die fremden Besucher, dank einer mittelmeerischen, sehr ausdrucksvollen Mimik. Er hörte nicht auf zu lachen und lachen zu machen . . . Er wünschte auf alle Fälle, daß ich bald wiederkäme, um ihn zu besuchen. Das werde ich in den nächsten Jahren bestimmt tun.«

*

Amand de Mendieta hat Wort gehalten: er kam noch zweimal auf den Athos zurück und zur Großen Lawra und trug sich wieder, wie es Pater Panteleîmon verlangt, in das Gästebuch der Bibliothek ein. Darin finden wir auch die anderen reisenden Freunde verzeichnet: Heinrich Gelzer, Franz Marc und seinen Bruder Paul, den Historiker, dann Karl Eller, Kurt Weitzmann, Louis Bréhier und Marcel Richard. Sie schrieben ihre Namen in griechischer Schrift, damit Pater Panteleîmon sie lesen kann. Ernest W. Saunders gesellt sich ihnen noch zu. Er war wochenlang in der Lawra, um Mikrofilme für die Kongreßbibliothek in Washington zu belichten, damit die größte Bibliothek der westlichen Welt einen Abglanz aus den Schatzkammern des Athos erhält. Ihm habe, schreibt er, Pater Panteleîmon, der ein freundlicher und gelehrter Mann sei, während seines Aufenthaltes jede Liebenswürdigkeit erwiesen und Pater Geórgios sei unter dessen Leitung ein gütiger, sogar ein unterhaltsamer Gesprächspartner gewesen.

Wenn er nicht von einem der Patres zum Essen geladen ist, wird Amand de Mendieta vom Gästepater Dorothéos betreut, der am liebsten Käsesuppe und Makkaroni kocht, gelegentlich aber auch gebratenen Fisch anbringt. Er setzt sich dann zu seinem Gastfreund und erzählt in geradezu pariserischer Zungenfertigkeit komische Geschichten, so daß ihm Amand de Mendieta kaum folgen kann. Und immer wieder füllt er das Glas mit dem schweren Rotwein, der aus den Weingärten des Klosters kommt, trinkbar ist er gewiß, aber er macht müde, fand der belgische Forscher.

Helfer des Archontaris ist der Novize Methódios, der während des Bürgerkriegs, als die Kommunisten das Land durchzogen, von den thessalischen Meteoren auf den Heiligen Berg floh. Sein Gesicht wird von einem dichten schwarzen Bart gerahmt, aber Methódios spricht nicht viel. Zu den jüngeren Mönchen gehört auch Pater Niphon, der in Korea gegen die Kommunisten kämpfte und nach seiner Rückkehr, wie er Edouard Roditi bekannte, zornig gegen all die Menschen gewesen war, die ihr Leben ungestört fortsetzten, als gehörten die entsetzlichen Erfahrungen, die er gemacht hatte, nicht der Wirklichkeit an.

»Einzig nachdem er wieder seinen Glauben in Christo zurückgewonnen und als Mönch die Ruhe des Heiligen Berges aufgesucht hätte, wäre er wieder fähig geworden, mit den Menschen seiner Zeit Frieden zu machen. Für mich war dieser Pater«, erklärt Edouard Roditi, »eher einem Heiligen vergleichbar als irgendein Mönch, den ich bisher von Angesicht zu Angesicht gesehen habe. Sein Glaube bewahrte ihn vor dem Wahnsinn, dem sein unglücklicher thessalischer Waffenbruder erlag, und er besiegte seinen Grimm durch den festen Willen, mit seinem Gebet zur Erlösung dieser Welt beizutragen.«

*

Kann Pater Niphon die Freude empfinden, in der einer der sonderbarsten Lawrioten lebt? Er müßte seinen Bruder Awakum eigentlich kennen. Awakum ist einer der Mönche, die fern aller Gelehrsamkeit jede Arbeit verrichten, er geht in Lumpen und hilft, wo er kann:

». . . schlotternd, das Bild eines Wüstenasketen, wie man Johannes den Täufer malt, beschmutzt, zerzaust und verwildert, bloß daß dergleichen gemalt doch besser anzusehen geht . . . Nun erfuhren wir also«, erzählt Erhart Kästner, »daß dieser Mönch die Seligkeit hatte, zu dienen, ja, geradezu eine Besessenheit, jeden Nächsten und Besten dienstbar zu sein und die niedrigsten Geschäfte, die jeweils anfielen, auf sich zu nehmen.«

Manchmal holt ihn der Abt, wenn er Gäste bei sich hat, in seine Wohnung. Über offenem Feuer wird Fleisch gebraten. Und Wein wird getrunken, es ist eine heitere Runde – nicht gerade asketisch. Awakum kommt durch die Küche und macht seinen Scherz mit den dienenden Brüdern. Und der Abt sagt zu ihm:

Awakum, setz dich her, wenn du nichts Besseres vorhast; es sind Gäste da, aus Deutschland und aus Athen, und sie wollen sprechen mit dir. Trink ein Glas Wein mit uns, wenn du willst.

Awakum mochte nicht, warf seinen Kopf in den Nacken, wie ein Grieche es seit türkischen Tagen den Moslems nachmacht, wenn er etwas nicht will. Und dann redet er:

König Salomon spricht: ›Gebt Wein zu trinken denen, deren Herz traurig ist, damit sie ihren Kummer vergessen und an ihr Elend nicht denken.‹ Ich bin aber keineswegs traurig, heut nicht und niemals, wie du weißt, Abt; warum also soll ich Wein trinken? Wenn ihr die Melancholie habt, so müßt ihr trinken, natürlich. Da ihr alle trinkt, wie ich sehe, so habt ihr sicherlich Trauer und Sorgen, sonst tränket ihr nicht, so wie ich nicht trinke, denn ich brauche es nicht.

Er ermuntert die Gäste des Abts zum Trinken, redet in Bibelworten, kann die gesamte Bibel in altgriechischer Sprache auswendig, alles andere sagt er in der Demotiki, der Sprache des Volkes, und schlagfertig und geradezu sagt er die Wahrheit.

»Er saß da, das Gesicht von Gräben durchzogen, die Augen geschlitzt, der Bart verwildert, auf dem Haupt einen Topfhut aus grauem schäbigem Filz, der eher lächerlich war, und das alles wäre nichts Besonderes gewesen, wenn er nicht diese unglaubliche Freude ausgestrahlt hätte.«

Wer aber kann das Glück und die Freude dieses ungewöhnlichen Menschen verstehen? Nur der, der wie dieser Awakum zwanzig Jahre in der Einsiedelei, in der senkrechten Wüste aus Felsen und Abgrund, gelebt hat, keine Schulbildung besitzt und weiß, daß Christus in ihm wohnt, aber von allem theologischen Wissen, das er aus den Kirchenvätern geschöpft hat, nichts hält, obgleich er das alles auswendig weiß.

»Nein, um die Menge des Wissens war es diesem Pater ekstatikus bestimmt nicht zu tun; das Wissen des Nicht-Wissenswerten, das unser aller Besessenheit ist, hatte, soviel war sicher, keinerlei Macht über ihn. *Ich habe mich leer für Christus gemacht,* rief er aus, *in mir ist nichts als der Herr. Nichts als der Herr und die Freude! Die Armut ist schön, denn sie macht leicht, sie macht leer; leer muß man sein, wenn Christos einziehen soll. Ist nicht das Leere notwendig, wenn Erfüllung sein soll? Das ist doch nicht schwer zu verstehen, oder ist es?*«

Und das ist das Atmen, das Gebet und der Atem, der Atem und das Gebet, das mit dem Rhythmus des Atmens die Seele leert, damit Christus sich in die Seele läßt, wenn sie Atem holt. Es ist das Jesus-Gebet, wie es der Mönch als Athonite mit seiner Seele spricht. Nur eins ist nicht zu begreifen: Awakum geht nie in die Kirche. Und er weiß den Grund anzugeben:

Wenn Christos in mir wohnt und ich in ihm und ich nachtsüber mit Christos rede in meinem unaussprechlichen Glück, was brauche ich da zur Kirche zu gehen?

Abt und Bruderschaft lassen ihn, diesen Narren in Christo, gewähren.

»So ließ man ihn wandeln, obschon er, wie seinesgleichen von jeher, durch seine bloße Anwesenheit ein Ärgernis war, das fortwährend alle beschämte: die für sich lebenden, vermögenden Mönche, den würdetragenden Abt, die Neugierigen, nur so auf Probe kommenden Fremden.«

Awakum, wenn der Wein reif ist, Awakum tritt die Kelter, er sorgt für das Wasser in der Zisterne der Allheiligen-Kapelle oben am Berg und in der Kapelle der Metamorphosis. Wein und Wasser entsprangen der Wunde Christi, als er am Kreuz hing und starb, um das Menschengeschlecht zu erlösen. Gibt es noch Heilige wie Awakum auf dem Heiligen Berg?

*

Die große Zeit der lawriotischen Idiorrhythmiker ist wohl vorüber. Sie waren die Nachgeborenen der alten Weisen, glückliche Epikureer, Pythagoreer oder auch Jünger des Diogenes, der seine Trinkschale wegwarf, als er einen Hund mit seiner Zunge das Wasser des Bachs trinken sah. Sie alle, die Reichen und die Gebildeten, die Armen und Leidenden, die Wissenden und die, die nichts wissen müssen: die großen Individuen unter dem Kreuz Christi und unter der Kuppel des Heiligen Athanásios – sie haben ihre kleine Zeit vor der unendlichen Ewigkeit im Paradies der Gottesmutter gelebt und für die Erlösung der Welt gebetet: nun ist die Zeit, sich zu rüsten.

Die große Lawra feiert ein Fest. Eine Nacht lang wird Liturgie gehalten und am Ende das Bild des Heiligen Athanásios – ein köstliches, zuckerköstliches Rundbild – und das Bild der Allheiligen geweiht, und alle Brüder, die in Christi Namen versammelt sind, freuen sich.

»Alles lacht in der Kirche; alle sind hellauf begeistert. Kerzen werden vor der Zuckerpanagîa entzündet; der Heilige Athanásios in Mandel- und Nußform wird ehrfürchtig bedacht mit wohlriechendem Weihrauch; der Bischof erteilt beiden den Segen und – welches Wunder – der Inhalt des Tellers reicht für alle; jeder erhält einen Schlag Kolywa, und in knapp einer halben Stunde sind Heiliger und Heilige verzehrt.«

Werner Köppen war an diesem hohen Tage dabei, und als nach der Liturgie Mönche und Gäste zur Trápeza drängen, setzen sie sich an die uralten Marmortische, wie es vor ihnen jahrhundertelang die Brüder, die Söhne des Athanásios, getan.

»Die Lawra feiert, und es gibt keinen, der nicht überreich gesättigt würde. Plötzlich erhebt sich der für das laufende Jahr gewählte ›Erste‹ des Klosters. In einer wort- und geistreichen Rede, voll rhetorischer Brillanz, gibt er den Beschluß aller Mönche der Großen Lawra bekannt: die Gemeinschaft der Mönche erklärt sich erneut zur vom Gründerabt eingeführten Form des Koinobitentums und beendet mit dem heutigen Tag die jahrhundertelang gelebte Idiorrhythmie ... Eine tiefe Stille herrscht; eine große Betroffenheit. Die Große Lawra, das Mutterkloster auf Athos, gibt sich eine neue Lebensform. Aber die Betroffenheit ist nicht negativ. Das Kloster hatte seinen besten Redner gewählt, den Entschluß zu begründen: die größere Gemeinschaft; die zuchtvollere Form; die intensivere Hilfe für den einzelnen Mönch in seinem Bemühen, vollkommen zu werden; die neu erkannte Treue zur Gründung und ursprünglichen Lebensweise. Jeder in der Trápeza freut sich und stimmt begeistert zu. Der ›Erste‹ von Iwiron wird direkt angesprochen, fast versucht und verführt, doch auch sein Kloster umzuwandeln, das ganz prinzipiell und bis auf die Knochen idiorrhythmisch lebt. Er lächelt zurückhaltend; er läßt sich nicht überre-

AMAND DE MENDIETA, 242 ff. – ANTHIMOS von Adrianopel, vgl. Runciman (→ Lit.-Verz. 3 b), 251 ff. – ATHANÁSIOS von Alexandrien, zit. nach Ivan Pančovski: *Die heilige Eucharistie in orthodoxer Sicht,* in: Ostkirchliche Studien, 34 (1985), 165 f. – ATHANÁSIOS Lawriotis: *Katálogos merikòs chrysoboúllon,* in: Agioreitikè Bibliothéke, 4 (1939–40), 92–95, 145–148 und 196–200; *Proskynetarion oder Führer zum Heiligen Kloster der Großen Lawra auf dem Athos,* Athen 1936 (griech.) – BELPAIRE, 180 f. – BETZ, 89 – Robert BYRON, 72 f und 82 f.; vgl. Robert Byron und David Talbot Rice (→ Lit.-Verz. 3 b) – CARLYLE, 210 – COATE, 25 – COVEL, zit. bei Hasluk, 106 – CURZON, 285 und 296 ff. – DAVYDOV, Bd. 2, 144 ff.; vgl. über den ›Code penal‹ des Athos bei LAURÈS: *La vie cénobitique* (→ Lit.-Verz. 3 a), 151 – DIDRON, 21, 132 ff. – GELZER: *Vom Heiligen Berge,* 82 und 92 – GRISEBACH, 272 – IRÉNIKON, 39 (1966), 243 f. – IRMLER, 82 – KÄSTNER, 156 ff. – KÖPPEN, 154 und 165 ff. – Franz MARC,

den. Nicht nur, weil er nicht kann, da er kein Abt mit Befugnis ist, noch weil eine solche Entscheidung, die so gravierend das innere Leben eines Klosters ändert, nicht schnell oder spontan entschieden werden kann oder darf.«

Doch diese Stunden wird es noch geben, in denen ein Mönch mit seinem Gast auf dem Balkon seiner Wohnung hoch über dem Meere sitzt, Kaffee trinkt und sich mit ihm über den Garten der Gottesmutter und die Heimat unter dem Himmel unterhält, wie anderswo Menschen über ihre Alltäglichkeit. Denn hier ist der Himmel der Alltag, alle Tage ist der Himmel hier gegenwärtig, weil die Allheilige ihn beschützt. So sagte es auch einer der Priestermönche zu dem Katholiken Karl Schelkle:

»Wie die rettende Arche Gottes ist dieser Heilige Berg, der uns in aller Not der Zeiten die großen Überlieferungen unseres griechischen Volkes und unseres rechten Glaubens bewahrt hat.«

Am Fuße des Berges bleibt die ›Breite Gasse zwischen den Hütten‹, die Große Lawra, eine heilige Stadt.

nach Panteleimon Lawriotis; vgl. Klaus Lankheit: *F. M., sein Leben und seine Kunst,* München 1976, 35 – Martin: L'Unité de l'église, 11 (1933), 189 – Miller, 105 f. – Millet: *Recueil* (→ Lit.-Verz. 3 a), Nr. 394, 395 und 396 – Neyrat, 136 und 142 f. – de Nolhac, 512 – Pabel, 63 f. – Panteleimon Lawriotis: *Savants reçus à la bibliothèque des manuscriptes de la Grande Lawra (1897–1961),* in: Millenaire (→ Lit.-Verz. 3 a), Bd. 2, 333 f. – Pischon, 21 f. – Pococke, 209 – Proust, 126 – Riley, 183 ff. – Roditi, 63 f. – Saunders, X – Schelkle, 347 f. – Spunda, *Landschaft und Legenden,* 39 f. – Spyridonas monakos lawriotou iatros: *Catalogue of the Greek Manuscripts in the Library of the Laura on Mount Athos,* in: Harvard Theological Studies, 12, Cambridge/Mass., Paris–London 1925 – Theunissen, 69 – Kurt Weitzmann: *Aus den Bibliotheken des Athos,* Hamburg 1962, 61 f., Tafel 11 – Zachariae, 254 ff.

VIERTER TEIL

Rast vor der Ewigkeit

Einen Gott ›haben‹ ist nicht genug, man muß ihn suchen.

Anachoreten

Anachoreten wissen, wie wenig man braucht, um alles zu haben und in der letzten Zeit ihres Hierseins sich auf die Erlösung vorzubereiten. Sie lieben die Öde und die Zurückgezogenheit, die ›eremia‹, sind also Leute der Wüste. Auf dem Athos ist es die lotrechte Wüste aus Urgestein, an die sie sich klammern. Ihre Einsamkeit umgibt sich mit Felsabgründen, mit den wilden, uralten Wäldern und dem sonnenglitzernden Meer, aber auch mit den dunklen, den stürmischen Nächten und der schneidenden Kälte, die Schnee bringt. Sie hat die Weite des Himmels, des Lichts und der Wolken, aber auch die Enge der Höhlenhütte, drei oder fünf Schritt im Geviert. Nur das Gebet füllt die Einsamkeit aus.

Und wenn die Eremiten alt sind und schwach und sie nicht mehr an den Ketten kletternd zur ihrer Höhle zurückkehren können? Ihre zerschlagenen Körper findet man dann am Felsenhang. Anachoreten leben in dieser Gefahr, wenn sie sich von der Gemeinschaft der Brüder befreien. Sie müssen immer für sich sein, damit sie zu sich selbst und zur Erkenntnis Gottes und ihres Wesens gelangen. Hier sind sie auf sich gestellt und mit ihrem Gebet allein.

»Diese Eremiten leben in fast unzugänglichen Felsenhöhlen, allein oder mit einem Mönchsschüler, der sie betreut. Als es mir«, erinnert sich Karl Eller, »einmal gelang, eines solchen Mönchsschülers ansichtig zu werden und ich mit ihm ins Gespräch zu kommen und ihn zu photographieren versuchte, entfloh dieser in die Felsen. Als ich ihn des Abends zufällig in einem Kloster wieder traf, in dem er Zwiebeln, Brot und Obst für seinen geistlichen Vater in Empfang nahm, erklärte mir ein Klostermönch, er habe sich versteckt, weil sein geistlicher Vater es nicht haben will, daß man ihn photographiere. Denn, wie er sagte, ›sieht und hört‹ sein Vater alles geistlicher Weise.«

Zuweilen gehen sie selbst in das Kloster, dem sie als Eremiten noch angehören und das sie mit dem Lebensnotwendigen und mit geistlichem Zuspruch versorgt. Franz Spunda traf an der Arsana der Großen Lawra einen Alten an, der für seinen Mitbruder Arznei aus dem Kloster holte. Nachts hatte der wandernde Mönch im Schuppen am Hafen geschlafen und aß nun sein altbackenes Brot, das er im Meerwasser aufgeweicht hatte. Der Dichter setzte sich zu ihm, und beide

Die Arsana der Großen Lawra

sprachen über die Zukunft des Athos. Der Mönch hielt das Gerücht vom bevorstehenden Ende der Mönchsrepublik für ein dummes Gerede. Nein, nein, erst wenn die wundertätigen Ikonen den Athos verlassen, wäre die Endzeit nahe – dann aber nicht nur für den Heiligen Berg, sondern für die Welt überhaupt!

»Es sind nämlich drei wundertätige Ikonen Schutzpatrone des Athos: die ›*Portaitîssa*‹ von Iwiron, die ›*Glykophiloúsa*‹ von Philothéou und die ›*Geróntissa*‹ von Pantokrátoros. Wenn sie einmal nicht mehr auf ihren Plätzen sein werden, dann wird die Endzeit nahe sein. Davon sind wir alle auf dem Berg überzeugt.«

Anachoreten sehen über das gewesene Wesenlose hinweg auf das Jüngste Gericht. Von dort her erkennen sie, wissen sie, was auf uns zukommt. Sie kennen die Zukunft der Welt. Einer von ihnen hatte im Garten hinter dem Haus, das er in Karoúlia als sein Asketerion liebte, Bohnen geerntet und nachmittags noch Kreuze aus Linden- oder

Zypressenholz geschnitzt, um sie in der nächsten Woche in Karyès gegen Reis und Mehl einzuhandeln. Als einen Propheten verehrten ihn zwei Schüler, die bei ihm lebten und mit ihm beteten, aber nicht wußten, ob er Grieche oder Russe gewesen war, bevor er zum Athos kam, um sich hier einzusiedeln. Am anderen Morgen wachte er nicht mehr auf: er war bei Gott, der keine Russen und Griechen kennt, sondern nur Menschen, die seiner Gnade bedürfen. Jetzt waren seine Seelenkinder allein auf der Welt – vaterseelenallein. Aber ihr Pater Pneumatikos hatte zwei Gebetbücher und Bündel beschriebenen Papiers hinterlassen – lesen konnten sie's nicht. Da erschien ihnen der Vater im Traum und befahl, die Blätter in einem Kloster dem Pater zu bringen, dessen Namen er ihnen angab.

Nun gingen sie wieder in ihre Einsiedelei zurück. Da trafen sie, nicht weit vom Kloster Panteleîmonos, im Schatten des Judasbaums, einen Fremden, der, auf seinen Rucksack gelehnt, Rast machte. Franz Spunda war es, der den Herzschlag des Athos erhorchte, aber als erstes ihre selbstgeflochtenen Bastschuhe und ihre zerlumpten Mönchskutten bemerkte. Die wandernden Mönche setzten sich zu ihm, um etwas auszuruhen, und erzählten ihm ihre Geschichte, wollten aber nicht sagen, wem sie das Geschriebene und für sie nicht Lesbare gebracht hätten. Nur so viel gaben sie zu, daß die Blätter fünf Jahre in dem Kloster, das sie nicht nennen durften, aufbewahrt, dann aber dem Bibliothekar des Protâton übergeben werden sollten. Und diese Papiere enthielten Prophezeiungen, die den Athos, Hellas und die Welt beträfen – das wußten sie. Bald brachen sie wieder auf, sie wollten am Abend noch das Kloster Sîmonos Pétras erreichen, das Boot in Daphni war ihnen zu teuer.

Von der Skite des Heiligen Demetrios, die ›in der Grube‹ am östlichen Abhang des Berges liegt und daher ›Lakkos‹ zubenannt wird, gehen auf beschwerlichen und gefährlichen Wegen zwei Asketen langsamen Schritts zum Kloster Pawlou, zu dem ihre Skite gehört. Beide sind krank, einer hat eine entzündete Lunge und atmet schwer. Abends erst kommen sie an. Nun warten sie im Fremdenzimmer des Klosters: sie sollen in ein Spital nach Saloniki gebracht werden. Sie gehen im Raum hin und her, unruhig, trotz ihres Fiebers, das sie geschwächt hat. Es wird dunkel, eine Petroleumlampe gibt wenig Licht. Die Nacht ist fast undurchdringlich. Und die Mönche sprechen:

Die Schuld der Welt wird mit jedem Tage immer größer, und die Zahl derjenigen, die gewillt sind, die Sühne auf sich zu nehmen, wird immer kleiner. Daher müssen Freiwillige einspringen. Wir sieben Brüder in Lakkos wollen nichts anderes als dieses. Wir haben darauf verzichtet, für unsere Seelen Vollkommenheit zu erlangen, wir halten es für unsere Pflicht, für die Sünden der Welt Buße zu tun. Die Welt kann nur bestehen, wenn sich Schuld und Sühne die Waage halten.

Franz Spunda bewundert ihren Mut, in ihrem Mitleid, das sie den Sündern der Welt zuteil werden lassen, niemals schwankend geworden zu sein, und meint:

Das sind doch alles verworfene, schlechte Menschen, die eurer Liebe nicht würdig sind.

Sage das nicht, Fremder! Jeder Mensch ist Gottes Ebenbild, und auch für den elendesten Verbrecher ist der Herr gestorben. Die Menschen sind nur deshalb schlecht, weil sie der Liebe Gottes widerstreben und dadurch ihr Glück und Heil verfehlen. Es sind Unglückliche, die unser Mitleid verdienen.

Das Wissen um alles Kommende und um das Künftige, in dem die Gnade Gottes erst wirksam wird, schöpft seine Kraft aus dem Gebet für die Verlorenen. Und wenn auch die Welt das Gebet der Anachoreten verdient, weil sie es nötig hat: verdient sie, diese verlorene Welt, das Wissen des Unheils oder des Heils, das auf sie zukommt, also ihre Zukunft und ihr Letzter Tag ist?

*

In der Mitte unseres Jahrhunderts lebten dort oben in den Höhlen und Hütten Karoúlias einige Russen, die ihre Jugend im alten Moskau oder auf den väterlichen Gütern verbracht hatten, sich aber schon lange nicht mehr um die friedlose Welt Gedanken machten – Tumult, den sie hinter sich hatten und der seine und keine Zukunft für sich hat. Längst hatten wieder Krieg und Rechthaberei, Lüge und Mord die Menschen ins Elend getrieben. Anachoreten leben nur dem Gebet.

»Auf den fast unzugänglichen Bergvorsprüngen, die sich lotrecht über dem blauen Meer zum Gipfel des Berges Athos auftürmen«, meinte Edouard Roditi, »erwarten diese heiligen Männer friedvoll die Stunde, die auch sie in die Gefilde der Ewigkeit abruft, die ihnen vertrauter und weniger furchterregend sind als die Fabriken und Metropolen unseres unruhigen, aber angstgepeinigten Jahrhunderts. Sie haben schon hienieden einen Frieden gefunden, den ihnen nichts rauben kann, und beten nun in ihren einsamen Bastionen unentwegt für den Frieden der Welt, für den Frieden aller derer unter uns, die noch nicht den Weg zu jenen Ruhepunkten gefunden haben, um unsere Welt vor dem Untergang zu bewahren.«

Sie sind die letzten aus dem alten, dem heiligen Rußland, sie sind die strengsten Asketen. Die Klostermönche bewundern sie. Athanásios, ein Mönch aus der Großen Lawra, sagte es zu Reinhold Pabel:

»Die Asketen und Eremiten führen ein ›athletisches‹ Leben. Sie mühen sich ab und arbeiten mit ihren eigenen Händen, verschaffen sich den eigenen Lebensunterhalt mit vieler Mühe und pflegen die Gastfreundschaft in vollendeter Weise. Mit Fasten, nächtlichem Gebet und Sorge für die heiligen Schriften dienen sie Gott. . . Vom Land aus gibt es nur einen gefährlichen Zugang, über eiserne Haltehaken, die in den Felsen eingehauen sind. Auch innerhalb der Siedlung ist die Fortbewegung außerordentlich erschwert, ein gangbarer Pfad fehlt. Die Eremiten klettern mit Händen und Füßen auf den senkrechten Felswänden nach Art von Katzen.«

Und Karoúlia wird diese Einsiedelei wegen der Rollen genannt, über die Seile hinuntergleiten – wenige Fäden nur, die sie mit der Welt verbinden.

»Da und dort, wenn ein Felsen eine kleine Ebenheit machte«, beschreibt Erhart Kästner diese Eremitage, die so wenig mit der Eremitage von Sankt Petersburg Ähnlichkeit hat, »war eine Holzhütte zugewachsen, halb drinnen im Fels und halb draußen. Durch die Bretter war alsdann in der Tiefe die blaue Meerflut zu sehen; wie wir so zu dritt und viert darauf standen, geriet manches ins Schwanken. In die Brüstung war ein Aufzugbalken gesetzt, woran über eine Rolle ein Seil lief: der Aufzug, mit dem man vom Meer herauf von einem Boot etwas aufnehmen konnte. Gleich bei dem ersten Einsiedel, den wir besuchten, war das zu sehen. Das Seil mit dem Greifhaken war heruntergelassen, es wurde vom Seewind in die Schräge geweht. Das kleine Boot in der Tiefe, recht winzig, hatte zu tun, um sich auf der Stelle zu halten. Der Eremit nahm Schilfrohr auf, das am Ausgang der Schlucht von Agiou Pawlou wuchs und das er zu Körben verflocht.«

Unter den Mönchen von Karoúlia, das er einen finsteren Ort nannte, vermutete Reinhold Pabel einen russischen Fürsten. Wen er auch immer gemeint haben mag: von einem russischen Aristokraten in Karoúlia haben wir einige Nachricht. Aufgewachsen in München, war der für uns noch Namenlose einst in New York gewesen, auch in Paris und noch vor dem Ersten Weltkrieg in Rußland Kadett. . . Er kannte Wien. Offizier des letzten Zaren war er gewesen, hatte unter Admiral Koltschak in Sibirien gekämpft, bis die Rote Armee, diese gottlosen Mörder Nikolaus II. und der kaiserlichen Familie, auch sie zerschlug. Wie er zum Athos kam, wissen wir nicht. Nun wohnt er schon vierzig Jahre am Südhang des Berges in seiner Höhlenhütte. Wenn er betet, blicken die Schädel seiner siebzehn Vorbewohner von einem Regal auf ihn herab. Doch nur der Wagemutige wird zu ihm an den Ketten hinauf klettern – Ketten, die an die Ewigkeit fesseln. Aber ein oder zwei Stunden in seiner Gesellschaft, wie sie Sydney Loch erlebte, sind eine kleine Zeit außer der Zeitwelt, in der wir leben und leben müssen – wirklich eine Heimat unter dem Himmel. Heimat in Gottes Hand. . .

Gelegentlich geht dieser aristokratische Anachoret in das Hafendorf Daphni, um Briefe ins Ausland aufzugeben und etwas einzukaufen. Mittags wartet er dann auf das kleine Kaik, mit dem er bis zum Kloster Pawlou zurückfährt. Das Boot ist dicht besetzt mit redenden und gestikulierenden Mönchen, die in schmutziger und geflickter Kutte auf den harten Bootsbänken sitzen. Er schätzt sie nicht sonderlich, spricht auch kaum ihre Sprache. Zwischen diesen ›Brüdern‹ sieht er einen Wanderer aus dem Westen, den er in der Hafenschenke hatte Französisch sprechen hören, und Französisch spricht er, wie es am Zarenhof geläufig war: er ist ein Aristokrat geblieben. So begrüßt er den Theologen Amand de Mendieta und setzt sich zu ihm. Während er mit weitausholender Geste auf die Klöster Sîmonos Pétras, das hunderte von Metern über der steilen Küste aufragt, und Dionýsiou am Meer zeigt, sagt er:

Sehen Sie die großartigen Klöster! Betrachten Sie die bewunderungswürdige Lage. Wie leicht scheint es zu sein, das Heil in diesen Häusern Gottes zu finden! Und dennoch gibt's dort nur wenig Erlösung. Was er denn damit meine, erhält er zur Antwort. *Das monastische Leben ist hier in eine so große Dekadenz geraten, daß nur eine kleine Zahl der Mönche würdig ist, diesen Namen zu tragen. Die Mehrheit der Kalogeren vom Athos lebt ein viel zu leichtes Leben, ein geradezu mondänes Leben. Wie wollen sie hoffen, ihre Seele zu retten?*

Wie aber soll man seine Seele retten können, wenn schon die Mehrheit der Mönche hier auf dem Heiligen Berg sie verloren hat?

Ach, sie sind sehr selten, hört der Fernhergereiste, *die sich der Hoffnung hingeben können, bei ihrem Tode die Gnade des Herrn zu erlangen. Ich glaube wirklich, die einzigen Mönche, die wahren Mönche, das will sagen, die Anachoreten und Asketen, die Tag und Nacht die mühsame Abtötung des Körpers und des Geistes leisten, sie allein sind es, die ein unerbittlich strenges Leben führen und einige Hoffnung hegen können, erlöst zu werden, weil jedenfalls sie das asketische und einsiedlerische Ideal verwirklichen. . . Alle anderen Mönche sind nichts als Sünder, der Rest der Menschheit auch!*

Das Kloster des Heiligen Dionýsios, im Vordergrund die Arsana

Ist denn nicht allen Christen die Erlösung zugesagt? Doch für den russischen Anachoreten und Aristokraten ist in der Welt kein Heil, keine Hoffnung – und keine Gnade?

Die ganze Welt steht unter der Herrschaft des Satans. Sie ist wirklich verderbt durch den Materialismus. Wie sollen die Christen, die in dieser Welt leben, erlöst werden können?

Amand de Mendieta antwortet mit Aufrichtigkeit, daß er diese Ansicht nicht teilen könne: er glaube an die göttliche Barmherzigkeit. Und der Pater sei doch selbst trotz der angeblichen Verdammnis des Menschengeschlechts von der Gnade Gottes überzeugt und von der Vergöttlichung des Christen, er habe es mit innerer Freudigkeit bekannt! Amand de Mendieta sah darin einen Widerspruch. Verachtung der Welt ist keine Gnade. Wer kann Gottes Richtspruch für sich und vor der Zeit – dem Tag, der da kommen wird – in Anspruch nehmen? Gott hat die Welt geschaffen. Und wer hat die Welt verändert? Der Mensch als Ebenbild Gottes oder der Mensch als ein Werkzeug des Teufels? Gott kann sein Ebenbild, das Ihm Analoge, nicht der gänzlichen Verdammnis ausliefern wollen.

Der einsiedlerische Aristokrat, der seinen Namen nicht preisgab, stieg beim Kloster Pawlou an Land und ging den schattenlosen Weg hinauf, vorbei an der kleinen Kapelle, die zur Erinnerung an den Besuch der Mara errichtet worden war, als die Jungfrau Maria ihr verboten hatte, weiter zum Kloster hinaufzugehen. Dann durchschritt er die umlaubte Pergola und setzte sich vor dem Klostertor an den Brunnen, trank einen Zinnbecher Wasser und betrat den engen Hof zwischen der Trápeza und dem Katholikon. Die Mönche hatten nach der abendlichen Liturgie ihr gemeinsames Mahl beendet. Der Abt begrüßte den Eremiten und bat ihn in den Empfangssalon. Dort hingen die Bilder des Zaren Nikolaus, dem der Eremit als Offizier gedient hatte, und das des letzten Kaisers von Byzanz, des Konstantin Palaiologos, der im Kampf gegen Mehmed den Eroberer auf den Mauern Konstantinopels den Tod fand. Den Zaren Nikolaus ermordeten die Bolschewisten! Von der Geschichte bleibt im Kloster Pawlou nur die Erinnerung an Leiden und Tod. . . Der Abt bot dem wandernden Asketen Kaffee und Raki an und ein Bett für die Nacht.

*

Vor vielen Jahren hatte Emmanuel Miller, der im Auftrag Kaiser Napoleons den Athos bereiste, in Pawlou mit dem Stellvertreter des

Abtes gespeist. Niemals war ihm, solange er auf dem Heiligen Berg war, eine so verschwenderische Mahlzeit vorgesetzt worden. Das Tischtuch war sauber, die Servietten à la française geplättet, die Gläser gewaschen und einwandfrei. Man aß von Tellern aus Porzellan. Zuerst gab es eine vorzügliche Nudelsuppe, die dem Gast sehr gut tat. Danach servierten die drei dienenden Brüder gekochten Fisch mit geschmorten Tomaten und gebackene Krebse, Sardinen, Oliven. Einen sehr guten Wein kredenzte der Gastgeber selbst. Als Dessert gab es Feigen, Trauben und Pfirsiche. . . Einsiedler waren es nicht, die ihren französischen Gast so reichlich bewirteten. Der Asket hatte wohl recht, dieses Leben ›mondän‹ zu nennen, als er mit Amand de Mendieta die Küste entlangfuhr. Auch Athelstane Riley fand in Pawlou die sonst auf dem Athos vermißte Zivilisation wieder und begeisterte sich an der Erhabenheit der landschaftlichen Szenerie, in die das Kloster hineingebaut war. Ob man sich damals in Pawlou noch an den Besuch Canning Lord Stratfords – und seiner Töchter! – erinnerte? Auch sie hatten die Landschaft unvergeßlich gefunden. Und der Aufblick zum Berge mit seinen drei majestätischen Gipfeln ist wirklich ein aufregendes Motiv, in die Wälder und Schluchten hinaufzuwandern, um den Einsiedlern zu begegnen. Wer aber die Wege nicht kennt, sollte den Aufstieg allein nicht wagen.

Burgartig auf einem Felsen errichtet, war dieses Kloster des Heiligen Paulus von Xeropotámou mehrfach von herabstürzenden Steinmassen bedroht oder – schlimmer noch – nach der Schneeschmelze durch Überschwemmung heimgesucht worden. 1839 wälzte sich wieder ein steinerner Strom den Felshang herab, grub sich ein ›Flußbett‹ und zerstörte das Kloster. Das Katholikon mußte von Grund auf neu erbaut werden. Die Mönche holten sich einen Architekten, den der Abt einen ›latomos‹ – einen Steinmetzen – nannte, als er den französischen Archäologen Adolphe Napoléon Didron durch das Kloster führte. Der Steinmetz hieß Zacharias, stammte von der Insel Tinos und trug, wohl aus nationaler Gesinnung, die Tracht der jungen Männer von der Insel Hydra: einen blauen, geschlossenen Überrock mit rotem Gürtel, ein rotes Käppchen mit blauer Quaste aus Seide, dazu einen schwarzen Schnurrbart. Zacharias rühmte sich, bei einem französischen Architekten gelernt zu haben, hatte aber doch die Vorteile der byzantinischen Architektur erkannt. Die Mönche hatten ihn veranlaßt, den Agion Oros zu durchwandern, um die alten Kirchen kennenzulernen, die ihrem Katholikon als Vorbild dienen sollten. Und Zacharias entwarf einen Plan, wie er Didron erklärte, nach eigener Imagination. Das war wohl nicht wörtlich zu nehmen, denn die neue Kirche erinnerte an die großen Katholika von Iwiron und in der Lawra. Die Mauern waren schon einige Meter hochgeführt worden. Zacharias behaute mit eigener Hand die Schäfte der Säulen, auch die Kapitelle, aber nicht etwa nach seiner Imagination, sondern nach der Art der alten Kapitelle, die zu Boden gefallen waren. Mehrere Steinmetzen und Maurer, meist Griechen, arbeiteten mit ihm, dazu Handwerker aus Bulgarien, die bei freier Unterkunft und Verpflegung zwei Piaster Tageslohn erhielten, Zacharias jedoch zwanzig.

Aus dem alten Katholikon war die Apostelkrone erhalten geblieben. Um sie anfertigen zu lassen, war vor langer Zeit einer der Pawlioten, der Mönch Jesaias, nach Dresden in das Fürstentum Sachsen gereist und zum Meister Wolf Stengel, dem Rotgießer, gegangen, der die Ratswaage und mehrere messingne Leuchter an das städtische Bauamt geliefert hatte. Meister Stengel vollbrachte das Werk, wie es auf dem Choros zu lesen steht:

»In der Curf(ü)rstlichen Resedentstadt Dresten bin ich gemach(t) – (Meis)ter Wolf Stengel hat mich so weit gebracht – Des nun ist mein Dhun und Bflicht – des ich dhue leichten mit vierundachtzig Licht – MDCLXIX.« Dazu in slowenischer Sprache, wie es Bruder Jesaias angab: »Der Choros ist vorbereitet durch den Mönch Jesaias in Dresden in Sachsen im Jahre 1669.« In slowenischer Sprache, denn damals war das Kloster Pawlou noch von serbischen Mönchen bewohnt.

*

Eines Morgens sagte der Abt, als die Mahlzeit nach der Liturgie beendet war, zum Bruder Konstantin, er solle mit seinem Maultier einen Korb mit Lebensmitteln zu einem Einsiedler bringen. Konstantin, wie wir ihn nennen, dessen Weltname jedoch Costa de Loverdo blieb, ging in den Stall zu seinem Esel, den er liebte. Er erzählt es uns selbst:

»Ich belud ihn mit dem Korb voll Verpflegung, Brot, Oliven und einem Schlauch mit Öl. Ich nahm dann den Weg über den Berg, durchquerte das Geröll, das wie ein Strom vom Athos bis zum Kloster reicht und sich mit flacherem Gefälle bis zum Meer ergießt . . . Nachdem ich dies ›Flußbett‹ durchritten hatte, wurde der Abhang steiler. Unter mir gewahrte ich nun das ganze Kloster: Die zinnengekrönten Mauern, den Berchfriet, die Kuppeln der aus Ziegel errichteten Kirche . . . Alles war harmonisch. Seit dem Jahre 1390 hatte sich nicht viel geändert. Die Zeit hat das Neue so in das Geviert eingefügt, daß kein Unterschied zu bemerken ist. Ich bin stolz auf mein Kloster, stolz auf die Gründer, stolz darauf, es fest wie ein Schloß zu wissen, weil es der Zeit trotzt. Hier werden die Jahrhunderte vergessen. Ich lebe wie jene gelebt haben, die meine Zelle zur Zeit von Byzanz bewohnten. Ich muß denken wie sie, denn das Denken ergibt sich aus den Dingen, die uns umgeben, und diese Dinge haben sich nicht verändert. Sie gehen durch meine Augen und Ohren und ordnen sich in meinem Verstand, wo ich sie ein wenig vergesse und sie sich mischen, dann aber wieder kommen, als hätte sie mein Bewußtsein selber hervorgebracht. Darum kann sich mein Sinnen und Trachten nicht von denjenigen unter-

Das Kloster Pawlou

scheiden, die vor mir hier lebten, da ja das Meer, die Wälder, die Kirchen und Türme, die mich umgeben, dieselben sind, die einst auch sie beschützten.«

Mit solch' freudiger Besinnung reitet Bruder Konstantin über die in den Fels gehauenen Stufen, die sein getreuer Esel gut kennt. Es klingen die Glöckchen im Schritt. Der Pfad geht durch Zedern- und Lärchengehölz, durch Tannenwald und Olivenhain bis zu der steilen Küste, die wie durch das Schwert des Allmächtigen abgeschnitten zu sein scheint. Konstantin erreicht die Stelle, wo in einem Felsblock eine Vertiefung eingekerbt ist, über die er den Korb mit dem Seil hinabgleiten läßt. Bald sieht er ihn nicht mehr.

»Der Strick wird locker. Der Korb muß die unsichtbare Nische des Eremiten berührt haben. Ich warte ein wenig und betrachte das unter der Sonne leuchtende Meer. Ich lobe den großen Gott, der mir dies Schauspiel schenkt. Dann ziehe ich von neuem an dem Strick, um den leeren Korb heraufzuholen . . . Plötzlich, mein Herz stockt: der Korb ist schwer. Und wenn er noch gefüllt ist, dann ist der Eremit – tot!«

Konstantin findet die schmale Treppe, die am Felsen hinabführt. Der Abgrund bereitet ihm Schwindel. Er geht mit dem Rücken zur Steinwand, nirgends bietet sich ihm ein Halt: und unten lächelt das blaue Meer, bereit, ihn zu umarmen. Der Abgrund ist tödlich! Aber unser Mönch hat keine Angst: es wird nichts geschehen, wenn Gott es nicht will. Endlich kommt er vor der Höhle an, in der die Hütte eingebaut ist.

»Davor läuft ein schmaler hölzerner Steg, kaum einen Meter breit, aber über den Steilhang hinausgebaut. Die Hütte ist mit geteerter Dachpappe bedeckt, Steine liegen darauf, die verhindern sollen, daß der Sturm das Dach wegreißt. Eine Leiter verbindet die letzte Stufe der steinernen Treppe mit dem wackeligen Balkon. Ihr fehlen einige Sprossen. Ich besteige sie, krieche auf Händen und Knien hoch über dem Meer, dessen glitzernde Funken weit unter mir zu sein scheinen. Auf dem Steg erhebe ich mich, die Bretter zittern unter den Füßen, einige fehlen, andere sind morsch. Unerwartet stößt mein Fuß an ein Brett: wenn das nächste auch gefehlt hätte! . . . Ich betrete die Hütte, die Mauer im Hintergrund ist der Felsen, die drei anderen Wände sind aus Brettern, durch die Zwischenräume blickt der Himmel in den dämmerigen Raum. In einer Ecke steht eine bauchige Tonne, die dem Eremiten als Truhe dient – gedient hat! Auf einem Wandfach darüber sind etwa zwanzig Schädel gereiht: das waren die Vorbewohner des Asketen. Er selbst liegt leblos auf seinem elenden Bett in der anderen

Ecke . . . Seine abgemagerte Gestalt scheint nur ein Bündel von Falten eines alten Gewandes zu sein, das unter der Sonne wie rissige Tonerde wirkt. Seine ausgetrockneten Lippen sind mumienhaft. Ich berühre ihn: sein Körper ist kalt. – Hier war nichts mehr zu tun. Ich ging wieder hinaus, setzte mich, schaute aufs Meer . . . Ich hörte nicht auf zu beten, bis es Nacht war.«

Und als es Nacht war, glaubte Konstantin, den Toten aufrecht zu sehen und er hörte die Stimme: *Ich bin Petros, der Petros, der Soldat in Syrien war!* Costas begriff: Der Geist des ersten Asketen, der in dieser Höhle gehaust hatte, redete zu ihm und nahm die Seele des Verstorbenen auf, um sie in die Gefilde der Seligen zu geleiten. Draußen tobte der Sturm und mischte die Rufe mit dem wirbelnden Wind: *Ich bin der Petros, Petros, der Pirat und ein Soldat in Syrien war!* Und der Wind heulte, und unten gurgelten die Wellen am Felsenkap. Der Tote lag wieder auf seinem Bett in der Höhle. Petros ging wieder nach Karyès in sein Wandbild im Protâton: hageren Körpers, nur mit einem Lendenschurz bekleidet, langbärtig und mit dem Kreuzesstab in der linken Hand. Konstantin kehrte zum Kloster Pawlou zurück.

Petros, der Syrer, war ein Soldat und Pirat gewesen und siedelte sich im achten Jahrhundert in dieser dämonenverseuchten Höhle ein. Den mit Bogen und Pfeil bewaffneten Satan überwand er im Kampf – oder waren es doch die Piraten, denen er widerstand? Sanftmut und Leidenschaftslosigkeit waren ihm eigentümlich, dazu Reinheit der Seele und des Leibes, das Schauen Gottes war ihm gegeben. Und alle seine Nachbewohner hat er in den Schoß Abrahams bringen können. Jetzt wohnt hier ein russischer Aristokrat – hier in der vornehmsten Höhle des Heiligen Berges. Gelegentlich geht er zum Hafendorf Daphni, um Briefe ins Ausland aufzugeben, und kommt anderntags gegen Abend zum Kloster Pawlou, verbringt dort die Nacht . . .

*

Nicht weit vom Kloster Pawlou hat Pater Theoklit in einem Waldstück von Olivenbäumen seine bescheidene Klause gebaut und versorgt sich selbst mit Gemüse, das er in seinem kleinen Garten erntet. Er denkt nur noch selten an seine Tätigkeit als Bibliophylax im Kloster Dionysîou zurück. Seinerzeit hat er mit Marcel Richard gesprochen, einem der vielen, die nur die alten Handschriften sehen wollen – was bringt das schon, wenn man nicht über das Erlösungswerk nachdenkt? Theoklit ist einer der theologisch gebildeten Mönche: er hat ein

Buch über das Mönchtum des Heiligen Berges geschrieben. In der Weise platonischer Dialoge erläutert er das liturgische Leben, fragt aber sich und seine Leser auch, ob es richtig oder erlaubt sei, sich von der Welt zurückzuziehen. Denn Theoklit ist ein Mönch, der Sorge trägt um die Seelen, die in der Welt ›da draußen‹ täglich bedrängt sind – geht es ihm doch nicht nur um die Hinwendung zu Gott und um das Einswerden mit dem Allmächtigen, sondern vor allem um das Erleben des Mystischen, das verstandesmäßiges Begreifen weit übersteigt. Allem Anschein nach hat er auch mit Ludger Bernhard gesprochen, der aus dem Benediktinerkloster Maria Laach auf den Athos gereist war. Trotzdem: Pater Theoklit ist ein fanatischer Anti-Lateiner und erklärt Willem Theunissen das Wesen der Orthodoxie:

Die Lehre der orthodoxen Kirche ist vor allem trinitarisch, christologisch und pneumatologisch, also vom Heiligen Geist erfüllt. Die orthodoxe Kirche ist die Ikone der Trinität, von ihr geht das Mysterium der Einheit der Kirchen trotz aller Unterschiede aus. Die Kirche ist die fortlebende Inkarnation, in der Christus in seiner königlichen, priesterlichen und prophetischen Macht lebt: Vater Sohn Heiliger Geist Gott – die drei in einem Wesen Eins, das Sein. Wir Orthodoxen vertiefen uns in die innige Vereinigung mit Christus, die sich in der Eucharistie ereignet. Die Kirche muß in ihren sakramentalen Bezügen verstanden werden, die äußerliche Organisation steht dabei im Hintergrund. Unsere orthodoxe Kirche will die Metamorphose und die Katharsis des Menschen, sie strebt danach, die Menschen zu vervollkommnen, will sie vorbereiten auf die Wiederkunft Christi und sie umformen zu einem Ebenbild Gottes.

Während er spricht, sitzt Pater Theoklit mit seinem holländischen Gast auf der Veranda seiner Einsiedelei und trinkt mit ihm Kaffee. Sein geistlicher Schüler bereitet einen Imbiß vor, aber Theoklit setzt seine theologische Rede fort:

In den westlichen Kirchen ist das Verhältnis Gottes zu den Menschen in rechtlichen Kategorien ausgedrückt. Bei den Orthodoxen ist die Erlösung durch Gott mehr als eine Vergebung der Sünden, sie ist eine allgemeine Metamorphose und eine Vereinigung mit Gott.

Pater Theoklit spricht mit dem Eifer des Glaubenden, er ist aber auch ein Wissender. Er hat eine gut ausgestattete Bibliothek, in der selbst neuere Abhandlungen nicht fehlen, und zeigt seine Bücher gern. Nach einer langen Stunde verabschiedet er seinen holländischen Gast.

Nun will ein Mann von der Zeitung zu ihm kommen, den er – Jahre mag's her sein – einmal in Dionysîou gesehen hat. Hermann Gstrein ist vom Kloster Pawlou aufgebrochen, entschlossen, mehrere Wochen bei ihm zu bleiben. Theoklit sitzt gerade beim Abendessen – Reis und Brot, etwas Gemüse –, als der Schreiber künftiger Zeilen durch die silbrig schattenden Ölbäume kommt und bei ihm eintritt. Theoklit begrüßt ihn kaum, sagt nur so nebenbei: *Du alter Söffel bist sicher müde. Geh' in deine Zelle! Ich habe noch im Garten zu tun.* Doch der Ankömmling will den Alten allein nicht arbeiten lassen und besprengt den Garten mit Wasser vom Berge Athos. Es ist schon dunkel, als er sich schlafen legt. Pater Theoklit schreibt bei einer Petroleumlampe . . . Bald nach Mitternacht geht er zur Liturgie und holt seinen ›Novizen‹ hinzu. Und Hermann Gstrein glaubt den Wert des Gebets und des nächtlichen Wachens zu spüren: sie wirken wie psychoanalytische Sitzungen und scheinen, musiktherapeutischen Übungen ähnlich, geeignet zu sein, die verschütteten Abgründe der Seele aufzubrechen, um den Menschen zu radikaler Erneuerung zu zwingen oder in die Verzweiflung zu treiben. Nur aus der Tiefe des Gebets könnte ein Eremit wie Theoklit in die Welt hineinwirken, die er verlassen hat, und: weil er sie verlassen hat. Auf dem Schreibtisch des Asketen liegen die Briefe, die an ihn gerichtet sind.

»Da schrieben Theologieprofessoren und Pfarrer, junge Studenten und biedere Handwerker, Mütter, die um ihre Söhne bangten, und Auswanderer aus Amerika. Sie alle kamen mit ihren Anliegen und Nöten, die nicht immer religiöser Art waren, und baten um den Rat des weisen Mannes. Nun verstand ich«, überzeugte sich Hermann Gstrein, »warum in der Vollkommenheit weit emporgestiegene Mönche die Stunden nächtlicher Besinnung brauchen: nicht mehr zur Läuterung, sondern als Quelle der Kraft und der Klarheit für das weltweite Seelsorgewerk, das die verborgenen Athos-Eremiten im ganzen christlichen Osten ausüben. Sie sind Beichtväter von Ministern und Patriarchen, Ratgeber von Wirtschaftskapitänen und unbemerkte Steuermänner des Kirchenschiffs der Orthodoxie.«

Bei diesem Mann Gottes, der so tief über das Wesen der trinitarischen Wahrheit seines Glaubens nachgedacht hatte, blieb der ›Novize auf Zeit‹ etliche Wochen, ohne jedoch die Einheit von theologischem Denken und mystischer Schau zu erfahren, wie sie Gregórios Pálamas vorgelebt hatte. Denn eine Klause wie die des Pater Theoklit ist die Heimat der Hesychîa, der Ruhe des Herzens im Jesus-Gebet.

*

Unten am Fuß des zum Himmel aufragenden Marmorberges leben der Welt Verlorene, arbeiten, ohne Asket zu sein, im Urwalddickicht, der für sie kein Walddom der Christenheit ist. Der Holzfäller des Lawra-Klosters, der hier für Tage und Wochen allein ist, bietet Franz Spunda Wasser an und Melonenschnitten und beklagt sich gleich, daß es keine Weiber, keinen Schnaps und kein Fleisch gibt. Er war Hafenarbeiter in Suez gewesen und möchte am liebsten zu seinen Spelunken zurück. Schnaps will er haben! Da macht er sich über den Rucksack des Fremden her, schüttet ihn aus, freut sich und lacht. Mit gierigen Händen sucht er – und findet ein Fläschchen Kognak! Den Korken reißt er mit den Zähnen heraus und gießt, ohne zu schlucken, das Getränk durch die Kehle.

Ah, das war gut, aber viel zu wenig, Mosjö! Was würde ich dafür geben, wenn du eine große Flasche hättest! Das ist ein Hundeleben hier . . . Aber das war gut! setzt er befriedigt hinzu, hilft dann beim Einpacken des Rucksacks und redet mit weinerlicher Stimme: *Auf dem Athos zu leben, ohne Mönch zu sein, ist die Hölle. Die Asketen sind am glücklichsten, je mehr sie entbehren, dafür kommen sie auch in den obersten Himmel, wo sie für alle Entbehrungen entschädigt werden. Ich will aber kein Heiliger werden . . .*

Der Holzknecht der Lawra, der lieber in Madagaskar oder sonst irgendwo wäre, nur nicht in diesem Wald, könnte niemals die Asketen verstehen: den Einsiedler Gabriel, der einen Bolschewisten getötet hat – von ihm erzählt uns Ralph Brewster –, oder den gütigen, in sich so heiteren Seraphim, der auf seinem Balkon steht und die Gebetsschnur, das Kombuschino, durch die Hände gleiten läßt: jeder Knoten ein Jesus-Gebet. Was kann ein Kohlenbrenner schon von Pater Stephanos halten, der auf einer Leitertreppe hoch über dem Abgrund klettert, um ins nächste Kalywon zu kommen. In seiner Hütte malt er kleine Ikonen oder liest auf seinem Balkon in der ›*Philokalîa*‹ des Nikódemos von Dionysîou. Sein Wohnraum ist gut eingerichtet, den Tisch bedeckt ein buntes Tuch, und neben ihm auf der Bank liegen Bücher. Emanuele Grassi besuchte diese Anachoreten in ihrer gottnahen Einsamkeit. Der frühere Elektrizitätsdirektor von Agrinion hat sich in der Nea Skite ein Haus gebaut und lebt – wenn auch weltabgeschieden – mit seinen drei Seelenkindern ein religiös motiviertes Rentnerdasein. Und dieser Pater Spyrîdon hat, wie Gerhard Ahl notiert, eine kultivierte Art im mitmenschlichen Umgang – vielleicht könnte der Holzknecht bei ihm etwas glücklicher sein.

Auch unter den Anachoreten gibt es Verlorene, der Gemeinschaft Abhandengekommene, die mit ihrem Alleinsein nicht fertig werden.

Einer von ihnen ist ein Rumäne, ein Mann von fünfzig Jahren, den Franz Spunda in seiner Felshütte antrifft.

»Seine Worte sind freundlich, doch in seinen Augen ist ein so seltsames Flackern, daß mich plötzlich ein unangenehmes Gefühl überkommt. In seinen Gesten und Worten gleicht er eher einem Wirt als einem Asketen. Kränze von Zwiebeln und Knoblauch hängen vom Balkon herab, schwerdurftendes Paradeismark dörrt auf den flachen Steinen, Maiskolben rösten über dem schwach glimmenden Feuer. Die saubere Stube . . . ist über und über mit geschnitzten Bildchen behängt. Ich bewundere seine Kunst, er lächelt nur über mein Lob. Akakios – so heißt er – schnitzt aus Zypressenplatten die zierlichsten Bilder in jahrelangem Bemühen . . . Im Laufe des Gesprächs erkannte ich, daß seine Gesprächigkeit nur eine Maske war, sein Seelenleben vor mir zu verbergen und dennoch beichtend zu enthüllen. Seinen Andeutungen konnte ich nur dieses entnehmen: er hatte als junger Mann bei einem Pogrom einen Juden erschlagen und tat nun Buße dafür am Heiligen Berg. Das Gewissen bohrte an ihm, seine Nerven waren empfindlich wie eine sensitive Waage geworden. Um unter der Last, die es ihm auferlegte, nicht niederzubrechen, betäubte er sich durch übermäßige Arbeit. Hinter seinen freundlichen Worten lauerte die Angst einer urgründlichen Trauer. Immer am Schnitzholz beschäftigt, sagte er dann: *Im Kloster hielt ich es nicht aus. Alle waren glücklich durch Gebet und Gehorsam, ich allein blieb wie verflucht, kein Friede wollte sich meiner erbarmen. Keiner konnte es verstehen, was mich bedrängt. Nur bei der Arbeit kann ich vergessen, wer ich bin.* Was er auch immer tun mag, es wird nur halb oder falsch sein, bevor nicht die Gnade seine Vergangenheit zu Asche verbrannt hat . . . Meine Anwesenheit hatte die alte Narbe seines Herzens wieder aufgerissen, und ich fühlte, daß er monatelang an mir leiden würde. Seine stummen Blicke ergänzten sich durch einen plötzlichen Entschluß: er sprang auf, schulterte meinen Rucksack und hieß mich mit einem jähen Blick, ihm zu folgen . . . Er schritt mit bloßen Füßen über das spitze Gestein, Lianen, wie im tropischen Urwald, versperrten den Weg. Wir kletterten durch Schluchten und schroffes Geklüft, durch Halden in brüchigen Steinen.«

Akakios gab seinem Stundengast zum Abschied ein kleines aus Zypressenholz geschnitztes Kreuz: jedes Mal, wenn er es sehen würde, sollte Franz Spunda an ihn, den Verlorenen, denken. Der Dichter ging nach Kerasià weiter, wo im Frühjahr die Kirschbäume blühen, und trat in ein Kellion ein, in dem sieben Russen lebten. Der

Novize Porphyrij brachte zum Willkomm ihm ein Glas Wasser. In all ihrer Armut waren diese Asketen die letzten, deren irdische Heimat Rußland gewesen war – eine verlorene Schar. Porphyrij war Rottmeister in der Roten Armee gewesen und diente ihnen noch als Novize. Die Alten gingen zur Vesper-Andacht, es klang wie Klirren von Ketten.

»Sie trugen Eisenketten um den Leib, Panzer von Stacheln und Dornen, ein schweres Gewicht ... Zeichen der Knechtschaft und Unterpfand der unendlichen Erhörung. Denn was die gleiche Art des Schmerzes gesteigert hat, verliert seinen Stachel ... Ihre Stimmen summen gedämpft von Trauer und Leid, und doch strahlen die Augen beim Abschiedsgesang in heiliger Freude ... Hier, wo die Athoshalbinsel am wildesten aufsteilt, vom Sturz der Felsen von oben bedroht, von unten vom Donner der nagenden Wogen, hier nimmt die Seele die Zerklüftung der Welt aus der Landschaft in sich auf. Das Innere wird Abbild des Äußeren, und leidet daran, zwischen der reinen Verklärung von oben und dem finsteren Fall in die Tiefe. Kein ruhiges Bild besänftigt das Auge, alles ist hier auf Entscheidung gestellt. Daher die Seelenangst um die Erlösung, der Kampf mit den Elementen bis aufs Blut. Im abgeschlossenen Kloster mag sich der Sinn an frommen Wundern erbauen, einfältig und rein in trauter Abgeschiedenheit. Hier aber, im wilden Felslabyrinth, hat das Herz nichts anderes als den Blick nach oben und unten und in das Herz des ebenso leidenden Bruders.«

Heute kommt Pater Geórgios von der Großen Lawra zurück und ist erstaunt, in dieser Wildnis des Waldes einen Wanderer zu treffen. Er lädt ihn in eine verlassene Klause ein, und hier erzählt er Emanuele Grassi seine Lebensgeschichte:

Vor Jahren, noch als Student, war er zum Heiligen Berg gewandert, während der Großen Woche vor Ostern. Sein Vater und seine Mutter waren nicht damit einverstanden gewesen, weil er allein in dieses Paradies der Jungfrau Maria gegangen war. Damals hatte er alles noch mit Befremden gesehen und erlebt. Er wußte, daß die Mönche die Ungehorsamen und die in das Chaos der Welt Verdammten in ihrem Fürbittgebet vor Gott vertreten und aus dem Mysterium der Eucharistie die heilende Kraft empfingen, für ihre Erlösung zu beten. Das ergriff ihn! Als er wieder zu Hause war, hatte sich alles verwandelt, es gelang ihm aber noch nicht, dieses in sich ruhende Paradies zu verstehen, in dem das Himmlische Reich vorweggenommen zu sein schien. Auf einer späteren Wanderung über den Athos begegnete er einem Pneumatikos, einem der alten, geistlichen Seelenlenker. Er traf ihn in einer Kalýwa an, unter einer kleinen Pergola saß der Hieromonachos unbeweglich und tief versunken in sein Gebet. Der junge Geórgios spürte den regelmäßigen Atem des wortlos Betenden und die unermeßliche Ruhe, die von ihm ausging, und wartete eine Stunde geduldig, ob er ihn wohl bemerken würde, wagte aber nicht, ihn anzusprechen, soviel Ehrfurcht flößte er ihm ein. Und zum ersten Mal sprach er unwillkürlich die Worte: *Jesus Christus, erbarme dich meiner!* Ein Gefühl des Glücks überkam ihn und eine in sich ruhende Schwerelosigkeit. Damals wußte er noch nicht, wie dieser Vater seine Seelenkinder zum Licht des Berges Tabor geführt hatte, zu jener Hesychîa, mit der das Auge der Seele die Strahlen wahrnehmen kann, die von den Jüngern bei der Metamorphose Christi gesehen wurden.

Als ich die Universität hinter mir hatte, erzählt Pater Geórgios weiter, *kam ich ein anderes Mal zum Athos und zum Fest des Heiligen Athanásios, dem 5. Juli, in die Große Lawra. Während der ersten Nachtwache, der Agrypnia, stand ich zwischen den Mönchen und den vielen Pilgern, die aus ganz Griechenland gekommen waren. Da sah ich ihn wieder, dicht bei mir saß der Pneumatikos, der mich in das Gebet eingeführt hatte, ohne ein Wort zu sagen. Er war älter geworden, weißhaarig, aber so erleuchtet, daß er die Kerzen, die auf der Apostelkrone angezündet waren, zu überstrahlen schien. In diesen Festtagen sprachen wir viel miteinander. Er sagte mir, daß er Dikaios in einer kleinen Skite geworden sei. Es war Sommer, ich war frei: ich begleitete ihn mit seinem Maultier zu seiner Gemeinschaft, in der ich andere junge Menschen traf. Sie alle waren fähige Maler, und alle begeistert für die Fenster zum Himmel, die heiligen Ikonen, und schon weit auf dem Weg zum Taborlicht. Erst dann öffnete mir unser Seelenvater die Augen und ließ mich in mein Inneres blicken.*

Seit zwanzig Jahren war Geórgios schon auf dem Athos, hatte zehn Jahre nach seinem Eintritt in die Skite des Pneumatikos das große Habit, das ›megalon schema‹ erhalten, das schwarze Untergewand mit dem gestickten Kreuz und dem Zeichen des siegenden Christus: Christos nikà! Vor drei Jahren war er zum Priester geweiht worden. Er lebte schon lange in seiner Einsiedelei an dieser senkrechten Wüste aus Stein, über der Felsenhütte der Himmel. Jetzt sah er, daß Gott ihn nach seinem Willen geführt hatte. *Wir sind alle in Gottes Hand.* Mit diesen Worten schloß er seinen Bericht, schenkte dem Fremden, der aus Italien gekommen war, ein großes Kombuschino und ging rasch, wie ein Hirsch, der die Quelle sucht, davon. Emanuele Grassi war wieder im Wald allein.

Pater Michael wartet auf ihn in seinem halbruinenhaften Gemäuer. An sein Asketerion reiht sich ein kleiner Bohnengarten und drüben am Wald mit seinen hundertjährigen Bäumen breitet sich eine kleine Wiese, auf der Michael morgens seine Ziege weidet – seltsam, daß er sie haben und halten darf. Den Garten versorgt er mit Regenwasser: an seiner Behausung sind drei verrostete Dachrinnen befestigt, die das kostbare Naß in eine Zisterne leiten. Schadhafte Dachpappe, wenig geteert, bedeckt sein Haus. In seinem beengten Wohnraum hat er die Figur seines Namensheiligen, des Erzengels Michael, an die Wand gemalt. Über dem in den Stein eingehöhlten Kaminherd liegen die Knochen der Eremiten, die vor ihm sein Asketerion bewohnten. Pilger kommen selten zu ihm heraus. Doch heute wird Emanuele Grassi sein Gast sein. Unendliche Stille umgibt den Wartenden: es dämmert schon, bald ist es Nacht – niemand kann jetzt noch kommen. Wer bei Sonnenuntergang keine Herberge hat, ist in dieser Felsenwüste auf eine grausame Weise allein – fast ein Verlorener . . . Nachdem er einige Stunden geschlafen hat, geht Pater Michael durch die Küche in seine kleine Kapelle und singt die Doxologie, den Lobpreis Gottes. Und nur Gott kann ihn hören.

Am nächsten Abend trifft der Gast bei ihm ein. Er sieht in das ausdrucksvolle Gesicht mit den weichen, fast mysteriösen Zügen, er setzt sich ohne Gruß. Der junge Asket weiß, was den Wandernden überanstrengt hat, und er bereitet ihm wortlos ein Lager. Grassi zeigt auf seine blutenden Füße. Pater Michael bringt eine Schüssel mit heißem Wasser, in das er aromatische Kräuter eingerührt hat. Nach dem Bad trocknet er die Füße des Gastes ab. Dann gibt er ihm eine Decke, läßt den Erschöpften sich niederlegen und kommt nach einer Weile mit einem Teller dampfender Linsensuppe zurück. Der Hungrige ißt schnell. Beide haben kaum ein Wort miteinander gewechselt.

Nachts kann der Erschöpfte nicht schlafen, er kauert sich wie ein Tier auf das Lager, bis Fieber ihn schüttelt. Nur die Schritte des Paters, nebenan in der kleinen Kapelle, geben ihm das Gefühl, nicht allein in dieser Felsenwüste zu sein. Und er hört die Stimme des Eremiten und das unausgesetzte Gebet: *Jesus Christus, Sohn Gottes, erbarme dich meiner! Kyrie eleison, kyrie eleison . . . eleison.* Die wenigen Worte senken sich in den Ruhelosen, der das Gebet wiederholt und aus der Tiefe der Seele wieder heraufholt: der Atem wird leichter. Endlich wird ihm der Schlaf geschenkt – und der Traum: er sieht Pater Michael auf einer leuchtenden Brücke, die immer weiter von der Einsiedelei über das Meer und die Welt gespannt wird – bis zu einem unbestimmten

Punkte im All. Pater Michael ist auf der Wanderschaft seines Herzens. Milde Oktobersonne schenkt dem Kranken erholsamen Schlaf – bis in den Tag hinein. Wegen seiner wunden Füße und der Mattigkeit kann Grassi sich kaum bewegen. Er setzt sich vor die Zelle und liest, während Michael mit seiner Ziege zur Weide am Wald geht. Mittags unterhalten sich Gast und Asket über die Anachoreten, die auf dem Heiligen Berg gelebt haben, und über die Namenlosen, die nur Gott kennt.

Mein Lehrer war einer von ihnen, erinnert sich Michael, *und weil er das Chaos der Welt fürchtete, hat er seinen Körper an dieser wüsten Stätte kasteit. Seine tapfere und reine Seele richtete sich allein auf die Askese und, wie sich die Sonnenblume zur Sonne wendet, auf das Wort Gottes. In diesem Kellion erlebte er sein Martyrium, hier war er ein Zeuge des Glaubens an Christus und Bürger des Himmels schon auf der Erde, die auch ich, wenn ich in vollkommener Ruhe gelebt haben werde, dereinst verlasse. Unaufhörlich hat er für die Bekannten und Unbekannten das Fürbittgebet gesprochen, er, der erst als Mönch in ein Kloster auf dem Athos eintrat und dann als Eremit in diesem Kellion hauste. Wie eine Leuchte des Gewissens wandte er seinen Geist der göttlichen Liebe zu und hat in diesem umgestülpten Kelch seiner Grotte, knieend im Gebet, sein Leben verbracht. So fand ich ihn, als er verstarb, aber sein abgezehrter Körper duftete nach Kräutern.*

Zwei Asketen, Felshöhlennachbarn sie beide, kommen von der Großen Lawra zurück und haben Reinhold Pabel mit seinem Wanderfreund durch die verschlungenen Pfade des alten Waldes geführt. Einer geht in seine Einsiedelei bei Karoúlia, der andere bietet sein Kellion zur Herberge an.

»Gern folgen wir«, erzählt Reinhold Pabel, »der Einladung des Kellioten. Nach kurzem Abstieg sind wir am Ziel. Dies russische Kellion sieht aus wie ein gepflegtes Bauerngehöft mit Ställen, Hof, Nußbäumen, einem neuen Kirchlein und einem wunderbaren Traubengarten. Unser Gastpater bringt das Maultier in den Stall und kommt gleich darauf mit Pater Pawlos wieder. Pater Pawlos bietet sich an, uns heute abend noch nach Agia Anna zu geleiten. Freudig willigen wir ein. Pater Pawlos sieht eigentlich gar nicht aus wie ein Klostermönch. Er trägt einen riesenhaften, abgetragenen Filzhut, der ihm das Gesicht fast bis zum Kinn beschattet, so daß man die hageren, eingefallenen Züge kaum erkennen kann. Unter dem schneeweißen Bart sieht man das fadenscheinige farblose Obergewand. Der ganze Rücken ist mit einem riesenhaften Rucksack belastet. Nun geht er uns voran mit seinem kleinen vorsichtigen Schritten, der lange Stecken gibt ihm Halt bei dem steilen Auf und Ab. Mitten im Dickicht des Waldes hält er inne, setzt sich auf einen der umherliegenden großen Steinblöcke und winkt uns schweigend, Platz zu nehmen. Dann zieht er aus seinem Bündel eine Handvoll Feigen hervor und reicht sie uns. Sein ganzes Gesicht strahlt dabei vor Glück, während wir die köstlichen süßen Früchte verzehren. Solche Menschen wie Pater Pawlos sind diese Einsiedler des Heiligen Berges, schweigend, mit kindlich heiterem Denken, gastfreundlich aus der Freiheit eines unverbildeten Herzens, arm, anspruchslos, von einer sehr einfachen, aber vorbehaltlosen Frömmigkeit.«

»Der Abstieg zur Skite Agia Anna ist wegen der ungewöhnlichen Steilheit sehr beschwerlich. Kurz vor Einbruch der Dunkelheit erreichen wir das erste Haus. Der Gérontas kommt gerade von seinem kleinen Gemüsegarten herein, als wir ins Zimmer treten. Pater Pawlos zieht aus den Tiefen seines Rucksacks ein Paar Stiefel hervor und gibt sie mit einem unverständlichem Brummen dem Hausherrn, der scheint also ein Schuster zu sein. Der Raum ist klein, dunkel und schmutzig. In der Ecke brennt vor der Ikone das Lämpchen. Das Nebenzimmer ist als Andachtsraum eingerichtet, in dem die Hausbewohner ihre Tagzeiten verrichten . . .«

*

Wer als Wanderer aus dem Westen, aus diesem leidenden Europa – das sich immer nur um sich selber dreht – hierherkommt und durch die Wildnis der Wälder geht und über die Felspfade klettert, gerät wie die Einsiedler an die Grenzen seiner eigenen Möglichkeit, weil danach – wie Erhart Kästner sich stets von neuem erinnern wird – »alles für alle Zeit anders aussieht«. Auf die tiefinnere Verwandlung des Menschen ist das Leben der Anachoreten gerichtet. Ein solches Dasein verwandelt die Seele, nicht aber die Welt, sie zu ändern ist nicht ihre Absicht. Der Weg an den Felswänden entlang wird zum Erlebnis.

». . . felsige Steige zwischen Dornen und Macchiagebüsch, aufwärts und abwärts, hundert oder zweihundert Meter in der Tiefe das Meer. Wir kamen an einem Häuschen vorbei, das seit fünfundzwanzig Jahren ein russischer Großfürst bewohnt. Während der Weg und die an ihm liegenden Hütten in einem Kar steckten, das vom Gebirge herabfiel, stiegen wir nun in den Felsen selbst ein, in den nackten, braunroten, von der Sonne durchgluteten Felsen. Es ging steil zum Meer hinab, das sofort tief war und von edelsteinerner Bläue, oberflächlich von einem zärtlichen, silbergeschmiedeten Narbengeflechte gerauht. Bald waren Ketten, bald Haken und Spangen in die Felsen geschlagen, dann wieder Seile gespannt und Eisendrähte befestigt, alles recht abgegriffen und dürftig, wie es sich für ein Leben in Endzeiterwartung gehört, wo es keinen Sinn hat, was Festes zu machen. Da gehört es zum Stil, daß jeder Haken so ist, daß man mit einem Stoßgebet denkt: vielleicht hält er das eine Mal noch.«

*

Der russische Großfürst, der in der Höhle des Petros, der vornehmsten Höhle am Berge, wohnt, gelegentlich in das Hafendorf Daphni geht und sich mit Amand de Mendieta auf der Fahrt nach Pawlou unterhielt, hat einmal eine viel größere Reise gemacht: zu seinem Bruder, der in Los Angeles lebte – russisches Emigrantenschicksal. Erhart Kästner erzählt die Geschichte:

»Natürlich habe er keinerlei Mittel für eine solche Reise gehabt; ein Fremder habe ihn bis Athen mitgenommen, dort habe er eine Zeitlang in der Garage des englischen Botschafters gewohnt, bis es diesem gelungen sei, einen Frachter ausfindig zu machen, welcher den Pater Nikon von Piräus nach den Staaten mitnahm, aber fünf Wochen brauchte, weil er vorher noch zahlreiche Häfen anlaufen mußte; so sei er die ganze Adria hinauf- und hinuntergefahren. Dann aber, was das Überraschende an der Geschichte war: die Rückreise sei mit dem Freischein einer Fluggesellschaft in wenigen Stunden erfolgt und, worum er so sehr gebetet habe, es sei ihm geglückt, am Osterfest wieder in seiner Eremitage auf dem Heiligen Berg zu sein.«

Nun kennen wir den aristokratischen Anachoreten und russischen Großfürsten: Pater Nikon. Er empfängt seine Besucher, wenige Tage nach einer kleinen Hüftoperation, in seinem Krankenzimmer in Agia Anna. Und es wirkt selbst in dieser Umgebung wie eine Audienz. Mit unnachahmlichen, nie sich wiederholenden Gesten spricht er, will wissen, ob Österreich und Deutschland, diese beiden unglücklichen Vaterländer, sich noch einmal wiederherstellen werden, und dann redet er grundsätzlich:

Alles Darüber-Reden, liebe Freunde, ist nichts, wirklich ganz und gar nichts. Man muß sich Fakten schaffen, Fakten, und seien es auch die al-ler-ein-fach-sten Fakten, die es überhaupt gibt. Tatsachen, Schlüsse. In die Presse von Fakten geraten, das ist es. Wie der Wein in – wie sagt man im Deutschen, die Kelter, ja – wie? gut –: Kelter, das ist es. Kein Zurück mehr. Ein Leben in größter Einfachheit führen, damit, zum Beispiel, ist manches erreicht. Gelingt es und wir können auf diese Weise, ich möchte sagen: auf Fels, auf Urgestein kommen: mir scheint es ein großes – ein großes Geschenk.

In der Welt sieht Pater Nikon überall nur den Antichrist, selbst dort, wo man glaubt, zu glauben.

In jeder Gewißheit sitzt Antichrist mitten darin; er ist nämlich immer im Spiel. Er ist immer ganz in der Nähe, er ist immer direkt vor der Tür, hier, da, auf dem Korridor draußen. Er ist in den Institutionen. Er ist immer dabei, wo sich etwas verfestigt. Darauf verlassen Sie sich, absolutely . . . Es soll sich doch niemand einbilden, er könne nach dem Evangelium leben, so im Angesicht der Letzten Dinge – o nein! wie unmöglich! welcher Übermut! Ich würde sagen: wenn man sich's einbildet, dann ist der Antichrist nicht nur auf dem Korridor draußen, dann hört man ihn bereits husten! Besitzlosigkeit? Ich meine, es ist eine Illusion auf den Besitz verzichten zu können, verzichten zu wollen. Wir sagten Heimat. So leben wir alle in irgendwelchen Besitzen, auch hier in der Eremitage, und wir wissen, daß es durchaus vom Übel ist. Durchaus vom Übel. Absolutely . . . Und wiederholte es viermal.

Nirgends zu Hause anzukommen, keine Heimat zu haben, ist das Schicksal eines Anachoreten. Kein Zurück mehr in die Welt, wie sie einst war, und nur eine Zukunft: Erlösung! Nur der Heimatlose ist auf dem Wege zu Gott. Anachoreten müssen alles verlieren können. Darum sind Pater Nikons Worte so trostlos:

Heimat, Heimat! Wer kann ohne sie leben? Gott ist in der Heimat. Immer. Ihn in der Fremde zu finden, ist schwer.

Seine Heimat, die er kaum kannte, sollte Gott los sein, der Antichrist hatte gesiegt. Vom Antichrist unterworfen zu sein, ist russisches Schicksal. Gott wird keine Milde kennen, die Gottesmutter wird für sie, die Mörder des Zaren, nicht bitten. Für die Schergen des Antichrist gibt es keine Erlösung, keine Versöhnung. Christus ist nicht für sie gestorben. Aber:

Der Antichrist springt, er springt immer, das könnte einem so passen, daß er sich stellte! Aber indem man gegen ihn aufmarschieren läßt, im frontalen Angriff, ausgezeichnet formiert, ist er schon hinter die Fronten gesprungen. Il y a là quelque chose que vous appelez les ›Ersatzformen‹ – er sprach das Wort deutsch aus. *Da ist er immer darin. Aber sagen Sie mir, wo sind sie nicht, diese – Ersatzformen? Wo sind sie nicht? Wo nicht?*

Nur in der Wüste – ohne jeden Besitz –, nur in dieser lotrechten Wüste aus Urgestein besteht ein Anachoret den Kampf mit den Dämonen, die ihn versuchen, versuchen, ihn von Gott abtrünnig zu machen. In der Welt sonst nirgends.

Am nächsten Tag will Pater Nikon, obgleich seine Wunde noch nicht verheilt ist, nach Karoúlia in seine Einsiedelei und zu den siebzehn Schädeln seiner Höhlenheiligen zurück: es ist die vornehmste Höhle des Athos, die Höhle des Heiligen Petros. Der russische Anachoret, der gelegentlich in das Hafendorf Daphni geht, um Briefe ins Ausland aufzugeben, wollte eigentlich schon gestern oder vorgestern fort – um heimzukehren. Aber das ist vielleicht schon zu viel ›Besitz‹. Zum Abschied bittet er, ihm einige Journale aus Deutschland zu schicken, die letzten, die er gelesen hätte, wären aus den Jahren 36 oder 37 gewesen, und seitdem sei doch manches anders geworden.

Ahl, 123 f. – Amand de Mendieta, 288 ff. – Bernhard, 65 f. – Brewster, 136 f. – Davydov, 153 f. – Didron, 23, 257 – Eller, 23 – Grassi, 124 ff. – Gstrein, 24 f. – Jesaias; vgl. Millet: Recueil (→ Lit.-Verz. 3 a), Nr. 433 – Kästner, 197 ff. und 252 ff. – Loch, 220 – de Loverda, 45 ff. – Miller, 118 – Pabel, 73 f. – Richard, 66 – Riley, 217 – Roditi, 65 – Spunda: *Landschaft und Legenden,* 73 ff. und 86 ff.; Fresken, 41 und 46 – Theóklitos Dionysiótis: *Das Mönchtum des Heiligen Berges,* Athos 1936 (griech.); seine Schrift über das Gebet des Herzens in französischer Übersetzung in *Ecrits du Mont Athos, une anthologie hagiorite contemporaine.* Recueil des textes choisis, traduits et adopté par Maurice-Jean Monsaigeon, Grez-Doiceau 1989 – Theunissen, 76 ff.

Kavsokalýwia – die ›verbrannten Hütten‹

Die Skite der verbrannten Hütten hat ihren Namen durch den Heiligen Maximos erhalten, der im vierzehnten Jahrhundert in dieser Wildnis aus Wald und Stein, am Abhang des Athos-Bergs, lebte. Hier hörte er nur das Zwitschern der Vögel und das Grunzen der wilden Schweine und das Rauschen des brandenden Meeres, dafür aber um so deutlicher die himmlische Botschaft: es war seine innerste Seele, die sprach. An einem herbstlichen Sonnentag rief eine Stimme, noch nie hatte er diesen Wortklang vernommen. Rief die Allheilige, er solle zu ihr kommen? Er fragte und zweifelte, und der Ruf kam wieder. Da sah Maximos die Jungfrau Maria mit ihrem Kinde, ein Chor von Engeln umschwebte sie. Nun schwebte auch er, schwerelos, durch die Luft, stieg wie auf einer seidenen Leiter hinauf und traf die Allheilige bei ihrer Kapelle. Drei Tage und Nächte blieb er bei der Allheiligsten. Dann ging er mit leichten Füßen den Steilhang zu seiner Hütte zurück. Seitdem war er oft von einem unirdischen Licht umflossen, wenn er betete – betete in seiner Felsenhütte am Berg. Man sah es vom Meer aus. Nicht zufrieden mit seiner weltfernen Einsamkeit brannte Maximos seine selbstgezimmerte Behausung ab, um sich nicht an Besitz zu gewöhnen, und baute sich an einer noch abgelegeneren Stelle ein neues Asketerion. Er wiederholte es mehrere Male, bis sein Leben mit 95 Jahren in Gottes Hand erlosch. Erst Jahrhunderte später siedelte sich wieder ein Eremit mit Namen Akakios in diesem Felsenhang ein, der schon den Namen Kavsokalýwia trug. Und so entstand dieses Dorf der Anachoreten, die sich bald auch ein Kirchlein bauten.

Die Skite mit ihren verstreuten Häusern, den weißen Kalywen, und ihrer Kirche mit Turm und Kuppel zieht sich an einem bewaldeten Berghang hinauf. Sie macht einen malerisch-friedlichen Eindruck: man glaubt, einen sommerlichen Erholungsort zu sehen, der Gäste erwartet – man sieht keine lebende Seele. So menschenleer das Gestade zu sein scheint, das durch die Gewalt des Meeres zu grauen Schrunden und Höhlungen zernagt und verwittert ist – einer der Kavsokalywióten hat sich über Leitern und Stricke zu einer Felsennische heruntergehangelt und hockt seit der Morgendämmerung dicht am Wasser auf einer Matte. An einer Stange hat er einen Beutel befestigt und wartet, zusammengekauert, auf ein Boot, das vorüberfährt, vielleicht daß ihm einer ein Stück Brot in seinen Beutel wirft. Erst am Nachmittag kommt ein Kaik vorbei. Brot wird ihm gegeben, dem Bettler, der wortlos zurückbleibt. Die Ruderer machen noch ein paar Scherze über den schwarzen Engel und bewundern ihn doch, der aus der Ferne aussieht, als wolle er angeln. Melchior de Vogüé, der dem wieder Alleingelassenen nachsieht, meint, ein Fakir müsse mehr innere Aktivität aufbringen als dieser Asket, der zu den Bergtermiten gehöre, wie der reisende Franzose die Anachoreten am Südhang des Berges bezeichnet. Das Wesen dieses Mönches könne man nicht durchschauen: niemals hätte ihn ein hitziger Gedanke erfaßt, keine Anstrengung des Willens ihn ergriffen, und an keinem Tage Begeisterung ihn mitgerissen. Und wie groß sei der Abstand zu den vornehmen Äbten der athonitischen Klöster und dann erst zu den sogenannten Genüssen Europas! Dieser Mönch müsse ein Zeitgenosse des Athanásios sein. Zeit und Welt sind aufgehoben, als wären sie nichts.

*

Das größte Haus in der Skite von Kavsokalýwia bewohnen die Joasaph-Brüder: sieben Mönche, der jüngste, noch nicht einmal ein Novize, ist erst zwölf Jahre alt. Vor dem Haus zieht sich im oberen Stockwerk eine offene Veranda entlang, dahinter die Werkstatt, deren Fenster den Blick auf das unendliche Meer lenken: unter der Sonne glitzert es wie ein himmlischer Spiegel. In den Arbeitsräumen stehen noch einige Gemälde, die Pater Joasaph, der Hagiograph, im vorigen Jahrhundert gemalt hat und der diese Künstlerkolonie gründete. Sie sind die Vorbilder für die Nachgekommenen geblieben. Die Bilder stellen Christus und die Jungfrau Maria dar, beide auf geschnitzten Thronen – Möbel, die die Zeit, in der die Gottesmutter mit ihrem Kinde gelebt hat, nicht kannte, wohl aber ein Münchener Holz- und Hofbildschnitzer. An den Wänden hängen noch dazu, wie Ralph Brewster bemerkt, geschmacklose Photographien von antikisierend gekleideten Mädchen mit einer Taube im Schoß, um eine Anregung für die Gestalt der Jungfrau Maria abzugeben, der vom Erzengel Gabriel die Geburt des Gottessohnes verkündet wird.

»Wer also nach Kavsokalýwia pilgert, um wirklich glaubenstiefe Kunst zu sehen, der wird arg enttäuscht werden. Der Geist der alten heiligen Ikonen ist hier nicht mehr daheim«, stellt Reinhold Pabel fest. »Der ganze Malereibetrieb trägt fabrikmäßigen Charakter. Es fehlt das Ethos der alten Ikonenmalerei: die innere Ergriffenheit von der Größe der Aufgabe, den neuen, verklärenden Menschen als mystisch-heilige Wirklichkeit zu malen. Die Maler von Kavsokalýwia sind ›modern‹ geworden, sie malen keine Ikonen mehr im alten, echten Sinn, sondern – ein hartes Wort läßt sich kaum vermeiden – Abziehbilder. Sie haben den Ehrgeiz, ›realistisch‹ zu sein, Renaissancekunst nachzuahmen. Ihre Bilder nennen sie Ikonen, und unter diesem Namen werden sie verkauft, aber es sind Ikonen ohne Seele, wie jene modernen in manchen Kirchen Salonikis.«

Die Klage über den Verlust der altehrwürdigen Ikonenkunst geht in das vorige Jahrhundert zurück, obgleich damals der tiefere Sinn der heiligen Bilder kaum erst erschlossen war. Auch Franz Kugler konnte in seiner ›*Geschichte der Kunst*‹ unter den byzantinischen Tafelbildern nur sehr wenige finden, »in denen noch ein künstlerisches Lebensgefühl atmet«: »Im allgemeinen haben die Bilder einen schweren, dunklen Ton in der Farbe, sind sie ängstlich geistlos ausgeführt und mit allerlei Goldputz verbrämt. . . Bei weitem die meisten der byzantinischen Tafelgemälde gewähren aber nichts, als die traurige Darlegung eines knechtisch gebundenen Geistes.«

Nicht einmal der Begriff ›Ikone‹ war in der wissenschaftlichen Diskussion geläufig. Erst wenn westliche Vorbilder erkennbar waren, fiel das Urteil weniger streng aus. Aber die Bilder fanden auch dann nicht das Lob der Kenner. Die überlieferten Formen wurden als ein Hindernis auf dem Wege zu weiterer Entwicklung angesehen.

»Ihre hauptsächlichen Züge, ihr feststehender starrer Blick, ihre archaische Physiognomie enthüllen bei ihren Autoren einen großen Respekt vor der ikonographischen Tradition«, erklärte Stanislaus de Nolhac nach seinem Besuch der Malschule im Kloster Esphigménou und meinte damit die Versuche der Maler seiner Zeit (um 1880), die Überlieferung fortzusetzen. »Offensichtlich kennen diese Maler Dionýsios« – der das *›Malerhandbuch vom Berge Athos‹* geschrieben hatte – »und sind davon überzeugt, daß, sollten sie seine Anweisungen außer acht lassen, sie unmittelbar in die Barbarei geführt werden würden. Unglücklicherweise bezieht sich dieser veraltete Glaube an die Tugend der hergebrachten Vorbilder sehr wenig auf die Art, die Kunst auszuüben. Es gibt auf dem Athos keinen ernsthaften Unterricht, es gibt keine Zeichenschule, die diesen Namen verdient. Und angesichts der neuerdings ausgeführten Fresken, die manche Kirchen und Refektorien entstellen, wird man überzeugt sein, daß dies der entscheidende Mangel ist. Der Malsaal von Esphigménou enthält solche schauderhaften Werke, in einer Ecke pfuschten zwei junge Mönche mit Begeisterung an derartigen Bildern, noch dazu mit der Hurtigkeit von Gipsern. Einer von ihnen strengte sich an, einen rotgefärbten Heiligen vor sich hinzustellen und kam jeden Augenblick, um die Arme, die Finger, die Nase seines Vorbilds zu messen. Ein anderer war damit beschäftigt, eine mäßige französische Lithographie mit kleinlicher Genauigkeit zu kopieren, einschließlich der Signatur des Verlegers. Man sah es seinem Gesicht an, wie er seine ganze Seele in die Schriftzüge gelegt hatte und nun tief befriedigt war. Aber solche Kindlichkeiten sind keine Kunst. Es gibt auch gegenwärtig keine Schule, von der man das Geheimnis der hagiographischen Malerei erfahren könnte. Dieses Geheimnis wird sich uns in der alten Kirche in Karyès oder in Vatopédi und in der Lawra enthüllen. Nur dort wird man in der Gegenwart einer wahrhaften Kunst sein und beurteilen können, welcher Abstand diese schlecht malenden Pinselmänner in Esphigménou von den Meistern des zwölften Jahrhunderts trennt und besonders von Manuel Pensélinos.«

Unter dem Einfluß der westlich-weltlichen Kunst schien der Geist der Überlieferung auf dem Athos erloschen. Wenige Jahre nach de

Nolhac traf Philipp Meyer in der Skite des Heiligen Johannes, nicht weit von Iwiron, den Maler Antonios an, der noch den alten Stil bewahrte und sogar seinem Seelenvater, dem Gérontas Gabriel, das Malen beigebracht hatte.

»Aber auch sie lobten die deutschen Schnitte, Stiche und Drucke als Vorlagen, und was ich«, berichtet Philipp Meyer, der sie zweimal besuchte und ihnen 1888 Reproduktionen nach Gemälden der Dresdener Galerie mitgebracht hatte, »was ich allerdings von russischen Fabrikaten in der Richtung auf dem Athos sah, konnte mit den deutschen nicht konkurrieren. Was nun die Nachahmung europäischer Vorlagen überhaupt anlangt, so folgt man auf Agion Oros einem zweifachen Geschmack. Die Gebiete der griechischen Kirche, die dem alten Rhomaierreich angehörten, verlangen für ihre öffentlichen und privaten Heiligtümer fast durchgehend Bilder nach dem alten byzantinischen Geschmack, obwohl dieser an seiner alten Starrheit eingebüßt hat. Die russische Kirche dagegen verlangt realistische moderne Heilige und Madonnen, eine ›*Panagîa*‹ für Rußland, so sagte man mir, muß blondes Haar haben, Rehaugen, rote Wangen und einen kleinen Mund, leuchtende Gewänder müßten ihre Gestalt hervortreten lassen. Diesen beiden Richtungen nun muß die Malerei auf dem Agion Oros Rechnung tragen, will sie oder wollen wenigstens ihre Jünger bestehen. Gerade in den Skiten wohnen nun die Maler dieser Bilder. . . Mein Freund Antonios war in seiner Geschmacksrichtung ein Byzantiner und konnte nicht genug über den modernen Verfall der Malkunst auf dem heiligen Berg klagen. . .«

In den gleichen Jahren wie Philipp Meyer besuchte Heinrich Brockhaus den Athos und vielleicht auch die Skite Kavsokalýwia. In seinem Buch über ›*Die Kunst auf den Athos-Klöstern*‹ vertrat er allerdings die Ansicht,

». . . daß einige Maler sich durch Beherrschung der Technik und durch künstlerisches Verständnis auszeichnen und Werke von wirklicher Schönheit schaffen. Solche tüchtigen Künstler sind vor allem die Maler, die sich nach ihrem 1882 verstorbenen Haupt und Lehrer die ›Joasaph-Brüder‹ nennen, sie arbeiten zu acht in gemeinsamer Werkstatt in der Skite Kavsokalýwia, die am Südhang des Athos-Berges liegt, und haben jüngst (1888) zwölf Bilder für das Templon« – die Ikonostase – »der nach einem Brande neuerbauten Kirche zu Róssikon geliefert, an denen die Hälfte von ihnen ein Vierteljahr gearbeitet hat.«

Damals war der auf dem Heiligen Berg im Exil lebende Patriarch Joakim II. mehrfach bei den Joasaph-Brüdern gewesen. Er hatte sich in der Nähe von Kavsokalýwia ein schönes Haus gebaut. Er hielt sich sonst bei den russischen Brüdern in der Skite des Heiligen Andreas auf und mied die griechischen Klöster. Vielleicht hat er den Auftrag vermittelt. Und diese Bilder zeigen den ›russischen‹ Stil, wie auch Sotiris Kadas die neubarocke Ikonostase von 1887/88 in Charakter und Komposition als russisch bezeichnet. Die Kavsokalywióten hatten also schon damals ihren doppelten Stil entwickelt, den byzantinischen und den russischen, den Philipp Meyer beschrieb. Und beide Stil- und Spielarten haben sich bis in unser Jahrhundert erhalten. So auch bei den beiden leiblichen Brüdern, die aus der Gemeinschaft der Joasaph-Brüder – wie sie alle aus Smyrna gebürtig – hervorgegangen waren und sich in Karyès eine Wohnung gekauft hatten. Sie möblierten sie mit gutem Geschmack und selbst mit einem gewissen Luxus. Im Jahre 1949 begrüßten sie in ihrem Atelier Amand de Mendieta, der mehrere Ikonen herkömmlicher Art bewundern konnte: ein Antlitz Christi als Pantokrator, die Allheilige, den Täufer Johannes, der nach orthodoxer Gewohnheit mit Flügeln versehen war, und andere Hierarchen.

»Aber es waren durchaus andere Produktionen, auf die unsere Gastgeber meine Aufmerksamkeit richteten. In diesem Falle mußte ich meine Bewunderung bis zu spürbarer Zurückhaltung mildern. Ich konnte, das gestehe ich, manche Gemälde ziemlich oberflächlicher Art mit Heiligen nicht würdigen, bei denen sich offensichtlich der Einfluß der italienischen Vorbilder durch die rosige Farbe feststellen ließ. Ich lobte die originelle Komposition. . . Aber es blieb mir nichts anderes übrig, als zu bemerken, daß die meisten weiblichen Figuren, aber auch die der jungen Mädchen, jedes Naturells entbehrten. Ich bemühte mich in höflicher Form, diese kritischen Einwände vorzubringen.«

Amand de Mendieta sah ein: durch diese Mischung mit dem Modernen kann die edle byzantinische Überlieferung der Ikonenmalerei nichts gewinnen.

»Dieselbe Feststellung . . . gilt auch für die Werkstätten von Kavsokalýwia, die Skite der Ikonenmaler auf dem Heiligen Berg. Die Werke, die aus den Händen dieser Fabrikanten – man wagt nicht zu sagen: dieser Künstler – hervorgehen, sind nur matte und schematische Nachahmungen westlicher und moderner Vorbilder, die mit zweifelhaftem Geschmack ausgewählt sind. Die Männer, die diese Ikonen malen, mögen heilige und fromme Leute sein, aber kreative Originalität hat sie gänzlich verlassen. Ihre Ikonen vermitteln mit ihren schreienden Farben nicht mehr den Eindruck geistlicher Schönheit und künstlerischer Frische, welche die alten Ikonen mit ihren Farbabstufungen hervorbringen. Die jetzigen Repräsentanten der heiligen byzantinischen Ikonenkunst haben ihre Technik und ihre Palette in den Dienst einer gezierten ›modernen Kunst‹ gestellt, einer klischeehaften und schematischen, einer kommerzialisierten und seelenlosen Kunst.«

Als Mönche haben sie die Welt abgelegt, haben ihr gezeigt, daß sie den Glauben und die Liturgie bewahren. Aber sie haben die Welt nicht vergessen. Kunst gehört immer der Welt an, Bilder sind materiell bedingt. Darum verbot Kaiser Leo III. der Isaurier im Jahre 726 die Bilder und entfesselte den Streit um die Bilderverehrung und um die Wahrheit der Ikonen. Theodor Studites fand im neunten Jahrhundert die entscheidenden Gründe, die heiligen Bilder zu rechtfertigen, weil er in ihnen ein Symbol der Verleiblichung des Logos in Christo erkannte – eine Analogie. Gott machte als erstes ein Bild und schuf den Menschen Ihm zum Bilde, und Abraham, Moses und Jesaias und alle Propheten haben Bilder Gottes gesehen, doch niemals das Wesen des Allerhöchsten. Erst in Christus, dem eingeborenen Sohn, vollendete sich Gottes Wesen und trat leibhaft in die Erscheinung. Christus aber ist Gott und Mensch in einer Person. Weil Christus unwandelbar Mensch geworden ist und nicht nur, wie die Häretiker behaupten, dem Scheine nach ein Mensch war, ist auch das Bild die wahre und in der Materie sich darstellende Verleiblichung des göttlichen Wesens. Darum stehen die Ikonen in der Überlieferung der Väter, die von Gott selbst belehrt wurden. Den Ikonen gilt die Verehrung, dem Dargestellten das Gebet. Die Bilder der göttlichen Personen und der Heiligen dürfen jedoch nicht die Erfindung der Maler sein, sondern müssen nach Maßgabe der ›katholischen‹, also der allgemeinen und übergeordneten Kirche erfolgen, deren heilige Satzungen von den Vätern überliefert sind. Sache des Künstlers sei allein die Technik, die Anordnung aber Sache der verehrungswürdigen Väter. Aus diesem Grunde lebt in jeder Ikone das Wesen des Dargestellten, wie jeder ein Ebenbild Gottes ist. Aber dieser Glaube muß vor einer zu bemalenden Fläche, und das ist das Bild, bestanden und bewährt werden. Und so entsteht Zwiespalt.

Um sich zu rechtfertigen, haben die Maler von Kavsokalýwia zwar eine Theorie entwickelt, aber theoretische Ansichten verhüllen die Schwäche der künstlerischen Gestaltungskraft. Placide de Meester erfuhr von dem leitenden Mönch der Joasaph-Brüder, deren Meister damals schon mehr als zwanzig Jahre tot war, daß es drei Arten der Malerei gäbe, die archaische, die byzantinische und die natürliche.

Demnach lebt das Archaische in den alten und oft verblichenen Ikonen, die nach Meinung de Meesters das Entzücken aller Freunde der Kunst verdienen, das Byzantinische ist die Nachahmung des Archaischen, aber neuartig in bezug auf Form und Farbe. Die höchste Art aber ist die ›natürliche‹, die ihre Formen der Malerei der italienischen Renaissance entnimmt und sogar ganz moderne Anregungen aufgreift. Und der Jünger des Meisters Joasaph zeigte dem reisenden Benediktiner die Mappen, vollgestopft mit Kopien aus den Akademien für moderne Malerei in Petersburg, Moskau und selbst Reproduktionen aus Paris. Das war im Jahre 1906.

Vielleicht wußten die Joasaph-Brüder, die ihre Theorie erklärten, nicht mehr, woher sie die Ansicht über die ›natürliche‹ Art des Malens übernommen hatten und welchen Ursprung dieses ästhetische Ideal eigentlich hatte. Nur mit den Wirren der politischen und kriegerischen Geschichte ist dieser Zusammenhang zu begründen.

Im Jahre 1669 war die Insel Kreta endgültig den Venezianern von den Türken entrissen worden. Kretische Maler flüchteten auf die ionischen Inseln, die noch unter der Herrschaft Venedigs standen – vor allem nach Zante, wie damals die Insel Zakynthos hieß –, und sahen sich dem Einfluß der italienischen Renaissance-Malerei ausgesetzt. Panagiótis Doxaràs, der aus der Peloponnes stammte, war ein Schüler des Kreters Leo Moschós und schrieb 1726 ein Lehrbuch über die Malerei, nachdem er den Traktat Leonardo da Vincis aus dem Französischen in seine Muttersprache übersetzt hatte. Er forderte:

»Das Beste ist, daß Du Dich von der Natur und von der Wahrheit belehren läßt, die Du andauernd vor Deinen Augen hast, und sie als den vorbildlichen und originellen Lehrer ansiehst.«

Zwar wird mit dem Blick auf die Natur die Zeichnung der Gestalten anatomisch richtiger und ihre Stellung im Bildraum natürlicher, zumal dann, wenn ihnen Schatten gegeben wird. Aber damit werden die Grenzen der alten hagiographischen Kunst in Frage gestellt, die mit der bildeigenen Wirklichkeit die ›Fenster zum Himmel‹ öffnete und darum dieses ›Natürliche‹ nicht aufnehmen konnte. So förderte dieser Grundsatz die profane Malerei, die Landschaft und das Bildnis des Individuums, das sich seiner gesellschaftlichen Stellung bewußt war.

Der Reichsgraf Mathias von der Schulenburg, der 1715 im Dienste der Serenissima Repubblica di San Marco Korfu gegen die Türken verteidigt hatte, war von dem älteren Doxaràs porträtiert worden. Nun ließ er dessen Sohn Nikólaos in Venedig zum Ingenieur und

Maler ausbilden. Und Nikólaos vollendete die von Plakatòs unfertig zurückgelassenen Bilder für die Phaneromeni-Kirche auf Zakynthos.

Gegen diesen Einfluß der venezianischen Barock-Malerei wandte sich der Mönch Dionýsios und schrieb 1731, also nur fünf Jahre nach dem Maler-Buch des älteren Doxaràs, seine ›*Hermenoia*‹. Er setzte damit die Überlieferung auf dem Athos fort, mit der auch das Buch des Paters Daniel vom Kloster Chilandár aus dem Jahre 1674 zusammengestellt worden war. Mit dem ›*Malerbuch vom Berge Athos*‹ und der Theorie des ›natürlichen Stils‹ sind die beiden gegensätzlichen Lehren der jüngeren orthodoxen Malerei bezeichnet, als könnten sie miteinander in Wettbewerb treten. Sie haben den Zwiespalt auf dem Athos verursacht, den die Reisenden aus dem Westen, ohne die Zusammenhänge zu kennen, wahrnehmen mußten, als sie Kavsokalýwia besuchten.

»Diese sonderbare Wertung der modernen und der sogenannten natürlichen Kunst«, urteilt Reinhold Pabel, der den Bericht de Meesters gelesen hatte, »wie sie hier, zumal in billigster Nachahmung zutage tritt, muß jeden nachdenklich stimmen, der etwas von der Glaubensinnigkeit der alten Ikonen weiß.«

Dieser Zwiespalt wirft einen seltsamen Schatten auf den Heiligen Berg und seine Bewohner, als könnte die Zeit, der sich die Mönche zu entziehen suchen, den Geist dieser Maler bestimmen. Wenn Kunst ein Ausdruck religiöser Haltung ist, muß dieser ›Zeitgeist‹ darauf schließen lassen, daß der Glaube ebenso ›leer‹ wie die Kunst ist und das liturgische Bild nicht mehr hervorbringt – nicht mehr ›wagt‹. Und dies scheint der tiefere Konflikt zu sein, denn der Glaube lebt. In der Beurteilung der Kunst stimmen die Reisenden jedenfalls überein.

»Wie, fragten wir uns vor jenen Heiligenbildern«, schreibt Erhart Kästner, »wie kann es geschehen, daß alle Voraussetzungen zu erfüllter Kunst da sind, und doch ist sie leer? Der Glaube ist stark, wie er immer war, die Übung seit tausend Jahren nicht unterbrochen. Das Malerbuch vom Berge Athos, das uralt ist und vorschreibt, wer in einem Marientod oder in einem Himmelfahrtsbild anwesend sein muß und in welcher Stellung und mit welchen Attributen versehen, gilt wie jemals. Die Kunst ist namenlos wie in uralten Zeiten. Und doch auf einmal ganz leer. Warum ist die Fülle entwichen? Warum kein Durchschein mehr da?«

Und auch dies: in Kavsokalýwia versteht man sich geschäftlich gut einzurichten. Man handelt die Farben aus den chemischen Fabriken in Deutschland ein oder aus Frankreich. Die Bilder werden sogar nach

Übersee verkauft. Einer der bekanntesten Künstler war in den dreißiger Jahren Pater Arsenios, der damals schon fast vierzig Jahre auf dem Athos lebte.

»Wir fanden ihn«, erzählt Ralph Brewster, »in einem hübsch gelegenen Haus zwischen Oliven und Oleander, Ilex und Mispelbäumen, zusammen mit drei anderen Mönchen, alle, wie er, aus Smyrna gebürtig. Das Innere des Hauses war ganz türkisch, mit einem langen Diwan, der sogar die Wand unter den Fenstern einnahm, auf welchem die Mönche lagen, sogar, wenn sie bei der Holzschnitzarbeit waren. Pater Arsenios zeigte uns Photographien von zwei großen zusammengesetzten Holzschnitzwerken einer Kreuzigung und dem Letzten Gericht in sehr hohem Relief, die er vor kurzem zu einem guten Preis nach Amerika verkauft hatte.«

Auch Erhart Kästner fand die Danieliden bei gemeinsamer Tätigkeit in der Malerwerkstatt, die im Obergeschoß des Hauses eingerichtet war.

»Sie malten zu fünft, eine richtige Schule; der alte Begriff einer Malschule bekam hier Anschaulichkeit. Wie in der Schule saßen sie zwei und zwei an der Wand, dazwischen ein Gang und am Ende, wo sonst der Lehrer und die Schultafel ist, der Alte, der kluge Gerondios, vor seiner Staffelei. Die Farben selbst gerieben, Firnisgeruch, und nun hätte nur noch die Kunst, nun hätten nur noch auf den Staffeleien halbfertige und ganz fertige Cimabues oder Simone Martinis oder Giotto-Schule sein müssen, und die Sache wäre vollkommen gewesen.«

»Es war so, daß dies Haus seit Jahrzehnten eine Art Familienhort war: ein Mönch Daniel war vor Zeiten Gründer und Vorstand gewesen, seitdem pflanzte das Klösterchen sich familienhaft und doch nicht familienhaft fort, eben so, daß aus dem weitverzweigten makedonischen Stamme der Danieliden ein und das andere Mitglied einzog . . . So war eine gewisse Familienwärme zu spüren, freilich auch Nestpolitik, so etwas bleibt ja nicht aus. Vom Geist des Einsiedlerhangs war wohl nicht mehr als eine Art pietistischer Werktagsfrömmigkeit übriggeblieben. Doch ist es echt griechisch, daß ein Gebilde wie der Heilige Berg Spielarten in sich hat.«

Die Werktreue war also geblieben, aber der Glaube zur Frömmigkeit herabgestimmt? Auch in der Malergemeinschaft des Eugénios Rallîdis schien, wie Willem Theunissen merkte, der hieratische byzantinische Stil verlorengegangen zu sein. Angesichts der neueren Bilder dachte er an Nachfolger Guido Renis und an zweitrangige italienische

Maler. Er fand, daß materialistische Auffassungen gang und gäbe wären, wenn auch das Mönchsideal Werk und Leben bestimmte. Da saß der Alte, fast achtzigjährige Pater Eugénios, als wäre er das Modell eines Propheten, zwischen den Staffeleien seiner emsigen Schüler. Die Arbeitsweise war immer noch einfach, Werkzeug und Material wie in alten Zeiten. Aber fahrbare, fünfbeinige Bürodrehstühle und kleine Schubfachschränkchen auf Rollen machten die Arbeit leichter. Für seine Arbeit hätte er gern eine Lupe, meinte Pater Eugénios, um die Einzelheiten auf den Vorbildern besser erkennen zu können, denn die Ikonen, die er male, müßten genauso sein wie die alten – Werktreue ist also geblieben. Seine Brille sei vierzig Jahre lang gut gewesen, aber nun sei sie entzwei. Willem Theunissen versprach, ihm aus Athen ein Vergrößerungsglas zu schicken. Pater Eugénios war ihm sehr dankbar: *Herrlich, was sind Sie für ein guter Mensch!*

Zu den drei Stilen der Kavsokalywióten, dem archaischen, den sie bewundern, aber nicht weiterbilden, dem byzantinischen und dem natürlichen, die sie beide wahlweise anwenden, fügte Pater Niphon den vierten, den ihm eigenen Stil, hinzu. Er hatte auf der Kunstschule in Athen studiert, aber das mühsam ersparte Geld war bald ausgegeben. Man riet ihm, auf den Athos nach Kavsokalýwia zu gehen. Er tat's und war enttäuscht über die Art, wie die Mönche malten. Eines Tages versuchte er, nach der Natur zu malen, zu zeichnen, gewöhnte sich an, scherenschnittartig schwarz-weiß zu schildern, was ihn umgab, und wurde ein Meister des mönchischen Genres: da sitzt

Zeichnungen des Paters Niphon

einer der schwarzen Brüder wie eine Silhouette in seiner Küche, aber lebendig in Bewegung und Haltung, und schält Zwiebeln, schaut auf den Zeichner und nun auch auf uns. Ein anderer kommt, auf seinen Stock gestützt, zum Bruder Arzt, ihm sein Leiden zu klagen. Einer kocht an seinem Kaminherd Kaffee, um seinem Mitbruder, der ihn besucht, eine Erfrischung zu reichen. Und von köstlichem Humor ist die Zeichnung eines fischenden Mönches, der barfuß und mit hochgekrempelten Hosen auf einem Stein im Wasser steht und mit gespannter Aufmerksamkeit den Inhalt seiner Reuse betrachtet: wird es zum Abendbrot reichen? Es ist der Alltag am Heiligen Berg. Solche Zeichnungen machten den Mitbrüdern Freude: sie erkannten sich wieder,

und so fand Niphon sie auch gut. Ein Sonderling war er gewiß, jetzt lebt er schon lange allein. Sein Novize Petros hat ihn wieder verlassen, dessen Geschichte Ralph Brewster zu kennen glaubt. Pater Niphon zeigte ihm, dem englischen Reporter, unten im Meer die Stelle, wo Petros' Vater mit seiner Yacht geankert – die Braut des Petros an Bord – und ihn wieder abgeholt hatte. Vierzehn Tage später heiratete Petros, der seinem Seelenvater Niphon seine unglückliche Liebe erst nach langem Zögern gestanden hatte. Seitdem lebt Pater Niphon in seinem Haus unten am Felsenkliff allein – und zeichnet.

Als Erhart Kästner in den fünfziger Jahren und Willem Theunissen zehn Jahre später enttäuscht über die Maler von Kavsokalýwia waren, hatte sich auf dem Athos Damáskinos Rodákis eingefunden und sich die Aufgabe gestellt, dem Modernismus entgegenzutreten und die Ikonenkunst zu erneuern. Er war 1924 auf der Insel Chios geboren worden, wo er ein Bewunderer der Mosaiken in der Nea Moni geworden sein wird. Er studierte an der Akademie der Schönen Künste in Athen und schloß sein Studium mit einem Diplom ab, war in Paris gewesen und hatte die zeitgenössische Malerei – damals das ›informel‹ – gesehen und ein akzentfreies Französisch gelernt. Wiederholt zog es ihn auf den Heiligen Berg, der ihn mit seinen Fresken und den verehrungswürdigen Ikonen den Weg zur wahrhaft orthodoxen Kunst wies. 1954 nahm Damáskinos das strenge Leben eines athonitischen Mönches auf sich, er wurde einer der Schwarzen Engel. Nach einigen Jahren wurde er zum Priester geweiht, erlangte die Würde eines Archimandriten. Er lebt jetzt in einem Kellion bei Karyès und lehrt als Professor für byzantinische Hagiographie an der Athonitischen Kirchlichen Hochschule, der Akademie, die in dem russischen Serail, der Skite des Heiligen Andreas, seit 1950 besteht.

Damáskinos beruft sich wieder auf den Heiligen Theodor vom Studion-Kloster in Konstantinopel, der mit seiner erhabenen Lehre über die Ikonoklasten, die Bilderstürmer, triumphierte. An diesen Sieg erinnert das Fest des 25. März, das als ›Fest der Orthodoxie‹ begangen wird: an diesem Tage war im Jahre 843 die Verehrung der Bilder dogmatisiert worden. Das Bild ist nicht dinglich-äußerliche Wiedergabe einer Person, sondern das Symbol einer höheren Wirklichkeit, die dem Bild seine eigene Wirklichkeit leiht. Die zu gestalten, ist möglich nur durch das Gebet. Die Ikone ist ein Gebet. So malt auch Damáskinos getreu den überlieferten Gesetzen und Regeln und beachtet mit ihnen die alte Technik, wie sie im ›*Malerbuch*‹ aufgezeichnet ist. Getragen von einem erlebten und lebendigen Glauben treten auf dem Grund des Goldes, der das Sein Gottes bedeutet, Christus, die Allheilige und alle Heiligen wieder als ein Abbild des Urbilds in die Erscheinung und geben dem Glaubenden die Kraft, das Heilige anzubeten, das zeitlos und weltlos vom Himmel herabsieht.

Eine Ikone der Allheiligen, der ›*Hodegîtria*‹, der ›*Wegführerin*‹, die Damáskinos gemalt hat, hängt seit einigen Jahren in meinem Zimmer. Der Hauch des Ewigen geht von ihr aus und gibt dem Alltag das Maß des Vergänglichen, weil sie, die Gottesgebärerin, der Welt des Unvergänglichen angehört.

AMAND DE MENDIETA, 170 f. – BREWSTER, 129 f.; Abbildungen bei Dawkins, passim – BROCKHAUS, 258; vgl. Huber (→ Lit.-Verz. 3 a), Abb. 179 – COATE, 27 – DAWKINS, 132 – IRMLER, 88 und 92 – KADAS (→ Lit.-Verz. 3 a), 136 – KÄSTNER, 239 f. – Franz KUGLER: *Handbuch der Kunstgeschichte,* Stuttgart 1842, 391 f. – STELIOS LYDAKIS: *Geschichte der griechischen Malerei des 19. Jahrhunderts,* München 1972, 21 ff. – *Malerbuch* (→ Lit.-Verz. 3 a) – DE MEESTER, 106 und 250 – MEYER, 1052 f. – DE NOLHAC, 276 – PABEL, 72 – THEUNISSEN, 103 – VOGÜÉ, 310 f.

Berg der Verklärung

Ehe denn die Berge wurden und die Erde und die Welt geschaffen wurden, bist du, Gott, von Ewigkeit zu Ewigkeit, der du die Menschen lässest sterben und sprichst: »Kommt wieder, Menschenkinder!«
Denn tausend Jahre sind vor dir wie der Tag, der gestern vergangen ist und wie eine Nachtwache.
Du lässest sie dahinfahren wie ein Strom; sie sind wie ein Schlaf, gleichwie ein Gras, das doch bald welk wird, das da frühe blühet und bald welk wird und des Abends abgehauen wird und verdorrt. (*Psalm XC*)

»Und da ist noch ein anderer Berg, der heißt Athos, der ist so hoch, daß sein Schatten bis Lemnos reicht . . . Und oben auf der Spitze des Berges ist die Luft so klar, daß man dort keinen Wind finden wird. Und darum mag dort kein Tier leben, und so ist die Luft trocken. Und man sagt von diesen Ländern, daß Philosophen manchmal auf diese Berge steigen und vor die Nase einen Schwamm halten, mit Wasser getränkt, um Luft zu haben, denn die Luft ist oben so trocken.«

Johann Maundville hat in seinem vierzehnten Jahrhundert den Berg wohl nicht bestiegen, und die neueren Reisenden bestätigen seine Nachricht natürlich nicht: von Wind und Nässe erzählen sie, von Sturm und Gewitter. Wenn es auch keine Bäume mehr gibt,

Pflanzen, Moose und Flechten wachsen noch auf seinem Gipfel. Vögel umschweben ihn in hoher Einsamkeit. Er selbst, dieser Berg aus Marmor, ist unerschüttert geblieben und hat doch seine Geschichte. Auf seinem Gipfel gab es ein Heiligtum des Göttervaters Zeus, den die Griechen als Berggott verehrten. Alexander der Große, er, der Sterbliche, sollte – nach den Plänen des Bildhauers Demophilos – als ein sitzender Gigant, einem Gott gleich, in diesen Marmor eingemeißelt werden. In seiner Rechten hätte er eine Stadt gehalten, dort, wo sich jetzt die Hütten von Kerasià an den Felsen klammern. Dieser Athos soll der Berg gewesen sein, auf den der Teufel Christus lockte, ihm alle Reiche der Welt zu Füßen legte und ihn versuchte, ihn, den Satan, anzubeten. Den Mönchen ist er ein Berg Sinai, weil sie von ihm das Gesetz ihres Daseins empfingen – von Athanásios, wie Moses das Gesetz Gottes. Aber der Berg spricht nicht von seiner Geschichte, er schweigt und hüllt sein Haupt in die Wolken des Mittags und läßt den Tag hin in den Westen ziehn. Rot glänzt er in der Abendsonne und liegt nachts dunkel am Horizont.

Der Berg »ist die Hochwarte des Ägäischen Meeres und Leuchtturm aller Orthodoxen von Byzanz«, begeisterte sich Fallmerayer. Für die Schwarzen Engel ist er der Berg der Verklärung, der Metamorphosis Christi. An jedem 6. August pilgern die Mönche zur Kapelle auf den Gipfel hinauf, um dort die Agrypnia, die Wache der Nacht, zum Jahresfest der Erscheinung des Taborlichtes feierlich zu begehen.

»Man denke sich eine Augustnacht im Purpurflor und mit allen Reizen des Südhimmels angetan«, beschrieb der Fragmentist den Berg zur Zeit dieses Pilgerzuges, »und den glatten Spiegel über bodenloser Tiefe, mildhauchende Seelüfte über die Gärten und Söller fächelnd, Nachtigallen im Rosenbusch, das lange Walddunkel und die Wachtfeuer auf der Bergspitze; oder wie das Morgenrot und der erste Sonnenstrahl goldfunkelnd auf die Felsenkrone fällt und weit unten auf dem Kastanienwalde noch schweigsame Nacht oder kaum das erste zweifelhafte Dämmerlicht über den Klosterzinnen am Strande liegt.«

Das wäre dann der Berg der Romantik und der Begeisterung, den zu besteigen keine Anstrengung kostet und keine Gefahr heraufbeschwört. Und Fallmerayer war wohl auch nicht bis zum Gipfel vorgedrungen. Den 6. August schildert keiner der Reisenden.

»Bei dieser Gelegenheit«, ergänzt Nathaniel Pischon, »lassen sich's auch die bejahrtesten Greise (man findet derer unter den Mönchen über neunzigjährige) nicht nehmen, die Anstrengungen der Bergreise auf sich zu nehmen und zu leisten, wenn das Los der Abordnung auf sie fällt . . . Die der Feierlichkeit beiwohnenden Pilgrime nehmen besonders Bedacht, bei dieser Gelegenheit von den weißen und roten Immortellen, die auf dem Kegel wachsen, zu pflücken. Aus diesen werden später Sträußchen oder Kränzchen gewunden, die als besonders verehrte Reliquien mit in die Heimat genommen werden.«

*

Einige unserer reisenden Freunde, denen wir schon mehrfach auf dem Heiligen Berg begegnet sind, haben sich trotz aller Bedenken und der Beschreibung Maundvilles entschlossen, den Berg zu besteigen. Sie vereinen sich nach und nach zu einer Wandergemeinschaft, ohne sich miteinander bekannt zu machen. Sie erleben ihn, diesen Berg, auf unterschiedliche Art. Die Zeit hat keinen Wert, welche Gegenwart es auch gewesen sein mag: tausend Jahre sind vor Gott nur wie ein Tag, der gestern vergangen ist und wie eine Nachtwache. Und die Nacht ist auf dem Gipfel ein Schritt aus der Wirklichkeit dieser Welt.

Der Berg gehört dem Kloster der Großen Lawra, sofern es sinnvoll ist, dem Berg einen Eigentümer zu geben. Von der Lawra kommen die meisten Reisenden, wenn sie den Berg besteigen wollen. Leutnant Webber Smith ist an einem schönen, klaren Morgen von dort aufgebrochen. Man hat ihm einen Führer mitgegeben und ein Maultier für sein Gepäck. Mönch, Reisender und Maultier nehmen den Pfad rund um die südlichen Abhänge des Berges und gelangen zu den hoch über dem Meere gelegenen Skiten Kavsokalýwia und dann nach Kerasià.

»Aber der Weg von Lawra nach Kerasià«, beschreibt August Grisebach den Pfad genauer, »zieht sich nicht etwa am Seestrande, der hier vielmehr ganz unzugänglich von senkrechten Klippen eingefaßt wird, entlang oder auf der Höhe einer Bergterrasse hin, sondern hat allmählich und stufenweise ansteigend bei jenem Kellion, das drei Stunden von Lawra entfernt liegt, schon die beträchtliche Meereshöhe von beiläufig 2000 Fuß erreicht.«

Schon bietet sich die Aussicht auf die Gebirgsumrisse zahlreicher kleinerer Inseln bis nach Euböa und zum griechischen Festland.

»Hier werden die Felsen über und unter dem Reitpfad viel jäher und großartiger und, was bisher durch Wald und Vorgebirge verborgen war: ein großer Teil der Hauptmasse des Athos zeigt sich plötzlich unmittelbar zur Rechten emporgerichtet, ein weißer steiler Koloß, hier und da mit Tannenwald verziert, im übrigen nackter Marmor, fast senkrecht, oben mit einzelnen Schneeflecken.«

Zwischen Kavsokalýwia und Kerasià begegnet Stanislas de Nolhac zwei kräftig gebauten Männern, als Riesen bezeichnet er sie, die mähnenartige Haare und Bärte tragen und Bären gleichen, aber auf dem Kopf haben sie die Haube der Mönche gestülpt. Sie haben Gewehre geschultert, ein Jagdmesser in den Gürtel gesteckt und machen einen unheimlichen Eindruck. Sie scheinen, meint de Nolhac, Jäger vor dem Herrn wie Nimrod zu sein. Er ist froh, nur einen raschen Gruß mit ihnen wechseln zu müssen, die, gottlob, einen anderen Weg einschlagen als er. Gyrovagen sind es, ruhelos Wandernde im Dickicht des Waldes.

»Endlich verlassen wir« – mit Stanislas de Nolhac – »die bewaldete Region. Über unseren Köpfen erhebt sich in seiner vollkommenen Reinheit die Majestät des Athos-Gipfels, von Wolken befreit. Die graufarbene Spitze des Kegels ist von einer kleinen Kapelle gekrönt, die zu Ehren der Transfiguration, der Metamorphose, wie die Griechen sagen, errichtet ist. Wir stellen fest, daß die Ausführungen unseres Itenerars uns davor bewahren wollen, bis zu dieser Stelle aufzusteigen, von wo aus, wie man sagt, die Aussicht erstaunlich sein soll. Von dort, wo wir Halt machen, ist sie schon großartig genug. Die Helligkeit der Atmosphäre erlaubt es, die Küsten und die Inseln bis zur größten Entfernung wahrzunehmen, in der Nähe kann man Lemnos, Imbros und Samothrake erkennen. Die uns umgebenden Szenen sind nicht weniger schön, aber sie haben die Spuren eines Charakters der Wildheit, die mit dem reizvollen Anblick des Meeres kontrastiert. Wir beginnen bald den Abstieg über den westlichen Abhang. Da erheben sich plötzlich Hindernisse: der Pfad verliert sich mitten in einem Chaos aus abgerutschten Felsbrocken, die sich an der Seite des Berges aufgeschichtet haben . . .«

Schon wegen der Gyrovagen, die ihm begegnet sind, hält Stanislas de Nolhac diese Gegend für recht gefahrvoll – und verzichtet auf den weiteren Aufstieg.

*

Bei einbrechender Nacht trifft August Grisebach in Kerasià ein und nimmt Quartier in einem der Kellien, aus denen das Dorf besteht. Zwischen einem kleinen Weingarten, einem Zwiebelfeld und Gemüsebeeten steht die ärmliche, verfallene Hütte, die zwei dunkle Räume, ein Betstübchen und oben eine offene Galerie enthält. Dort will sich Grisebach schlafen legen. Der einsiedelnde Greis, der hier haust, redet wenig und äußert, ohne auf die Ankunft und die Aufnahme eines Gastes vorbereitet zu sein, weder Verwunderung noch Sorgfalt. Und die Nacht bringt er wegen eines verstorbenen Heiligen im Schein einer matten Kerze in Gebeten zu. Zweimal wird der deutsche Reisende während der Nacht wach, freut sich beim Anblick der leuchtenden Sterne und gibt sich dem Zauber der Waldesstille hin. Noch in der Dämmerung des frühen Morgens bricht er auf, um mehrere Stunden auf dem Gipfel zu bleiben.

Beim Pater Geórgios, dem Holzschnitzer, der mit Pater Menas, dem Priester und Maler, zusammenlebt, hat William Beamont die Nacht verbracht. Und Pater Menas hätte von ihm gern etwas über Landschaftsmalerei wissen wollen und ihm dafür erklären können, wie man die goldenen Heiligenscheine auf den kirchlichen Bildern anbringt. Aber dafür war die Zeit zu kurz gewesen. In einer kleinen russischen Ansiedlung traf Otto Kern mehrere junge Mönche an, die die ganze Nacht mit lauten Gebeten verbrachten, so daß er kaum etwas Schlaf finden konnte.

Die größte Hütte in Kerasià bewohnt als Einsiedler ein Mönch, der sich auf denkbar einfache Weise aus seinem kleinen Garten mit Tomaten und Gurken ernährt. Sein Kellion haben vor kurzem wandernde Maler in handwerklicher Manier ausgemalt: an der einen Wand des Hauptraumes ist die Geschichte der Susanna mit den beiden Alten zu sehen, an der anderen David und Bathseba – ziemlich befremdliche Darstellungen für eine Eremitage, stellt Athelstane Riley fest, der mit seiner kleinen reitenden Reisegesellschaft hier einkehrt. Mit ihm ist sein Freund Owen gekommen, auch der Metropolit von Kavalla, dann sein Diener und der Dolmetscher Angelos und die Maultiertreiber, die sie von der Lawra her begleitet haben. Alles, was der Asket ihnen zum Lunch anbieten kann, sind Eier, von denen die Hälfte ungenießbar ist, rohe Tomaten und Gurken. Zusammen mit dem holländischen Käse und dem Brot von der Skite Johannes des Täufers ist das recht wenig, um der Anstrengung beim Besteigen des Bergs gewachsen zu sein. Ein Viertel vor zwölf Uhr brechen sie auf, abends wollen sie wieder zurück sein. Angelos bleibt in der Einsiedelei.

Athelstane Rileys jüngere Landesgenossen, Robert Byron und David Talbot Rice, werden in Kerasià von zwei dicken, zahnlosgraubärtigen Mönchen begrüßt, deren Kopfbedeckung und Kutte durch Alter ganz grün sind. Sie setzen sich zu ihnen und werden mit einer großen Schale reifer Trauben bewirtet. Unter ihnen zeigt sich eine grüne Kuppel: dort wohnen zehn russische Mönche. *Und diese ohne Essen*, sagt der Grieche etwas schadenfroh. Der Nationalitätenstreit ist noch nicht vergessen. Wie steil und wie weit der Abgrund von der Höhe herunterstürzt, läßt sich nur durch einen vorüberfahrenden Dampfer erkennen, der nicht größer als ein Boot aus Steckhölzchen zu sein scheint. Die englischen Studenten möchten Esel für den Aufstieg zum Berge haben, aber alle Lasttiere sind bei der Arbeit.

Hört, sagt Byron zu seinen Freunden, *wir brechen in zwei Stunden auf. Wenn es vier Esel gibt, werden wir sie nehmen, wenn nicht, gehen wir eben zu Fuß. Aber einen müssen wir haben, um unsere Mäntel, oben ist es ja kalt, und die Lebensmittel zu tragen, meine ich.*

Dann setzen sie sich zum Lunch vor die Hütte: es gibt gekochte Hühnerbrust, die sie mitgebracht haben, dazu den köstlichen roten Wein, der nach Erdbeeren schmeckt und den die Kerasióten an die Klöster, vor allem an die Große Lawra, verkaufen.

»Die Verarbeitung war gegenwärtig im Gange, der Erdboden der Küche triefte von Rotwein, der von einer Kufe, zehn Fuß hoch, herabfloß. Knoblauch wurde uns angeboten, in der Form von Tulpenzwiebeln, geruchlos und, nach dem Gesichtsausdruck unseres Gastgebers zu urteilen, eine elysische Köstlichkeit. Wir aßen davon, und mußten es später bedauern. Nach einer halben Stunde Schlaf auf einem teppichbedeckten Diwan in einem verschmutzten Raum, den allerdings eine englische Uhr aus dem achtzehnten Jahrhundert schmückte, brachen wir auf.«

Es war schon Mittag und höchste Zeit, um den Aufstieg und die Rückkehr vom Berge noch am selben Tag zu schaffen. Die Kapelle der Allheiligen, der Jungfrau und Gottesmutter Maria, ist die nächste Etappe der zum Berge hinauf Wandernden und ihre letzte Rast. Bis dorthin können die Maultiere die Reisenden tragen. Leutnant Smith reitet durch einen Wald von Eichen, Haselnußbäumen, Pinien und Erdbeerbäumen zur Nordwestseite des Berges, wo die Landschaft einen anderen Charakter annimmt. Der Aufstieg über abschüssiges Felsgeröll beginnt.

*

»Aus dem Walde tritt man unerwartet auf eine kleine Wiesenplatte, die genau über der Wendung des Weges von Lawra nach Kerasià vom

Athoskegel vorspringend, einen schauerlichen Blick in ungeheure, senkrechte Abgründe gestattet. Von Süd bis West reicht der Wald schräg zu ihm hinauf, im Norden starrt der Athosgipfel, sein Fuß im schwarzen Tannenwalde, auf der Platte sich stützend. Auf dieser schmalen Fläche steht eine offene, der Jungfrau Maria geweihte Kapelle, daher Panagîa genannt. Nur bis zur Kapelle von Panagîa ist der Athos für Maultiere zugänglich: wenigstens wurde dies von dem Albanesen behauptet, und er blieb daher mit dem Gepäck und unseren vier Tieren zurück.«

August Grisebach, den wir hierher begleiten, hat Kerasià schon um vier Uhr morgens verlassen und hofft, weil ein rüstiger Mann in drei Stunden den Berg besteigt – so hat es ihm der Eremit gesagt –, schon um neun Uhr oben zu sein. Randoll Coate hat, um früh um fünf den Aufstieg anzutreten, die Nacht ebenfalls in Kerasià verbracht. Sein frommer Gastgeber hatte eine ganze Menagerie, gewissermaßen am Rande der klösterlichen Ordnung: Hühner, die Eier legen, Katzen, die Mäuse fangen, und im Bett . . . Flöhe. Randoll Coate mußte die Nacht im Freien verbringen. Aber beide können von hier aus die weite Aussicht genießen, die über die beiden andern Halbinselstreifen der Chalkidike, Lóngos und Kasándra, bis zum griechischen Festland reicht. Man erkennt den Ossa und den Pelikon, die Inseln im Ägäischen Meer bis Skópelos und Skíathos, den ›Schatten des Athos‹, und Grisebach glaubt in der Ferne den Parnaß noch zu sehen, mit Sicherheit jedoch die Berge der Insel Euböa. Nach Osten erstreckt sich das Panorama bis zum trojanischen Ida. August Grisebach beschreibt das Erlebnis:

»So sehr nun der weite Umblick über eine Meeres-, Insel- und Gestadefläche . . . das Auge zu fesseln vermag, so stark es auch die ärmste Phantasie bewegen müßte, hier so viele berühmte Berge und Eilande des Altertums auf die bequemste Art in einem einzigen Augenpunkte vereinigen zu können: so ist das Gemälde des Vordergrundes, der Blick in die Tiefe doch viel reicher, lebendiger und ansprechender. Große Formen, blendende Farben sprechen unmittelbar zum Gemüt. Die tiefen Abgründe, die hohen Marmorfelsen, das mannigfache Grün, das Indigo- und Lasurblau: alles dies wirkt auf das Auge in ganz ähnlicher Weise, wie das Ohr durch gewaltige und harmonische Töne gereizt wird, die das empfängliche Organ sodann mit der Stimmung der Seele zu vermitteln versteht: so wie auch der Landschaftssinn gleich dem musikalischen Gehör teils ein angeborenes Gut ist, teils durch schöne Eindrücke weiter ausgebildet werden kann. Wenn aber schroffe und zugleich in gewissem Sinne versöhnte Gegenstände in dieser Sphäre die größte Wirkung äußern, so ist es hier besonders die Nähe des Meeres an den wildesten Gestalten der Feste, die der großartigen Natur einen beruhigenden Charakter verleiht. Denn die stille blaue Fläche erscheint stets in äußerster Nähe, als sähe man von einem hohen Turme auf die klare Flut hinab, aber in so großen Verhältnissen, daß, wer den höchsten Gipfel hinaufklimmt, sich wie eine Ameise vorkommt, die einen Kirchturm zu erklettern bemüht ist. Erst wenn man einen Berg, der tausendmal größer ist als der Mensch, beständig vom Fuße bis zum Gipfel übersehen kann, empfängt man sein Bild, so wie es unsern Begriffen von materieller Größe entspricht.«

Auch Otto Kern und sein Wandergefährte haben sich noch vor Sonnenaufgang auf den Weg gemacht. Ein Laienbruder führt die kleine Gruppe. Sie gelangen nach einem Ritt durch wundervolle Waldungen auf den freien Platz der Allheiligen-Kapelle mit dem Haus, das leer steht. Der Maultiertreiber will sie nicht weiter begleiten und weist nur auf die über ihnen aufragende Athosspitze mit der kleinen Kapelle: ein nahes Ziel! Athelstane Riley, Freund Owen und der Metropolit treffen mit ihren Maultieren am frühen Nachmittag ein.

»An dieser Kapelle gibt es eine Hütte, in welchem die Pilger die Nacht verbringen, vor dem Fest der Transfiguration. Niemand lebt hier, und dieser Platz wird nur in einer Nacht des Jahres gebraucht . . . Nachdem wir in die kleine Kirche hineingeschaut hatten, gingen wir in das Innere der Hütte. Eine hölzerne Schlafstätte bildete die einzige Möblierung, auf welche ich mich legte, um für ein paar Minuten vor unserem Aufstieg auszuruhen.«

Théodore Belpaire hat es schwer. Er geht allein. In der Skite des Heiligen Georg, die von Russen bewohnt sind, hat man ihm einen großen Sack, zwei Stück Brot und gute Wünsche mit auf den Weg gegeben. An seinem Stock ist eine Kerze befestigt, die er in der Kapelle der Metamorphosis für die Einsiedler anstecken soll. Ein Pater begleitet ihn ein Stück Wegs, versichert sich dann, daß Belpaire Streichhölzer bei sich hat, und bleibt zurück. Der Aufstieg beginnt:

»Es ist zwischen elf und zwölf Uhr, glücklicherweise sticht die Sonne nicht mehr, die mit leichten Wolken bedeckt ist. Doch von jeder Haarsträhne tropft der Schweiß. Keine lebende Seele! Nur ein Sperber ruft, dann bellt ein Hund, hundert Meter unter mir, man würde sagen: ein Wolf . . . Sehr weit läutet ein Glöckchen, ein Esel iaht. Ich bemerke ihn auf einer Anhöhe bald, er hat einen Saumsattel auf dem Rücken, sein Treiber fällt in einiger Entfernung das Holz und ist offensichtlich einer der Ärmsten hier. Ich sehe den Gipfel mit der Kapelle, aber noch sehr weit . . . Niemals werde ich ankommen. Schlimmer noch: ich bin schon drei Stunden gegangen und werde zurückkehren müssen. Die Glieder lassen die Höhe empfinden. Werde ich ankommen oder nicht? Aber ungefähr auf der Höhe von tausend Metern sehe ich eine Hütte, das gibt mir Mut. Die Tür steht offen. Ich schaue mich um: ein Stall für Maultiere und Esel, mit einem Brunnen, ein oberer Raum mit zwei großen Bettgestellen, ein offener Vorraum und ein Schrank. Dieser enthält eine leere Sardinendose, eine Schachtel mit Zucker, einen Korb mit kleinen Fischen . . . Die Holzfäller haben hier anscheinend ihr Hauptquartier.«

*

Ungeachtet solcher Strapazen setzt Théodore Belpaire seinen Aufstieg fort. – Die englischen Studenten, die mit Robert Byron unterwegs sind, haben in Kerasià doch noch einen Lastesel gefunden und Übermäntel, Satteltaschen und Bücherkiste auf dem geduldigen Tier festgezurrt. Zwei Mönche der Lawra begleiten sie durch den Wald, aber der Wein von Kerasià macht ihnen die Wanderung auf dem Bergpfad schwer.

»Trotz der Sonne wird es kühler. Und als wir aus den Bäumen herauskommen, die die Klippen über dem Felsenabhang bedecken, nimmt die Vegetation einen herbstlichen Charakter an: braunes Farnkraut, Hagebutten reifen an unbekanntem Dorngestrüpp, und überall, malvenfarben und gesprenkelt, große Herbstkrokusse . . . Wir sind schon mehr als zwei Stunden geklettert, vor uns die Mönche und der Esel, als wir endlich die Panagîa erreichen, die Kirche und Gastraum vereint: ein stämmiges graues Gebäude, wie mit dem Felsen verwachsen, und, über dem steinbeschwerten Dach, eine undurchdringliche Kuppel, die einem Höcker gleicht. Die Tür steht offen, als ich hineinschaue, stöbere ich von einem Regal ein längliches, zylinderartiges Gefäß auf, das für uns vorgesehen ist – mit dem sehr notwendigen Wasser, aber bedeckt mit Abfällen und Haaren. Nach fünf Minuten Ruhe brechen David und ich, begleitet von Andreas' Freund, zu den letzten tausend Fuß auf.«

Daß sie hier die kommende Nacht verbringen werden, wissen sie zu dieser Stunde noch nicht. – Erhart Kästner hat sich Zeit gelassen, will diesen Abend nur bis zur Panagîa hinauf, dort übernachten, um am nächsten Morgen beizeiten auf dem Gipfel zu sein. Er erinnert sich noch spät an die einsame Wanderung zwischen Dämmerung und Dunkelheit zur Kapelle der Allheiligen, fünfhundert Meter unter dem Gipfel:

»Es muß neun oder zehn Uhr gewesen sein, als wir, der kleine Theologe und ich, die Panagîa erreichten. Das Innere bestand aus zwei Räumen, an welche eine kahle Muttergottes-Kapelle angebaut war. Es gab Tische und Bänke und seitliche Brettergestelle, auf denen wohl vierzig Mann hätten schlafen können; wir rollten unsere Schlafsäcke irgendwohin . . . Fürs erste machten wir Licht und untersuchten, ob Wasser da sei. In der Ecke beim Eingang stand der gewachsene Fels an, ein Eisendeckel war über eine Brunnenmündung geschoben: die Seele der ganzen Station, die Zisterne . . . Wir ließen das Schöpfgefäß, eine breite Konservendose mit Drahtbügel, am abgescheuerten Strick in die Tiefe. Das Gefäß schlug hart auf, patschte und schwamm. Wir brachten die Leine ins Schleudern, kreiselten so das Gefäß, es kam aus dem Gleichgewicht, füllte sich und ging unter. Wir zogen an. Wasser floß ab und hallte im Höhlenraum wider . . .«

»Am anderen Morgen übersahen wir erst die Lage der Panagîa-Kapelle: eine kleine Ebenheit unterm letzten Gipfelanstieg, zugleich etwa die Baumgrenze; höher nur einzelne Tannen. Hier, in der Kerbe, setzte der kahle Marmorkegel des Bergs an; man sah die Gipfelkapelle schneeweiß und genau im Morgenlicht liegen. Der Berg war von jetzt an so übersichtlich und gleicher Maßen gebaut, daß es auf dasselbe hinauskam, ob man sich an den Weg oder nicht an den Weg hielt; es war so gut wie schlecht querüberberg gehn. Dazu war es luftig; über sechzehnhundert Metern ist es ja nicht mehr heiß, und der Morgenwind stand aus dem Osten. Das Meer in der Tiefe zeigte Schaumkämme . . .«

Auf dem Berg der Verklärung, wie er ihn nennt, verweilt Erhart Kästner angesichts des unvergeßlichen Panoramas, das in allem weiteren Leben Höhepunkt bleibt:

»Weite Meerfernen, die sich am Ende in Dunst und Sonne auflösten. Die Wasserflächen von Bahnen durchzogen: Furchen von lange vorübergezogenen Schiffen. Eine Menge Inseln. Wir spielten das Spiel, nach der Karte die Namen zu finden; manche kleine, die auf der Karte fast nichts sind, machten sich über Erwarten heraus. Die kleinen Pipéri-Inseln, unbedeutende Splitter der Nordsporaden, wallten als blaue Meerblumen auf. Man sah auch den zweiten und dritten Chalkidike-Finger, die beide schicksalslos sind, während der erste, der Athos, erwählt war. – Im Rückblick die Halbinsel war ganz ins Schmale geronnen, ein grüner Streifen eigentlich nur. Der Wald wie Moos auf Architekten-Modellen, gefärbtes Gewölle. Wir suchten einzelne Klöster und Wege, die wir gegangen waren, aber wir fanden nicht allzu viele heraus.«

*

Sonne liegt über dem Gipfel, Bergwind umfächelt den Fels. Ein Vogel fliegt herzu: rote Flanken, sonst grau-braun, und setzt sich ganz in die Nähe, pickt Käferchen, Spinnchen, wippt, äugt und ruckt . . . Angesichts der großen Weit- und Weltsicht Symbol der sich selbst genügenden Natur.

»Als ich aus dem Fichtenwalde trat«, berichtet August Grisebach, nachdem er den Gipfel erstiegen hat, »und den Athosgipfel wieder zu erblicken hoffte, hatte sich eine Wolke leicht um den Scheitel des Berges gelagert. Während ich an der Panagîa verweilte, drängte sie sich nach oben, und ich schöpfte wieder Mut, als, da ich weiterzugehen mich anschickte, nur noch die Spitze selbst in engbegrenzten Nebel sich versteckte. Dieses Wölkchen, das im Tale wie ein schwacher Cirrus erscheinen mochte, blieb unveränderlich haften und hatte sich nicht gelöst, als ich den Gipfel erreichte. So suchte ich mich denn, durch den feindlichen Nebel von dem reichsten Panorama getrennt und eingehüllt, zunächst an dem Orte selbst heimisch einzurichten«.

Der Botaniker forscht, er will auf seiner Reise zu den Bergen des Mittelmeeres die Umstände, das Wetter, die Pflanzen und die Steine kennenlernen. Daher nimmt er von der Kapelle nur kurz Notiz: sie liegt unter gewaltigen Marmorblöcken versteckt und ist aus demselben Gestein zusammengefügt, man könnte sie daher im dichten Alpennebel leicht übersehen. Sie enthält nur zwei kleine Räume, einen mit Altar und Ikonen, einen anderen mit einer Zisterne, mit Holz und einem Kessel.

Seit neun Uhr ist August Grisebach hier, mißt die Temperatur und kann schon nach einer Viertelstunde, als sich der Nebel senkt, die Aussicht nach Norden genießen: von Thasos bis Thessalonike. Die Halbinsel sieht er als eine flache Hügelwölbung und staunt über den gewaltigen Gegensatz zwischen dem hohen Berg und den Wäldern, die in der Umgebung der Klöster vom helleren Grün der Gärten unterbrochen werden. Aber die Gebirge und die Hügel der Chalkidike kann er nicht entwirren. Vergeblich bemüht er sich, mit seiner Bussole, dem unentbehrlichen Instrument zur Messung der Winkel, die Grenzen der Insel Thasos zu bestimmen und nach Weisung seines Eremiten die Minaretts von Saloniki zu entdecken. Der Nebel fällt wieder ein. Als sich die Wolke lichtet, glaubt er ein Panorama von zweitausend Quadratmeilen zu überblicken, nur der Westen bleibt dunstig. Sein Auge umfaßt zum Osten den kleinasiatischen Gebirgszug, zum Süden den thessalischen Olymp. Aber gegen Mittag zieht der Nebel wieder so dicht zusammen, daß er die Hoffnung aufgibt, das Panorama noch einmal zu sehen und womöglich die Hagia Sophia von Konstantinopel, wie die Mönche meinen, weit im Nordosten noch zu entdecken. Er überlegt, woher es wohl kommt, daß sich bei Windstille und steigender Temperatur am Gipfel eine Wolke bildet.

»Statt daß die zunehmende Wärme gegen Mittag sie auflöst, wird sie dichter; statt daß der Niederschlag eine örtliche Bewegung in der Atmosphäre bedingen sollte, bleibt sie still. Vielleicht war der Erdboden dort oben am Sonnenaufgang sehr viel kälter geworden als die Luft, vielleicht war dieser Unterschied der Temperatur gegen Mittag noch gestiegen, als die Luft durch Wolkenbildung und Sonne sich erwärmte, der Felsoberfläche aber eben durch den Nebel die Sonnenstrahlen entzogen wurden.«

Mittags nimmt Grisebach Abschied von seiner zweitausend Meter hochgelegenen Beobachtungsstation, auf der er sich mehr als drei Stunden aufgehalten hat. Nach einer knappen Stunde ist er bei der Panagîa und trifft seinen Albanesen schlafend bei seinem Gepäck, verzehrt sein Mittagsmahl aus Bouillon und Brot, trinkt etwas Wein und kehrt nach Kerasià zurück. Er reitet nach Agia Anna weiter.

Leutnant Smith war ebenfalls allein zum Gipfel aufgestiegen. Sein Maultiertreiber hatte sich, wie alle Albanesen, geweigert, ihn weiter zu begleiten und legte sich bei der Panagîa schlafen. Auf dem Gipfel erinnerte sich Webber Smith daran, daß während ausgedehnter botanischer Reisen John Sibthorp im Augsut 1787 den Athos bestiegen hatte, aber sein Bericht sei in wenigen Zeilen zusammengedrängt.

»Von daher lernen wir, daß die tieferen Lagen des Berges aus Gneiß und tonigem Schiefer bestehen und die oberen Teile aus grauem Kalkstein, mehr oder weniger zum weißen neigend . . . Es ist höchstwahrscheinlich, daß viele andere Reisende den Berg seit dieser Zeit bestiegen haben, aber sie gaben«, glaubt der englische Offizier, »davon keinen Bericht«.

Der Himmel ist trübe, dunstig die Atmosphäre: viel kann er nicht von dem Panorama sehen. Es beginnt zu regnen. Donner grollt zu ihm herauf. Er hofft, unter seinen Füßen einen Gewittersturm zu erleben. Das Wetter wird jedoch besser, er ist enttäuscht. Etwas später wird William Beamont heraufkommen. Über dem morgendlichen Nebel, der das Meer bedeckt, scheint der Schatten des Athos einen wirklichen Berg zu bilden. Théodore Belpaire, dem der Aufstieg so schwer fiel, hat fürchten müssen, sein Ziel nicht zu erreichen. Die kleinen Vögel, die schwerelos von Stein zu Stein hüpfen, meint er, machen sich nur über ihn lustig. Außerdem schwebt ein Vogel mit großer Flügelspannweite um den Gipfel. Er ist das Symbol bergweiter Einsamkeit. Der Wind bläst kalt. Endlich betritt Belpaire die Kapelle, steht vor der Ikonostase mit den Bildern Christi, der Jungfrau Maria, der Transfiguration und des Heiligen Athanásios – davor drei Kerzenständer, einige Chorstühle, Gips, überall Staub ... Er findet drei Schachteln durchnäßter Streichhölzer. Er entzündet seine Kerze und spricht ein Gebet für die Union der Kirchen:

»Von unten gesehen, ist diese Union ebenso schwierig wie es sein würde, die ungeheure Masse des Athosberges von der Stelle zu rücken. Von oben gesehen, wo man sich über die Vorurteile erhebt, scheint es mir nur nötig zu sein, in den Gottesdiensten der Klöster den Namen des Papstes vor dem des Patriarchen Basilios zu stellen.«

Belpaire setzt sich, kaut an der Hälfte des mitgebrachten Brotes, läßt das andere Stück für den nächsten Pilger und legt die Rinde auf den Stein – der Geier wird sie bald finden. Da es kalt ist, suchen Athelstane Riley und Reverend Owen, die erst am Nachmittag oben sind, Zuflucht in der Kapelle. Sie zünden die Lampen der Ikonostase an, die Streichhölzer sind – wenn Johann Maundville auch anderer Meinung gewesen sein wird – ebenso naß, wie Belpaire sie vorfinden wird, und singen ein ›*Magnificat*‹ zu Ehren der Gottesmutter Maria. Als sie wieder hinausgehen, haben sich die Wolken gesenkt.

»Gerade als wir uns niedersetzen, um auszuruhen, und Owen seine Pfeife angezündet hat, klaren die Wolken auf und enthüllen das Land und die See unter uns. Nach Norden erstreckt sich das Vorgebirge zum Festland hin, durch kleine Buchten und Golfs eingeschnitten, was aussieht wie ein Schlangenmonster, das in der See schwimmt. Wir können mehrere Klöster an der Ostseite der Halbinsel unterscheiden, die friedlich an der Küste liegen. An der Westseite glitzert der Golf des Heiligen Berges im Sonnenschein, und dahinter erstreckt sich die Halbinsel Lóngos oder Sythónia; nach Nordosten hin das blaue Wasser des Strymonischen Golfs mit der Insel Thasos in der

Ferne; zum Süden die offene See mit Lemnos am Horizont. Es war wirklich eine gloriose Aussicht.«

Der Metropolit war zurückgeblieben, und Riley und Owen erwarteten ihn nicht mehr. Plötzlich hört man seine fröhlich jauchzende Stimme: er kommt! Erschöpft wirft er sich auf den Boden, aber er ist mit sich sehr zufrieden: *Wir sind nun alle hadjiis,* sagt er und wählt für ›Pilger‹ das türkische Wort. Er möchte sich eine Zigarette anzünden, aber das Papier findet sich nicht, läßt sich also von Owen die Pfeife geben und lehnt sich bequem zurück. Er ruht sich in seinem Pelz nach der schwierigen Kletterei etwas aus. Riley und Owen nehmen ein paar lose Marmorstücke zur Erinnerung an sich, und alle drei verlassen den Gipfel bald nach vier Uhr. Owen findet seinen Stein zu schwer und gibt ihn dem Metropoliten, der ihn in seinen Sack werfen soll – vergeblich! Er verfehlt das Ziel, der Stein rollt den Abhang hinunter, bis er sich im Abgrund verliert. Während der Metropolit seinem Vergnügen, oder seinem kleinen Ärger, Luft macht, gleitet er aus und wäre fast demselben Schicksal zum Opfer gefallen – wie der Stein. Der flach auf dem Rücken liegende Prälat der Orthodoxie mit dem hohen Hut und seinen zwei Pelzen muß einen komischen Anblick geboten haben . . .

*

Russische Pilger sind heraufgekommen, als William Beamont auf dem Gipfel weilt und das Panorama des Vorgebirges mit seinen Klöstern, Kellien und Farmen überschaut. Ihm ist ein derartiges Schauspiel ebenso interessant wie die dunkelgewandeten und bemützten Mönche, die ihn umgeben, und wie die Pilger, die nach ihrer Rückkehr vom Heiligen Berg einen Ruf von Heiligkeit erwerben, vor allem, wenn sie Immortellen mitgebracht haben. Nach der Liturgie beginnt der Priester den Abstieg und singt eine Hymne. Die Pilger folgen, singen mit ihm. Aber das Gleichmaß des frommen Liedes ist bei den unregelmäßigen Schritten schwierig. Die lange Reihe der Pilger, die sich in ihrer Prozession nach unten windet, ist malerisch. Sie gehen zur Kapelle der Allheiligen hinunter, wo die Mönche der Lawra ihnen ein Essen vorbereitet haben: gesalzene Fische, Gemüse, Wein und Käse. Die Mönche erlauben dem einsam Wandernden, an ihrem bescheidenen Mahl teilzunehmen.

Inzwischen ist Wladimir Petrowitsch Davydov oben. Ihn haben Mönche begleitet. Weil es trotz des sonnigen Septembertages kalt ist, machen sie ein Feuer neben der Kapelle. Dem russischen Reisenden scheint die Aussicht die prachtvollste, die sich denken läßt: unmöglich sei es, sie zu beschreiben und womöglich die Farben in Worten wiederzugeben. Ihm ist die Legende bekannt, nach der der Satan den Sohn Gottes hierher geführt hat, um ihm die Reiche der Erde zu Füßen zu legen. Als nun Davydov das Panorama von Euböa (Negroponte) bis zum Pindus und zum Olymp nach Westen hin und nach Osten bis zu den Küsten Kleinasiens, nach Norden aber Makedonien überschaut, empfindet er eine dramatische Freude: die Gegenstände der Natur nehmen menschlichen Charakter an und scheinen miteinander zu sprechen. Der eine Berg stellt die Seele dar und erkennt die Schönheiten des Himmels, der andere ähnelt dem Geist eines Menschen, der misanthropisch sein Gewicht duldet, das ihn bedrückt. Und die Inseln, die, Blumen gleich, mit so großzügiger Hand über das sonnenglitzernde Wasser ausgestreut sind, unterhalten sich frohen Sinnes über die Mythen Altgriechenlands. Alle zusammen, die der Gipfelbesteiger mit einem Blick übersieht, haben sich mit den blauen Ufern Thessaliens zu einer erstaunlichen Harmonie vereint, um ihren Schöpfer zu loben. Als sich dann die Sonne allmählich zum Westen neigt, nimmt der Schatten des Berges, den das Meer spiegelt, eine pyramidale Form an, deren Spitze jeden Augenblick deutlicher hervortritt. Plötzlich erhebt sich die Spitze gegen den Himmel, als würde eine vorwitzige Philosophie versuchen, ihrem schwachen Urteil die Geheimnisse des Himmels zu unterwerfen.

Endlich sind auch Robert Byron und seine Freunde angekommen. Die regnerischen Wolken, die den ganzen Süden der Halbinsel in den letzten Tagen bedeckten, lösen sich auf.

»In seiner ganzen Runde hat sich der Horizont von Land und See zu Dreivierteln des Gesichtskreises erhoben und dadurch einen Charakter angenommen, als wenn ein Gesicht, das man bisher nur im Profil sah, sich zur Frontansicht kehrt . . . Einundeineviertel Meile über dem Globus erhoben, können wir«, so beschreibt Byron das Gipfelerlebnis, »die Hand ausstrecken, um den Himmel zu fassen und eine Handvoll Blau zu erhaschen. Der breite, unbegrenzte Raum ist nun eine Realität. Seine Reichweite ist geschrumpft . . . Nach Norden windet sich die ganze Küstenlinie von Thrakien, Kavalla und bis zu den Dardanellen in nebliger Ungewißheit. Nach Westen, wegen der sinkenden Sonne kaum zu unterscheiden, die beiden anderen Finger der Chalkidike, Lóngos und Kasándra, und die griechische Küste, während weiter im Süden eine flüchtige Gebirgsformation Euböa vermuten läßt, aber davor den Satelliten Skíathos, was auf Griechisch meint: ›Schatten des Athos‹. Dorthin reicht am Morgen der Schatten des Berges. Wäre es Morgendämmerung statt des dunstigen Sonnenuntergangs, würden wir, wir bezeugen es und die orthodoxe Welt weiß es, Konstantinopel, die Hauptstadt, sehen: aber die flache Kuppel der Hagia Sophia erhebt sich nur in unseren Gedanken.«

Eingekeilt in eine Felsennische sitzt Byron und staunt. In den Anblick der Halbinsel unter ihm versunken, sieht er winzig und blaß die Klöster an den grünen Küsten der blauen See. Ein arktischer Wind bläht seinen Mantel auf, läßt ihn flattern und dringt unter die Haut. Byron friert. Die Freunde sind nun gekommen, von ihrer Anstrengung kaum erholt. Die Einsamkeit wird durch sie etwas prosaisch. Freund Mark beschäftigt sich mit alpinem Unkraut, Reinecker macht Bemerkungen über die Verdienste der romantischen Landschaftsmalerei. Die Kälte wird allmählich empfindlich. Am Himmel steigt Dunkelheit auf. David und Reinecker zuerst, dann Mark und die Mönche gehen. Byron nicht . . ., er wartet, dann wendet auch er sich, blickt zurück und steht wie angewurzelt: da auf dem Wasser liegt ein langgestreckter Kegel – der Schatten, der bis Lemnos reicht, der Schatten des Bergs der Verklärung. Langsam löst er sich in der herannahenden Nacht auf. Steif vor Kälte folgt Byron den anderen und erreicht mit ihnen die Baumregion, als die Dunkelheit einfällt.

*

Vom Kloster Pawlou ist Bruder Konstantin gegen Abend heraufgekommen. Die Farben des Tages sind schon verblaßt. Die Halbinsel kräuselt sich mit ihren Hügeln und Tälern wie ein Meer, dessen Wogen der Allmächtige versteinert hat. Und in jeder Höhlung, an jeder Bucht oder auf bewaldeter Höhe ragt eine Mauer, ein Turm, ein Kloster, das der Zeit widersteht. Denn tausend Jahre sind vor Gott wie der Tag, der gestern vergangen ist, oder wie eine Nachtwache. Und die Wache der Nacht will unser schwarz gekleideter Pilger, das ›alter ego‹ Costa de Loverdos, auf dem Marmorberge in einsamen Gebeten halten. Schon fühlt er die Müdigkeit nicht mehr, er könnte bis ins Unendliche weitergehen. Der Wind hüllt ihn in seine Unendlichkeit. Konstantin betritt die Kapelle, ißt etwas Brot, aber das Brot ist trocken, die Oliven erfrischen das Blut nicht. Die Gedanken verwirren sich. Der Gipfel scheint der Schädel eines katholischen Priesters zu sein, denn das Moos und die Flechten, die den Boden bedecken, kräuseln sich wie die Haare auf einem Hinterkopf, als wären sie der Kranz um eine Tonsur, auf der Konstantin sich niedergelassen hat. Wie kann man an einen katholischen Geistlichen denken – hier auf dem Heiligen Berg der Orthodoxie? Konstantin wird es beichten, er klammert sich an den Felsen. Er sieht den Mond, der bleich am Horizont aufzieht. Ihn überkommt trotz der Kälte eine seltsame Wärme, Unruhe erfaßt ihn. Er überschreitet die Wirklichkeit, die seinen Körper gefesselt hält, und redet in einer Ekstase, als wäre er ein anderes Ich, er außer sich – ohne sein Selbst, er redet in Selbsterkenntnis:

»Hinter meinem Genick gewahre ich die Halbinsel wie mein zweites Ich, als wenn der Athos mein Kopf wäre, die Halbinsel jedoch meine Wirbelsäule, wie sie selbst die des Athos ist. Meine Gedanken haben Besitz von diesem steinernen Schädel genommen, den der Seewind vom Staub befreit. Der Wind ist kalt, der Geist aber hebt sich empor, weil dieser Berg so großartig wie eine zu Stein gewordene Erinnerung an das Ewige ist. Die erregten Nerven beruhigen sich, mein Körper verliert das Starre und Steife, und eine unendliche Sanftheit erfüllt meine Glieder. Sehr weich steige ich wieder herab, wie über Federn. Ich weiß jetzt, daß ich schlafe und mich auf dem Boden der Kapelle befinde, eine dunkle Gestalt, niedergefallen vor mir, der ich sehe und träume. Ich gebe mir Rechenschaft, plötzlich, weil ich mir alles in die Erinnerung rufe: ich bete das schönste Gebet meines Lebens. Dieses Gebet ist nicht eine Reihe von Wörtern, die aus dem Verstand kommen und durch den Mund gehen, der sie mechanisch wiederholt. Meine Worte gehen aus dem Herzen hervor, um zum Herzen zu gehen, und ich fühle sie, anstatt sie nur so zu sprechen. Sie berauschen mich wie der Wein bei der Kommunion und bringen mich Christus näher, mehr noch als es durch sein Wirken auf dem Athos möglich ist. Es ist eine Verwirklichung meiner selbst, die Realität eines Wunders. Zum ersten Male erkenne ich, daß es ein wirkliches Gebet der Seele gibt, und ich empfinde, daß ich eine Seele habe. Ich werfe mich in der Kapelle – halb verfallen, wie sie ist – zum Gebet nieder, ich bete vor den Ikonen . . . und fange an, zu erkennen, daß die Wahrheit etwas ist, was schläft, es sei denn: Christus erweckt sie.«

Nur seinem Abt in Agiou Pawlou wird er seine Zweifel bekennen, Zweifel, die sich ihm zwischen der Wahrheit der Kirche und der Wahrheit, die er erfahren hat, abgründig öffnen.

Aber Konstantin konnte die anderen Stimmen nicht hören, die bei diesen ›*Nachtwachen des Einsiedlers*‹ gesprochen und gerufen wurden und wie eine Lästerung Gottes verhallten – wie Blätter, die im Nachtwind dahinwehen und die niemand sieht:

»Hm! Kaloger ! – Nichts als Kaloger! Ich bin dazu verdammt, entweder keinen Umgang oder den elendsten in der Welt zu haben, und da ziehe ich die Einsamkeit vor. Bei Tage ist's mein Beruf, zu beten, zu singen, zu gähnen, und vor langer Weile einzuschlafen. Des Nachts, wenn selbst die Tiere der Ruhe pflegen, wache ich, weil ich am Tage nicht arbeite. – Andere Eremiten haben Umgang mit den heiligen Engeln. Diese niedlichen Jungen des Himmels kommen leisen Tritts durch die Schatten der dämmernden Nacht, ihnen Gesellschaft zu halten. Aber ich! Wie ganz anders fiel mein Los aus der vom Zufall geschüttelten Urne des Schicksals. Engel sagen mir kein Wort, und selbst die Teufel versuchen mich nicht. Alles vereinigt sich, meine Einsamkeit vollkommen zu machen.«

Wer so redet, mitten in dunkler Nacht, ist keiner der Einsiedler und der Asketen. Er sitzt und schreibt weit draußen in der ruhelosen Welt, in der Revolutionen und Kriege wie ein Flächenbrand die Länder durchziehen und der Geist der Freiheit seine Fahnen hißt, um Gott los zu sein. Ludwig Wekhrlin redet zu den Einsiedlern wie zu seinesgleichen, als wäre er einer von ihnen:

»Alles vereinigt sich, meine Einsamkeit vollkommen zu machen. Dieses entscheidet meinen Beruf zu träumen. – Verzeih', lieber Leser, der du nicht, wie ich, auf dem Gipfel des Athos einsam lebst, wenn diese Blätter, die für Einsiedler sind, dort unten im Tal dir in die Hände fallen –, um dir Langweil zu machen."

Aber er war nie oben auf dem Berg der Verklärung, sondern saß nur in Bayreuth, und manchmal wegen seines aufklärenden Freimuts und seines Willens zur Freiheit sogar im Gefängnis, und er redet weiter über seine Blätter, die in der Nacht vom Berge ins Tal wehen:

»Der Fluch aus dem Süden und Norden wartet ihrer; dies weiß ich. Aber mag er's! Ich habe nichts zu verlieren; denn längst bin ich nicht mehr für die Welt, und die Welt ist nichts mehr für mich.«

Also ist er doch einer der Auserwählten? Nun hält der, für den er so laut und gedruckt geredet, die erste Wache der Nacht, nennt sich Spinoza der Dritte und spricht in einer vernünftigen Sprache: Gott, den wir bisher als den notwendigen Urquell der Natur erkannt haben, kann nicht der unpersönliche Jehova der Hebräer sein, zu dessen Bilde der Mensch selbst das Modell hergab, aber auch der dreipersönliche Gott der jetzigen Christen nicht, der einfach und dreifach zugleich geglaubt werden muß. Und in ihm soll ein unteilbarer

Verstand und ein Wille in drei verschiedenen Personen sein, drei persönliche Einheiten zusammengenommen, eine unteilbare Einheit und eines Geistes? Das ist ein viereckiger Zirkel! Und weiter redet der dritte Spinoza, dessen bürgerlicher Name Alois Schreiber und dessen Beruf die philosophische Ästhetik ist, über die Wunder, ereifert sich über die Unsterblichkeit der Seele und gegen die Auferstehung der Toten und gegen Wundertaten überhaupt. Auf dem Athos war er ja nie! Vor allem ist ihm eines zuwider, das, was den Geist des Heiligen Berges ausmacht – die Trinität:

»Gott ist das einfachste Wesen. Aber gleichwohl lassen ihn die Doktoren aus drei verschiedenen Personen bestehen. – Alles, was ist, ist entweder Substanz oder Akzidenz (wenn unwandelbare Substanz, dann nicht drei Götter, wenn Substanz endlich, so ist kein Gott. Akzidenzen können nicht außer den Substanzen sein). Die zweite Person in Gott soll ein Sohn Gottes, ein Gottmensch sein. In dem Begriffe liegt ein Widerspruch, Gott soll einen Sohn haben, der auch Gott sei. Gott zeugt Gott . . . Wer nicht, wie Gottes Sohn selbständig (ens a se) ist, der ist nicht Gott.«

Christus ist also nur ein Mensch! Und Substanz ist gleich Gott, Gott gleich Natur? Gott sprach, und er war, ehe denn die Berge und die Welt geschaffen wurden, und wird von Ewigkeit zu Ewigkeit sein, der er ist: der Allmächtige. Gott ist nicht Natur, nicht der erste Beweger, wie Aristoteles sagt, nicht die Ursache aller Ursachen, sondern das Sein: die Schöpfung bleibt das ihm Analoge, das auf sein Wort hin erschaffen wurde und sich in Christus verleiblicht. Der Streit um Worte dauert schon lange, Verwirrung durchzieht die Gedanken der Zeit. Die Gelehrten werden den Glauben nicht in einzelne Sätze der Logik zerlegen können und verständlich machen, was sich von selbst versteht. Der Athos hüllt sich gegen Morgen in seine Nebelwolke und schweigt, ihn kann das Gerede nicht kümmern. Er kennt keine Worte, kennt keinen Zweifel und bleibt ohne Begriff. Er ist das Symbol des Glaubens und hat seine Wahrheit für sich. Wer auf dem Heiligen Berge war, wird seinen Glauben behalten, denn er sah den Berg der Verklärung Christi.

*

Manch einer kehrt erschöpft zurück . . . Es ist schon dunkel, als Wladimir Davydov die Kapelle der Panagîa erreicht. Auf dem Maultier zu reiten, ist nicht möglich, man sieht die herunterhängenden Zweige nicht mehr. Einer der begleitenden Mönche befestigt am abgebrochenen Stock eine Laterne, er geht voran, die anderen folgen stolpernd auf steinigem Weg. Sie kommen endlich zu einer Hütte im Mönchsdorf Kerasià, aber gastfreundlich ist sie nicht: Der Mönch mußte gezwungen werden, die Tür zu öffnen. Anstatt eines Abendbrots gab's einige trockene Weintrauben. Die Gäste legten sich auf dem Fußboden schlafen.

Bei ihrer Rückkehr verbrachten Robert Byron und seine Freunde die Nacht bei der Panagîa. Sie richteten sich auf den Pritschen ein. Die Mönche entfachten ein Feuer, das die Schatten der dunklen Gestalten zu einem immer währenden Tanz an die Wand warf . . . Man hockt sich zum Abendessen: die jungen Männer und die Mönche, wie sie der Zufall zusammengeführt hat. David Talbot Rice hat sich zwischen Satteltaschen ausgestreckt und öffnet eine Dose mit Schinken. Mark nagt leichtsinnig an einem Trüffel, Reinecker vergräbt sich mit seinem Zwieback. Und Robert Byron verteilt zum ›Nachtisch‹ Schokolade. In einer Ecke sitzen schweigend die beiden Lawrioten, ihre Haare fallen über die Schultern, einer hat eine grobe Decke um, die innen rot, außen wie ein Leopardenfell bedruckt ist, und holt, wenn das Feuer droht auszugehen, einen halben Baum, wirft ihn in die glühende Asche. Sturm pfeift um die Hütte. Manchmal stiebt ein Strom von Funken aus dem Schornstein. Schlafen kann eigentlich niemand. Und der beißende Rauch sinkt tiefer, Zugluft dringt ein. Byron liegt auf der Pritsche, in seinen Mantel gehüllt, legt den Kopf auf die Bücherkiste, krümmt sich – und wird, wie er meint, von einer gefräßigen Menge angegriffen, von Flöhen. Die unheimliche Nacht vergeht langsam. Mit dem ersten Schimmer des Morgens erheben sich alle, um die Sonne aufgehen zu sehen, die allmählich über dunklen Wolken heraufsteigt. Die Gesichter der Unausgeschlafenen sind bleich und vom Holzaschenrauch grau. Man ißt etwas Zwieback, preßt – mit der blinden Trägheit, die einer unterbrochenen Nacht folgt – die Sachen in Beutel und Taschen. Man zurrt das Gepäck auf den Maultieren fest. Der Abstieg nach Kerasià beginnt.

Athelstane Riley und seine kleine Wander- und Reisegesellschaft haben die Panagîa nachmittags gegen fünf Uhr erreicht. Sie besteigen sofort die Maultiere, weil dunkle Wolken die Hänge des Berges umhüllen und ein Sturm heraufzieht. Sie reiten so schnell wie es geht und treffen nach einer Stunde in Kerasià ein. Angelos hat eine prächtige Suppe mit großen Bohnen und Hammelfleisch zubereitet. Alle setzen sich, wie es im Orient üblich ist, an einen niedrigen Tisch und halten mit Suppe und Käse ihr frugales Mahl. Doch der Metropolit nimmt nichts von der Suppe oder vom Käse: es ist Fastenzeit. Der alte Mönch, ihr Gastgeber und Wirt, hat nur zwei dünne Kerzen aus Wachs und kein Öl, so müssen die Reisenden sich in aller Eile ihr Nachtlager richten. Sie breiten die Decken auf den hölzernen Diwanen aus und legen sich schlafen, legen sich schlafen und schlafen nicht gut, denn die Pritschen sind hart und die Flöhe unzählbar. Draußen zucken die Blitze, grell grollt der Donner gegen den düsteren Steinberg, Sturm heult, Regen fällt ein. Im Wolkenbruch gibt es in Kerasià keine Nachbarschaft mehr. Die Ruhelosen sind mit ihrem Herrgott allein. Die Kerze flackert vor der Ikone. Der Eremit betet.

So endete unsere Wanderung auf den Berg der Verklärung.

BEAMONT, 100 – BELPAIRE, 177 – Robert BYRON, 97 – DAVYDOV, Bd. 2, 155 f.; vgl. über den Schatten des Athos-Berges Margarete Kühn: *Schinkels Darstellung des Heiligen Hains von Olympia für Wladimir Davydovs griechisches Reisewerk ›componiert‹*, in: Festschrift für Otto von Simson zum 65. Geburtstag, Berlin 1977, 468 und 483 – FALLMERAYER, Bd. 2, 54 – GRISEBACH, 10 ff. – IRMLER, 88 – KÄSTNER, 303 f. und 309 ff. – KERN, 106 – DE LOVERDO, 82 ff. – MAUNDEVILLE, zit. nach Riley, 104; vgl. *Die Reisen des Ritters John Mandeville*, 28 kolorierte Silberstiftzeichnungen von einem Meister des internationalen Stils um 1400 im Besitz der British Library London, eingeleitet und erläutert von Josef Krása, München 1983, 105 (mit Abb.) – NOLHAC, 514 ff. – PISCHON, 9 – RILEY, 210 ff. – Alois Wilhelm SCHREIBER: *Nachtwachen des Einsiedlers zu Athos*, Vorrede von W. L. Wekhrlin, 1790 – SMITH, 69

Abschied vom Heiligen Berge

Asien, Europa – Winkel der Welt; der ganze Ozean ein Tropfen des Alls! Der Athos – eine einzige Scholle des Weltganzen; die Gegenwart – ein Augenblick der Ewigkeit.
(Marc Aurel)

Mit der Besteigung des Berges sei, meinte Jakob Philipp Fallmerayer, »das Epos der Handlung auf dem Höhepunkt, das Blut wird kälter, die Erzählung matter, der Leser schläfriger, das Ende wünschbar und der kürzeste Epilog der beste«. Der Abschied fiel ihm nicht leicht: er hätte in einem Kellion beim Kloster Dionysîou bleiben und leben können. Und das Deutschland des ›Vormärz‹ brauchte ihn nicht. Er reiste nach München zurück. Aber sein Bericht über den Athos, den er in der ›*Allgemeinen Zeitung*‹ veröffentlichte, machte – wie er 1842 in seinem Tagebuch notierte – »glänzenden Effekt, . . . besonders die Weiber von Bildung sind fanatisch begeistert«.

*

Im Kloster Chilandár verabschiedeten sich vor längerer Zeit Joseph Carlyle und Mr. William Hunt. Es waren die Jahre, in denen Napoleon Bonaparte seine Siege über die Mächte der Vergangenheit erstritt und bis in den Orient vorgedrungen war. Die scheidenden Gäste beglückwünschten ihren Gastgeber dazu, mitten in den Kriegen und Revolutionen Europas sein kleines Reich des Glaubens genießen zu können. Aber Pater Gerásimos, der sie zum Tore begleitete, lehnte solches Glück ab. Er erwiderte, daß die Brüder von Chilandár in einem andauernden Streit stünden: mit dem Teufel, ihren eigenen Begierden und den reisenden Kalogeren. Dies bedeute den baldigen Untergang ihrer Gemeinschaft, die lange schon im Verfall sei. Herzlich reichte er den englischen Reisenden die Hand: hoffentlich hätte er in ihrem Herzen einen solchen Eindruck hinterlassen, daß sie sich freuen würden, ihn wiederzusehen, wenn die Vorsehung sie einst wieder zusammenführe. Pater Gerásimos war ein bescheidener Athonit, seine Befürchtung war unbegründet: das serbische Kloster Chilandár besteht noch jetzt.

Die beiden Engländer hatten sich eine Eskorte von sechs gutbewaffneten Albanesen bestellt, um auf der Hut gegen Räuber zu sein. Sie zogen mit ihnen durch die malerische und großartige Landschaft,

Im Kloster Chilandári

dann an der Nordwestküste entlang und frühstückten zwei Meilen weiter im Schatten breitästiger Platanen. Bald danach sahen sie Kühe und Mutterschafe mit ihren Lämmern: nun wußten sie, daß sie die Grenze des Heiligen Berges überschritten hatten. Sie kehrten zu ihren Tätigkeiten zurück. Joseph Carlyle nahm sein Amt als Kaplan der englischen Botschaft unter Lord Elgin wieder auf. Für ihn war die Zukunft nur kurz: er starb drei Jahre später, erst 45 Jahre alt. Nach seinem Tode wurde ein Band mit poetischen Beschreibungen seiner Reiseszenen herausgegeben.

Emmanuel Miller freute sich bei dem Gedanken, in die zivilisierte Welt zurückzukehren, in der sein Kaiser Napoleon III. Frankreich zum Ruhme zu führen glaubte. Er wünschte, endlich wieder etwas anderes als Mönche zu sehen, die sich seit fünfzehn Jahren nicht mehr gewaschen hatten, und darauf auch noch stolz zu sein schienen. Für ihn blieb der Athos eine Episode im geschäftigen Leben. Er veröffentlichte später eine Sammlung griechischer Sprichwörter, die er in einer Handschrift auf dem Athos gefunden hatte – also das, was dem Heiligen Berg am wenigsten eigentümlich war.

Marcel Richard hatte im Kloster Dionysîou mit Pater Theoklit, dem Bibliothekar, eine längere Unterhaltung gehabt und die Agrypnia zu Ehren der heiligen Ärzte Cosmas und Damian – es war eine düstere Novembernacht – erlebt. Aber nun war er mehr als eine Woche später als vorgesehen, fast ohne Geld, ohne Sohlen an den Schuhen, und sein Regenmantel war in einem unbeschreiblichen Zustand. Er maß noch die Zeit und die Stunden, die er seiner Arbeit auf dem Athos hatte widmen können. Aber dankbar erinnerte er sich des Wohlwollens der Äbte und Epitropen, der Geduld der Bibliothekare und der nächstenliebenden Fürsorge der Gästepater . . . Und nirgends hätte man ihm für den Aufenthalt etwas abverlangt, vielmehr seine Gabe freundlich zurückgewiesen. Er reiste, so schnell wie möglich, über Athen zurück nach Paris.

Athelstane Riley und sein Freund, Reverend Owen, hatten sich entschlossen, den Athos auf dem Landweg zu verlassen, obgleich dies wegen der Räuber gefährlich sein würde. Im Kloster Panteleîmonos riet ihnen der Gästepater Heliódoros, doch mit einem Segelboot bis an das Ende des Golfs zu fahren, um einen Tag, der anstrengend wäre, bei der Rückkehr nach Saloniki zu sparen. Endlich fand sich ein Boot, das zwei Mönchen des Klosters Xeropotámou gehörte. Der eine hatte vor Jahren auf englischen Schiffen gedient und sprach mit Leichtigkeit Englisch, sein Boot hieß ›*Evangelistria*‹ – die Verkündigung an Maria –, der schönste Name der Welt, meinte der Skipper und Mönch. Die Reisenden stiegen ein.

»Wir setzten um halb fünf Uhr die Segel. Eine frische Brise trug uns zur Mitte des Golfs, hörte jedoch in dem Augenblick auf, als wir abdrehten und unseren Kurs nahmen, um zwischen den Vorgebirgen hinunterzufahren. Die ganze Westseite des Athos lag vor unseren Augen. Wir konnten die uns so gut bekannten Klöster sehen: Xenophóndos, Dochiarîou und hinter uns Xeropotámou, hoch über dem Meer, und weiter hinten die kleinen Buchten, welche die Klöster beschützen, wo sie sich im Schatten des Berges eingenistet hatten. Dessen große Spitze türmte sich in spröder Großartigkeit über den Bäumen auf, die seinen Fuß umkleiden. Bald sank die Sonne hinter der Halbinsel Lóngos, und die Schatten fielen auf die Klöster an der Küste, bis nach und nach die ganze Küste davon bedeckt war, mit Ausnahme des Gipfels selbst. Als wir bei Dochiarîou vorüberfuhren, blies der launenhafte Wind in die Segel und brachte uns einige Yards weiter, hörte dann wieder auf, so daß die Segel am Mast herunterhingen. Das Vorgebirge erschien bald nur noch als große dunkle Masse, die den Himmel vom Meere trennte und die von dem Feuer der Waldarbeiter unterbrochen wurde. Wir schwammen traumverloren vorbei, hörten das Plätschern des Wassers unter unserem Kiel und die entfernten Glocken vom Róssikon: es war die Stunde der Abendandacht. Die Sterne schienen hell über unseren Köpfen, und die leichte Brise, die von der östlich gelegenen Küste herüberwehte, brachte die köstlichen Düfte von Pinien über das Wasser des Golfs ... Der Skipper saß still am Ruder, für ihn gab es nichts zu tun. Der Zauber des Athos: noch lag er über uns, wir waren seinem Frieden noch nicht entflohen. In wenigen Stunden aber würden wir in einer wimmelnden Stadt des Orients sein und in ein paar Tagen wieder in einem Krater des ruhelosen, des heftigen Vulkans, genannt modernes Europa.«

Athelstane Riley kehrte auf sein Katheder in Oxford zurück und las über englische Literatur. Er schrieb aufgrund seiner täglichen Notizen ein Buch über die Mönche des Athos. In seinen Berichten gründlich, schildert er das Erlebte in der Art eines Mannes, der das ihm Fremde lieben gelernt hat und sein Verständnis nicht ohne Ironie zu beleben weiß. Dieses Buch über eine Athos-Expedition ist nach hundert Jahren noch nicht veraltet: die Szenen, die geschildert werden, könnten sich heute und morgen wieder ereignen.

Reinhold Pabel war am letzten Tag im Róssikon. Es war die Zeit zwischen den Kriegen, die Europa ertragen mußte. Das Kloster war arm:

»... und auch wir sollten das vor unserem Abschied noch zu spüren bekommen. Der Archontaris rief uns zum Abendessen, dessen Hauptgericht – Stockfisch in Sauerkraut – uns fast ungenießbar schien. So war unser Abschiedsmahl auf dem Heiligen Berg gerade kein Festessen, aber die Väter sind arm, und das finstere Gesicht des Archontaris durften wir vielleicht auf das Konto der Anwesenheit des Griechen setzen, der sich uns angeschlossen hatte. Erst als es zu dämmern begann, brachen wir auf.«

Wie viele der Reisenden mußten sie auf den Dampfer warten, der sie nach Saloniki bringen sollte. Kaum ein Licht brannte, das Nachtleben in Daphni begann. Lambert Ehrlich trank mit den Mönchen Bier, Théodore Belpaire war ungeduldig, und Alexander Neyrat besann sich auf das Erlebte.

»In dieser Nacht des Wartens durchlebten wir noch einmal all die Poesie der letzten Tage, die enden wird, wie all das endet, was nicht die einfache Prosa des gewöhnlichen Lebens ist, obgleich für keinen von uns das Gedicht des Ewigen begonnen hat. Wir suchten all die lebhaften und bilderreichen Eindrücke dem Grunde unserer Seele einzuprägen, die der Aufenthalt auf dem Agion Oros dort niedergelegt hat und die dort in der Tiefe aufbewahrt werden, bis sie nach langer Zeit ebenso lebhaft und bilderreich wieder aufgefunden werden.«

Das war die Wehmut des Abschieds, die selbst ein katholischer Priester empfand, als er die Schwarzen Engel, die sich ›abgesondert‹ hatten, verließ. Auch Reinhold Pabel setzte sich in der Hafenwirtschaft zu Mönchen, Treibern, zwei englischen Studenten und einem griechischen Kaufmann, der ununterbrochen von der drohenden Kriegsgefahr redete und von seinen Töchtern, aber auch von den beiden Kirchen. Endlich kommt der Dampfer auf die Reede von Daphni. Ein Boot bringt die Passagiere an Bord. Die Nacht verlief ruhig.

»Am frühen Morgen bietet sich an Bord eine ganze Symphonie echten griechischen Volkslebens. In den Regionen des Unterdecks beginnt das große Erwachen. Zwischen Kisten, Bündeln und Säcken hat sich das reisende Volk niedergelassen, die Frauen mit achtlos geschürzten Röcken versorgen die Säuglinge« – für den, der vom Athos kommt, ein ungewöhnlicher Anblick – »eine andere kämmt sich ihr Haar, während die Linke dem Zweijährigen die letzten Trauben in den Mund schiebt; wieder andere schminken sich. Überall geben sich Männer und Frauen, hingelagert auf irgendeinen Kartoffelsack, der Lektüre von bunten billigen Magazinen hin . . . Dann sitze ich oben auf einer Kiste und schaue, von dem gaffenden Schiffsvolk umdrängt, scheinbar teilnahmslos aufs Meer, während ich doch angestrengt dem Gespräch des griechisch-türkischen Kaufmanns mit dem spitzbärtigen Engländer lausche. Sie sprechen nämlich über das Verhältnis der Kirchen zueinander und über die Einheit. Der Engländer schildert in einem leicht wissenschaftlich gestrafften Plauderton Wesen und Entstehung der High Church, sein Partner berichtet von der Eigenart seiner Kirche, dabei unaufhörlich seinen Rosenkranz um das Handgelenk wirbelnd, wie viele Griechen, wenn sie im Augenblick nichts anderes zu tun haben. Als man dazu übergeht, die Einheit der Kirche zu diskutieren, spitze ich die Ohren. Leider trägt der starke Wind die Worte immer sogleich davon, deutlich vernehme ich aber die mit Pathos hingeworfene Bemerkung, daß alles an der Intoleranz der römischen Kirche scheitere. Der Grieche hat es mit weitausholendem Gestus wie ein Volksredner gesagt. Ich denke nicht mehr an diesen undurchsichtigen, geschäftig lächelnden Griechen, der Lebensweisheiten wie Kaffee anpreist.« Denn Reinhold Pabel ging es ernstlich um eine Verständigung der Konfessionen und nicht um Schuldzuweisung.

»Das Glaubensgespräch zwischen Ost und West soll den urchristlichen Zug im Antlitz des Bruders aufspüren. Er darf aber auch, wenn es in Ehrfurcht geschieht und ohne Pharisäismus, dort eine Frage an den Bruder stellen, wo Lehre und Leben nicht mehr aus der Mitte des Christseins herauszuwachsen scheinen.«

Als protestantischer Pfarrer hatte Reinhold Pabel im Antlitz seines ›Bruders‹ »den Geist der östlichen Kirche ... in der besonderen Ausprägung der hagioritischen Wirklichkeit« erkannt und auf dem Athos in seiner Gegenwart erlebt. Ob es »Weltflucht oder Weltklugheit« wäre, fragte Erhart Kästner, den ich einem Wünschelrutengänger verglich: »Auch dessen enthält sich der Berg, dieser große Enthalter, die Welt einzurichten, Gesetze zu geben und Glaubens-Sätze zu machen. Keine Vorschrift, keine Überzeugung, keine Wissenschaft. Nicht einmal eigentlich Theologie. Ergriffenheit, keine Hochmutbegriffe. Tiefe Stille in dieser immer und immer redenden, immer auf etwas bedachten, gewillten, immerzu handelnden Welt.« Und er beneidete den Athos und bedauerte es, sich nicht als Athonit fühlen zu dürfen. Wir können den Gegensatz nicht aus unserem Bewußtsein tilgen und sollen es wohl auch nicht. Aber jedes Bemühen, die Mönche in ihrer Welt zu verstehen, läßt eine Erinnerung an das Ewige in uns zurück.

*

Nun trennen sich die Reisenden vom Garten der Gottesmutter, und jeder kehrt in die Welt seiner Zeit zurück. Aber Augenblicke wird es noch geben, die er vorher nicht kannte und die mehr sind als Pausen im Tagwerk: dann steht als ein unvergeßliches Bild der Berg am Horizont der Erinnerung, als spiegele er sich in einem vom Mond überleuchteten Meer ... Wer ihn wiedersieht, glaubt nicht mehr an seine Wirklichkeit.

Antonin Proust, unser Philosoph auf Reisen, war noch zurückgeblieben. Er verbrachte die letzte Woche im Kloster Xeropotámou, wo ich den ersten Tag und die erste Nacht unter den Mönchen des Heiligen Berges erlebt hatte. Dort traf ich ihn. Das Kloster blieb auch diesmal von seltsamer Verschlossenheit. Gelehrte Unterhaltungen mit Pater Kallistos, einem der gebildetsten Epitropen des Athos, die

Liebenswürdigkeit des Paters Bimatoris – der unglücklicherweise keinen Bartwuchs hatte, obgleich er nie im Serail von Konstantinopel gewesen war –, dann die Vergnügungen bei Jagd und Fischfang: all das wog die trübsinnigen Mienen der Mönche nicht auf. Und jede Nacht überraschte es uns, wie sie sich über die verschiedenen Arten des Selbstmords unterhielten.

Eines Abends sprachen wir wieder über die Mönche, und Antonin Proust erzählte von den Gewohnheiten der Brüder von Koutloumousîou: dort wäre die Sorge um Feld und Garten den Laienbrüdern auferlegt, denn die in einem solchen Koinobion lebenden Mönche täten nichts anderes als beten. Außer ihrem Gebetbuch läsen sie kaum, und die immer gleichen Stunden des Gebets würden durch das Semantron angekündigt – übrigens ein sehr altes Instrument, man hätte dergleichen schon in Pompeji gefunden. Es sei der Ruf, sich in die Arche Noahs vor der Sintflut zu retten, erklärte ich, die Arche sei Sinnbild der Kirche. Am Morgen stiegen die Mönche von ihren Zellen herunter, fuhr Antonin Proust fort, sängen die Andacht, hörten anschließend die Messe, gingen ins Refektorium, nähmen um vier Uhr an der Vesper teil, äßen wieder um sechs, sprächen das Abendgebet und legten sich bei Sonnenuntergang schlafen, um nach wenigen Stunden wieder aufzustehen.

Wenn sie dann mitten in der Nacht von den Galerien ihres Klosters herunterkommen und wankenden Schritts zur Kirche gehen, mit einem flackernden Windlicht in der Hand, scheinen diese vom Alter gebrochenen Gestalten – gekleidet in lange Gewänder, als seien es Leichentücher – Darsteller des Letzten Gerichts zu sein . . ., wie in alten Kalenderbüchern.

Man müsse mehr über ihr Schicksal wissen, wandte ich ein, um sie in ihrer Eigenart und in ihrem Gebet besser zu verstehen, gab aber zu, daß es sicher nicht leicht sein würde, das von Reisenden über die Mönche Mitgeteilte an der Wirklichkeit zu überprüfen. Manches bliebe vielleicht Anekdote. Auch er, Antonin Proust, würde sicher über seine Erlebnisse auf dem Athos schreiben. Ja, das werde er tun. Und aus solchen Schilderungen, meinte ich, müsse es doch möglich sein, das Bild dieser idealen Gemeinschaft zu rekonstruieren und mehr über diese Begnadeten zu erfahren. Das wäre recht gut, ermunterte mich Antonin Proust, aber wäre denn diese Gemeinschaft ideal? Ich kannte das Urteil Gerhart Ahls aus unserer Zeit:

»Für wen ist der Athos Endstation – für wen Durchgangsstation – und warum? Eine Antwort zu finden, ist schon deshalb schwer, weil die Mönche nach Herkunft, Bildungsstand und Art des Lebens wie auch des Zusammenlebens keine homogene Gesellschaft sind. Viele mögen in der Welt Umhergetriebene gewesen sein, Enttäuschte, Gestrandete, Lebensuntüchtige, viele aber auch von tiefen Sehnsüchten Getriebene. Wenige sind schon als Priester gekommen, wenige leben von Jugend an auf dem Athos. Seit einigen Jahren ist ein Umbruch im Zugang zum Athos-Mönchtum festzustellen. Eine junge, intellektuell hochgebildete Generation zieht in die Klöster ein, asketisch streng mit sich selbst.«

Unter diesen Enttäuschten und Gestrandeten, gab ich zu bedenken, aber zum Teil auch Hochgebildeten wird Franz Spunda in Dionysîou den Archimandriten Chrysóstomos sprechen, der in Deutschland studiert hat, aber auch Soldaten, die in Anatolien gegen die Türken gekämpft haben, und in Iwiron einen Schreiner aus Amerika, auch in der Lawra wird er in dem Archontaris einen Matrosen aus Westindien sehen. Gerhart Ahl wird im Kloster Gregorîou Pater Simeon kennenlernen, der als Sohn eines Ministerialbeamten in Peru in Paris Byzantinistik studierte und auf den Athos kam. Reinhold Pabel kennt einen Tellerwäscher aus New York, der mit seinem letzten Dollar zum Heiligen Berg kam und Mönch in der Lawra wurde. So bunt wie die Menschenwelt ist die Vielfalt der Schicksale, die in der Gemeinschaft aufgehoben würden, das sei nicht zu bezweifeln, sagte ich und dachte dabei an Bruder Konstantin, den Antonin Proust natürlich nicht kannte und den ich zuletzt bei der Kapelle der Metamorphosis beobachtet hatte. Zu ihm hatten die wundertätigen Ikonen gesprochen, ihn traf in jener Nacht die Vision. Er war einer von den asketisch Lebenden, einer der Intellektuellen jedoch, der über die Geschichte des Athos mehr als nur flüchtig Bescheid wußte und von seiner Seele her Hesychast war. Ich begann von ihm zu erzählen und erklärte, daß ich diesen Mönch allerdings für erfunden halten müßte. Antonin Proust meinte, daß diese Erfindung gut und recht überzeugend wäre, weil auf diese Weise der Geist aller sich in einem einzelnen Mönch zeige. Und er bat mich, mehr von ihm zu berichten. Ich tat es:

Die Vision und die Worte, die die Allheilige zum Bruder Konstantin gesprochen hätte, wären ein mystisches Erlebnis gewesen und Mystik sei die Mitte der Orthodoxie. Ob ich die Worte Mariens noch wisse, fragte Antonin Proust. Ja:

Ich habe zu dir unter meinen verschiedenen Gestalten gesprochen. Ich bin die Allheilige, die Mutter Christi, des wahren Gottes. Jede meiner Ikonen hat dir ihre Botschaft gegeben, die in Jahrhunderten für dich vorbereitet wurde. Ich aber sage dir: Sei würdig deinem christlichem Stande ... Beharre in der

Wahrheit, die du angenommen hast. Sei tugendhaft, und du wirst den ewigen Frieden im Schoße Christi erlangen. Amen.

Das sei alles ganz recht, sagte Antonin Proust, warum ich es denn für so wichtig hielte, es ihm anzuvertrauen. Ich antwortete, daß Konstantin deshalb den Athos hätte verlassen müssen. Wie das? Ja, er beichtete seine Vision seinem Abt von Pawlou und nicht seinem Seelenvater, seinem Pneumatikos, der ihn durch sein Gebet zum Licht des Berges Tabor geführt hatte. Konstantin hätte seinem Abt aber auch die Einsicht, die Gott in ihm erweckt hätte, bekannt, daß nämlich bei den Christen nur die Art des Betens verschieden wäre und daß die einen in der Liturgie singen, die anderen aber den Gesang mit Instrumenten begleiten, die einen so und die anderen anders das Zeichen des Kreuzes vollzögen. Auch die Taufzeremonien seien zwar verschieden, all das sei aber nicht Grund genug, sich gegenseitig in Uneinigkeit zu übertreffen.

Das möchte noch hingehen, unterbrach ich selbst meinen Bericht, wenn sich ein Mönch über die Unterschiede zwischen den Lateinern, den Anglikanern und den Protestanten ein Urteil verschaffe, um sie widerlegen zu können. Antonin Proust vertrat jedoch die Ansicht, daß die Gleichstellung aller Bekenntnisse bei einem orthodoxen Mönch etwas Ketzerisches an sich habe. Ich gab ihm recht.

Konstantin habe, sagte ich, seinem Abt gegenüber erklärt, es sei nicht nötig, sich dieser Welt zu schämen. Gott habe sie so doch gewollt. Die Erkenntnis Gottes könne sich auch auf die Glückseligkeit richten.

Das allerdings, unterbrach jetzt Antonin Proust, sei auch im Sinne der katholischen Kirche nicht richtig, es sei dies die Ansicht des heidnischen Philosophen Epikur. Gott hat die Welt nicht so gewollt, dem Menschen das Paradies gegeben . . . und ein Leben ohne Tod. Der Mensch habe gesündigt, er habe die Erkenntnis für sich gewollt, also müsse er die Ungewißheit über die Zukunft und den Tod auf sich nehmen. Die katholische Kirche glaube – durch den Opfertod Christi, des neuen Adam – an die Vergebung der Sünden durch Gottes Gnade und Barmherzigkeit. Und ich fügte hinzu: der orthodoxe Christ glaubt an die Verwandlung des Menschen durch den Heiligen Geist und an die Vergöttlichung dessen, den Christus erlösen wird. Das sei das Problem, erinnerte Antonin Proust, darin seien die Orthodoxen Erben der alten griechischen Mythologie, die Katholiken Erben des römischen Rechts. Übrigens ginge es, wie er in seinem Bericht schreiben werde, im Grunde nur um die Suprematie des Papstes, den die

Orthodoxen anerkennen müßten, alle anderen Fragen seien doch lösbar . . . Taufe, Abendmahl und so weiter.

Konstantin aber hätte, fuhr ich fort, darauf bestanden, daß die Askese zwar ein sicherer Weg zur Erlösung sein könne, man müsse aber auch die nahrhaften Speisen zu schätzen wissen und die Genüsse, die sich auf die Schönheit der Natur beziehen – den Duft der Blumen erwähnte er –, man solle Geschmack an der Musik finden und sich an den harmonischen Formen der schönen Künste ergötzen. Das wäre doch keine Sünde, weil dies alles Gottes eigenes Werk sei, geschaffen durch den Geist und die Hände des Menschen. Tausend Wege führten zu Gott, hätte Konstantin schließlich gesagt, und jeder sei fähig, Gott zu finden, nicht nur der Mönch. Für jeden sei Christus gestorben, gestorben am Kreuz und wieder auferstanden. Seine, Konstantins, Fähigkeit sei es, an dieser Welt sich zu freuen, und diese Freude brächte er dem Herrn dar, dem sie ebenso angenehm sein werde wie der Schmerz.

Das wäre ein Irrtum gewesen, meinte Antonin Proust, die Freude an dieser Welt sei für den athonitischen Mönch – leider! – kein Weg zur Erlösung, auch nicht zur Erkenntnis Gottes. Die Freude, die sie empfänden, beziehe sich auf das künftige Leben, sei Hoffnung, Hoffnung auf die Auferstehung. Der Mönch sei ein Analogon Christi. Ihm aber schiene dieser Konstantin ein Pantheist zu sein, wohl auch sehr intellektuell . . .

Nun, das Ende war, setzte ich meinen Bericht fort, *daß der Abt tatsächlich glaubte, einen Ketzer vor sich zu haben. Er wünschte, Konstantin möge die anderen Brüder, für die er vor Gott die Verantwortung trage, mit seinen Ansichten in Frieden lassen. Konstantin erwiderte, daß er nur ihm, seinem Abt, seine Überzeugungen, seine Erfahrungen, anvertraut hätte, die anderen, für die das Gebet eine eintönige Formsache wäre, würden sicher entsetzt sein. Sie dächten, daß es ausreichen müßte, die Psalmen zu lesen, sich viele Male zu verneigen, wenig zu essen und sich viel zu langweilen . . . – Wie diese hier in Xeropotámou,* warf Antonin Proust ein. *– Aber das ist nicht so,* widersprach ich, *das stimmt nicht. So sieht es der, der hier vorübergeht, der nur ein Gast in dieser für ihn fremdartigen Welt ist, wie wir. Und Bruder Konstantin hatte das Leben der Mönche nicht nur gesehen, er hat es auf sich genommen. Er war in allen Klöstern gewesen. Dann hat er noch gesagt: Er sei weder Apostel noch Märtyrer, denn die Allheilige habe auch nicht auf verschiedene Weise zu ihm gesprochen. Ich habe mir die Sätze aus dem Buch abgeschrieben, das Costa de Loverdo über diesen Mönch, ja . . ., ich kann sagen: gedichtet hat. – Er ist wohl der Erfinder dieses Konstantin? – Das* *werde ich nicht bestreiten, nur den Mönchsnamen, den gab ich ihm. Ich lese seine Worte mal vor:*

›Ich bin auch kein Heiliger, sondern ganz einfach ein aufrichtiger Mensch, der aus ganzem Herzen zur selben Zeit wie die Lippen beten möchte, einer von denen, die die erhellende, heiligende Mission der Klöster verstanden haben: in jedem Jahrhundert wird das Erbe des vorangegangenen bewahrt, um es dem folgenden getreu zu überliefern, damit die Säulen ununterbrochen gefestigt werden, bis zur Ewigkeit, und die Kirche nicht unter den Schlägen wankt, die auf sie gerichtet sind.‹

Wir fanden diese Äußerung zu allgemein. Nach längerem Schweigen erzählte ich dann das Ende des intelligiblen Martyriums, der Zeugenschaft für die Botschaft Christi, das dieser erdachte Mönch auf sich genommen hatte.

Nachdem er lange wie in Meditation versunken schien, sagte der Abt: Konstantin könne in Pawlou bleiben, wenn er sich von den Brüdern abgesondert verhielte. Das sei auch sein Wunsch, beteuerte Konstantin und küßte den Ring des Abtes. Er verließ den Raum, ging in den Hof hinunter, dann auf die Mauer, auch über die schmalen

Treppen im Turm, um von den Zinnen aus den Tag ins Meer sinken zu sehen. Ein letzter Sonnenstrahl traf die Kapelle der Transfiguration, dort hatte die Sphinx von Byzanz zu ihm geredet. Beim Gang durch die Galerie am Zellentrakt begegnete er seinem Seelenvater, ihn verehrte er zu sehr, um ihm ein Wort zu sagen. Aber der Alte, der alles mit geistigem Auge sah, wußte, was seinem Jünger widerfahren war. Wie zwei Schatten gingen sie zum Hof hinunter, über dem schon die Sterne schimmerten. Das Abendgebet begann . . . Am anderen Morgen nahm Costa de Loverdo, wie mancher der gestern gekommenen Gäste und Pilger, an der Liturgie teil, er erschrak: der Platz seines Seelenvaters blieb leer. Nun wußte er, daß er den Athos verlassen mußte. Danach gab der Abt ihm ein Zeichen – das Boot, sagte er leise, läge unten am Strand bereit. Und dies sollen seine Worte gewesen sein:

Geh, kleiner Mönch, geh! Zögere nicht, du bist gekommen wie ein guter Sohn, Maria hat dich geführt, fast zu dem, der dich erwartet, um dich zu erlösen. Ohne Zweifel wollte sie, daß er zu dir spräche, sonst hätte sie dich nicht hierher auf den Heiligen Berg geführt. Möge Maria, die Allheilige, dich auch im Sumpf des Lebens behüten! Dein Vater ist in der Zelle geblieben. Es wird gut sein, wenn du dich ohne Abschied entfernst. Er hat den Eid des Schweigens geleistet, sicher hofft er, daß du gehst. Darum ist er heute morgen nicht zu uns gekommen, in seinem langen Leben das erste Mal. Er ist um deine Seele bekümmert. Aber die Veränderung zwischen ihm und dir ist durch den Willen Gottes eingetreten. Gehe mit freiem Herzen, es ist alles geschehen, wie Gott es will.

Costa de Loverda konnte den Blick des Abtes kaum ertragen. Er wandte sich ab, ging über den Hof, holte die Tasche, schritt durch das Tor, dann über das Geröll der Steine, ein letzter Blick: fahler Schein fiel auf die Festung des Glaubens, die seit langem nur von traurigen Alten bewohnt war . . . Auf den Kieseln am Strand lag das Boot. Ein Laienbruder wartete auf ihn und schob nun das Fahrzeug ins Wasser. Costa setzte sich auf die schmale Bank. Der Bruder ruderte das Boot. Costa sagte kein Wort: jetzt war auch er einer der Verlorenen. Er fuhr zurück in sein Jahrhundert, es war das vorgerückte zwanzigste seit Christi Geburt. In Daphni wartete er auf den Dampfer. Bald danach, als er wieder in Frankreich war, hörte er, daß sein Seelenvater gestorben sei. Sein Geheimnis blieb dem Heiligen Berg lange verborgen, bis er seinen Bericht – man könnte ihn einen Roman nennen – veröffentlicht hatte. Aber seinen Konstantin hatte niemand auf dem Athos gesehen.

Antonin Proust schien lange noch der Geschichte nachzudenken und meinte dann, es sei eine gut erfundene Fabel, fast eine Legende, wie nur ein kluger Mensch sie erleben könnte. Was aber das Schicksal einzelner Mönche beträfe, so erinnere er sich an seinen Besuch im Kloster Panteleîmonos, wo er die Prozession der Mönche beobachtet hatte:

Doch zwischen den Alten, die als wankende Gestalten in die Kirche kamen, sah ich einen jungen Mann mit sicheren Schritten gehen. Ich glaube nicht, daß ich jemals einem reineren Ausdruck männlicher Schönheit begegnet bin. Seine Augen glänzten wie Flammen in der durchsichtigen Blässe seines Gesichts, abgemagert war er vom Fasten, und sein Bart, getrennt nur durch schmale Lippen, teilte sich auf seiner Brust und mischte sich in bläulichen Reflexen mit dem dunkleren Ton seiner Haare. Er war ein Grieche von Zante, der erst vor kurzem zum Heiligen Berg gekommen war.

Über sein Schicksal konnte er nichts erfahren, hätte ihn nur mit glockenreiner Stimme singen hören. Wer würde es auch erzählen, nur der Seelenvater müßte es wissen, was diesen jungen Mann in das Kloster trieb. Die Mönche wären die Begnadeten, waren die Worte, die wir zum Nachtgruß wechselten. Bald nach Mitternacht hörten wir das Semantron . . ., Gesang kam vom Katholikon zu uns herauf.

Als wir am anderen Morgen vor dem Tor etwas spazierengingen, sahen wir unten am Kap Felice die Segel einer Tartane; ein Schiff mit einem großen lateinischen Segel und zwei Klüvern am Bugspriet. Wir fragten die Mönche, ob wir mitfahren könnten. *Das ist Tsavellas,* sagte Pater Kallistos, *unter der Führung des Tsavellas können Sie ruhig schlafen.* Dieser Tsavellas war einmal ein Seeräuber gewesen, handelte jetzt mit mäßigem Gewinn, was die Mönche so brauchten, und hoffte durch ihr Fürbittgebet sich bei der Allheiligen, ihrer Beschützerin, gut zu stellen. Wir verabschiedeten uns von Pater Kallistos, luden die Sachen auf einen Esel, gingen zum Strand: Tsavellas fuhr tatsächlich nach Saloniki, oder wir nahmen es an. Wir stiegen an Bord. Unsere Tartane hatte außer Tsavellas zwei Matrosen als Mannschaft, auch ein Kind fuhr mit. Sehr angenehm war die Fahrt nicht, die erste Nacht verging wie ein Alptraum, weil die Männer mit ihren kalten und haarigen Beinen fortwährend über uns wegstiegen. Beim ersten Morgengrauen – die Segel hingen reglos am Mast, sahen wir noch den Athos. Das Meer war wie ein Spiegel, und die Mannschaft schlief. Ein Matrose drehte sich langsam von einer Seite zur anderen und sang im Halbschlaf ein Bänkelliedchen.

Zu zweit singen die kleinen Vögel
so süß unter den Zweigen der Myrte.
Der Himmel glänzt fröhlich,
aber in meinem Herzen weint
bitterer Schmerz.

Wir wollten wissen, wer ihm dies Lied beigebracht hätte. – *Wer mir dies Liedchen beigebracht hat?* wiederholte der Seemann, während er sich auf seinen Ellenbogen stützte. *Das war Marino! – Wer, Marino? – Marino, der Sänger. Als Ihr im Kloster der Russen gewesen seid, Effendi, habt Ihr auch Marinetto gesehen. Das mußte der Schönste auf dem Berge gewesen sein, er war der Schönste auf Zante. Niemand hat die Romeika besser getanzt, und keiner hat ein artigeres Kompliment einem hübschen Mädchen gemacht. – Und warum ist er Mönch geworden, dieser Don Juan? – Oh, das ist eine traurige Geschichte, mein Herr!* Und der Seemann kleidete seine Erzählung in die Art eines Märchens:

Marino liebte Kortaina, die Perle in der Straße der Rosen, und Kortaina liebte Marino. Aber eines Tages ging Marinetto auf eine lange Reise, nach Arabien ging er auf Fahrt, der Marino. Dreimal blühten die Felder wieder von Jahr zu Jahr, dreimal sang auch die Nachtigall, aber Marino kam nicht zurück. Beim ersten Frühling fing Kortaina an, bleich zu werden, das zweite Mal begann sie zu weinen, beim dritten Frühling legte sie sich ins Bett, sie schlief. Eines Morgens sahen die Frauen, die am Ufer auf ihre Männer, die Fischer, warteten, ein Kaik, mit Ambra geladen. ›Steh auf!‹, sagte die Mutter zu ihr, ›dein Bräutigam kommt‹. – ›Mutter, ich kann nicht mehr aufstehen. . . Aber wenn er kommt, betrübt ihn nicht, gebt ihm zu essen und dann diesen Ring, damit er ein anderes Mädchen heiraten kann und sich neue Eltern und neue Freunde schaffe.‹ Als Marino zum Haus seiner Braut kam, spürte er Weihrauchgeruch, er sah die Nachbarn, die sich das Gesicht verhüllten. ›Ist jemand gestorben?‹ schrie er. Keiner gab eine Antwort. Er ging in das Haus und sah die Mutter, die sich die Haare ausriß. . . Das ist es, Effendi, warum Marino ein Mönch auf dem Athos geworden ist.

Hast du ihn seitdem gesehen? fragte Antonin Proust. – *Nein, ich möchte ihn auch nicht sehen. Das ist ein schlechtes Herz, der seine Mutter vergißt. Die arme Frau spann Wolle, um zu leben, aber die Tränen trübten ihr Auge, und ohne diesen Patron, der, wie Sie sehen, im Grunde ein guter Mensch ist, würde sie vor Hunger sterben.*

Da rief Tsavellas: *Laß deine Geschichten! Hoch oben vom Berg kommt die Brise. Und diesen Abend, mit Hilfe der Allheiligen – Gott sei uns gnädig! –*

werden wir in Zagora sein! – In Saloniki, wollten Sie sagen. – In Zagora, habe ich richtig gesagt. Man geht nicht immer, wohin man will, mein Herr!

Ob vielleicht Antonin Proust diese Geschichte – so romantisch, wie sie es ist – erfunden hat? Ich bin mir nicht sicher, ich las sie erst in seinem Bericht – viel später. Ich fuhr nicht mit ihm. Wir hatten in Xeropotámou die Zeit nicht beachtet und die Welt aus den Augen verloren, vergessen, was Gegenwart heißt. Aber Welt vergessen ist Gnade, die in der Heimat unter dem Himmel erfahren wird, um einen Frieden zu finden, den die Welt nicht gibt, weil sie ihn niemals hat. Wir kümmern uns um unser belangloses Ich und meinen, wenn wir tun, was wir wollen und was uns beliebt, wir hätten uns selbst gefunden. Wir leben nur so dahin und werden nie ohne Sorge sein. Gott überwindet das »Ich« – wie es die Schwarzen Engel vom Heiligen Berge tun, die, in ihrer Sorge um Gott, auf ihrer Suche nach Gott eine Freiheit haben, von der unter uns nur die Rede sein kann.

Ahl, 126 – Belpaire, 359 – Carlyle, 224 – Ehrlich, 141 – Fallmerayer, Bd. 2, 136 – Kästner, 13. Oktober 1967 an Peter Meurer, in: Briefe, hrsg. von Paul Raabe, 2. Aufl., Frankfurt a. M. 1985, 194 – de Loverdo, 131 und 137 ff. – Miller, 136 – Neyrat, 222 – Pabel, 78 und 88 f. – Proust, 109, 119 f. und 135 f. – Richard, 66 – Riley, 388 ff. – Spunda: *Landschaft und Legenden*, 52 f., 40, 110 und 113

Literaturverzeichnis

Die zu einzelnen Kapiteln, insbesondere im zweiten Teil (›Mönchsgeschichten‹) angegebene Literatur und andere, nur einmal angemerkte Monographien und Abhandlungen sind in dieses Verzeichnis nicht aufgenommen.

1. Ungedruckte Quellen

Joseph Maria von Radowitz am 5. Februar 1887 an den Reichskanzler Otto von Bismarck, Abschrift im Preußischen Geheimen Staatsarchiv, Berlin, Konvolut 1098, Blatt 1436 folg. · Karl Mordtmann am 5. August 1888 an denselben, ebenda, Blatt 1626 folg. · Archimandrit Misail am 26. Oktober/8. November 1924 an den Sekretär des Völkerbundes in Genf und Stellungnahme des griechischen Geschäftsträgers Dendranis vom 30. Januar 1925, Genf, Archiv des Völkerbundes · Petition der Athosklöster Sograph und Panteleîmonos an die Achsenmächte, überreicht in Sofia im Juni 1941, Bundesarchiv Bonn · Mitteilung des Auswärtigen Amtes des Deutschen Reiches an die Deutsche Gesandtschaft in Sofia vom 30. Oktober 1941, ebenda · Abschlussbericht über die Tätigkeit des Sonderkommandos Rosenberg in Griechenland, Sonderstab Athos, Leitung Hauptmann Prof. Dr. Franz Dölger, vom 15. November 1941, ebenda.

2. Reiseberichte

Gerhard Ahl: Der Mönche drittes Vaterland, Impressionen und Begegnungen auf einer Wanderung über den Berg Athos, in: hellenica, Jahrbuch der Freunde Griechenlands, 1979, S. 119–129 · Christophilos Alethes: Die Lage der Christen in der Türkei und das russische Protektorat, Ergebnisse persönlicher Erfahrungen während eines mehrjährigen Aufenthaltes im Orient, Berlin 1894 · Emanuel Amand de Mendieta: La presqu'île des caloyers, le Mont Athos, Paris 1955, ^{2}1965

Ernst Barthel: Entzückungen des Klosterbruders vom Berge Athos, in: Der Türmer, Monatsschrift für Gemüt und Geist, 30 (1927), S. 6–26 · Antonin Barthélemy (pseud. für Antonin Proust): L'Athos, les moines byzantins, in: Un philosoph en voyage en Grèce, Niort 1864 · J. W. Beamont: A Visit in Mount Athos, in: Transactions of the Royal

Society of Literature, second series, vol. IX (1870), S. 87–101 · Pierre BELON: Les observations de plusieurs singularités et choses mémorables, trouvées en Grèce, Asie etc., Paris 1553, ²Antwerpen 1555 · Théodore BELPAIRE: Lettres du Mont Athos, in: Irénikon, 6 (1929), S. 20–44, S. 168–201 und S. 332–365 · Ludger BERNHARD (→ 3 a) · Otto BETZ: Wind und Licht, mit Orestis auf dem Berg Athos wandern, in: Süddeutsche Zeitung, 2.–4. April 1976, S. 89 · Rudolf BIACH: Das Geheimnis des Heiligen Berges, ein Athosbuch, Wien 1949 · Frédéric BOISSONAS: Une excursion au Mont Athos, in: L'Acropole, 4 (1929), S. 75–87 · Ralph BREWSTER: The 6.000 Beards of Athos, New York 1936 · Heinrich BROCKHAUS (→ 3 a) · Christophe BUONDELMONTI: Description des Îles de l'Achipel, ed. Emile Legrand, Paris 1897 · Robert BYRON: The Station, Treasures and Men, London 1827, with an introduction by Christopher Sykos, London 1949 (vgl. → 3 a)

Stratford CANNING: Memoirs, zit. nach Stanley Lane-Poole: Viscount Stratford de Redcliffe . . ., from his Memoirs and Private and Official Papers, 2 Bde., London 1888 · Joseph Dacre CARLYLE: An Account of the Monastic Institutions and Librairies on the Holy Mountain, in: Collections of Memoirs, edited by Robert Walpole, London 1818, S. 194–226 · Michael CHOUKAS: Blake Angels of Athos, Brattleboro/USA 1934 · Randoll COATE: Mount Athos, la Saint Montagne, Grenoble 1948 · Alexander CONZE: Eine Reise auf den Inseln des thrakischen Meeres, Hannover 1880 · Robert CURZON: Visits to the Monasteries in the Levant (1849), neue Ausgabe London 1955 · CYRIACUS von Ancona: Journey in the Propontis and the Northern Aegean 1444/45, edited by Edward W. Bodnar and Charles Mitchel, Philadelphia 1976

Theodor DÄUBLER: Der heilige Berg Athos, eine Symphonie III, Leipzig 1923 · Wladimir Petrowitsch DAVYDOV: Putevyja zapiski vedennja prebyvanijana Ioničeskich ostrovach, v Grecii, Maloj Azil i Turcii v 1835 godu, Sankt Petersburg 1840 (russ.), deutsche Übersetzung in Vorbereitung* · R. M. DAWKINS: The Monks of Athos, London 1936 · (H. Didon): Constantinople, le Mont Athos, la Grèce, épisodes d'un voyage en Orient, avec une préface ‚Aux Jeunes' de Fr. F. DIDON, o.O. u. J. (um 1896) · (Adolphe Napoléon) DIDRON: Le Mont Athos, in: Annales archéologiques, 4 (1846), S. 70–86, S. 133–147 und S. 223–237; 5 (1846), S. 148–165; 7 (1847), S. 41–48 (Le Mont Athos et la Phalanstère); 18 (1858), S. 72–80, S. 109–124 (Iwiron); S. 197–205 (Philothéou); 21 (1861), S. 126–138 (Le couvent de Saint-Laure); 23 (1863), S. 249–263 (Pawlou) · Charles DIEHL: En Méditerranée, promenade d'histoire et d'art (1907), ⁷Paris 1925 · Franz DÖLGER (→ 3 a und 3 b) · L'abbé (L.) DUCHESNE: Mémoire sur une mission au Mont Athos, Paris 1874 · Robert DUFOUR de la Thuillerie: De Salonique à Constantinople, souvenirs de la Division Navale d'Orient (1916/17), o.O. u. J. (um 1918)

Lambert EHRLICH: Die schismatische Mönchsrepublik auf dem Berge Athos, in: Die Kultur, Vierteljahrsschrift für Wissenschaft, Literatur und Kunst, 14 (1913), S. 109–132 und S. 262–273 · Karl ELLER: Der heilige Berg Athos, München-Planegg 1954 · Jakob Philipp FALLMERAYER: Der heilige Berg Athos (1842), in: Schriften und Tagebücher,

*Für den Hinweis auf diesen Reisebericht und die Einsichtnahme in das Manuskript bin ich Frau Prof. Dr. Margarete Kühn zu besonderen Dank verpflichtet.

Fragmente aus dem Orient, 2 Bde., München und Leipzig 1913, Bd. 2, S. 51–137 · Carl Fredrich: Von den Dardanellen, auf altgriechischen Inseln und auf dem Athos, Berlin 1913.

Friedrich Ganske: Osterferientage auf dem Athos, in: Beilage zum Programm des kgl. Progymnasiums zu Deutsch Eylau, 1906 · Heinrich Gelzer: Geistliches und Weltliches aus dem Türkisch-Griechischen Orient, Selbsterlebtes und Selbstgesehenes, Leipzig 1900 · Heinrich Gelzer: Vom heiligen Berge und aus Makedonien, Reisebilder aus den Athosklöstern und dem Insurrektionsgebiet, Leipzig 1904 · Emanuele Grassi: Monte Athos, Itenerario alla montagna degli asceti, Milano 1981, deutsche Ausgabe, Erlangen 1986 · Nikephóros Gregóras, zit. nach Bayer (→ 3 a) · August Grisebach: Reise durch Rumelien und nach Brussa im Jahre 1839, Göttingen 1841; gekürzt abgedruckt in Edwin Fels: Vom Athos zum Ida, griechische Hochgebirgsbilder, Hamburg 1930, S. 8–20 · Hermann Gstrein: Ich war Einsiedler bei den Eremiten des Athosberges, in: Der Feuerreiter, 25 (1954), S. 24–28

F. W. Hasluck: The First English Traveller's Account (John Covel), in: The Annual of the British School of Athens, 17 (1910/11), S. 103–131 · Rudolf Irmler: Athos-Erlebnisse, Lorch 1980 · Brian de Jongh: Griechenland, Festland und Peloponnes, deutsche Ausgabe, München 1974, S. 612–688.

Erhart Kästner: Die Stundentrommel vom heiligen Berg Athos (1956), insel taschenbuch 56, Frankfurt 1978 · Petros Karajanopoulos: Der Berg Athos und seine Klöster, in: Beilage zur Allgemeinen Zeitung, 29. April 1840, S. 953–958 · Otto Kern: Bei den Mönchen auf dem Athos, Hamburg 1938 · Joachim Knoll: Der Heilige Berg Athos, in: Neue Deutsche Hefte, 72 (1960/61), S. 336–344 · Johannes Komnenos (Joannis Comnenos): Descriptio Montis Athos, griechischer Text und lateinische Übersetzung, in: Paleographia graeca, liber septem, editio Bernhardi de Montfaucon, Paris 1708, reprint 1968 · Werner Köppen: Wo die Welt vergessen wird, Mainz 1981

Spyridon Lambros: Die Bibliotheken der Klöster des Athos, deutsche Ausgabe, Bonn 1881 · William Leake: Travels in the Northern Greece, 4 Bde., Cambridge 1835 · Edwin Lear, zit nach John Lehmann: Edwin Lear and his World, London 1977 · Sydney Loch: Athos, the Holy Mountain, London 1957 · Costa de Loverda: J'ai été moins au Mont Athos, Paris 1956 · H. C. Lukach: Mount Athos in Peace and War, in: Blakewood's Magazine, 199 (1916), S. 828–838.

Placide de Meester: Voyage des deux Bénédictins aux Monastères de Mont Athos, Paris 1908 · Philipp Meyer: Der Athos und seine Bewohner, in: Allgemeine konservative Monatsschrift für das christliche Deutschland, 45 (1888), S. 1036–1056 · Philipp Meyer: Beiträge zur neueren Geschichte und des gegenwärtigen Zustands der Athos-Klöster, in: Zeitschrift für Kirchengeschichte, 11 (1890), S. 554–562 (siehe auch → 3 a) · Emmanuel Miller: Le Mont Athos, Vatopédi, l'île de Thasos, Paris 1889 · Joseph Muth: Der Athos und seine Mönche, in: Alte und neue Welt, Illustriertes katholisches Familienblatt zur Unterhaltung und Belehrung, 36 (1902), S. 648–655.

Abbé Alexandre-Stanislaus Neyrat: L'Athos, notes d'une excursion à la presque'île et à la montagne des moines, Paris-Lyon 1880, [2]1885 · Stanislas de Nolhac: Une visite aux monastères de l'Athos, in: Le Correspendent, 118 (1880), S. 256–287 und S. 504–526

Reinhold PABEL: Athos, der Heilige Berg, Begegnung mit dem christlichen Osten, Münster (Westf.) 1940 · Domenique PAPÉTY: Les peintures byzantines de Mont-Athos, in: Revue des Deux Mondes, 18 (1847), S. 769–789* · John PENTLAND MAHOFFY: Mount Athos, in: Murray's Magazine, 1889, Nr. 30, S. 782–794 · Karl Nathaniel PISCHON: Die Mönchsrepublik des Berges Athos, in: Historisches Taschenbuch, 4. Folge, 1 (1860), S. 1–88 · Richard POCOCKE: A Description of the East and some Other Countries, London 1743, ²1745, deutsche Ausgabe Erlangen 1754, zwote Auflage, nach der englischen Grundschrift genau durchgesehen und verbessert von M. Johann Friedrich Breyer, Erlangen 1773 · Gerhart POHL: Wanderungen auf dem Athos, Berlin und Stuttgart 1961 · Charles POUQUEVILLE: Voyage en Morée, à Constantinople, en Albanie, et dans plusieures autres parties de l'Empire Ottomane, pendant les années 1798, 1799, 1800 et 1801, 3 Bde., Paris 1805, deutsche Ausgabe, Leipzig 1807 · Antonin PROUST (pseud.: Antonin Barthélemy): Voyage en Mont Athos, in: Le Tour du monde, 1860, S. 103–138.

Georges RÉMOND: La très Sainte Montagne de l'Athos, in: L'Illustration, 1920, Nr. 4057 und S. 493–503 · Marcel RICHARD: Rapport sur une mission d'études en Grèce (29. August bis 29. November 1951), in: Bulletin d'Informations de l'Institut des Recherches et d'Histoire des Textes, 1 (1952), S. 48–66 · Otto Friedrich VON RICHTER: Wallfahrten im Morgenland, aus seinen Tagebüchern und Briefen dargestellt von Johann Philipp Gustav Evern, Berlin 1822 · Athelstane RILEY: Athos or the Mountain of the Monks, London 1887 · Edouard RODITI: Zeitlose Russen am Mittelmeer, Mönche, Eremiten, Veteranen, in: Der Monat, 9 (1956/57), S. 57–60 · Wilhelm ROSSMANN: Ein Besuch bei den Mönchen auf dem Berge Athos, in: Deutsche Rundschau, 10 (1877) S. 84–109

Ernest W. SAUNDERS: A Descriptiv Cheklist of Selected Manuscripts in the Monasteries of Mount Athos, Washington 1957, S. I–XIV · Karl SCHELKLE: Vom heiligen Berg Athos, in: Benediktinische Monatsschrift, 19 (1947), S. 334–347 · Webber SMITH: On Mount Athos and its Monasteries, with Notes on the Routs from Constantinopel to Saloniki, in: The Journal of the Royal Geographical Society of London, 7 (1830), S. 61–74 · Franz SPUNDA: Der Heilige Berg Athos, Landschaft und Legenden, Leipzig 1928 · Franz SPUNDA: Fresken und Legenden vom Heiligen Berg Athos, Stuttgart 1962 · Giovanni STEPANOW: Im Banne der Farben und Formen, Capri – Rom – Griechenland, Erinnerungen an Kunst, Reisen und Menschen, Frauenfeld 1957

Jérôme et Jean THARAUD: La bataille de Scutari, Paris 1926 · K. P. THEUNISSEN: Op de heilige Berg Athos in the tuin van der Moeder Gods, Den Haag 1965.

*»Dieser unglaubliche Artikel entehrt die ›*Revue des Deux Mondes*‹ und entehrt Frankreich für das Ausland. Man bedenke, daß unsere ernsthaften englischen und deutschen Reisenden, die es gelesen haben oder noch lesen werden, diese befremdlichen Seiten am Kopf eines Bandes der wichtigsten Revue Frankreichs finden, wo die Geographie entstellt, die Topographie falsch ist, die Menschen verleumdet und die Sachen ihrer Richtigkeit beraubt sind! Die Schüler des Fourier werden gut daran tun, sich unter diesen Umständen von einem übereifrigen Parteigänger ihrer Lehren zu trennen . . .«

David URQUHART: The Spirit of the East, Illustrated in a Journal of Travels through Roumeli during an Eventful Period, 2 Bde., London 1838, Bd. 2, S. 170–182 · Eugène Melchior de VOGÜÉ: Le Mont Athos, un voyage dans le passé, in: Revue des Deux Mondes, 13 (1876), S. 381–317 · Oskar WULFF: Fünf Wochen auf dem Athos, in: Lebenswege und Forschungsziele, eine Rückschau nach Vollendung des 70. Lebensjahres, Wien 1936, S. 35–40 · Karl Eduard ZACHARIAE: Reise in den Orient in den Jahren 1837 und 1938, Heidelberg 1840

3. Monographien und Abhandlungen

a) Athos

Enzyclopaedia Mapouros Larousse Britannica, Bd. 4, 1984, Sp. 95–138 (griech.) · Reallexikon zur byzantinischen Kunst, Bd. 1, 1966, Sp. 389–421 (Martin RESTLE)

Hans Veit BAYER: Der ›Heilige Berg‹ in der byzantinischen Literatur, in: Jahrbuch der österreichischen Byzantinistik, 30 (1981), S. 193–210 · Ludger BERNHARD: Athosmönchtum und Liturgie, in: Mönchisches Leben und liturgischer Dienst, Laacher Hefte XXII, Maria Laach 1958, S. 59–76 · Heinrich BROCKHAUS: Die Kunst in den Athos-Klöstern, Leipzig 1902, ²1924 · Heinrich BROCKHAUS: Die Utopia-Schrift des Thomas Morus, Leipzig und Berlin 1929 · Robert BYRON/TALBOT RICE: The Birth of Western Painting, a History of Colour, Form and Iconography, illustrated from the Paintings of Mistra and Mount Athos, of Giotto and Duccio and El Greco, New York 1930

Chrysostomus DAHM und Ludger BERNHARD: Athos, Berg der Verklärung, Offenburg/Baden 1950 · Franz DÖLGER: Mönchsland Athos, München 1943 · Franz DÖLGER: Aus den Schatzkammern des Heiligen Berges, 115 Urkunden und 50 Urkundensiegel aus zehn Jahrhunderten, Text- und Tafelband, München 1949 (→ 3 b) · Erich FEIGL: Athos, Vorhölle zum Paradies, Wien 1982 · Fritz FICHTNER: Wandmalereien der Athosklöster, Grundsätzliches zu den Planungen der Bildfolgen des 14. bis 17. Jahrhunderts, Berlin 1931

Enrico GALBIATI: Berg Athos, die Klöster der Stille, Photographien von Nico Mavroyenis (1971), deutsche Ausgabe, Freiburg Basel Wien 1983 · Karl GNOTH: Antwort vom Athos, die Bedeutung des heutigen griechisch-orthodoxen Mönchstums für Kirche und Gesellschaft nach der Schrift des Athos-Mönches Theoklitos Dionysiotis*, Diss. Marburg 1979 · H. de GREEVE: Athos, een inleding, Amsterdam 1967

Georg HOFMANN: Rom und der Athos, Briefwechsel zwischen dem Missionar auf dem Athos, Nikolaus Rossi, und der Congregatio de Propaganda fide, Quellenausgabe mit Einführung (= Orientalia Christiana, Bd. 149), Roma 1954 · Carl Graf HOHENTHAL: Die Ewigkeit, das einzige Ziel, das Herz der Ostkirche auf dem Athos, in: Frankfurter Allgemeine Zeitung, 9. August 1986 · Paul HUBER: Athos, Leben Glaube Kunst, Zürich und Freiburg im Breisgau 1969, ²1984

*Über ihn vgl. oben S. 316 ff.

A. Joalthé: Une dédicace à l'Athos, in: Echo d'Orient, 4 (1900/01), S. 54–58

Sotiris Kadas: Mont Athos, guide illustré des vingt monastères, Athen 1979, deutsche Ausgabe 1981 · Michalis Kanavatos: Das Mönchtum der orthodoxen Kirche, in: hellenika, 1986, S. 214–248

Victor Langlois: Le Mont Athos et ses monastères (mit Bibl.), Paris 1867 · Benjamin Laurès: La vie cénobitique à l'Athos, in: Echo d'Orient, 4 (1900/01), S. 80–87 und S. 145–153 · Benjamin Laurès: Les monastères idiorrhythmiques de l'Athos, ebenda, S. 288–295

Das Malerhandbuch des Mönchs Dionýsios vom Berge Athos, übersetzt von Godehard Schäfer, Trier 1855, neu hrsg. von Elisabeth Trenkle, München 1960 · Philipp Meyer: Der Stufenunterschied im griechischen Mönchstum, besonders auf dem Heiligen Berge, in: Zeitschrift für Kirchengeschichte, 11 (1890), S. 545–553 · Philipp Meyer: Die Haupturkunden für die Geschichte der Athosklöster, Leipzig 1894 (vgl. → 1) · Le Millenaire du Mont Athos 963–1963, études et mélanges, Venezia 1963/64 · Gabriel Millet: Monuments de l'Athos, relevés avec le concours de l'armée français et de l'école français d'Athènes 1927 · Gabriel Millet: Recueil des inscriptions chrétiennes de l'Athos, Paris 1894 · Johannes Müller: Byzantinische Ikonen, Einleitung, Auswahl und Legenden, Genf 1977/78 · Paul M. Mylonas: Athos und seine Klosteranlagen in alten Stichen und Kunstwerken, mit einem Vorwort von Prof. Dr. Franz Dölger, Athen 1963

Philip Sherrad: The Mountain of Silence, London 1950, deutsche Ausgabe, Olten 1959 · Andrew Simonopetritis (Harálampos Theophilópoulos, his name-of-layman), Formerly Secretary of the Athos Holy Community, Professor of Byzantine Music: Holy Mountain, Bulwark of Orthodoxie and of the Greek Nation, Thessalonike 1969 (S. 193–246 Schilderung der Jahrtausendfeier von 1963, mit Abb.) · Günter Spitzing: Athos, der heilige Berg des östlichen Christentums (= dumont taschenbücher), Köln 1990 · Gerhard Trumler: Athos Heiliger Berg, mit einem Vorwort von Pater Mitrophan, Linz 1990 · Kurt Weitzmann: Aus den Bibliotheken des Athos, Hamburg 1963 · Jannis Zinnika: Athos, Fotos Zbigniew Kość, Zürich 1988

b) Byzanz, Kultur und Geschichte

Hans Georg Beck: Kirche und theologische Literatur im Byzantinischen Reich (= Byzantinisches Handbuch, Bd. 2, 1), München 1939 · Hans Georg Beck: Byzantinisches Lesebuch, München 1984 · Louis Bréhier: Le Monde byzantin, 3 Bde., Paris 1947/50 · Callistus II., Patriarcha Constantinopolitanus: Methodus et regula cum Deo accuratissima, deutsche Ausgabe: Die Gottesschau des palamitischen Hesychasmus, ein Handbuch der spätbyzantinischen Mystik, eingeleitet und übersetzt von Albert M. Ammann (= Das östliche Christentum, neue Folge, Heft 3/4), ²Würzburg 1948, ³1986 · Franz Dölger: Regesten der Kaiserurkunden des Oströmischen Reiches von 565–1453, erster Teil: Regensten von 565–1025, München und Berlin 1924 · Paul Huber: Bild und Botschaft, byzantinische und venezianische Miniaturen zum Alten und Neuen Testament, Zürich und Freiburg im Breisgau 1973, ²1984 · Herbert Hunger: Byzantinische Geisteswelt, Baden-Baden 1958

Wolfgang Frhr. von Löhneysen: Mistra, Griechenlands Schicksal im Mittelalter, München 1977 · Jean Meyendorff: Saint Grégoire Palamas et la mystique orthodoxe (= Maitres spirituels), Paris 1959 · Georg Ostrogorski: Geschichte des byzantinischen Staates, München 1963, 4 1965 · Stephan Runciman: Das Patriarchat von Konstantinopel vom Vorabend der türkischen Eroberung bis zum griechischen Unabhängigkeitskrieg, Cambridge University Press 1968, deutsche Ausgabe, München 1970 · Stephan Runciman: Kunst und Kultur in Byzanz, ein Überblick, London 1975, deutsche Ausgabe, München 1978 · Philip Sherrad: The Greek East and the Latin West, a Study in the Christian Tradition, London 1959 · David Talbot Rice: Byzantine Art, London 1935, 2 1954, deutsche Ausgabe, München 1964 · W. F. Volbach und J. Lafontaine-Dodogne: Byzanz und der christliche Osten (= Propyläen Kunstgeschichte, Bd. 3), Berlin 1968 · Dionysios Zakynthinos: Byzantinische Geschichte 324–1074, Athen 1979

Abbildungsnachweis

Berlin, Kupferstichkabinett Stiftung Preußischer Kulturbesitz, S. 21 – München, Staatliche Graphische Sammlung, ein Aquarell und eine Zeichnung von Franz Marc, Inv.-Nr. 1960:44, L. 515, und Inv.-Nr. 1960:83, L. 514, S. 216/217 und S. 232/233 (vgl. die farbige Abb.) – Paris, Bibliothèque Nationale, S. 29

Aus Büchern: Dawkins (→ Lit.-Verz. 2), S. 138, 338, 339 – Didon (→ Lit.-Verz. 2), S. 61, 194, 291 – Mylonas (→ Lit.-Verz. 3a), S. 76, 103, 158, 227, 264 – S.M. Pelekanides: Die Buchmalerei des Berges Athos, aus den Schatzkammern byzantinischer Miniaturmalerei, Würzburg 1979, S. 250, 251 – Pohl (→ Lit.-Verz. 2), die Zeichnungen von Kurt Sieht°, S. 38, 44, 197, 202, 209, 213, 219, 310 – Riley (→ Lit.-Verz. 2), S. 51

Aus Zeitschriften: Alte und neue Welt (→ Muth, Lit.-Verz. 2), S. 32, 84, 124, 254, 314, 362 – Annales archéologiques (→ Didron, Lit.-Verz. 2), S. 183, 291 – L'Illustration (→ Rémond, Lit.-Verz. 2), S. 65, 112, 148, 238, 265, 274, 275, 279, 283, 305, 372 – Illustrierte Zeitung, 1902, S. 62 – Le Tour du Monde (→ Proust, Lit.-Verz. 2), S. 56/57, 194

Nach Aufnahmen des Verf. S. 11 und auf den Farbtafeln I bis VIII.

°Der Inhaber des Urheberrechts konnte nicht ermittelt werden.